Civil
and
Commercial
Law
Academy

Dialogues
on the
Theory of Legal Acts

民商法私塾

《法律行为论》读书会问答

杨代雄　编著

北京大学出版社
PEKING UNIVERSITY PRESS

图书在版编目（CIP）数据

民商法私塾：《法律行为论》读书会问答／杨代雄编著. -- 北京：北京大学出版社，2025.5. --（民商法私塾）. -- ISBN 978-7-301-36208-2

Ⅰ．D90

中国国家版本馆 CIP 数据核字第 2025ZU3464 号

书　　　名	民商法私塾：《法律行为论》读书会问答 MINSHANGFA SISHU：《FALÜ XINGWEILUN》DUSHUHUI WENDA
著作责任者	杨代雄　编著
策划编辑	陆建华
责任编辑	王馨雨　陆建华
标准书号	ISBN 978-7-301-36208-2
出版发行	北京大学出版社
地　　　址	北京市海淀区成府路 205 号　100871
网　　　址	http://www.pup.cn　http://www.yandayuanzhao.com
电子邮箱	编辑部 yandayuanzhao@pup.cn　总编室 zpup@pup.cn
新浪微博	@北京大学出版社　@北大出版社燕大元照法律图书
电　　　话	邮购部 010-62752015　发行部 010-62750672 编辑部 010-62117788
印 刷 者	三河市北燕印装有限公司
经 销 者	新华书店
	650 毫米×980 毫米　16 开本　28 印张　487 千字 2025 年 5 月第 1 版　2025 年 5 月第 1 次印刷
定　　　价	88.00 元

未经许可，不得以任何方式复制或抄袭本书之部分或全部内容。
版权所有，侵权必究
举报电话：010-62752024　电子邮箱：fd@pup.cn
图书如有印装质量问题，请与出版部联系，电话：010-62756370

发言人名单

01　**蔡淳钰**　华东政法大学法律学院 2021 级硕士研究生
02　**曹沛地**　华东政法大学法律学院 2021 级硕士研究生
　　　　　　（现华东政法大学法律学院 2024 级博士研究生）
03　**陈道宽**　华东政法大学法律学院 2019 级硕士研究生
　　　　　　（现清华大学法学院 2022 级博士研究生）
04　**陈　诺**　华东政法大学法律学院 2023 级硕士研究生
05　**陈　一**　华东政法大学经济法学院 2023 级本科生
06　**邓继圣**　华东政法大学法律学院 2021 级硕士研究生
07　**范芸菲**　华东政法大学法律学院 2021 级硕士研究生
08　**韩　欣**　华东政法大学法律学院 2021 级硕士研究生
09　**何子仪**　华东政法大学经济法学院 2023 级本科生
10　**胡逸群**　华东政法大学法律学院 2022 级硕士研究生
11　**黄堉锋**　华东政法大学法律学院 2021 级硕士研究生
12　**金子文**　华东政法大学法律学院 2020 级硕士研究生
13　**李群涛**　华东政法大学法律学院 2021 级博士研究生
14　**李思蝶**　华东政法大学法律学院 2022 级硕士研究生
15　**李兆鑫**　华东政法大学法律学院 2021 级硕士研究生
16　**梁佳艺**　华东政法大学法律学院 2023 级硕士研究生
17　**廖　皓**　华东政法大学法律学院 2021 级硕士研究生
18　**钱　程**　华东政法大学经济法学院 2019 级硕士研究生
　　　　　　（现中国人民大学法学院 2022 级博士研究生）
19　**瞿成宇**　华东政法大学法律学院 2022 级硕士研究生
20　**任世杰**　华东政法大学法律学院 2023 级硕士研究生
21　**尚美汐**　华东政法大学法律学院 2023 级硕士研究生

22	**孙诚毅**	华东政法大学法律学院 2023 级硕士研究生
23	**唐昕茹**	华东政法大学法律学院 2021 级硕士研究生
24	**王　珏**	华东政法大学法律学院 2019 级硕士研究生（现北京大学法学院 2022 级博士研究生）
25	**王　钦**	华东政法大学法律学院 2022 级硕士研究生
26	**王祥泉**	华东政法大学法律学院 2023 级硕士研究生
27	**王小亮**	华东政法大学法律学院 2022 级硕士研究生
28	**王一中**	华东政法大学法律学院 2022 级硕士研究生
29	**谢心童**	华东政法大学法律学院 2023 级硕士研究生
30	**闫俊奇**	华东政法大学法律学院 2021 级硕士研究生（现中国人民大学法学院 2024 级博士研究生）
31	**严国子**	华东政法大学法律学院 2021 级硕士研究生
32	**杨　帆**	华东政法大学法律学院 2023 级硕士研究生
33	**尹爱龙**	华东政法大学法律学院 2022 级硕士研究生
34	**张语珊**	华东政法大学法律学院 2023 级硕士研究生
35	**赵昕彤**	华东政法大学法律学院 2022 级硕士研究生
36	**郑哲峰**	华东政法大学法律学院 2022 级硕士研究生
37	**周新月**	华东政法大学法律学院 2023 级硕士研究生
38	**朱丽芸**	华东政法大学法律学院 2021 级硕士研究生
39	**朱志强**	华东政法大学法律学院 2023 级硕士研究生

序 言

　　研究生培养是一项复合型工作，大体上包括理论教学和实践教学两大方面。就前者而论，既需要对研究生教授专业课程，以巩固和提升其专业理论水平，也需要对研究生提供课外学业指导，使其掌握必要的学术研究能力。课外学业指导的方式多样，可以是论文写作训练，也可以是课题研究训练，还可以是案例研习或者读书会等集体研习活动。自担任研究生导师以来，我一直把举办读书会作为指导研究生课外学业的主要方式。除寒暑假以外，基本上每周都给我指导的研究生开一次读书会。当然，每次读书会都有其他师门的研究生以及若干本科生一起参与。这些本科生通常修过我的民法课程，成绩优秀且热爱学术，从我的读书会走出去后，他们都选择继续深造，攻读硕士学位，甚至进一步攻读博士学位。由于读书会并非学校规定的教学任务，而是导师自愿给自己加的活，并且参与者不仅限于我指导的研究生，因此，它更像一个私塾，一个体制外的学习平台。这些年来，我们在读书会上共同研读的主要是民法著作，有一段时间也曾研读商法著作和以民商法规范为基础的法学方法论著作，比如怀克与温德比西勒的《德国公司法》、拉伦茨的《法学方法论》。随着微信的普及，为了与学界同仁以及广大法科学生分享研习心得，我创建了微信公众号"民商法私塾"。自此，"民商法私塾"就成为我们课外学习平台的名称。

　　读书会有多种开展模式。它可以是数个参与者相互分享阅读某一本书的心得；也可以是某一个人围绕某一个主题，汇报其阅读相关书籍（一本或者多本）的收获，包括知识、评价、问题、思考的结论等，并由其他人发表评论；还可以是多人共同研读一本书，逐句逐段地解读书中内容，并在遇到疑问时展开讨论。我们"民商法私塾"采用的是第三种模式，这种模式的优点有三个：其一，有助于完整、透彻地读懂一本书。其二，在解读书中具体内容的过程中，可以发掘一些学术问题，并且对此开展进一步的考察和研究，其中有些问题甚至可以发展为学位论文或者期刊论文的研究主题。即便无法产出正式的学术成果，但对问题的考察至少也有助于填补知识漏洞、夯实理论基础。其三，有助于训练学术能力。对文科生而言，需要掌握的学术能力主要包括文献理解能力、学术表达能力（口头与书面），以及逻辑分析与推理能力等。在逐句逐段地研读书中内容的过程中，学生可以锻炼文献理解能力、口头学术表达能力；在讨论所遇到的问题的过程中，学生可以提升口头学术表达能力、逻辑分析与推理能力。

从近年的进展来看，"民商法私塾"读书会取得了比较显著的成果。学生的民商法理论水平和学术能力在读书会中得到了提升；导师也从中受益匪浅，无论是在问题发掘方面，还是在学术状态的保持方面，都有所收获。每次读书会在共同研读、讨论书籍内容的过程中，都会形成问答录。提问者通常是学生，有时是导师。对于所提出的问题，有些由导师直接解答，但更多的是由导师引导学生展开讨论，并在最终进行总结，形成初步结论或者比较确定的观点。

"民商法私塾"计划出版一系列作品。第一部作品即为《民商法私塾：〈法律行为论〉读书会问答》，这是在与学生们共同研读我的专著《法律行为论》后形成的问答录。在其中，我具备双重身份——既是《法律行为论》一书的作者，又是与学生们共同解读该书的读者。实际上，从历史的视角看，每个人都可能既是作者，也是读者。当你回望自己的过去时，也是在以读者的身份重新审视曾经的思想与表达。问答录在当下是一种不太常见的出版物，它是对口头学术讨论过程的记录，因此在内容的逻辑性与连贯性方面，难免逊色于以书面表达为方式的学术著作。尽管在整理、编辑的过程中，编者尽可能把问答内容由口头语改成书面语，并且对语句、段落之间的逻辑脉络进行修补，但仍有一些不尽如人意之处，还请广大读者见谅。

在这部问答录中，"老师"指的是我本人，对读书会上发言的学生采用实名标注。然而个别发言因为时隔多年，实在无法考证发言者的具体身份，所以只能姑且标注"陈同学""李同学""王同学"等泛指类称呼。这部问答录真实地再现了一个读书会活动的整个过程，师生共用五个学期读完了《法律行为论》一书，进度虽较为缓慢，但读得比较认真，师生合作，细致地拆解、观察了书中构建的法律行为理论体系。有几名学生自研一时便开始参与研读《法律行为论》，直至毕业，所以本书不仅伴随了他们的整个研究生生涯，而且见证了他们在学术上的成长。如果说研究生在毕业的时候是"出厂的"产品，那么，这部问答录正是对这一"生产过程"的侧面真实记录。借用目前比较时髦的说法，读书会问答录也算是一个关于学习活动的"真人秀"。

对于这部问答录的形成，在读书会上发言的所有同学以及参与记录、整理发言内容的同学都作出了重要贡献，尤其是王珏、陈道宽、闫俊奇、胡逸群、王小亮、曹沛地、尚美汐等几位发言频率较高（超过 60 次）的同学，在读书会的不同阶段对于讨论的持续推进发挥了骨干作用，他们的提问和发言，共同构成这部问答录的"故事主线"。

杨代雄

2025 年初春于上海苏州河畔格致楼

目 录

第一章　法律行为的价值基础 —— 001

第一节　法律行为制度中的私法自治原则 —— 003

- 问题一：对"设立、变更、消灭民事法律关系以外的私法上的其他效果"之理解 …… 003
- 问题二：交互计算后的余额承认行为之性质 …… 003
- 问题三：特别强制缔约与比较法上的一般强制缔约 …… 004
- 问题四：《民法典》第494条第2款的强制要约 …… 004
- 问题五：《民法典》第494条第1款与该条第2款、第3款的关系 …… 004
- 问题六：一般强制缔约请求权类推适用物权法规则的正当性基础 …… 004
- 问题七：强制缔约的分类与一般强制缔约的规范基础 …… 006
- 问题八：以特别规范作为推导一般强制缔约请求权之规范基础的理由 …… 006
- 问题九：证券法上强制要约的价值基础 …… 007
- 问题十：对于私法自治之限制的体现 …… 008
- 问题十一：《劳动合同法》第14条第2款与对合同期限约定自由的限制 …… 008
- 问题十二：上门交易情形中对《消费者权益保护法》第25条的类推适用 …… 009
- 问题十三：《消费者权益保护法》第26条与《民法典》第496条在保护力度上的差别 …… 009

第二节　法律行为制度中的信赖保护原则 —— 011

- 问题一：普芬道夫、格劳秀斯与托玛修斯在错误的法律后果方面的观点区别 …… 011
- 问题二：对普芬道夫认为的"重要"动机错误之理解 …… 011
- 问题三：科隆电报案的处理 …… 011
- 问题四：对耶林关于契约无效时损害赔偿责任之推导路径的理解 …… 012

  问题五：对"契约未缔结所带来的利益"之理解 012
  问题六：科隆电报案中的侵权损害赔偿 013
  问题七：耶林观点下的缔约过失责任之性质 013
  问题八：建构性意思表示与宣示性意思表示之区别 014
  问题九：包含论与卡纳里斯的观点（二元论）之区别 014
  问题十：卡纳里斯在意思瑕疵情形中的观点 014
  问题十一：信赖责任与合同责任的发生基础 015
  问题十二："有瑕疵法律行为的约束力"与"有瑕疵法律行为的效力"的含义 015

第二章 法律行为的概念与类型 017
第一节 法律事实体系中的法律行为 019
  问题一：事实构成的构成要件 019
  问题二：行为与事件的区分 019
  问题三：将自然事实划分为事件与状态的实践意义 020
  问题四：不当得利在法律行为框架内的定性 020
  问题五：雇佣关系的存续对应的法律效果 021
  问题六：事实行为与表示行为以及准法律行为与意思表示的差异 021
  问题七：表示行为采纳意思表示概念而非法律行为概念的原因 021
  问题八：不要因行为与在催款单上签字 022
  问题九：宥恕的定性 022
  问题十：对"一项自然行为受数重法律评价因而对应数项规范行为"的评价 024

第二节 法律行为的概念与分类 025
  问题一："一个行为的当事人意欲发生某种法律效果"的定性 025
  问题二：当代德国民法学"轻概念、重实践"的学术风格 025
  问题三：对法律行为用语之理解 026
  问题四：以法律约束力抑或意思表示作为区分法律行为与一般社会交往行为的标准 026
  问题五：广义的情谊行为概念有何意义 026
  问题六：两种情谊行为责任之解释路径的对比 027
  问题七：关于情谊行为责任限制的论证路径 028
  问题八：第55页的情谊行为案例分析 029

问题九： 为何已经存在合同关系时提供便利的行为通常不是情谊
行为 ·· 030
问题十： 彩票纠纷案中销售员忘记购买彩票的行为定性 ·········· 030
问题十一： 人际关系约定中注意义务之性质 ·················· 031
问题十二： 人际关系约定中保护义务的适用前提 ·············· 032
问题十三： 违反避孕约定的损害对象与损害内容 ·············· 033
问题十四： 预备协议的认定标准 ···························· 033
问题十五： 我国备忘录或者草约的立法问题 ·················· 034
问题十六： 备忘录或者草约之效力的变迁 ···················· 034
问题十七： "刚性"保护人声明产生的替代权 ················ 034
问题十八： "刚性"保护人声明中替代权的理论基础 ··········· 035
问题十九： 表示意识是否为意思表示的构成要件 ·············· 035
问题二十： 意思表示与法律行为之间的逻辑关系 ·············· 036
问题二十一： 共同法律行为概念的厘清 ······················ 037
问题二十二： 以给付的相互关系为标准对多方法律行为予以分类 ··· 037
问题二十三： 关于决议性质的学说辨析 ······················ 038
问题二十四： 决议性质的论证起点 ·························· 038
问题二十五： 决议性质的二层递进论证——由复杂到简单再到复杂 ··· 039
问题二十六： 决议产生之法律关系的衍生关系 ················ 043
问题二十七： 仅具有形式意义的意思表示受领 ················ 044
问题二十八： 是否允许投票无效或者被撤销的股东重新投票 ···· 044
问题二十九： 股权、专利权、商标权等财产权变动之性质 ······· 045
问题三十： 身份法律行为中财产法律关系变动之性质 ·········· 045
问题三十一： 处分行为的分类问题 ·························· 045
问题三十二： 关于负担行为与处分行为区分必然性的论证 ······· 046
问题三十三： 相对保护禁令保护特定第三人 ·················· 046
问题三十四： 应以给付目的作为给付型不当得利的构成要件 ····· 047
问题三十五： 死因行为与以死亡为条件的赠与之区别 ·········· 048
问题三十六： 定金合同是实践合同的理论基础 ················ 049

第三章　意思表示的一般原理 —————————— 051
第一节　意思表示的概念与构成 ——————————— 053
问题一： 萨维尼的概念体系中关于真正的错误与不真正的错误之
区分 ·· 053

问题二："意思想要"与"意思想要什么"的辨析 …………………… 054
问题三：对德国法上学说争议之理解 …………………………… 055
问题四：对否定说的评析 ………………………………………… 055
问题五：对行为意思否定说的评析 ……………………………… 058
问题六：意思表示成立的意义 …………………………………… 058
问题七：对病态意思表示构成中表意人过失之理解 …………… 059
问题八：对智能设备表意程序之理解 …………………………… 059
问题九：承诺函与刚性保护人声明 ……………………………… 060
问题十：价款或者报酬条款与合同的成立 ……………………… 061
问题十一：第139页第2段与第3段的逻辑关系 ……………… 061
问题十二：对当事人约定沉默构成同意或者拒绝之理解 ……… 062
问题十三：未指定承诺期限时合理期限长短的判断 …………… 062
问题十四：对不同沉默的辨析 …………………………………… 063
问题十五：《民法典》第491条中的确认书与商人确认函之区别 … 063
问题十六：对要约的非实质性变更与反向效力待定 …………… 066
问题十七：交叉要约与要约人的撤销权 ………………………… 066
问题十八：交叉要约与依沉默成立合同 ………………………… 067
问题十九：交叉要约与《民法典》第476条 …………………… 067
问题二十：纯获利益合同中沉默的承诺效力在我国法上的解释依据 … 069
问题二十一：以意思实现方式为承诺与以沉默方式为承诺的比较 … 070
问题二十二：《民法典》第1124条规定放弃继承与放弃受遗赠之
　　　　　　区别 …………………………………………………… 073
问题二十三：拟制表示与默示表示之区别 ……………………… 074
问题二十四：股东不购买行为存在意思瑕疵时的救济路径 …… 077
问题二十五：意思实现在承诺之外适用于其他领域的必要性 … 083
问题二十六：构成单方法律行为的意思实现的认定 …………… 085
问题二十七：在回转寿司餐厅用餐是不是以意思实现方式成立合
　　　　　　同 …………………………………………………… 087
问题二十八：受要约人拒绝无须承诺的要约时有无通知义务 … 088
问题二十九：认定"无需受领的意思表示"的解释标准 ………… 088

第二节　意思表示的发出与到达 ───────────── 090
问题一："需受领的意思表示"与"有相对人的意思表示"之间的
　　　　联系 ……………………………………………………… 090

问题二：需受领的意思表示生效时点的变更及其解释规则 ············· 090
　　问题三：当面递交书面文件的定性问题 ······························· 093
　　问题四：有意识制造风险之"有意识"与"参与意思"的关系 ········ 094
　　问题五：脱手意思表示的定性问题 ··································· 094
　　问题六：以公告方式作出意思表示 ··································· 094
　　问题七：悬赏广告的到达 ··· 095
　　问题八：对"公告发布时生效"之理解 ······························ 096
　　问题九：以公告方式作出的意思表示之数量 ·························· 097
　　问题十：相对人的知悉可能性是意思表示的发出要件还是到达
　　　　　　要件 ··· 098
　　问题十一：对"活信箱"之理解 ······································ 100
　　问题十二："进入相对人支配领域"与"通常可被相对人知悉" ······ 101
　　问题十三：语言风险的分配 ·· 102
　　问题十四：系统与消极代理 ·· 103
　　问题十五：受领人提前知晓撤回表示的处理方案 ···················· 104

第三节　意思表示的解释 ——————————————————— 106
　　问题一：意思表示解释是事实问题还是法律问题 ···················· 106
　　问题二：意思表示的发出与到达是否为意思表示解释的对象 ········ 106
　　问题三：法律行为的认定与结果导向的思维 ························ 107
　　问题四：明确的语义与其他情事 ····································· 107
　　问题五：沉默与交易习惯的关系 ····································· 107
　　问题六：推定抑或认定 ·· 108
　　问题七：撤回通知的效果 ·· 108
　　问题八："white gold 案" ·· 110
　　问题九：第 201 页的"例外情况" ··································· 111
　　问题十：比较法视野下的意思表示解释规则 ························ 113
　　问题十一：意思表示解释应否采纳表意人的应有理解 ··············· 113
　　问题十二：对"效力表示说"之理解 ································ 115
　　问题十三：客观解释一元论与主客观解释二元论中的学说观点 ······ 121
　　问题十四：对《民法典》第 142 条第 1 款的论证方法 ··············· 122
　　问题十五：习惯、诚信原则与无相对人意思表示的解释 ············· 123
　　问题十六：如何理解理性人在一般交易领域的沟通、理解能力 ······ 124
　　问题十七：通过解释确定合同内容后陷入履行困境的处理 ··········· 125

问题十八："当事人的宗教与文化背景"为何属于"交易情境中的
　　　　　　　一般因素" ·· 126
　　问题十九："交易情境中的特殊因素"中第一点与第二点之区别 ········ 126
　　问题二十：补充性意思表示解释的运用 ··· 127
　　问题二十一：通过意思表示解释处理无效法律行为转换之性质 ········· 128
　　问题二十二：应当如何理解解释意思表示所依据的具体标准 ············ 129
　　问题二十三：意思表示解释与无效法律行为转换的关联 ··················· 130
　　问题二十四：法律解释中的历史解释与意思表示解释中的历史
　　　　　　　　解释的关联与区别 ··· 130
　　问题二十五：效力维持限缩之性质 ·· 131

第四章　意思表示瑕疵 ——— 133
第一节　意思与表示不一致 ——— 135
　　问题一："无意的意思与表示不一致"的体系定位 ···························· 135
　　问题二：真意保留的构成要件 ··· 135
　　问题三：《民法典》第134条第1款对于真意保留的适用 ················· 137
　　问题四：真意保留是否包含相对人有重大过失的情形 ······················ 138
　　问题五：无相对人的意思表示是否受到真意保留的影响 ·················· 139
　　问题六：表意人戏谑失败是否为故意的意思与表示不一致 ··············· 141
　　问题七：规范性解释所涉及的信赖保护 ··· 141
　　问题八：通谋虚伪表示是否为一种法律行为意义上的合意 ··············· 142
　　问题九：关于象征性对价构成通谋虚伪表示之理解 ·························· 142
　　问题十：当事人欲排除的经济效果与事实上效果之区别 ··················· 142
　　问题十一：脱法行为的认定 ··· 143
　　问题十二：通谋虚伪表示无效的对抗规则是否可以直接导向权利
　　　　　　　取得 ·· 144

第二节　无意的意思与表示不一致：意思表示错误 ——— 147
　　问题一：一元论是否有实证法依据、是否合理 ································· 147
　　问题二：意思表示错误的"显著性"要件采何种标准 ······················ 149
　　问题三："较大损失"要件与"显著性"要件之间的联系 ················· 150
　　问题四：标的物同一性错误及其显著性 ··· 152
　　问题五：误击鼠标属于欠缺行为意思抑或欠缺表示意识 ··················· 152
　　问题六：传达错误与代理人错误的区分 ··· 153

问题七：故意误传的处理 ······ 154
问题八：瑕疵担保责任是否应排除性质错误规则 ······ 160
问题九："土地可以作为建筑用地"是否属于具有经济利用之可能性 ······ 162
问题十：在存在补充性解释或者其他债法救济手段的情况下，是否仍适用主观行为基础障碍理论 ······ 162
问题十一：关于"庆典取消案"的讨论 ······ 163
问题十二：德国法上的"请求调整合同"与我国法上的重新协商义务 ······ 165
问题十三：关于《商品房买卖合同司法解释》第19条第2句的讨论 ··· 165
问题十四：商品房担保贷款合同是否为继续性合同 ······ 170
问题十五：动机或者经济目的是否可以纳入意思表示的内容 ······ 171
问题十六：是否允许开发商根据贷款担保合同主张解除权 ······ 171
问题十七：过失的不实陈述案是否属于共同设想 ······ 172
问题十八：为何在沉默意思表示中相对人更不值得保护 ······ 173
问题十九：沉默者应否享有撤销权 ······ 173
问题二十：沉默意思表示中意思表示构成要件的欠缺及其处理 ······ 174
问题二十一：本人因故不知除斥期间存在而未追认无权代理行为，是否可以主张错误撤销 ······ 174
问题二十二："应当知道"是否属于重大过失的范畴 ······ 174
问题二十三：关于签名错误第一种情形的案例讨论 ······ 175
问题二十四：签名错误是否导致要式法律行为出现形式瑕疵 ······ 175
问题二十五：签名错误与脱手的意思表示 ······ 176
问题二十六：如何解释签名错误的第三种情形不可撤销 ······ 177
问题二十七：意思表示无效与不成立 ······ 178
问题二十八：主观行为基础障碍规则适用于计算错误 ······ 178
问题二十九：缔约过失中的废止合同请求权 ······ 178
问题三十：不提醒计算错误是否构成恶意欺诈 ······ 180
问题三十一：错误撤销与欺诈撤销之区别 ······ 180
问题三十二：缔约过失的合同废止与恶意欺诈撤销的评价矛盾 ······ 181
问题三十三：极端情形中的计算错误 ······ 186
问题三十四：动机错误与表示错误的二分：有时候多说话就能多一个撤销权 ······ 194

问题三十五：同意续租的沉默意思表示是否可撤销 ········· 195

　　问题三十六：处分行为中意思表示错误的特殊性 ··········· 198

第三节　意思表示不自由 ———————————————— 202

　　问题一：瑕疵担保责任与意思表示瑕疵的撤销权排除 ······ 202

　　问题二：相对人欺诈中不可能发生内容错误 ··············· 203

　　问题三：消极欺诈对动机错误的保护不以有积极认识要素为限 ··· 205

　　问题四：相对人"知悉"告知事项重要性的判断标准 ········ 206

　　问题五：违法性认识错误是否阻却欺诈故意 ··············· 206

　　问题六：消极欺诈中告知义务的认定 ····················· 208

　　问题七：因欺诈陷于错误不要求欺诈是唯一的原因 ········· 209

　　问题八：欺诈构成要件中的违法性判断 ··················· 209

　　问题九：我国《民事强制执行法（草案）》新增判决替代意思表示
　　　　　 的规定 ·· 211

　　问题十：无相对人意思表示的欺诈规则适用 ··············· 211

　　问题十一：无权代理人欺诈情形中欺诈行为的归属 ········· 211

　　问题十二：判断中介人欺诈属于相对人欺诈还是第三人欺诈的考
　　　　　　 量因素 ·· 213

　　问题十三："相对人明知或者应知"在第三人欺诈规则中的构成性
　　　　　　 意义 ·· 213

　　问题十四：第三人实施身体强制时意思表示不成立 ········· 214

　　问题十五：违法性要件中的"目的违法或者不正当"与"违法、背
　　　　　　 俗"的关系 ···································· 215

　　问题十六："违法性"要件的内涵 ·························· 215

第五章　法律行为的成立与生效 ————————————— 217

第一节　法律行为的成立 ———————————————— 219

　　问题一："一方请求履行而另一方提出履行时"可否作为意定要式
　　　　　 履行治愈的时点 ································ 219

　　问题二：关于要式应作为意思表示的构成要件还是法律行为的构
　　　　　 成要件的争论 ·································· 220

　　问题三：履行治愈中的义务原则上不包含从给付义务 ······ 222

　　问题四：履行治愈的标准量化 ··························· 223

　　问题五：继续性合同履行治愈的效力范围 ················· 223

问题六：履行治愈与默示废除形式约款的交叉 ⋯⋯⋯⋯⋯⋯ 224
　　问题七：买受人付款后出卖人出具的收据不构成书面变更 ⋯⋯⋯ 225
　　问题八：未意识到行为正在背离形式约款且无可归责性的，不成
　　　　　立默示废除的意思表示 ⋯⋯⋯⋯⋯⋯⋯⋯⋯⋯⋯⋯⋯ 225
　　问题九："撤回"法律行为的术语使用 ⋯⋯⋯⋯⋯⋯⋯⋯⋯⋯⋯ 225
　　问题十："物权合意在交付前不具有约束力"的观点几乎不具有实
　　　　　践意义 ⋯⋯⋯⋯⋯⋯⋯⋯⋯⋯⋯⋯⋯⋯⋯⋯⋯⋯⋯ 226

第二节　法律行为的生效 ──────────────── 227
　　问题一：莱嫩的三分法的意义 ⋯⋯⋯⋯⋯⋯⋯⋯⋯⋯⋯⋯⋯⋯ 227
　　问题二：《民法典》第 143 条的规范价值 ⋯⋯⋯⋯⋯⋯⋯⋯⋯⋯ 227
　　问题三：无权代理的成立待定理论价值 ⋯⋯⋯⋯⋯⋯⋯⋯⋯⋯ 228

第六章　法律行为的效力障碍 ─────────────── 233
第一节　法律行为无效 ──────────────────── 235
　　问题一：是否有必要承认法律行为部分成立 ⋯⋯⋯⋯⋯⋯⋯⋯ 235
　　问题二：部分无效模式或者全部无效模式在《民法典》第 156 条中
　　　　　的适用 ⋯⋯⋯⋯⋯⋯⋯⋯⋯⋯⋯⋯⋯⋯⋯⋯⋯⋯⋯ 237
　　问题三：法律行为统一体能否适用部分无效规则 ⋯⋯⋯⋯⋯⋯ 238
　　问题四：量的可分性具体应用问题 ⋯⋯⋯⋯⋯⋯⋯⋯⋯⋯⋯⋯ 239
　　问题五：特留份可分的概念含义 ⋯⋯⋯⋯⋯⋯⋯⋯⋯⋯⋯⋯⋯ 239
　　问题六：主给付义务的合同条款无效对合同整体效力的影响问题 ⋯⋯ 240
　　问题七：主给付义务可分是否影响合同无效 ⋯⋯⋯⋯⋯⋯⋯⋯ 240
　　问题八：婚姻被撤销后发现尚未分割的财产是否为夫妻共同财产 ⋯⋯ 241
　　问题九：意思表示错误的法律行为能否被认定为相对无效 ⋯⋯⋯ 243
　　问题十：相对无效的"相对"应如何理解 ⋯⋯⋯⋯⋯⋯⋯⋯⋯⋯ 243
　　问题十一："只有特定人才可以主张的"相对无效的适用空间问题 ⋯⋯ 244
　　问题十二：欠缺必备条款是否导致合同无效 ⋯⋯⋯⋯⋯⋯⋯⋯ 246
　　问题十三：法律与行政法规的范围内是否需要考虑公序良俗因素 ⋯ 247
　　问题十四：《民法典》第 153 条第 1 款但书的适用问题 ⋯⋯⋯⋯ 247
　　问题十五：《德国民法典》第 134 条是否为纯粹的引致条款 ⋯⋯⋯ 249
　　问题十六：违反禁止性法律规范的法律行为应否由裁判者承受论
　　　　　　证负担 ⋯⋯⋯⋯⋯⋯⋯⋯⋯⋯⋯⋯⋯⋯⋯⋯⋯⋯ 250
　　问题十七：违反禁止性法律规范的法律行为应否由主张有效者承

受论证负担 ·· 251

问题十八：违反禁止性法律规范的法律行为当事人论证负担的轻重 ··· 251

问题十九：《民法典》第 153 条类型化适用问题 ························ 252

问题二十：法律行为的履行行为违法与内容违法之区分 ············· 253

问题二十一：欺诈行为能否导致法律行为无效 ························ 253

问题二十二：公共利益与公序良俗的关系 ····························· 254

问题二十三：法律行为无效的主观要件的必要性及双方背俗情形中的不当得利返还请求权 ······················· 255

问题二十四：限制离婚自由协议的法律效力 ··························· 257

问题二十五：限制继承人婚姻自由协议的法律效力 ·················· 257

问题二十六：诈骗订立的合同的法律效力 ····························· 258

问题二十七：赃物礼品回收问题的处理路径 ··························· 259

问题二十八：处分行为违背公序良俗问题 ····························· 259

问题二十九：违反物权法定原则是否违背公序良俗的问题 ·········· 259

问题三十：《商品房买卖合同司法解释》第 7 条的适用范围 ········· 260

问题三十一：无效法律行为效力转换中替代行为的瑕疵程度 ······· 261

问题三十二：无效法律行为转换中"缩减"之理解 ···················· 261

问题三十三：效力维持限缩可否作用于单个的意思表示 ············· 262

问题三十四：无效法律行为的转换是否包括欠缺法定形式 ·········· 262

问题三十五：无效法律行为转换规则是否适用于单个意思表示 ···· 262

问题三十六：行使法定解除权可否转换为行使意定解除权 ·········· 263

问题三十七：未经抵押登记的抵押合同不能转换为连带保证合同 ··· 263

问题三十八：效力待定情形不适用转换的一般规则 ·················· 263

问题三十九：动机背俗的法律行为无法适用转换规则 ··············· 264

问题四十：背俗行为适用转换规则的道德风险 ······················· 264

问题四十一：关于解释与转换之界限的论证 ·························· 264

问题四十二：对司法解释进行类推的可行性 ·························· 265

问题四十三：明知合同无效而给付与《民法典》第 985 条第 3 项的区分 ······························· 265

问题四十四：《民法典》第 157 条与第 500 条的关系 ················· 266

问题四十五：《民法典》第 157 条的损害赔偿责任要求过错要件 ··· 267

问题四十六：缔约过失责任的损害赔偿范围 ·························· 267

问题四十七：缔约过失责任赔偿范围包括落空费用 ·················· 268

第二节　法律行为效力待定 —— 269

- 问题一：无权代理之权利配置规则可在何种程度上类推于无权处分 … 269
- 问题二：无权处分、无权代理与行为能力欠缺之区别 …………… 272
- 问题三：追认的溯及力与第三人保护 ……………………………… 273
- 问题四：催告权的法律效果 ………………………………………… 275
- 问题五：撤销权的功能问题 ………………………………………… 278
- 问题六：关于诈术条款的讨论 ……………………………………… 279

第三节　法律行为可撤销 —— 280

- 问题一：显失公平的功能问题 ……………………………………… 280
- 问题二：显失公平规则可否适用于附负担的赠与 ………………… 280
- 问题三：显失公平规则可否适用于赠与合同 ……………………… 281
- 问题四：显失公平的主观要件 ……………………………………… 281
- 问题五：显失公平案例讨论 ………………………………………… 282
- 问题六：撤销权定性为形成诉权的正当性 ………………………… 282
- 问题七：部分撤销的考量因素 ……………………………………… 283
- 问题八：放弃撤销权的意思表示 …………………………………… 283
- 问题九：撤销权的放弃是否为需受领的意思表示 ………………… 284
- 问题十：撤销权消灭的法律效果 …………………………………… 284

第四节　法律行为附条件与附期限 —— 286

- 问题一：预先达成所有权让与合意与附条件法律行为 …………… 286
- 问题二：物权变动与附条件或者附期限法律行为 ………………… 286
- 问题三：对所附条件发生认识错误后撤销的效力 ………………… 287
- 问题四："背靠背条款"的法律性质 ………………………………… 288
- 问题五：溯及力特约的债权效力说 ………………………………… 288
- 问题六：条件成就的两种立法模式有无本质差别 ………………… 290
- 问题七：条件的拟制成就 …………………………………………… 291
- 问题八：所有权保留买卖的"中间处分" …………………………… 292
- 问题九：所有权保留买卖的溯及力特约 …………………………… 293
- 问题十：租金案例中的期限与清偿期之区别 ……………………… 293

第七章　法律行为的归属 —— 295

第一节　法律行为归属的一般原理 —— 297

- 问题一：缔约过失责任、侵权责任与合同责任的关系 …………… 297

问题二：法律行为在事实层面的归属 ················· 298
　　问题三：是否可将清偿行为认定为法律行为 ·············· 299
　　问题四：债权准占有人规则与债权收据持有人规则之区别 ······ 299
　　问题五：无权代理中单方法律行为与多方法律行为的效力应否区分 ··· 300
第二节　代理的基本概念 ──────────────────── 302
　　问题一：无行为能力人为代理与传达之区别 ·············· 302
　　问题二：主、客观说下代理与传达的意思瑕疵判断 ·········· 302
　　问题三：被授权人补全空白证书与代理人签署合同之辨析 ······ 303
　　问题四：代理的公开性与代理权的区分 ················ 304
　　问题五："显名"要件的必要性及意思表示解释原理在代理中的
　　　　　适用 ·································· 305
　　问题六：显名原则的概念剖析 ······················· 307
　　问题七：默示的显名代理中事后确定被代理人之情形 ········ 308
　　问题八：委托人行使介入权或者相对人行使选择权的溯及力问题 ··· 310
　　问题九：共同行为说的缺陷 ························ 310
　　问题十：日常家事代理权与代理的关系 ················ 311
　　问题十一：消极代理的规则适用问题 ·················· 313
第三节　代理的法律效果 ──────────────────── 317
　　问题一：代理中的缔约过失责任归属 ·················· 317
　　问题二：代理人欲以本人名义，结果却以自己名义作出意思表示
　　　　　时如何撤销 ······························ 318
　　问题三：被代理人意思瑕疵下授权行为的撤销 ············ 320
　　问题四：此部分标题的表述问题 ····················· 321
　　问题五：通谋虚伪表示相对无效规则 ·················· 321
　　问题六：特定物瑕疵下被代理人干预的时点 ············· 322
　　问题七：对特定指示的宽泛解释兼写作排布问题 ·········· 323
第四节　代理权 ────────────────────────── 324
　　问题一：对《民法典》第166条但书表述的疑问 ············· 324
　　问题二：对数人享有法定代理权情形的解释 ············· 324
　　问题三：共同代理人先后向相对人作出内容相同的意思表示，直
　　　　　到最后一个共同代理人的意思表示到达相对人时，法律
　　　　　行为才能成立且没有溯及力的理由 ·············· 327
　　问题四：对其他共同代理人拒绝追认情形的处理 ·········· 330

问题五：间接复代理存在的意义 ··· 332
问题六：复代理中的无权代理问题 ··· 333
问题七：真意保留的外部代理权授予行为效力判断 ··················· 338
问题八：内部授权之通知与外部授权的辨析识别 ······················ 338
问题九：日本民法学上对代理权授予性质的观点阐释 ··············· 339
问题十：代理权授予无因性类比论证的反思 ······························ 339
问题十一：外部授权中无因性论证的反思 ·································· 340
问题十二：内部授权中认为法律行为具有效力关联的理由 ······· 341
问题十三：代理权授予有因性构造的论证 ·································· 342
问题十四：将外部授权与内部授权的外部告知统一处理的可能性
　　　　　分析 ·· 344
问题十五：涉及限制行为能力人的双方代理 ······························ 345
问题十六：代理行为违反内部约束问题的解释进路：意思表示解
　　　　　释理论 ·· 346
问题十七：代理权的"外部授权"概念存在之必要性 ················ 348
问题十八：代理权授予行为的有因原则与代理权滥用规则 ······· 350
问题十九：串通代理与恶意串通的关系 ····································· 350
问题二十：股东表决代理权的撤回权不允许意定排除之理由阐释 ······· 351
问题二十一：《民法典》第174条第1款第1项之具体适用问题 ······· 352

第五节　无权代理 —— 356

问题一：缔约磋商在被代理人无意识的情况下被开启时构成缔约
　　　　过失责任之可能性 ··· 356
问题二：意思表示解释规则可否扩张于代理制度 ······················ 357
问题三：相对人对于被代理人缔约过失责任与表见代理的选择权 ······· 358
问题四：违约情形中狭义履行辅助人责任的规范基础与违约责任
　　　　的归责原则 ··· 360
问题五：《九民纪要》第20条的规范定位 ·································· 363
问题六：关于瑞士法无权代理人责任的体例安排 ······················ 364
问题七：表见代理制度之规范目的及诉讼对象选择 ·················· 364
问题八：选择说与排他说在诉讼风险上之区别 ························· 365
问题九：无权代理人与被代理人是否构成连带责任 ·················· 365
问题十：对于以意思表示拘束力证成排他说之批驳 ·················· 365
问题十一：本人承担表见代理责任的理论基础 ························· 366

问题十二：通过诉讼法的程序构造化解选择风险 ……………… 366
问题十三：司法解释的变化能否证成我国诉讼标的识别标准的转变 … 367
问题十四：狭义无权代理与表见代理中相对人善意标准的区分 …… 367
问题十五：狭义无权代理中的相对人善意标准是否过于严格 ……… 368
问题十六：系统论中的要素能否等同于构成要件本身 ……………… 371
问题十七：无权代理人债务履行责任受被代理人履行能力限制的
解释路径 …………………………………………………… 372
问题十八：无权代理人债务履行责任的范围限制 …………………… 373
问题十九：无权代理人责任的方案选择 ………………………………… 375
问题二十：无权代理人债务履行责任与履行利益损害赔偿的适用
顺位 ………………………………………………………… 381
问题二十一：相对人明知代理人欠缺代理权的情形中代理人的损
害赔偿责任 ………………………………………………… 383

第六节　表见代理 ——————————————————— 385

问题一：表见代理中被代理人过错要件的证成 ……………………… 385
问题二：表见代理中的风险归责与过错归责 ………………………… 386
问题三：对"法伦理必要性"之理解 ………………………………… 392
问题四：风险领域的划分 ………………………………………………… 392
问题五：表见代理中相对人善意判断时点的论证顺序 ……………… 394
问题六：对"意思表示到达相对人之前或者同时，相对人变成恶
意的，相当于他已经接到了一项撤回意思表示的通知"
之理解 ………………………………………………………… 395
问题七：恶意相对人发出承诺的效力 ………………………………… 396
问题八：对意思表示归属与法律行为归属的理论选择 ……………… 396
问题九：善意相对人能否撤销无权代理人的要约 …………………… 400
问题十：应否对发出承诺时为善意的相对人予以保护 ……………… 400
问题十一：通过签假名来逃避担保责任的理论归入 ………………… 401
问题十二：推定相对人处于善意状态的合理性 ……………………… 402
问题十三：默示外部授权与容忍代理的区分 ………………………… 403
问题十四：法律行为归属与法律行为效果归属的区分 ……………… 405
问题十五：表见代理的效果可否被撤销 ……………………………… 408
问题十六：因第三人胁迫而授予代理权的问题 ……………………… 408

第七节　无权代表与表见代表 ——————————— 410
　　问题一：归属路径抑或错误法路径，拟制说抑或实在说………… 410
　　问题二：法人主观状态（善意）的判断依据…………………… 411
　　问题三：董事会决议与股东会决议之根本区别 ………………… 413
　　问题四：被代表人责任归属与侵权法上用人者责任的关系 …… 414
　　问题五：《民法典合同编通则司法解释》第20条关于越权代表责
　　　　　　任承担的规定 ………………………………………… 416

第八节　使用他人名义实施法律行为（借名行为与冒名行为）—— 417
　　问题一：署名代理的界定及其与既有概念体系的关系 ………… 417
　　问题二：行为实施者意愿不存在的情形 ………………………… 422
　　问题三：名义载体意愿与相对人意愿在认定法律行为成立中的优
　　　　　　先顺位问题 ……………………………………………… 422

第一章
法律行为的价值基础

- 第一节　法律行为制度中的私法自治原则
- 第二节　法律行为制度中的信赖保护原则

第一节　法律行为制度中的私法自治原则

问题一：对"设立、变更、消灭民事法律关系以外的私法上的其他效果"之理解

陈道宽：老师，我有一个问题。在第2页*，作者提到"私法自治也称为意思自治，是指民事主体在不违反强行法和公序良俗的前提下，有权自由地决定或者处分自己的事务，有权根据自己的意志设立、变更、消灭民事法律关系或者发生私法上的其他效果"。此处对"私法上的其他效果"应作何理解？

老师：可举两个例子说明之。其一，公司的设立、解散，系民商事主体的产生与消灭，并非设立、变更、消灭民事法律关系。其二，"开放占有"的转让。占有的转让是对物之管领状态的变更，本来须通过移交事实上的管领力来完成，但通过单纯的合意可以转让"开放占有"，其同样并非属于设立、变更、消灭民事法律关系。

问题二：交互计算后的余额承认行为之性质

王珏：老师，我有一个问题。在第4页，交互计算后的余额承认行为是债务更新还是债务变更？

老师：交互计算（Kontokorrent：往来账），即当事人约定以其相互交易所生之债权债务为定期计算，互相抵销，而仅支付其差额之契约。在现实生活中的例子如具有稳定供货关系的买卖双方月底结算、某些银行账户定期结算等。对于交互计算后产生的余额承认，如对账单，其性质属于债务承认抑或债务更新，存在学理上的争论。德国判例通说为债务更新说，即旧债消灭、新债发生，当事人之间以结算单所确认之债务为准。但是卡纳里斯批判该观点，认为其可能不符合双方利益，结算单属于债务承认，并不能消灭具体债务之存在，毋宁属于新债清偿，即间接给付。据此，供货商有义务先实现结算单的债

---

* 本书所提及的页码，除另有说明外，均出自杨代雄：《法律行为论》，北京大学出版社2021年版。

权，若未能实现，则仍然可以回到原来的债权。对余额承认的不同定性，将产生以下问题，即诉讼时效是否重新计算，以及旧债担保是否及于新债。

问题三：特别强制缔约与比较法上的一般强制缔约

王珏：老师，我有一个问题。在第12页，为什么前面在讨论特别强制缔约，而到比较法这里开始讨论一般强制缔约？

老师：前面那段是正面论证《民法典》第494条第3款并非关于一般强制缔约的规定。后面这段则属于侧面论证，先寻找一个德国法的参照物，考察在德国法中，一般强制缔约规范是什么样的，然后再寻找我国法中与德国法一般强制缔约规范类似的规范是什么。据此发现，我国《反垄断法》（2007年）第17条第1款第3项可以被视为一般强制缔约的规范基础。

问题四：《民法典》第494条第2款的强制要约

陈同学：老师，我有一个问题。在第12页，为什么书中只提到《民法典》第494条第3款的强制承诺，而不提第2款的强制要约？

老师：我们以前读过的文献里所说的强制缔约都是强制承诺。强制要约虽然在我国的法律中有条文提到，但强制要约这个说法本身还存在争议，所以作者提到《民法典》第494条第3款，没有提到第2款。第3款确定无疑地涉及强制缔约，而第2款本身是存在一些疑问的。

问题五：《民法典》第494条第1款与该条第2款、第3款的关系

陈同学：老师，我有一个问题。在第14页，如何厘清《民法典》第494条第1款与该条第2款、第3款的关系？

老师：《民法典》第494条第1款与该条第2款、第3款的强制方式不一样。第1款是国家下达一个指令，让甲方与乙方订立一个合同，属于国家居中强制撮合双方当事人形成合同关系，类似于计划经济时期国家下达一个命令。与此不同，第2款与第3款涉及的强制缔约都是一方对另一方享有强制缔约请求权，不是由国家来强制双方当事人。

问题六：一般强制缔约请求权类推适用物权法规则的正当性基础

蔡淳钰：老师，我有一个问题。在第12页，为什么一般强制缔约请求权可以类推适用物权法上的规则？物权具有对世性的特征，但这种缔约仅具有相对性的特征，符合类推适用的前提条件吗？

老师：公共运输、能源供应等企业负担强制缔约义务，反过来说，客户对其享有强制缔约请求权。至于如何推导出此种请求权，德国法中有不同学说。如果一方是消费者，以前的学说认为强制缔约请求权的规范基础是《德国民法典》第826条背俗侵权规则。为此，就要展开说明企业拒绝缔约构成背俗侵权，须承担侵权损害赔偿责任。侵权损害赔偿责任适用《德国民法典》第249条，该条是损害赔偿法的一般规则，其损害赔偿是恢复原状意义上的损害赔偿。这里的损害事件是供电企业拒绝缔约，导致消费者受到损害，因为其想要签订一个供电合同而没有签订成功。如果要恢复到损害事件发生前的状态，那就需要假设在没有发生损害事件的情况下，消费者的利益状况应当是什么样的。运用到这个案件里，就是假设这家电力企业没有拒绝缔约，此时消费者应当处于什么状态。显然，其应当处于已经缔约的状态。

然而，这种借用背俗侵权规则来解决一般强制缔约问题的方法存在缺点。《德国民法典》第826条背俗侵权的要件比较严格，要求加害人在主观上是故意的，即故意以背俗的方式加害他人，这个要件不易被满足。为了避免严格的主观要件的限制，很多学者另寻出路。比如，拉伦茨认为应当通过整体类推来解决消费者的一般强制缔约问题。德国法中存在有关铁路运输、能源供应等企业强制缔约义务的特别法规定，但对于这些特别强制缔约义务的规范没有涉及的那些企业，其强制缔约义务应当如何产生？拉伦茨认为应当把相关的特别法规定类推到没被规定的那些企业，从中可以产生没被规定的那些企业对消费者的强制缔约义务。这种强制缔约义务是推导出来的，而不是某一个特别法明确规定的，所以属于一般强制缔约义务，反过来就是消费者的一般强制缔约请求权。

另一条出路是从合同法的价值体系中直接推导出特别前提下的一般强制缔约请求权，可能不需要借用背俗侵权规则，也不需要运用整体类推的方法，因为整体类推的方法本身在方法论上是有争议的。多数学者主张类推《德国民法典》第1004条，该条规定了物权人的妨害防止请求权，也称为不作为请求权，即请求对方不实施妨害行为的权利。

蔡淳钰同学的疑问是，消费者与企业之间形成的合同关系具有相对性，类推适用具有绝对性的物权规范是否不妥？应当注意的是，此处保护的不是合同关系，而是积极的缔约自由，合同关系是此种缔约自由运用的结果。消费者的积极缔约自由因为企业不正当地行使自己的消极缔约自由而受到妨害，所以需要排除妨害。法律上没有专门条文规定排除对消费者缔约自由的妨害，所以就需要寻找类似的规定，此即《德国民法典》第1004条。把该条规定的物权法上不作为请求权类推适用于消费者的积极缔约自由保护，就产生了一个消费者请求对企业的不作为"予以不作为"的请求权。其中，第一个不作为是不缔约，就企业不缔约"予以不作为"，负负得正，结果就是请求缔约了。

问题七：强制缔约的分类与一般强制缔约的规范基础

陈道宽： 老师，我有一个问题。在第11页，作者对强制缔约进行了一般与特别的分类，并且谈到现行法律中对比较典型的特别强制缔约进行了规定，那么，作者这样进行分类并且试图寻找一般强制缔约规范的理由为何？

老师： 一是觉得目前的特别规则规定得不够，还有一些案型无法被这些特别规则覆盖，需要构造出一般的强制缔约规则。二是从比较法上看，国外的有关法律中存在特别与一般的区分，即使这些法律中规定的特别强制缔约比较全面，仍可推导出一般强制缔约。因此，回到我国法，作者也进行类似的理论探讨，此项探讨是为实践而准备的。虽然从目前来看需要一般强制缔约规范的情况并不多见，但这并不意味着实践中没有这样的需要，可能是因为没有这样的规则与概念，导致产生的问题被忽略掉了，没有形成很多可以检索到的诉讼案件。

陈道宽： 在这个前提下，您参考了德国法上的经验。那么，我想问一下，这种经验对我国一般强制缔约规范的成长提供了什么借鉴吗？从书中的论述来看，德国法上普遍运用《反限制竞争法》（GWB）作为一般强制缔约的法律基础，这相当于提供了一种方向性的经验，所以在我国也可以朝着这个方向，即利用《反垄断法》（2007年）的相关规定解决问题，是吗？

老师： 是的，书中的意图确实如此。

问题八：以特别规范作为推导一般强制缔约请求权之规范基础的理由

王珏： 老师，我有一个问题。在第13页，作者以《反垄断法》（2007年）第17条第1款第3项作为一般强制缔约的规范基础，但同时也提到了这条规范作为一般强制缔约规范基础有其局限性，具体而言就是主体资格需要是具有市场支配地位的经营者。既然从这种规范基础得出的结果并不完美，为何不借鉴德国法上拉伦茨主张的直接依特别规范进行推导的观点？

老师： 拉伦茨的方法是整体类推，而整体类推这种方法在法学方法论中是有争议的，对于这种方法究竟可用不可用，有不同意见。另外，即便整体类推这种方法在方法论上可用，但它的操作难度比较大，掌握、运用这种方法的成本比较高，所以作者没有把它放在首要的位置。

王珏：那么，如何克服《反垄断法》（2007 年）第 17 条第 1 款第 3 项的不完美之处呢？对此，在书中第 14 页第 3 行，作者提到了可以采用一个迂回的教义学构造。这一迂回的教义学构造具体如何？我理解的构造是借助侵权法规则，先将拒绝缔约行为认定为侵权行为，对吗？

老师：对。一个是借助侵权法规则，一个是物权请求权规则的类推。

王珏：所谓的侵权法规则究竟是哪一条规则呢？或者说是我国《民法典》侵权责任编中的哪一条呢？

老师：只能借助侵权法的一般规定，即《民法典》第 1165 条。

王珏：如果是用《民法典》第 1165 条第 1 款，前提可能是缔约愿望没有达成的这一方当事人的某项权益被侵害了，那么，是不是还要证成一下，其何种权益被侵害了，或者说，缔约本身是不是一项权益？

老师：我国侵权法并未明确采用《德国民法典》第 823 条第 1 款、第 2 款再结合第 826 条那样的三件套结构，所以，只能是在解释论上借鉴这种三件套结构，把三件套结构"塞入"我国《民法典》第 1165 条。当然，该不该作这样的解释，在我国侵权法领域争议非常大。有的观点认为，我们根本就不需要把德国式的三件套塞入我国《民法典》第 1165 条，毋宁应当直接采用《法国民法典》那种大侵权责任模式。如果采用这种笼统的大侵权责任模式，就不需要说明消费者这方究竟什么权利受到了侵害，只要其值得保护的利益受到侵害就可以了。究竟可否如此操作，有待于进一步探讨。

问题九：证券法上强制要约的价值基础

严国予：老师，我有一个问题。在第 15 页，作者提到强制要约与传统意义上的强制缔约在价值基础上存在较大差别，所以，仅当法律有特别规定时，才能认定一方当事人有强制要约的义务。那么，"价值基础上存在较大差别"是什么意思呢？

老师：这里所谓的强制要约在法价值上与传统的强制缔约有所不同。传统意义上的强制缔约是在两方市场主体地位强弱悬殊的情况下，为了照顾一方而对另一方的契约自由进行限制。而证券法上的强制要约，其价值基础未必如此。

钱程：强制要约的功能价值，就像老师所说的，确实与一般的强制缔约即强制承诺有所不同。强制承诺主要保护市场弱势主体的地位，而强制要约是为了保护小股东。一般情况下，上市公司股权比较分散。一旦某股东持股达到30%，我们就推定其具有控制地位，此时公司的股价会受到影响。为了让各小股东都能享受到这种控制权带来的溢价，就通过强制要约让小股东都可以卖出股票，从而享受到这部分升值。

老师：所以，证券法规定强制要约收购，让所有其他股东都有机会通过交易分享到收益。此项制度有其特殊的价值考量，与前面讲的强制承诺的价值基础不一样。

问题十：对于私法自治之限制的体现

老师：第16页这一部分涉及对私法自治的限制，具体体现在哪一方面？

邓继圣：比如房屋承租人的优先购买权。正常情况下，卖方在出卖自己的房屋时，所有交易对象之间都是平等的，卖方也拥有自由选择交易对象的权利，但现在《民法典》规定房屋承租人享有优先购买权，意味着出租人在出卖房屋时，其意思自治受到一定程度的限制。

问题十一：《劳动合同法》第14条第2款与对合同期限约定自由的限制

陈道宽：老师，我有一个问题。在第16页，关于无固定期限劳动合同，我觉得这里可能不是对于意思自治的限制，而是一条对意思表示解释的推定规则。《劳动合同法》第14条第2款规定："……有下列情形之一，劳动者提出或者同意续订、订立劳动合同的，除劳动者提出订立固定期限劳动合同外，应当订立无固定期限劳动合同……"对此，是否可以理解为，即便劳动者与用人单位没有订立固定期限的劳动合同，但若满足法条中的这些条件，就应当认为他们订立的是无固定期限劳动合同？

老师：有这样一种观点，其认为《劳动合同法》第14条第2款并不意味着只要符合法条中规定的条件，用人单位就一定要同意与劳动者订立合同，该条只是关于劳动合同期限的一个规定，前提是用人单位愿意与劳动者继续订立合同；在这个基础上，才需要讨论订立的是固定期限还是无固定期限的劳动合同。我不赞同这种观点。我认为，在符合该条比较严格的条件下，比如劳动者在用人单位工作了很多年，为了维护劳动关系的稳定性及劳动者对于生存的预期，同时考虑到劳动者与用人单位之间存在高度的信赖，若劳动者提出续订劳动合同,用人单位就不能拒绝,这应当属于强制缔约义务。 在该义务的基础上,再探讨订立的究竟是固定期限劳动合同还是无固定期限劳动合同。 从目的论角度出发,后一观点更符合《劳动合同法》的立法目的。 因此,该条既涉及强制缔约义务,也涉及劳动合同内容(期限长短)。

问题十二:上门交易情形中对《消费者权益保护法》第 25 条的类推适用

老师:在书中第 18 页,作者主张在线服务交易可以类推适用《消费者权益保护法》第 25 条。 那么,在上门交易情形中,可否类推适用《消费者权益保护法》第 25 条? 你们可以试着运用比较的方法,考察在线服务交易与上门交易的差别,并思考这种差别的存在是否导致我们可以对二者进行差别评价。 此外,也可以再把上门交易与在线商品交易进行比较。

廖皓:我认为,上门交易与在线商品/服务交易这两种交易模式中所需要保护的利益不一样。 前者针对的是消费者在仓促状态下作出的非理性决定,后者针对的是消费者在信息不对称状态下作出的非理性决定,这种信息不对称是由在线交易这种特殊交往方式造成的。

老师:是的,确实如此。 那么,两种交易模式存在的这个差别是否导致我们应当对二者予以区别对待?

陈道宽:我觉得这个差别并非根本差别。 在两种情况下,消费者都可能作出非理性决定,这是两种交易模式的本质共性,所以,二者应当得到相同评价。

老师:对。 我们可以得出结论,在上门交易情形中,可以类推适用《消费者权益保护法》第 25 条。

问题十三:《消费者权益保护法》第 26 条与《民法典》第 496 条在保护力度上的差别

陈同学:老师,我有一个问题。 在第 18 页,《消费者权益保护法》第 26 条最后一款规定的内容无效,与《民法典》第 496 条所规定的对方可以主张该条款不成为合同内容,在保护力度上有差别吗?

邓继圣:我认为是存在差别的。 如果适用《消费者权益保护法》第 26 条的规定,因为相关内容无效,且是自始无效、绝对无效的,所以该条款不存在由消费者自由主张之空间。 此时,似乎可以认为这是《消费者权益保护法》对消费者的一种强化保护,借此降低了消费者的主张成本。 反之,如果适用《民法典》第 496 条"……对方可以主张该条款不成为合同的内容"的规定,则消费者需要积极去主张相关条款不成为合同内容。该条规定在科加主张义务的同时，也赋予消费者一定的决定自由。若其认为相关条款符合自己的利益，即可决定不提出该主张。

老师：《劳动合同法》《反垄断法》（2007年）及《消费者权益保护法》这类法律，在德国被称为特别私法。它们都处于私法的边缘地带，通过它们可以看出私法与公法的界限。处于边缘地带的特别私法对弱势地位当事人的保护力度比处于核心地带的私法更大一些。

第二节 法律行为制度中的信赖保护原则

问题一：普芬道夫、格劳秀斯与托玛修斯在错误的法律后果方面的观点区别

老师： 在第 20—21 页，普芬道夫与格劳秀斯在意思表示错误的法律后果方面有何明显区别？ 再与托玛修斯相比呢？

蔡淳钰： 在单方允诺方面，普芬道夫理论中意思表示错误的后果与格劳秀斯的观点相似；在契约方面，格劳秀斯没有对错误的类型作区别对待，而普芬道夫明确区分了动机错误与标的错误，这是理论上的进步，其观点也更接近我们所熟悉的错误论。 托玛修斯则在信赖保护上比他们俩更进一步，他没有对动机错误与标的错误区别对待，整体倾向于表示主义的路径，认为动机错误是无关紧要的，并且认为在动机错误的情形中，相对人得到的并非仅是契约无效时的消极利益赔偿，毋宁是契约有效所带来的积极利益。 这是一种积极信赖保护。

问题二：对普芬道夫认为的"重要"动机错误之理解

廖皓： 老师，我有一个问题。 在第 20—21 页，普芬道夫认为，在契约尚未履行并且相对人知道某种情势是错误方缔约的动机时，动机错误才是重要的。 那么，如何理解此处所谓"重要的"？

老师： 重要的错误是指可以导致合同无效的错误。 一直到 19 世纪上半叶，欧陆民法都没有区分无效与可撤销。 到 19 世纪末期，德国的民法理论才开始区分无效与可撤销。 所以，此处所谓重要的错误相当于今天所谓的导致意思表示或者法律行为可撤销的错误。

问题三：科隆电报案的处理

老师： 在第 22 页介绍的科隆电报案里，为什么按照萨维尼的观点，股票买卖委托的合同是不成立的？《阿奎利亚法》能处理这个问题吗？

蔡淳钰：按照意思表示理论来拆解的话，应当认为成立了以委托出售股票为内容的合同。

老师：那是按照现代民法理论（表示主义）推导出的结论，而这里应当回到当时的民法理论。萨维尼持意思主义，其主要关注表意人的主观想法。按照这种进路展开分析，委托人的内心真意为委托购买股票，受托人的表示内容为愿意接受出售股票的委托。两人之间并未达成合意，因此，契约没有成立，自然无从探讨契约上之过失（履行契约义务中的过失），从而也就没有契约关系上的损害赔偿。

《阿奎利亚法》是古罗马关于物件与人身之损害赔偿的法律。其所规定的契约外责任保护的对象是物品与人身，解决不了其他领域的损害赔偿问题，而缔约过失恰恰没有涉及物品与人身的损害，因此，《阿奎利亚法》无法处理这个问题。

问题四：对耶林关于契约无效时损害赔偿责任之推导路径的理解

王珏：老师，我有一个问题。在第23页，关于契约无效时的损害赔偿责任，耶林的推导路径不太好理解。对此，您可否阐释一下？

老师：耶林推导的第一步是诉权。他认为，以买卖合同为例，诉权之标的是买受人的利益。这里也体现了耶林关于权利本质的看法，即利益说，把权利定义为受法律保护的利益，由此实现了诉权与利益的贯通，将讨论的重心从诉权转移到利益。第二步，他用类型化的方法，将利益分成两种类型，一是契约有效情形中的履行利益或者积极利益，二是契约无效情形中的消极利益。然后指出积极利益以契约有效为前提，消极利益不以契约有效为前提，即便契约无效，消极利益也要赔偿。

他使用的方法是对概念进行分类，基于概念的分类而推导出一个结论。耶林早期的方法属于概念法学，到后期才转向利益法学的初级形态，即他所谓的目的法学。不过，可以看出耶林早期也关注利益，将利益作为概念推导过程中的一个重要工具。在缔约过失问题上，他用概念法学的方法，从利益核心范畴中推导出在契约无效的情况下，一方当事人有过失的，也应承担损害赔偿责任，缔约过失责任因此得以诞生。

问题五：对"契约未缔结所带来的利益"之理解

廖皓：老师，我有一个问题。如何理解第23页第5—6行"契约未缔结所带来的利益"这个表述?

老师：所谓利益即本来应当拥有的东西，现在这种利益消失了，就产生了损失。例如，与契约未缔结的情况相比，为了缔结该契约而投入的费用、丧失的交易机会等，都是因为缔结该契约而带来的不利益，属于损失。此时发生损害赔偿之债，债务人须将债权人的利益恢复到当初没有缔结契约时的状态，此即"契约未缔结所带来的利益"。

问题六：科隆电报案中的侵权损害赔偿

蔡淳钰：老师，我有一个问题。在第22页介绍的科隆电报案的判决中，根据《法国民法典》第1382条，侵权损害赔偿旨在救济的是什么权利？

老师：受到拿破仑战争的影响，当时德国科隆适用《法国民法典》。《法国民法典》规定的侵权责任是宽泛意义上的侵权责任，其实就是不法损害赔偿，即因不法行为导致了损害，然后由行为人进行赔偿。此时不需要去检验究竟是何种权利受到损害，只要是合法利益受到损害，就可以获得救济。

问题七：耶林观点下的缔约过失责任之性质

廖皓：老师，我有一个问题。在第23页提到耶林对缔约过失责任的论述，即"在已经成立的契约关系中，错误将导致损害赔偿义务。如果在形成中的契约关系中发生的错误导致同样的结果，则无异于说，其也适用契约责任之原则"。对这句话该如何理解呢？

老师：首先，该句中的"错误"是指合同履行过程中一方犯了错误，并非错误论中之"错误"，而是一种宽泛意义上的"错误"。其次，在有效的契约关系中，如果一方犯了错误，则导致损害赔偿义务；针对想要论证的情形，若错误发生在形成中的契约关系，则其与已经成立的契约关系分属两种情形，耶林认为此时仍会发生损害赔偿义务，且该义务之发生应适用契约责任规则。最后，为论证该观点，区别于一般观点认为错误将导致合同无效，耶林提出，在后一种情形中，契约（如买卖合同）仍有一定的效力。其无效仅意味着不发生合同中的给付义务，但不影响其他义务的产生，比如返还给付、损害赔偿义务等。该损害赔偿义务是契约上的损害赔偿义务，体现了契约的残余效力。因此，他得出结论，认为缔约过失责任是一种因为错误而基于并非完全无效之契约的损害赔偿责任，该责任也应适用契约责任规则。

问题八：建构性意思表示与宣示性意思表示之区别

闫俊奇：老师，我有一个问题。第31页提到"建构性的表示"与"宣示性的表示"，如何理解这对概念？

老师：建构性表示是指能够通过表示创设一个法律效果，如意思表示。宣示性表示至少包括准法律行为下的意思通知、观念通知与感情表示。它可以成为信赖的基础，例如，被代理人依据《德国民法典》第171条作出的授权通知，当事人基于这种信赖与通知中所宣称的代理人签订合同，这个合同应当归属于被代理人。卡纳里斯认为这是代理权表象责任，并非私法自治之结果。该合同并非弗卢梅所称的基于法律行为而授予代理权，然后再基于该代理权实施的另外一个法律行为。

问题九：包含论与卡纳里斯的观点（二元论）之区别

老师：在第30—31页，包含论与卡纳里斯的观点（二元论）之间有何区别？

闫俊奇：我的理解是，卡纳里斯认为，法律行为效力的来源有两大块，一是积极信赖保护，二是私法自治。就后者而言，在意思瑕疵情形中，为使表意人受其有瑕疵的自决状态中设置的规则的约束，需要通过补充性的自我负责要素予以正当化。卡纳里斯认为，这两个效力来源是并列且泾渭分明的，而非相互渗透的。与此不同，包含论认为，积极信赖保护与私法自治的界限并不分明，积极信赖保护与法律行为效力难以明确区分，前者具有广阔的适用领域，包含了后者的适用领域。

问题十：卡纳里斯在意思瑕疵情形中的观点

陈道宽：老师，我有一个问题。第30—31页提到"在意思瑕疵情形中，为使表意人受其在有瑕疵的自决状态中设置的规则的约束，可以通过补充性的自我负责要素得以正当化"。对这句话应当如何理解？

老师：卡纳里斯这里所说的自我负责，也属于私法自治中的一个因素。私法自治首先意味着每个人可以自由决定自己的事务，而一旦作出了自由决定，就要对该自由决定负责，此即私法自治中的自我负责因素。

这里可以联系后文中评析的相关补充论述，即卡纳里斯试图通过重新诠释法律行为这个概念，使真意保留的意思表示留在私法自治的框架之内。就真意保留而言，表意人的表示内容与其内心的效果意思不一样，卡纳里斯认为，法律行为的本质在于使一项规则发生效力（源自拉伦茨的效力说），真意保留是无关紧要的，因为表意人知道甚至愿意对其所作的表示进行效力安排，易言之，当事人是在无瑕疵的自觉状态中创设一个规则，这是符合私法自治的，故而真意保留的法律行为应当发生效力。

其观点之关键在于，当事人是否处于自决的状态。卡纳里斯认为当事人作出表示行为时是自决的，但其实还要考虑另外一个方面，即当事人通过表示行为所创设的法律效果是否为自决。由于当事人内心并不想发生此种效果，但法律却让其发生，所以就不能称之为自决了。如果真意保留情形中存在表意人自决，那么，充其量只能说意思表示行为是自决的，而借助该表示行为所创设的法律效果的发生，恰恰违背了表意人内心的真实意愿，所以并非自决。

问题十一：信赖责任与合同责任的发生基础

闫俊奇：老师，我有一个问题。在第 32 页，罗泽尔在区分合同责任与信赖责任时，认为"不应把除了自决以外也因信赖而发生的责任称为信赖责任"。如何理解他所说的这句话？

老师：如果该责任发生的基础既有意思自治的因素，又有信赖的因素，两个因素相结合而导致责任，那么，应当认为该责任属于合同责任而非信赖责任。此外，因为该责任使当事人获得履行利益，所以也属于积极信赖保护。

问题十二："有瑕疵法律行为的约束力"与"有瑕疵法律行为的效力"的含义

陈道宽：老师，我有一个问题。在第 35 页的"结论：交叉论"这一部分中，对于"有瑕疵法律行为的约束力"与"有瑕疵法律行为的效力"应当如何理解？

老师：在这一部分中，约束力与效力之间没有本质的区别。此处所谓的约束力与后面"法律行为成立与生效"部分所讲的法律行为成立后发生的形式约束力是两个概念。第 35 页所谓的效力等于约束力，二者可以同义替换。

第二章
法律行为的概念与类型

- 第一节 法律事实体系中的法律行为
- 第二节 法律行为的概念与分类

第一节　法律事实体系中的法律行为

问题一：事实构成的构成要件

陈同学：老师，我有一个问题。在第37页，关于构成要件与事实构成的关系，哪些构成要件包含在"事实构成"中？

老师：以侵权行为为例，它就是一个事实构成（Tatbestand）。侵权行为可以分成若干要件，包括加害行为、损害结果、因果关系、违法性、过错等，这些就属于侵权行为这个事实构成所切开的各个组成部分，我们称之为构成要件。通常而论，私法上的事实构成就是法律事实，但不是具体的法律事实，而是抽象的法律事实。"甲对乙实施了侵权行为"这句话描述了一个具体的法律事实，而法条（如《民法典》第1168条）中规定的侵权行为则是抽象的法律事实，学理上称之为事实构成。

此处还存在学说争论。恩内克策卢斯与尼佩代认为，"权利"是法律事实之外的事实构成的一个组成部分，比如在所有权让与中，让与人的权利是事实构成的组成部分。A把一块土地的所有权转让给B，就所有权移转的法律效果而言，其发生的原因就是一个事实构成，该事实构成除了法律事实之外，还需要A对这块土地享有所有权。易言之，是让与人的所有权加上双方实施的物权行为（法律事实），共同导致了所有权移转法律效果的发生。

同时代的另一个法学家冯·图尔持不同观点，其认为所有的事实构成都是法律事实。就所有权让与而言，导致所有权移转的有物权行为这样的法律事实，也有"让与人所有权存在"这么一个状态，该状态也是一个法律事实。两个法律事实相结合，导致了所有权移转法律效果的发生。

问题二：行为与事件的区分

廖皓：老师，我有一个问题。第38页提到，"例如，甲杀害乙，致乙死亡，丙因此继承乙的遗产。从继承这一法律效果的视角看，乙的死亡尽管由甲的加害行为造成，但仍为事件，因为甲并非继承关系的当事人。此时，继承法仅关注乙死亡这一结果,不关注导致乙死亡的加害行为。反之,从甲的损害赔偿责任的视角看,甲的加害行为则是行为,不是事件,因为甲是损害赔偿关系的当事人"。在这个例子中,区分的意义是否在于,只有法律关系当事人的行为才能改变法律关系?非法律关系当事人的行为是否定性为事件?

老师: 关于法律关系的当事人,不论是哪方当事人,如果其所实施的行为引起了该法律关系的产生、变更或者消灭,那么,从该法律关系变动效果这个角度看,就应当定性为行为。反之,如果是法律关系当事人以外的第三人实施的某个行为导致了该法律关系变动效果的发生,那么,相对于该效果的发生而言,第三人的行为就不是行为,而只是一个事件。通过案例可以看出,很多事件其实也是人为的,而民法理论上区分行为与事件的标准为,该行为是否由系争法律关系的当事人所实施。若是,则为行为;若否,则为事件。

问题三:将自然事实划分为事件与状态的实践意义

李同学: 老师,我有一个问题。在第38页,作者在自然事实的分支项下将其划分为事件与状态,那么,在我们一方面澄清事件与状态之间的关系,另一方面澄清事件与行为之间的边界的过程中,此种区分以及相应的定性除了能够使我们的认知更清晰外,是否还有别的作用?就如本例而言,事实上无论乙的死亡如何定性,对于继承法规范的适用都毫无影响,因为继承法仅强调死亡这个法律事实;同样地,甲杀害乙此种侵权事实无论如何定性,都不会影响损害赔偿责任的承担问题。

老师: 基本上没有实践意义。民法学上有一些区分仅有认识的功能而无实践的功能。在学习民法、研讨民法的过程中,不是说讨论任何问题都与实践有直接的关联性,因为民法毕竟是一个传统的理论体系,这个理论体系中有基础性的知识,这与具体个案的处理距离比较远,即便有关联性,也只是间接关联性。当然也不能将其完全忽略,尤其是体系书里不能有遗漏。这就如同开超市,不能缺货,哪怕是一个小众商品,一旦不能提供给个别顾客,就会丧失顾客对该超市的信赖。

问题四:不当得利在法律行为框架内的定性

李兆鑫: 老师,我有一个问题。在第38—39页的法律行为通说框架内,不当得利应当如何定性?

老师: 不当得利的属性很复杂,难以定性。不当得利是一种结果,是利益的变动。其发生原因有多种，可能由当事人的行为造成，或者由第三人的行为造成，或者由自然事件造成，因而不可一概而论予以定性。

金子文： 不当得利是一个法效果的统称，是否算作法律事实，还有待商榷。

老师： 不当得利会引发不当得利返还之债，所以它是债的发生原因。债的发生原因应该是法律事实。不当得利是一个欠缺正当性的利益变动，其实更像一种状态，与书中所列举的下落不明以及设施造成的妨害状态相似。不正当的利益变动形成的结果就是一个状态，这个状态进而引发了不当得利返还债权债务的法律效果。

问题五：雇佣关系的存续对应的法律效果

陈道宽： 老师，我有一个问题。在第38页，"状态"下面所列举的情形包括雇佣关系的存续，其对应的法律效果是什么？

老师： 雇主责任的发生要件之一是雇佣关系的存续，即损害事件应发生于雇佣关系存续状态之中。该要件与其他要件相结合，共同导致雇主责任之类的法律效果。此外，该状态有时还涉及经济补偿金的数额认定。

问题六：事实行为与表示行为以及准法律行为与意思表示的差异

王珏： 老师，我有一个问题。在第39页，关于事实行为与表示行为，以及准法律行为与意思表示，这些概念有何差异？

廖皓： 事实行为与表示行为之间的差异体现在，前者导致的法律效果并不取决于相对人的意愿，而后者之所以发生特定法律效果，是因为行为人想要发生一定的法律效果并将其意愿表达于外部。意思表示与准法律行为之间的差异体现在，前者是按照当事人表达出来的意愿发生法律效果，而后者是由法律直接规定发生某种法律效果。

老师： 你第一句话描述的是事实行为与意思表示的区别，不是事实行为与表示行为的区别。

问题七：表示行为采纳意思表示概念而非法律行为概念的原因

王珏： 老师，我有一个问题。第39页，在作者所支持的法律行为分类中，将行为划分为表示行为与事实行为，表示行为又划分为意思表示与准法律行为。那么，这里的表示行为之中为何采纳意思表示概念而非法律行为概念？

老师： 法律行为可能仅由单个意思表示组成，亦可能由单个意思表示加上其他要素组成，还可能是若干个意思表示组合而成，甚至可能是若干个意思表示组合再加上额外的因素组合而成。无论以上述何种形式组成法律行为，意思表示就其本身而言也是一个行为，是一个表示行为，因为其表达了表意人心中想要创设某一个法律效果的意愿。

王珏： 那么，将法律行为与意思表示这两个概念放在作者的理论框架下是否合适？

老师： 使用意思表示的概念更为精确。法律行为通常是个复合体，可能还有别的构成要素，这些其他的构成要素当然不是表示行为，所以，若把法律行为放在表示行为之下，会使得法律行为项下一些不属于表示行为的内容被归入表示行为，在整体框架上是不纯粹、不严谨、不精确的。反之，若将意思表示放在表示行为之下，就没有问题，因为其本身不包含别的杂质，是纯粹的表示行为。

问题八：不要因行为与在催款单上签字

邓继圣： 老师，我有一个问题。在第40页，通说认为债权行为中存在债务承认与债务约束等不要因行为，但书中所列举的观念通知包括在催款单上签字承认债务，二者是否存在矛盾？

老师： 在德国民法上，债务承认可以构成一项法律行为，《德国民法典》第781条还专门对此予以规定。但我国实证法并未规定债务承认是一种法律行为，尽管实践中存在大量此类问题，相关讨论还仅停留在理论层面上。无论如何，债务承认在我国民法理论上至少是一种准法律行为。其实，在德国法上也不是任何一个债务承认都构成法律行为。有时债务承认构成一个独立的法律行为，而有时债务承认的当事人并无通过这项行为再创设一个债权债务关系的意思，所以不构成一个独立的法律行为。比如，债务人在催款单上签字，在德国通常不被认为是一个独立的法律行为，只是一个单纯的观念通知，因为双方都无意通过这样一种举动形成一个新的、独立的法律行为，进而产生新的债权债务关系。

问题九：宥恕的定性

金子文： 老师，我有一个问题。在第40页，作者探究了宥恕的性质。我在一本书中看到有观点认为宥恕不是准法律行为，理由有三个：首先，宥恕的通知并不具有决定性意义，与其他构成准法律行为的通知的效力并不完全一样,其效果取决于法院的决定。 其次,行为能力对于宥恕行为没有意义,法律上并不要求宥恕人本身具有行为能力,因而无须准用法律行为制度中的行为能力规则,仅意思表示瑕疵理论还有准用的余地。 最后,《最高人民法院关于贯彻执行〈中华人民共和国继承法〉若干问题的意见》(已废止,以下简称原《继承法解释》)第13条规定了人民法院"可"不确认其丧失继承权,说明法院有很大的裁量权,宥恕行为的形成效力比较有限。 不过,《民法典》第1125条已经修改了规范模式,法院不再具有裁量权,只要满足后续条件,法院就应当认定继承人因受到宥恕而不丧失继承权。

李兆鑫:《民法典》第1125条虽然针对旧的司法解释删除了"可",但在第1款第3—5项都要求"情节严重"。 这依然是让法院针对案件事实进行价值判断,也就是说,法院依然拥有对于继承人是否丧失继承权的决定权。

金子文:法官仅在判断是否丧失继承权的阶段才进行主观价值衡量,而非针对宥恕行为。 相反,如果没有在先确定继承权丧失的前提,也就谈不上之后的宥恕行为,这恰恰说明了《民法典》限制了法官对宥恕的裁量权。

老师:无论如何,需要讨论的核心问题是,法律规定是否影响我们把宥恕行为当作一个准法律行为。

金子文:相较于原《继承法解释》,《民法典》更倾向于将宥恕行为当作一种准法律行为,因为原来的司法解释赋予法官很大的自由裁量权,可以使当事人宥恕行为的形成效力受到影响。 但是,通过对比就可发现法官的自由裁量权被《民法典》限缩了,可以认为只要发生了相应的事实(宥恕),就发生相应的形成效力。

老师:无论是意思通知、观念通知,抑或是感情表示,都是一种法律事实。 这个法律事实要么单独引起法律效果,要么与其他法律事实相结合共同引起一定的法律效果。 只要它作为能够引起一定法律效果的若干事实中的一项就足够了。 在法官将不同法律事实联系起来的过程中,对其效果的裁量程度并非重要因素,法官在作任何裁判的时候,或多或少都有一些裁量权。 因此,在这个问题上,不需要考虑法官的裁量权,需要考虑的只是宥恕这个法律事实在多大程度上准用意思表示规则。

王珏:准法律行为一定要准用法律行为规则吗? 准法律行为的概念并未包含"准用意思表示的相关规定"。

老师:部分准用。 如果一点都不准用法律行为规则,那么,将其称为准法律行为显然不合适。 虽然感情表示尚未达到意思通知、观念通知等准用法律行为规则的程度，但只要有一两个问题可以准用法律行为规则，则将其放在准法律行为概念里就没有问题。除非能证明宥恕行为不适用任何法律行为规则，与法律行为一点关系都没有，才可以将其从准法律行为的框架里剔除出去，但目前看来并非没有任何可以准用之处。至于哪些规则可以准用，在学理上尚有争论的余地，比如行为能力制度可否准用，是存在疑问的。

问题十：对"一项自然行为受数重法律评价因而对应数项规范行为"的评价

王珏： 老师，我有一个问题。在第41页，对于"一项自然行为受数重法律评价因而对应数项规范行为"这一观点，作者如何评价？

廖皓： 该观点认为，违法性只存在于公法领域，而私法领域中的行为皆属于合法行为。但是作者认为，不能将公法与私法割裂开，使得违法性仅限定于公法领域，公法上的违法性给一项行为留下的印记在私法上是不可能消失的。此外，应更加关注违法性在不同部门法的法律评价中的意义。

金子文： 如果以合法性作为各种事物的共性，那么，应当是每一个事物都有此共性。相应地，如果认为合法性是法律行为的共性，那么，所有的法律行为都应当具备这种共性。如果说适法行为中包含了表示行为与事实行为，则按照严谨的逻辑推论，合法性应当成为表示行为与事实行为的共性。可问题是有一些违法的法律行为也会被认为是法律行为，此时它与合法的法律行为就不能具备这个共性，亦即合法性本身不能成为其共性。故而应当摒弃适法行为这个上位概念，转而以表示行为作为上位概念。

老师： 把合法行为与违法行为之划分放在第一层级完全没有必要，意义不大，逻辑上也会遇到困难。整个法律事实分类的潜在逻辑就是，判断行为是否包含了表意人的意思以及意思与法律效果之间的关联性如何。就此而论，表示行为与非表示行为的区分对于概念的厘清才更有意义。

第二节　法律行为的概念与分类

问题一："一个行为的当事人意欲发生某种法律效果"的定性

陈道宽： 老师，我有一个问题。在第43页，作者为法律行为归纳出"法律效果由意思表示的内容决定"这一根本特征。那么，可否说只要一个行为的当事人意欲发生某种法律效果，其实施的这个行为就是一项法律行为？

老师： 仅仅具备当事人意欲发生某种效果尚且不足，需要符合另外一个特征，即法律上按照行为人的意愿发生此种效果。或者更为严谨地说，就是在符合生效要件的情况下，法律上按照行为人的意愿发生其所希望发生的法律效果，符合这个特征的才可谓法律行为。

问题二：当代德国民法学"轻概念、重实践"的学术风格

李同学： 老师，我有一个问题。在第45页，作者提到了当代德国民法学"轻概念、重实践"的学术风格。您可否对此简单勾勒一下？

老师： 当代德国民法教科书里已经很少讨论概念体系了，更多的是着眼于提出的问题与司法实践的关系。如果属于实践中涌现出来的问题，就会浓墨重彩地去讨论。相应地，对于纯粹概念层面、仅具有认识功能的那些问题的讨论日益减少，不像一百年前那样着重讨论。德国民法理论的概念体系是其区别于欧洲其他国家民法理论的一个重要标志。从萨维尼开始，经过普赫塔、温德沙伊德、恩内克策卢斯等几代人的发展，德国民法学者将自己独特的概念体系建立起来并不断完善，最后达到非常完美的状态，这是他们学术上乃至文化上引以为豪的成就，为此自我欣赏了数十年。但到20世纪后半叶以后，德国民法学变得更为务实，更注重解决实践问题。所以翻阅当代德国民法教科书时，很难找到对理论问题的彻底论述。需要翻阅恩内克策卢斯与尼佩代或者冯·图尔的民法体系书，才能找到此类论述。这几个民法学家可谓民法概念体系的集大成者，其著作无论是正文还是脚注，都详细记录了19世纪德国民法理论的发展过程。

问题三：对法律行为用语之理解

李兆鑫： 老师，我有一个问题。在第 49 页，作者认为使用"法律行为"一词时，应当仅指民法上的法律行为。对此，应当如何理解？

老师： 行政法上能够纳入法律行为概念的是行政合同，国际法上的国际条约也符合法律行为的本质特征，但终究属于例外，所以约定俗成的法律行为依然是民商法中的此类行为，即通过意思表示创设法律效果的行为。

问题四：以法律约束力抑或意思表示作为区分法律行为与一般社会交往行为的标准

陈道宽： 老师，我有一个问题。在第 49 页，以是否具备法律约束力来代替是否具备意思表示要素，作为区分法律行为与一般社会交往行为的标准，概念上是否更加清晰？

老师： 我们读的书是《法律行为论》，法律行为最为核心的要素就是意思表示，在写作手法上需要赋予意思表示更为重要的角色，使其成为贯穿全书的主线，所以此处强调意思表示要素。

问题五：广义的情谊行为概念有何意义

陈道宽： 老师，我有一个问题。在第 49 页，作者提到广义的情谊行为概念。那么，在今天的民法概念体系下，为何还要保留广义的情谊行为？

老师： 请王珏同学对此发表观点。

王珏： 我们现在谈论的情谊行为已经是狭义的情谊行为，广义的情谊行为把情谊合同纳入进去了，因为按照最原始的概念来讲，情谊行为是无偿向他人提供好处的行为，无偿合同亦符合该原始概念。

老师： 广义的情谊行为具有实践价值，否则如何将狭义的情谊行为和赠与、无偿委托等合同联系起来呢？它们之间是有相似度的，此种相似度对于处理实践问题具有一定的参考意义。

陈道宽： 广义的情谊行为是否包括无因管理？因为无因管理亦是无偿向他人提供好处的行为。

老师： 不包括。情谊行为不同于无因管理，情谊行为是双方达成的默契，就狭义的情谊行为而言双方也是有一个约定的，只是这个约定不属于合同上的约定而已。无因管理不具备此项特征，它指的是管理人单方面去管理他人事务。

问题六：两种情谊行为责任之解释路径的对比

李兆鑫：老师，我有一个问题。在第51—52页，作者介绍了《民法典》对情谊行为责任所提供的两种解释路径，一是将第509条第2款的目的论扩张为具备一般条款功能，二是类推适用第500条，但只能在接近于缔约过程中的交往行为并且在施惠者与受惠者之间产生特别信赖的情形中，才可以产生保护义务。那么，是否可以说第一种解释路径是更优解？

老师：《民法典》第509条第2款结合第468条，构成债务关系中保护义务的一般条款。在债务的履行过程中，一方对另一方负有保护义务，但其前提始终是有既存的债务关系。而情谊行为本身并非债务关系，如果认定在情谊行为中发生保护义务，则其并不符合《民法典》第509条第2款的前提条件。因此，只能对第509条第2款进行目的论扩张，至少扩张适用于某些产生保护义务的情谊行为。在此种情形下，当事人在开展活动、进行交往的过程中，一方对另一方负有保护义务。这是第一条路径。

第二条路径是将《民法典》第500条的缔约过失责任类推适用于部分情谊行为之中，但是此部分情谊行为需要进行一些限定，即情谊行为须接近于缔约过程中的交往行为，并且双方之间产生了特别信赖而非松散的关系。

陈道宽：我觉得第二路径是更优解。因为走第一条路径的话，很难说明为何扩张适用到那些产生特别信赖关系的情形。相较之下，第二条路径更为简单，可以直接类推适用于类似的交往行为。在实践中，当采取第二条路径时，法院的说理也会更加简洁明了。

金子文：情谊行为产生保护义务的前提是当事人之间存在信赖关系。我们可以设想，若当事人之间是陌生人，是不存在信赖关系的；若当事人之间处于缔约前磋商阶段，双方的信赖关系紧密了一些；若合同已处于履行阶段，双方的信赖关系变得更加紧密。按照这个逻辑，当事人在《民法典》第500条的适用情形中的关系其实应该比较松散了，而第509条第2款适用情形中的当事人之间的关系应该更加紧密，所以，实则更难以类推适用。

李群涛：无论采取哪条路径，总体思路还是基于诚信原则，然后在特别的类似交易接触的场景之下，衍生出了特别的信赖。归根到底，既然是诚信原则，为何不直接适用《民法典》第7条？尽管存在禁止向一般条款逃避的原则，意即第7条肯定是劣后适用的，但在讨论该部分内容之时，总归要论证当事人之间的特别信赖。若采取作者的两条具体解释路径，则会增加一份说理义务，即为何要进行目的论扩张等，而若适用《民法典》第7条，则恰恰仅存在一份论证义务。因此，直接适用《民法典》第7条是最佳方案。

老师：这个恰恰说明问题，只有在适用《民法典》第509条第2款或者第500条时进行严谨细致的说理，才能保证法律适用及案件处理的准确性与公正性。若直接适用第7条，论证义务虽然减轻了，但却导致论证过程显得粗糙。在法学方法论上，很少有人主张遇到个案直接适用一般原则，都是在穷尽一切手段而仍无法解决问题的情况下，才求助于法价值原则进行漏洞填补。所以，相较于一般原则，还是要坚持优先考虑类推适用具体规则。

问题七：关于情谊行为责任限制的论证路径

老师：在第53页，书中关于情谊行为责任限制是如何论证的？

闫俊奇：作者首先区分了两种情形。如果情谊行为能产生保护义务，那么，在施惠者违反保护义务的情况下，应承担债务不履行损害赔偿责任。如果情谊行为不产生保护义务，则只能适用侵权责任。就违反保护义务的责任限制而论，学理上的主流观点认为，施惠者的债务不履行损害赔偿责任应类推适用与该情谊行为类似的无偿合同的责任限制规则；部分学说认为，合同关系中的责任限制规则是针对给付义务违反的损害赔偿责任，未必皆可类推适用于情谊关系或者缔约过程中违反保护义务的责任，甚至也不能当然适用于此种合同关系中违反保护义务的责任。德国判例的主流观点认为，责任限制规则类推适用的前提是行为人违反的保护义务与给付义务存在关联性；相反的观点则认为，责任限制规则原则上可以类推适用于各种保护义务。对此，作者的观点是，应当依据责任限制规则的目的以及受损害的利益类型，决定是否可以类推适用于合同关系中的保护义务、先合同保护义务以及情谊关系中的保护义务。

老师：我来比较全面地梳理一下这部分的学说。学理上而言，缔约过失责任有时也适用责任限制规则。如果双方打算缔结赠与合同或者无偿保管合同等，那么，在缔约过程中，一方违反了先合同义务，要对另一方承担损害赔偿责任。这种损害赔偿责任与买卖合同、租赁合同等有偿合同在缔约过程中因先合同义务违反而产生的责任，应当有所区别。

当然也有学说认为，合同关系中的责任限制规则是针对给付义务违反的，不一定都可类推适用于情谊关系或者在缔约过程中违反保护义务的责任，因为违反的义务类型不一样。无偿合同的责任限制规则针对的是给付义务违反，而无论是情谊关系抑或是缔约过程中产生的责任，其所违反的都是保护义务，该义务不同于给付义务。

德国判例的主流观点认为，责任限制的前提是违反的保护义务与给付义务存在关联性。可以看出，此种观点将前面讨论的责任限制规则的类推适用限定于如下前提，即缔约过失责任及情谊行为责任发生的基础是与给付义务有关的保护义务被违反，这样才能将无偿合同中的给付义务违反的责任限制规则适用于先合同义务违反的合同责任。与之相反的观点认为，责任限制规则原则上可以适用于各种保护义务，而不需要加以限定。

以上归结了四种观点，第一种观点与第四种观点比较接近。那么，对于侵权责任，应否适用责任限制规则？

闫俊奇：责任限制规则对于情谊关系中的侵权责任也有适用余地。理论基础在于请求权竞合理论中的相互影响说，合同请求权的某些要素可以对侵权请求权产生影响。在论证上，作者从《民法典》第1217条好意同乘关系中的特殊侵权责任出发，认为该条在一定程度上受到无偿委托合同的责任限制规则的影响。针对潜在的反对意见，即并未完全适用无偿委托合同的责任限制规则，作者给出的理由是，合同责任的限制规则对机动车使用人的优待与危险责任的严格性相互妥协。

老师：情谊关系中的侵权责任在我国《民法典》中具有实证法基础，即《民法典》第1217条。该条表明好意同乘是一个典型的情谊关系，其侵权责任在一定程度上受到无偿委托合同责任限制规则的影响。书中后文又补充了一个说明，即第1217条看起来并未完全贯彻无偿合同责任限制规则，因为还掺杂了另外一种因素，即机动车事故责任。机动车事故责任是一种危险责任，因其其有自身的特殊性，不仅干扰了无偿委托合同的责任限制规则，而且干扰了情谊关系中侵权责任限制的类推适用效果。

问题八：第55页的情谊行为案例分析

老师：第55页提到了一个情谊行为损害赔偿责任的案例。对该案例，大家有何看法？

闫俊奇：如果不承认案例中所涉及的情谊行为会产生保护义务，且因为乙将甲赶下车而使得甲另外花费的打车费属于一种不依附于任何权利或者权益的损失，亦即纯粹经济损失，那么，甲不能向乙主张侵权损害赔偿或者债务不履行损害赔偿。但如果承认该案例中的情谊行为会产生保护义务，那么，甲就可以向乙请求债务不履行损害赔偿，赔偿的内容为交通费的差额。

老师：这种情形有无可能被纳入侵权责任之中？

闫俊奇：如果本案中由于乙将甲撵下车而浪费了甲的时间，则考虑到闲暇在当今算是一种非常珍贵的资源，或许可认为时间构成甲的一项权益。该案例中，因为乙将甲赶下车造成甲时间的浪费，所以可认定乙侵害了甲的合法权益，应对甲承担侵权责任。特别是在诸如打车去旅游而浪费假期闲暇时光的情形中，可以如此处理。

老师：该案例与闲暇无关，甲就是多花了一笔交通费而已。

闫俊奇：我认为，如果希望通过侵权请求权来救济甲的话，就需要找到一种法益或者权利作为切入点，使乙的行为构成侵权。

老师：如果承认乙的行为构成一种权益侵害，就当然构成侵权责任了吗？其他要件呢？

闫俊奇：或许可以把乙故意将甲弃置路边的行为评价为故意背俗？

老师：发生口角而将同乘之人赶下车并不违背公序良俗，这种做法也没有违法性，不构成违法行为，所以，即便构成损害，也不发生侵权责任。单纯依靠侵权责任是无法解决本案问题的，只能诉诸承认在此种情形中双方的情谊行为能够产生保护义务，进而通过债务不履行损害赔偿责任来救济甲。

问题九：为何已经存在合同关系时提供便利的行为通常不是情谊行为

唐昕茹：老师，我有一个问题。在第56页，为何在双方之间已经存在合同关系的情况下，一方为另一方提供额外便利或者一方为了妥协而向另一方许诺一项便利，通常不是情谊行为，而应当具备法律约束力？

王珏：因为有合同框架存在，在合同框架已经确定的情况下，一方向另一方许诺的好处自然被该框架所涵盖，即具备法律效力。

老师：在之前讲过的物业公司将小区住户踢出群的案例中，存在一种解释，即从物业合同的附随义务中推导出其责任。

问题十：彩票纠纷案中销售员忘记购买彩票的行为定性

王珏：老师，我有一个问题。在第57页的彩票纠纷案中，法院认为销售员与顾客之间成立无偿委托合同，并判决认定其无故意或者重大过失。但是，该销售员忘记购买彩票这一行为不构成重大过失吗?

老师:此处应当构成重大过失,但法院确实不想让销售员赔偿。其实代购彩票需要区分不同的情况,不可一概而论。书中案例描述的是客户已经将选好的号码发给彩票销售员了,如果销售员没有买彩票,则需要承担很大的风险。如果是让彩票销售员以机选的方式打出彩票,就不会存在漏买要赔偿巨额损失的问题,赔礼道歉即已足够。

陈同学:在彩票纠纷案中,作者从风险承担的角度论述,言及销售员应承担巨额损害赔偿与可能获得的业绩显然不成比例,其理论依据何在? 是否涉及比例原则?

老师:此处不涉及比例原则,其论证依据是利益与风险相一致原则。无论是中国学者还是德国学者,在研究各个具体问题时,经常明示或者默示地运用该原则,这近乎一种法感。

问题十一:人际关系约定中注意义务之性质

王珏:老师,我有一个问题。在第58页,关于"驴友"相约共同旅游的案例,有文章将其放在不作为侵权的注意义务部分讨论,认为相约共同旅游会产生保护同行者的注意义务,未保护同行者的,构成不作为侵权。对此,您有何看法?

老师:我认为不应将作为义务与注意义务画等号。注意义务只是过错的判断标准,违反注意义务的,构成过错,但其本身不是真正意义上的义务。

王珏:侵权法中的义务本质上属于一般社会交往层面的义务,而人际关系约定会在当事人之间产生较一般社会交往更为紧密的联系,并据此产生类似合同义务的保护义务。因此,侵权领域中的注意义务可能会在更宽泛的意义上产生。德国侵权法上有"一般交往安全义务"的概念,该义务在程度上稍弱于保护义务,所以在部分案例中,当事人构成侵权责任,但不构成保护义务的不履行责任。

老师:这种意义上的交往安全义务约等于注意义务。人们在参与社会活动时,应当避免自己的行为给他人权益造成侵害。如果没有尽到此项注意,则实施的行为违反交往安全义务,造成侵害结果的,构成作为侵权。易言之,在大多数情况下,交往安全义务的违反属于作为侵权,而交往安全义务本身通常并非作为义务,其并未要求义务人积极地去实施某种行为。所以,将违反交往安全义务的致害行为定性为不作为侵权,通常有欠妥当。

老师： 人际关系约定与情谊行为相比较，在产生的保护义务方面及违反保护义务的责任方面，是否存在区别？

王珏： 违反人际关系约定产生的责任可能相对较弱，因为在情谊行为中，双方当事人有一个恩惠授受的合意，但是在人际关系约定中没有此种合意。

老师： 两种情形中，当事人关系的密切程度不一样。在情谊行为中，存在一个利益授受的过程，据此，受惠人会敞开利益领域，从而增加受损害的可能性，与此相应，施惠方应负有保护义务。而在一般的人际交往中，没有利益授受的过程，相较而言，成立保护义务的理由没有那么充分。

问题十二：人际关系约定中保护义务的适用前提

蔡淳钰： 老师，我有一个问题。在第58页，最后一段提到"人际关系约定在一定前提下也能产生保护义务"。关于该"一定前提"，能否提炼出统一适用的规则？

老师： 你们思考一下，人际关系约定的保护义务如何产生？何时产生？是相约共同旅游出发之时就产生，还是旅游过程中出现紧急情况时产生？

举两个例子。第一种情况，甲、乙、丙三人共同旅游，途中丙意外落水，甲、乙只需伸手拉住丙就可以将丙救回来，那么，甲与乙有无保护义务？第二种情况，丙因意外即将落水，但甲、乙是碰巧在场的其他游客，甲、乙只需伸手拉住丙就可以将丙救回来，那么，甲与乙有无保护义务？

再设想一个处于中间状态的案型。甲与乙不是相约共同旅游，而是碰巧遇到并一起散步聊天，丙骑车路过且即将撞上乙，甲伸手拉乙即可以避免乙受伤，那么，甲对散步伙伴乙是否有保护义务？

陈道宽： 当事人约定共同旅游，可能就是为了防止有危险的特殊情况发生，故而可以认为在达成共同旅游的约定时，存在一个默示的合意，即旅游途中要相互扶持。

廖皓： 我觉得可以从两方面考虑。第一，在共同旅游的过程中，如果对环境条件不熟悉，则共同旅游的危险性就比共同散步更高；第二，如果共同旅游的过程中熟人少，"我"依赖"你"在危险发生的时候伸出援手，则共同旅游者相互依赖性更强。

老师： 驴友相约共同旅游，这种类型的共同活动存在特殊因素，相互间具有比一般关系更强的依赖性，从而能够推导出相互间的保护义务。两人临时在路边散步聊天，则没有这么明显的相互依赖性。对比来看，旅行社组织的旅行中，游客们信赖的对象是旅行社，信赖关系呈放射状，旅行社是信赖指向的中心点，游客们相互间没有信赖关系。反之，驴友共同旅游，他们的信赖关系体现为一个网状结构，各参与者相互间存在一定的信赖关系。

共同饮酒也存在一个特别风险，即醉酒而导致受损害的风险。饮酒人彼此之间也有安全上的依赖性，当酒局喝到一定程度时，饮酒人就应当相互照顾。现实生活中一般也是如此处理，这样比较符合社会一般观念。

问题十三：违反避孕约定的损害对象与损害内容

闫俊奇：老师，我有一个问题。在第59页的例子中，同居者未遵循避孕约定，导致小孩"错误出生"。此处损害的对象是什么？赔偿的内容是什么？

老师：损害的对象是生育的自主决定权。实际上，此处涉及的是违反保护义务，进而产生债务不履行责任。此时无须辨别侵害的是什么权利、权益或者是纯粹经济损失，只要违反保护义务，即使是造成纯粹经济损失，也能产生赔偿责任。按照差额说，赔偿的内容是抚养费。

问题十四：预备协议的认定标准

闫俊奇：老师，我有一个问题。在第62页，脚注3与脚注4中举了两个例子，分别构成预备协议和预约。二者的区别是否在于，第二个例子已经就给付义务相关内容达成约定，比如购房意向款、房屋面积、每平方米价格等，而第一个例子只是对优先承租权的约定，效力较预约而言偏弱，所以仅构成预备协议？

老师：对，确实有这方面的区别。第61页中提到，预备协议是对谈判费用、告知义务、保密义务、独占协商等事项进行约定，对于最终合同的订立发挥准备、辅助、铺垫等作用。预备协议履行之后，下一个阶段就是正式缔约。而在预约中，当事人对本约中可能会涉及的内容或许有所约定，只不过双方尚未作出最终缔约的决断。

陈道宽：在"澳华资产管理有限公司与洋浦经济开发区管理委员会建设用地使用权纠纷案"中，是否因为当事人没有针对前文所说的预备协议应当规定的内容进行约定，所以不构成预备协议，仅构成一般的磋商性、谈判性文件，从而不发生任何约束力？

老师：在该案例中，当事人约定"协调置换"，表述得非常模糊、笼统。

关键在于"协调"二字，说明当事人的态度是有所保留的，只能表达一个意向。

问题十五：我国备忘录或者草约的立法问题

李兆鑫：老师，我有一个问题。从第63—64页的论述来看，备忘录在各个谈判阶段都有自己的定义，并且在各个阶段是否具有约束力都有学说与判例予以支撑。我认为，在我国的实证法下，对备忘录进行立法规定的意义并不大，毋宁对其进行类型化，并对各种类型予以具体分析。对此，您有何看法？

老师：对，没必要在立法上统一规定。备忘录是实践中一种类型的交易文件，其在法律上如何定性，还有待在实践中予以考察、研判，难以在立法上作统一的定性或者评价。

问题十六：备忘录或者草约之效力的变迁

李兆鑫：老师，我有一个问题。在第64页，第2段中的域外法部分阐述了四种法律规定或者学说，呈现一个时间越晚就越否认备忘录具有约束力的趋势。首先，按照《奥地利普通民法典》的规定，具备主要条款与当事人签名的草约直接确立权利义务关系；其次，按照德国"德累斯顿草案"的规定，对构成合同本质的事项达成合意并固定签署临时记录的，该记录具有约束力；然后，温德沙伊德开始进行区分，辨别究竟达成的是预约还是本约，又或者根本不是契约；最后，按照《德国民法典》的规定，有疑义时，即便存在记录于书面的关于个别事项的谅解，也不产生约束力。

老师：你总结了随着时间的推移，备忘录效力的发展历程。

廖皓：第65页第1段中的"解释规则"是不是具有意思推定力的条款？据此，在有疑义时，备忘录不产生约束力，但可以用充分的证据来推翻此项推定？

老师：对。如果有充分的相反证据，则可以作相反的判断。

问题十七："刚性"保护人声明产生的替代权

朱丽芸：老师，我有一个问题。在第67页，拉伦茨认为，保护人此时行使的是替代权。那么，此处的替代权是否相当于涤除权？

老师：不是。替代权是《德国民法典》规定的一个债法上的权利，即一方当事人享有的用一个给付替代另外一个给付并以此来履行债务的权利。此项给付的完成同样会导致债务消灭。

朱丽芸：是否只有"刚性"保护人声明涉及替代权，"柔性"保护人声明不涉及替代权？

老师：是的。因为柔性的保护人声明没有约束力，不产生法律上的权利义务关系，至多在特定情况下产生保护义务不履行的损害赔偿责任，与无约束力的社会交往上的约定没有本质区别。

问题十八："刚性"保护人声明中替代权的理论基础

蔡淳钰：老师，我有一个问题。在第67页，"刚性"保护人声明在常规情况下需要"入库"，亦即保护人为债务人提供履行债务所需的资金，该资金归入债务人的责任财产。债务人陷入破产后，保护人例外地有义务直接向债权人清偿，此种义务已经等同于保证人义务。然则，其理论基础何在？

老师：先讨论破产前的情况。破产前为何要"入库"？为何债权人不能越过债务人（子公司），直接请求保护人清偿债务？

王珏：因为他们的约定是配备足够资金供子公司还债，而不是约定母公司直接向债权人还债。不能要求合同当事人超出约定的范围去做更多的事情。

老师：那么，破产的时候为什么保护人的义务约等于保证？

王珏：破产的情况下，如果要保证子公司可以清偿债务，则必须配备足以清偿子公司所有普通债务的资金。这是难以实现的。

闫俊奇：对，这样做就超出了他们约定的范围，他们约定的只是"点对点"的清偿，不是"点对面"的清偿，即要把子公司所有潜在债权人的债权都清偿，才能保证债务人还贷。

老师：拉伦茨、卡纳里斯基于法律目的得出上述结论。教义学构造上不能用附条件法律行为理论来解释，即一旦债务人破产，"刚性"保护人声明自动地变成保证。毋宁应当直接从法律目的推导出结论，依法律目的直接确定在债务人破产的情况下保护人与债权人之间的权利义务关系，亦即，保护人此时应当越过债务人，直接向债权人清偿，以免其资金注入债务人责任财产后变成破产财产的一部分，被其他债权人受偿。

问题十九：表示意识是否为意思表示的构成要件

陈道宽：老师，我有一个问题。在第73页，第2段第2行提到"但表意人缺乏必要的意思能力，所以不能意识到自己的行为在民法上具备表示价值，欠缺表示意识，而且没有归责能力"。此处"欠缺表示意识"一语是否意味着表示意识是意思表示的构成要件？

老师：关于意思表示的构成要件，我区分为常态意思表示与病态意思表示。常态意思表示的构成要件包括行为意思、表示意识；病态意思表示不要求有行为意思、表示意识，而要求有客观要件（具备特定效果意义的表意符号），以及可归责性，两者相加就构成一个病态意思表示。

陈道宽：无行为能力人作出的意思表示欠缺表示意识，是病态意思表示。那么，此处不应表述为"没有效果意义，并且没有归责能力，所以意思表示不成立"吗？

老师：书中那句话之所以表述为"欠缺表示意识"，是因为如果相对人不知表意人无行为能力，比如通过网络作出的表示，那么，从相对人视角看，也存在一个具备特定效果意义的表示，此时客观要件是存在的。如果不认为他欠缺表示意识，就有可能构成常态的意思表示。"欠缺表示意识"这个短语排除掉常态意思表示，"没有归责能力"这个短语又排除掉病态意思表示，所以这两个短语都不可或缺。

问题二十：意思表示与法律行为之间的逻辑关系

老师：第75页最后一段的意义何在？

邓继圣：这一段明确了意思表示与法律行为之关系的逻辑序列是：意思表示成立→意思表示生效→法律行为成立→法律行为生效。后面部分将探讨意思表示的成立与生效问题，然后再进一步论述法律行为成立与生效问题，以此作为逻辑主线展开法律行为理论的核心内容。

老师：对。后面内容都是围绕各个环节里出现的障碍展开论述。本段给后续的写作埋下伏笔，包含后续所有内容的梗概。

陈道宽：有一个问题，如果债权转让通知发生了对象错误，或者内容错误，那么，在法律行为可撤销的模式下，该如何处理？

邓继圣：可以参照单方法律行为规则进行撤销。

老师：对。我说过，意思表示与法律行为的区分有个前提，即法律行为除意思表示之外还需要其他的构成要件（书中第72页）。从本质上看，债权让与通知是准意思表示。既然债权让与通知不需要其他构成要件，就可以把准意思表示当成准法律行为，从而准用法律行为规则。实际上，传统民法理论一直都把债权让与通知视为准法律行为,所以准用法律行为可撤销规则毫无问题。

问题二十一:共同法律行为概念的厘清

老师: 第78—79页提到,通说认为共同法律行为是指数个人作出内容一致且平行的意思表示,而书中采用的共同法律行为概念是指数个人共同作出内容一致的意思表示,由此成立一项法律行为。以这种方式达成的法律行为既可能是合同,也可能是单方法律行为。共同法律行为并不是一种独立类型的法律行为,只是法律行为实施的一种方式而已,即在一方主体是数人的情况下由其共同作出意思表示。书里采用的共同法律行为概念借鉴了冯·图尔的观点。此种观点符合逻辑,应当作为共同法律行为概念的正统观点。对此,你们有何看法?

陈道宽: 最初我对相互关系的理解存在偏差,把它理解为一种同向或者对向的关系。现在我认为相互关系包含了全部的意思表示,或者是多数的意思表示,也包括这些意思表示之间的关系。

老师: 同向与对向关系涉及第76页脚注3的内容,我国民法文献中有一种观点将多方法律行为理解为内容相同且同向的数个意思表示构成的法律行为。据此,把合伙协议、公司设立行为等定性为多方法律行为,与买卖合同、租赁合同等区别开来。这种观点认为,买卖合同、租赁合同是双方法律行为而不是多方法律行为,因为它们的意思表示是对向的而不是同向的。

陈道宽: 这里对多方法律行为的定义与第78页布洛克斯、恩内克策卢斯与尼佩代对共同法律行为的定义是一样的吗?

老师: 对,二者是同一个概念。这种意义上的多方法律行为等于共同法律行为,这样就导致概念非常混乱。学习过程中关于这方面概念混乱的根源就在于此,难以理清多方法律行为与共同法律行为究竟是什么关系,进而影响到多方法律行为与合同即所谓的双方法律行为之间的关系。

问题二十二:以给付的相互关系为标准对多方法律行为予以分类

陈同学: 老师,我有一个问题。我们之前探讨共同法律行为,试图将它作为独立的法律行为类型,这是基于它的意思表示是同向的,所以不宜适用同时履行抗辩权。合伙合同已经具有实证法基础,在法律适用上比较容易处理。如果我们按照共同法律行为的属性,将其视为单方法律行为或者合同,但其又属于法律没有明文规定的无名合同或者单方法律行为,那么,应当如何进行法律适用呢？比如，现实生活中比较常见的一致行动协议，可能不适用合伙合同的规则，那么，如何适用法律以解决具体问题呢？

老师：按照我们采用的概念体系，合伙合同与一致行动协议都不是共同法律行为，而是多方法律行为。多方法律行为有两种类型，一种是像买卖合同、租赁合同这样的给付交换型多方法律行为，一种是像合伙、一致行动协议这样的非给付交换型多方法律行为。就后者而论，各方的给付义务指向同一目标，并非用于相互交换。给付交换型多方法律行为可以适用同时履行抗辩权等规则，非给付交换型多方法律行为能否适用同时履行抗辩权等规则是有争议的。影响力比较大的一种观点认为，在个别问题上可以准用履行抗辩权，而一般情况下则不适用。这种区分已经可以解决此类问题了，没必要为了解决问题给上述多方法律行为贴上共同法律行为的标签，否则徒增混乱。

问题二十三：关于决议性质的学说辨析

老师：在第79—80页，关于决议的性质，冯·图尔的观点与恩内克策卢斯的观点有何区别？

蔡淳钰：二者的共性在于，都认为决议创设了一种内部法律关系。至于区别，尚未看出具体差异。

老师：其实他们的观点属于同一种学说，都认为决议是法律行为。持反对观点的奥托·冯·基尔克认为决议不是法律行为，其主要理由是什么？

蔡淳钰：理由在于，他认为法律行为的效果在于创设法律关系，而创设一个主体（如公司）或者形成内部意思的过程均不属于创设法律关系，因此，决议不是法律行为。

老师：基尔克的观点略显狭隘，他认为法律行为的效果仅限于创设法律关系。据此，"发生私法上的其他效果"就被排除在法律行为之外了，这是不合理的。

问题二十四：决议性质的论证起点

老师：第80—81页这段话的论证过程是否有值得推敲之处？

邓继圣：老师，您这里举的例子所针对的是不是第79页中基尔克提出的"法律行为也不包括旨在形成统一的共同意思或者共同体意思的团体或者共同体内部意思过程"？

老师：是的。文中列举的共同承租房屋、共同设立公司的例子针对的就是前述基尔克的观点。

老师：这里的论证是如何切入的？论证的起点是什么？

蔡淳钰：论证的起点是共同意思。

老师：这里就共同意思举的例子是甲与乙共同承租房屋。在此种情形中，甲、乙之间需要进行内部沟通，不可能不约而同地去承租房屋。沟通的过程中形成共同意思，然后对外共同实施法律行为，以共同法律行为的方式与出租人订立一个租赁合同。这就是论证的起点。

第 81 页第 2 行"旨在合租房屋的共同意思如果包含约束意思，也是法律行为，在合租人之间创设了临时合伙关系"这个论断源于温德比西勒在《德国公司法》一书中描述的一种情形。这种约束意思需要通过解释得出。如果通过解释无法得出，那就只是一般社会交往行为。

老师：这个论证起点是为了实现什么目标？

王珏：第 81 页第 5 行"此类共同意思由于要求数人的意思表示完全一致，即达成合意，所以实际上已经构成合同"这句话前面已经对决议是一种法律行为进行了深入分析，我认为已经有足够说服力了。

老师：前面形成共同意思的合意是决议吗？

陈道宽：有可能是合同，不是决议。

老师：对。这种合意不是决议，但推进到更为复杂的情形，形成共同意思的过程可能就是决议了。所以，此处提到的形成共同意思只是关于决议性质的论证起点，需要经过几个推演步骤，才能得出最终结论。

问题二十五：决议性质的二层递进论证——由复杂到简单再到复杂

王珏：老师，我有一个问题。在第 79 页，第 2 段是关于决议是否为法律行为的争论，后面这一段顺理成章就应论证决议是否为法律行为。从这一段的内容看，直到第 81 页第 6 行，已经对决议是一种法律行为完成初步论证，后面则对决议的法律效果进行具体分析，论述决议与合同的区别。然则，为何要把这两部分放在同一段？

老师：初步论证只是完成起步而已，第 81 页第 6 行之前尚未出现决议二字，无论是共同承租房屋还是共同设立社团，都还没有提到决议。

王珏：前面已经指出大前提是决议是一种共同意思，后面又说共同意思若包含约束意思，则也是法律行为。所以，已经说明决议是法律行为了。

老师：决议是通过投票形成共同意思的。后面通过两个例子来说明如何形成共同意思，但这两个例子中没有出现投票的情况，没有形成多数决，仍是通过达成合意订立合同，所以，不能作为论证决议是法律行为的充分论据。

陈道宽：决议本身是形成共同意思，但共同意思可能包含决议，也可能包含合伙合同这种情况。共同意思在包含约束意思时，构成法律行为。因此，最终的结论就是，决议在包含约束意思时，当然构成法律行为。

老师：论证力度还不够，因为你这段推演并非专属于决议。从第80页开始的这段论述的两个部分是层层递进的关系。我列举的作为起点的两种情况其实只是前奏，与后面的内容不能割裂。如果在第81页第6行处进行分段，则前面内容与后面内容的关联性就不够强。前面两个例子在论证的时候不能单独发挥作用，不足以得出决议是法律行为的结论。

蔡淳钰：我认为这两个部分之间还有一个关系。前一部分都是对非决议的共同法律行为构成法律行为进行论述。此时，当事人的共同利益是一种外部的共同利益，当数个主体之间有一个外部的共同利益时，他们对这一共同利益的共同处分意思构成法律行为。后面部分接着论述当这一外部共同利益转化为内部共同利益时，主体内部的机构或者成员之间为处分这一内部共同利益进行决议，这与前面处分外部共同利益是高度相似的，所以，决议也可以是一个法律行为。

老师：这两个例子，尤其是第二个例子，甲、乙、丙三个投资人就设立公司形成一个共同意思，与后面的论述关系密切。在公司设立后需要对公司共同事务形成共同意思，这种共同意思与设立前的共同意思在外在形式上有所不同，需要在组织法框架内作出共同决定，而且这一共同决定通常不是一致决而是多数决，但这种外在表现形式的变化并未改变二者都是法律行为的共性。与公司设立前的共同意思相比，甲、乙、丙作为股东会成员作出的决议在法律效果上有所不同。其效果并非创设主体与主体之间的法律关系，因为社团内部机关与成员都不是独立的法律主体。正因如此，有观点认为引起这种关系变动的行为不是法律行为。后面的论证就是针对这种观点而展开的。

我的论证方法是向前追溯，把公司设立后通过共同决定产生法律效果的做法推移到公司设立之前，探讨设立人就公司设立的共同事项作出共同决定时采用什么方式。将这个阶段的共同决定定性为法律行为是没有理论障碍的。既然如此，则公司设立后就共同事项作出共同决定为何不能也定性为法律行为呢？我主要想提出这个问题。这两个阶段发生的变化只是共同决定的事项在公司设立后被纳入组织法的框架内。这种外在表现形式的变化不足以否定公司设立后的共同决定的法律行为属性，它与公司设立前的共同决定没有本质区别。因此，公司的决议是一种法律行为。

这个论证方法就是我以前经常强调的研究方法，亦即，遇到复杂的问题时，要先把它还原为相对简单的问题，在相对简单的状态下探讨这个问题如何解决，然后再把它推进到相对复杂的状态，探讨如何解决问题。步步为营，稳扎稳打，从而获得比较可靠的结论。面对公司股东会决议是否构成法律行为这一复杂问题，我们在回答时会遇到很多障碍。最大的障碍就是公司股东会决议主要解决的是公司内各部门之间的关系，而这种关系确实不是我们通常所理解的法律关系。那么，这是否意味着股东会决议不构成法律行为？这个问题比较复杂，所以要把它还原为相对简单的状态，亦即，在公司设立前，数个投资人对于公司设立的共同事务作出共同决定，在达成共识的基础上订立设立公司的合同，该合同毫无疑问是一个法律行为。公司设立后就经营共同事务所作出的决定，是投资人共同决定的一种自然延续，只是人为地通过法律规则划清界限，分为公司设立前的共同决定与公司设立后的共同决定。后者即决议，与其前身一样，也是法律行为。

老师： 换个角度，如果将"毫无疑问"的前半段删除，直接从"此种法律效果是组织法上的"开始，只有后面的内容，没有前面的论证，那么，在论证上是什么效果？

王珏： 如果只有后面的内容，会让我觉得还没有说决议是什么，就直接跳到法律效果部分，与平常思考的逻辑不一样。

老师： 可以在前面补上这样一句话，即"股东会决议也引起私法上的某种效果，这种效果是组织法上的效果"。

蔡淳钰： 前半段还引出一个上位概念，即共同利益。因为法律行为是当事人依自己的意思发生某种法律效果，所以数人通过形成共同意思处置共同利益的行为也是法律行为。

闫俊奇： 前面说要先把复杂问题简单化。如果把"毫无疑问"到"组织法"的部分论述删掉，那就没有把复杂问题简单化这个过程，也没有抽象出决议与共同意思的关系，这个路径的说服力就没那么强。

老师： 其实，并非所有的问题都需要复杂问题简单化。前面我举的两个例子对后面的分析起到了铺垫作用。这个铺垫作用体现在何处？

邓继圣：老师，我认为作者的论述分为前后两个部分。前半部分引出共同意思这个概念，指出"只要数人拥有一项共同利益，在决定如何处置共同利益时就需要形成共同意思（表达出来的共同意思）"。作者借用两个例子来说明，共同意思在有约束意思的情况下会创设一定的法律关系。后面接着论证社团内部针对共同事项形成的决议也存在共同意思，那么，这个决议也可以创设法律关系。这种法律关系是一种广义的法律关系，即组织法创设的社团内部关系。所以，决议在性质上也是一种法律行为。我觉得结论是这样推导出来的。

王珏：从"组织法"开始，若把前半部分删除，就没有说明决议是一个法律行为。后面的论证无法直接得出决议是法律行为这个结论，必须先论证公司设立前的共同决定已经是法律行为，进而公司设立后这种法律行为的法律效果转变为组织法上的法律效果，但这不足以改变它的法律行为本质。如果只保留组织法上的效果这部分论述，则还需要再论证决议为什么是法律行为，否则论述就不够完整。

老师：没有前半段的话，论述就会变成无根之木。前半段与后半段是层层递进的关系，逻辑主线是决定共同事务的共同意思，这个共同意思分为低级别与高级别。

低级别的共同意思就是生活中常见的共同意思，如甲、乙共同合租房屋的共同意思。就此而论，甲与乙临时组成一个共同体，就共同事务形成共同意思。这个共同意思在甲、乙内部关系上可能构成法律行为，前提是包含约束意思，从而不构成一般社会交往行为。在外部关系上，甲、乙还需向出租人作出意思表示，据此成立租赁合同。

高级别的共同意思是甲、乙、丙三个投资人准备共同设立一家公司，在设立过程中，甲、乙、丙组成一个具有投资意向的共同体，这个投资共同体形成设立公司的共同意思。选择设立什么样的公司以及何时设立之过程就是形成共同意思，无论外在形式如何，这个共同意思毫无疑问都可以定性为法律行为。随着公司的设立，这种较高级别的共同意思又升级为甲、乙、丙作为股东会成员就公司的经营事项达成的共同意思，这种共同意思采用一致决或者多数决的方式。既然前面低级别的共同意思可以构成法律行为，那么，后面高级别的共同意思也可以构成法律行为。不能因为其被纳入组织法的框架之内，就否定其法律行为属性。这个否定的理由是不充分的。

这就是前半部分与后半部分之间存在的层层递进关系。其中蕴含的核心思想就是，不同等级的共同意思都有可能构成法律行为。同时，此处论述也回应了前面基尔克的论据，他认为形成统一的共同意思并非法律行为，因为法律行为的意思都是对外的，而不是在内部发生效力。作者不赞同这种观点。

问题二十六：决议产生之法律关系的衍生关系

陈道宽： 老师，我有一个问题。按照第 80 页的论述，公司设立前投资人形成的共同意思只是约束投资人自己，而当公司设立并被纳入组织法的框架后，就不仅存在投资人之间的关系，还存在社员与其他公司机关之间的关系。那么，公司设立后形成的共同意思也能同时约束其他人吗？

老师： 这些都是衍生出来的关系。公司最基础的结构就是社员形成的社员大会（股东会），执行机关即董事会是由社员选出来处理公司事务的利益代表。从这个意义上说，股东会与董事会之间的关系是从股东之间的关系衍生出来的，是社员之间的关系被组织化后形成的一种特殊形态。或许把它还原为合伙企业内部的关系，更容易理解。例如，甲、乙、丙是合伙企业的合伙人，每个合伙人都是执行机关与代表机关，其相互之间的关系既可以说是合伙人之间的关系也可以说是执行机关或者代表机关与合伙人之间的关系，机关与机关的关系和人与人的关系发生交叉重叠，机关与机关以及合伙人与机关之间的关系是合伙人之间关系的组织化与机关化。

书中这一长段的后三分之一论述认为，职权关系也是广义法律关系的一种。关键在于，如果在法律上没有把这些法人组成部分视为一个整体并赋予其主体资格（法人），则他们的关系就是主体间的关系。比如后面共有人的例子中，共有人共同体没有被法律赋予主体资格，共有人在管理共有物时就共同事务予以处分而形成的关系仍然是主体间的关系。三个共有人甲、乙、丙都保持法律上的独立性，他们的主体间关系是狭义的法律关系。当这种低级共同体被强化为高级共同体时，如共有人共同体被改造为合伙企业，共同体各成员之间的关系转化为主体内各部分之间的职权关系。这就不再是狭义的法律关系，而是广义的法律关系。此处是通过举例子来补强论证广义法律关系也是法律关系。

陈道宽： 在第二种构造（决议涉他效力说）中，股东会形成决议时立即发生效力。在代理的情况下，通常先达成委托合同，后实施授权行为。为何此处直接通过一个决议即可发生授权？

老师： 股东会授权董事会处理一个特别事务，不需要另行委托。因为股东会与董事会之间已经有基础关系了,这是公司既存的组织关系,不需要再实施一个基础行为。

问题二十七:仅具有形式意义的意思表示受领

廖皓: 老师,我有一个问题。在第84—85页这段中的最后一句话提到"此类意思表示的受领人仅具有形式意义,不宜据此决定法律关系的实质内容"。我不太理解,向机关作出的意思表示为何不宜决定法律关系的实质内容?

老师: 向机关作出的意思表示如向不动产登记机关作出的抛弃不动产的意思表示。抛弃不动产所有权的行为本来是一个单方法律行为,但与抛弃动产所有权不同的是,抛弃不动产所有权涉及登记。民法原理认为,抛弃不动产所有权的意思表示须向登记机关作出。登记机关受领该意思表示仅具有形式意义,因为抛弃与登记机关没有实质利益关系,受领只是作为技术性处理的一个环节,当然对法律关系的实质内容没有决定意义。

问题二十八:是否允许投票无效或者被撤销的股东重新投票

陈道宽: 老师,我有一个问题。在第86页,关于"无效或者被撤销的投票等同于没有投票,不应计入赞成票、反对票或者总票数"这句话,我认为这可能导致不公平的结果。如果原本想投反对票的股东被胁迫投赞成票,然后该投票因为意思表示瑕疵被撤销,不计入总票数,但此时赞成票已经达到比例,则被撤销的赞成票可能依旧会在数学原理上被利用而使决议通过,是这样的吗?

老师: 虽然投票因为胁迫被撤销,但不能剥夺该股东的投票机会,应当允许其重新投票。这种处理方式对后面"如果去除该票,表决结果仍然达到规定通过比例,则决议效力不受影响。否则,决议效力受影响"这句话有何影响?

陈道宽: 假设公司总共有 10 个股东,由于两个原本想要投反对票的股东被胁迫而投赞成票,所以是 6 个赞成票、2 个反对票与 2 个弃权票。如果这两个股东的投票因为胁迫被撤销,则这两票不计入总票数,结果是 4 个赞成票、2 个反对票与 2 个弃权票,达到 4/6(2/3)的比例,该决议通过。但如果让其重新投票,则结果是 4 个赞成票、4 个反对票与 2 个弃权票,只达到 4/8(1/2)的比例,该决议不能通过。所以,是否让其重新投票,可能会影响决议的效力。

老师: 是否需要让投票被撤销的股东重新投票,这个问题需要进一步探讨。

问题二十九：股权、专利权、商标权等财产权变动之性质

邓继圣： 老师，我有一个问题。 在第87页，第1段中列举的财产关系变动包括物权关系、债权关系，最后还说"除此之外，以股权、专利权、商标权等财产权变动为效果的法律行为也是财产行为"。 那么，这是否意味着作者认为处分股权、专利权、商标权等与处分债权是有区别的？

老师： 没有本质区别，都是处分行为。

邓继圣： 既如此，为何不与处分债权放在一起说，而要用"除此之外"另起一句？

王珏： 前面一句话的前提是债权关系变动，后面所举的债权让与这些处分行为也是专指债权关系变动，而"除此之外"这句话说的并不是债权关系变动。

老师： "除此之外"这句话说的是其他财产权利变动，不是债权关系变动。

问题三十：身份法律行为中财产法律关系变动之性质

廖皓： 老师，我有一个问题。 在第87页，作者认为，身份行为即以身份关系变动为效果的法律行为，后面又说身份行为有时引发财产法上的效果。 既如此，是否可以将身份行为的定义改为以身份关系变动为主要效果的法律行为？

老师： 此处引发财产法上的效果是附带产生的。 在身份法律行为中，身份关系的变动是由行为人的意思决定的，而财产法上的效果不是依据行为人的意思发生的，而是直接依法发生的，法效果与意思之间并无关联性。

问题三十一：处分行为的分类问题

李兆鑫： 老师，我有一个问题。 在第88页，作者根据处分客体来划分处分行为的种类，此外，在广义的处分行为概念之下又划分三类处分行为。 那么，它们是两个并行的分类体系，还是在处分权框架下的两个组成部分？

老师： 广义的处分行为包括处分性形成行为，还包括当事人就一项既存法律关系的变动达成的合意。 处分性形成行为通过单方法律行为处分一项法律关系，而抵销的合意则通过双方法律行为处分一项法律关系，与处分性形成行为是并列的。

广义的处分行为以客体为标准可以分为三类。 第一个类型是以物权或者债权为客体的处分行为，即狭义的处分行为；第二个类型是以法律关系为客体的

处分行为，包括处分性形成行为与旨在处分法律关系的合意；第三个类型是以开放占有（既不是权利，也不是法律关系）为客体的处分行为。

问题三十二：关于负担行为与处分行为区分必然性的论证

老师：在第 89 页，关于负担行为与处分行为区分必然性的第 1 段论述，主要论据是什么？论据与观点之间是什么关系？

闫俊奇：第 1 段首先说明在基于法律行为的物权变动情形中，债权发生与物权变动是两个法律效果。后面列举的动产所有权移转的例子中，交付不可能成为动产所有权移转的原因，否则基于法律行为的物权变动就变成基于事实行为的物权变动，这是论据一。论据二是，不能认为买卖合同是物权变动的原因，否则就会使买卖合同具有双重效力，既可以发生债权效果，又可以发生物权效果。

老师：如果认为买卖合同直接引发物权变动，那就说明买卖合同中包含物权合意，债权合意与物权合意共存于一个文本中。逻辑上，引发物权变动的可能有这些因素，即买卖合同、交付、物权行为。先论证前两个因素能不能作为物权变动的原因，如果前两个因素都不可以，那就推导出必然需要第三个因素，这就是论证的基本逻辑。第一个因素，即交付是否可以作为物权变动的原因？我认为，纯粹事实行为意义上的交付在买卖的情况下不能导致物权变动。第二个因素，即买卖合同也不能导致物权变动，因为它只能产生买卖的债权债务关系，不能产生所有权移转的法律效果。所以得出结论，仅凭事实行为意义上的交付或者负担行为意义上的买卖合同不能导致物权变动，客观上需要第三个因素，即物权行为。

问题三十三：相对保护禁令保护特定第三人

闫俊奇：老师，我有一个问题。在第 93 页，相对处分禁令发生在双方当事人之间，如果对方不是这个禁令保护范围里的人，则仍然可以处分，对吗？

老师：相对处分禁令是保护特定第三人的，所以，违反禁令实施的处分行为只是对该禁令所保护的特定人不发生效力，但相对于未受该禁令保护的其他人仍然发生效力。

闫俊奇：前面所说的查封、扣押等强制措施似乎与相对处分禁令不太一样。查封、扣押是不是更像绝对处分禁令？

老师：不是。查封、扣押保护的是申请执行的特定债权人，绝对处分禁令保护的是社会整体利益而不是特定人。

闫俊奇：所以，查封、扣押是相对处分禁令，这不是从处分角度看，而是从保护特定第三人的角度看，对吗？

老师：对的。

问题三十四：应以给付目的作为给付型不当得利的构成要件

闫俊奇：老师，我有一个问题。在第97页，在不当得利案型中讨论给付原因的时候通常从给付目的出发，既然作者认为不当得利的构成不需要原因作为支撑，那么，是否也无须探讨给付目的？

老师：你们思考一下，在不当得利构成中，原因与目的到底是什么关系？是二者都不需要还是二者择一？

廖皓：如果在不当得利中将给付目的看作财产给予的动机，而书中后面认为理论上未必需要将此项动机视为财产给予的原因，那么，也就是说给付目的未必是财产给予的原因，对吗？

老师：是的。

黄垧锋：老师，虽然给付目的不构成财产给予原因，但是也能构成给付的正当基础，对吗？

老师：是的。比如说，当事人给予对方一项利益，如果符合给付方预设的给付目的，那就不构成不当得利，但此处的给付目的未必与传统理论中的原因含义相同。

闫俊奇：是否可以认为，给付目的是原因的基础，先有目的，才有原因，进而发生法律效果？

老师：可以参考此处所举的例子分析一下。甲母以甲将来与乙结婚为目的给乙一件财物，后来甲、乙未结婚，甲母向乙行使不当得利返还请求权，要求乙返还当初以结婚为目的所给予的财物。如果成立不当得利返还请求权，那么，究竟是给付目的的落空，还是欠缺原因？用哪个理论或者概念才能更好地解释这个案例？

闫俊奇：可以用目的论来解释。甲母与乙约定以甲、乙结婚为目的给乙一件财物，可以认为其所为财物给付是目的性给付，因给付目的不达，甲母可以请求返还彩礼。

老师：如果使用目的概念，则可以比较容易地用民法理论语言解释清楚。如果使用原因概念，是否也能这样容易地说清楚？

王珏：我们该如何定义原因？这个概念好像并不清晰。

老师：是的。所以我在书中对原因这个概念进行了梳理，最后得出一个否定性的结论，即不应再使用原因这个概念，因为它无法很好地解释问题。我从两方面进行了论证，一方面证明它在正当化合同效力这个领域不好用，另一方面证明它在解释不当得利构成方面也不好用。在上述案例中，通过分析发现使用给付目的概念可以解释清楚。然后反过来考察，如果使用原因概念，是否也能解释清楚。最后把两种思路进行对照，比较其优劣。这是对一个问题进行研究的基本方法。原因具体指的是什么？这个问题需要我们努力去探究。如果能说清楚，则说明原因这个概念对这种案型是有解释力的。反之，如果不能说清楚，那就表明原因概念对这种案型欠缺解释力。本案中没有欠缺赠与原因，但为何甲母对乙仍享有不当得利返还请求权？这个问题从原因的视角很难回答，说明从原因出发无法解释这种不当得利案型，原因概念是不精确的，缺乏足够的解释力。

问题三十五：死因行为与以死亡为条件的赠与之区别

黄靖锋：老师，我有一个问题。在第99页，死因行为与以死亡为条件的赠与的区别主要有两点，一是以死亡为条件的赠与需要双方达成合意，二是以死亡为条件的赠与在赠与人死亡之后就立即生效而受赠人无需受领。但这两个区别与对死因行为的定义并不矛盾，即使有这两个区别，以死亡为条件的赠与也符合死因行为的定义，即当事人对其死亡后的关系进行处置，并且是死后才产生约束力的定义。那么，为什么认为以死亡为条件的赠与不是死因行为？

老师：关于以死亡为条件的赠与的约束力，它是否在赠与人死亡前肯定能发生拘束力，或者是必须等到赠与人死亡之后才发生约束力？此处的约束力指形式约束力，即不得任意解除或者撤销。

黄靖锋：在交付赠与物品之前，赠与合同都是可以由赠与人任意撤销的。

老师：如果是经过公证的以死亡为条件的赠与，虽然死亡条件还未成就，但由于经过公证，赠与人不享有任意撤销权，所以在死亡条件成就前就已经发生形式拘束力。而无论是遗嘱还是遗赠，公证之后仍然可以任意撤回，这是遗嘱自由的表现。所以，以死亡为条件的赠与，不符合死因行为的特征，即死亡后才发生约束力。

问题三十六：定金合同是实践合同的理论基础

老师：第 100 页提到实践行为。为何定金合同是实践行为，而保证合同与质押合同则是诺成行为，定金合同有何特殊之处？约定一方要给另一方定金，后来却可以反悔不给，也不用承担相应后果，理由何在？

陈道宽：我认为是因为即使没有定金罚则，在适用违约金或者违约损害赔偿的情况下，另一方也可以得到大致相当的保护。从这个意义上说，定金罚则相当于制定另一种规则对当事人进行保护，这种规则可能并非必不可少的，所以应提高门槛，以交付为成立要件。

李同学：一般合同在合意达成时就成立，而实践合同将合同成立的时间延后，说明可以在这段时间内反悔。定金合同与自然人之间的借款合同等实践合同都是需要一方先把利益给另一方，法律为了警示当事人在给出利益的时候要考虑清楚，所以将其规定为实践合同。

老师：应当从具体案例切入思考，比如，买卖双方签订合同，约定买方应当在合同成立后的一个星期内向卖方交付 3 万元定金，交货日期则约定在合同成立一个月后。如果合同订立后一个星期届满，而卖方未收到 3 万元定金，则其能否起诉要求法院判令买方履行交付定金义务，是否应赋予卖方这样的请求权？赋予能解决什么问题？不赋予又会出现什么不合理的后果？

假设合同约定的是卖方先交货，买方再付款，但是买方要按照约定交付定金，这对卖方来说提供了保障，可以放心生产货物与交付货物，买方不付款的话，卖方至少可以保有定金。但按照实践合同原则，交付定金前，定金条款未生效，卖方没有定金交付请求权，此时，对卖方来说，生产货物是有风险的。这样处理是否合理？有什么理由将其正当化？如果买方与卖方约定的不是交付定金，而是买方将一个古董质押给卖方，达成质押约定，则质押合同生效，买方未按期交付古董的，卖方有权请求其交付。那么，把质物换成定金为什么就不行？

金子文：交付定金一方的风险是不是更大？

老师：是的。交付定金后如果违约，则不需要衡量定金数额与实际损失数额的高低，即便定金明显高于实际损失，也无法拿回定金。交付定金与交付质物相比，风险更大，质物有清算的流程，而定金无须清算。考虑到定金合同对当事人而言具有更大的风险，当事人应更加谨慎，所以法律上将其定性为实践合同。

第三章
意思表示的一般原理

- 第一节　意思表示的概念与构成
- 第二节　意思表示的发出与到达
- 第三节　意思表示的解释

第一节　意思表示的概念与构成

问题一：萨维尼的概念体系中关于真正的错误与不真正的错误之区分

李兆鑫：老师，我有一个问题。在第 103 页，为什么关于意思表示动因的错误不是无意的意思欠缺，即不真正的错误，而是真正的错误？

老师：在我们所熟悉的概念体系中，真正的错误就是无意的意思欠缺。但在萨维尼的特殊概念体系中，区分了真正的错误与不真正的错误。我们现在所说的表示错误，即无意的意思欠缺，在他的体系中被认为是不真正的错误，而他所说的真正的错误反而指的是我们现在所说的动机错误。在这一段中，我只是介绍了萨维尼给出的概念。真正的错误与不真正的错误这对概念对你们而言很陌生，不太理解是正常的。

黄靖锋：萨维尼又将不真正的错误分为根本错误与非根本错误。这两个分类具体指的是什么？

老师：根本错误是指对意思决定来说具有根本意义的错误，非根本错误是指无关紧要的错误，所以根本错误也可以被称为重要的错误，非根本错误可以被称为不重要的错误。

闫俊奇：根本错误与非根本错误是对不真正的错误予以分类，而不真正的错误是指我们现在所说的表示错误。但是，按照我们现在的理论，关于错误的重要程度一般不都是针对动机错误而言的吗？我们应当如何判断表示错误是否重要？

老师：表示错误也有重要程度的区分，有些表示错误是不显著的，即便没有犯这个错误，当事人仍然会作出意思表示，即这个错误对于当事人作出该意思表示而言并非决定性的。这些概念是在大约 200 年前意思表示理论刚刚起步时萨维尼所使用的。在一个概念使用的早期阶段，总归有不成熟的地方，所以，你们的疑惑是可以理解的。

问题二:"意思想要"与"意思想要什么"的辨析

朱丽芸:老师,我有一个问题。在第105页,书中提到齐特尔曼的观点,即"就意思活动而论,如果一项意思活动伴随着关于该意思活动内容的观念,则该意思活动就是有意识的。这个观念不仅仅指关于'意思想要'的观念,还指关于'意思想要什么'的观念"。此处的"意思想要"与"意思想要什么"具体指的是什么?

老师:齐特尔曼首先区分了意思与意识。意思是行为人的一种意愿,而意识是一种认识,是行为人具备的关于其行为的观念。行为是由意思或者说意思活动驱动的。该意思活动可能是有意识的,也可能是无意识的。我们以举手这个行为为例,来讨论一下究竟什么是"意思想要",什么是"意思想要什么"。

廖皓:"意思想要"是指行为人知道自己在举手,而"意思想要什么"是指行为人知道自己想要通过举手达到的效果,如发言。是这样吗?

王珏:"意思想要什么"应该是指"我举手是因为我想要举手",而不是"由别人把我的手举起来"。

老师:意思活动可能伴随着关于意思活动内容的观念。如书中所言,意思活动是独立于行为之外的事实,举手是外在的身体运动(行为),关于举手的意愿是意思活动(行为的原因),而关于举手的观念则是关于"意思想要什么"的观念。

闫俊奇:为什么不是关于"意思想要"的观念?

王珏:在举手之前就已经产生了一个"意思想要"的观念,这是一个原始的行为观念。因为"意思想要"是没有宾语的,所以不能包含想要举手,想要举手只能包含在"意思想要什么"里面。

老师:举手就是意思的内容,如果举手是在有意识的状态下作出,那么,在举手之前就已经产生一个观念,即"我后面要做的动作是举手而非抬头"。关于"意思想要什么"的观念即是指行为人知道自己要举手。

黄靖锋:那么,"意思想要"是一个有点抽象的概念,行为人有一个念头,但并不是具体的,是这样吗?

闫俊奇:是不是可以说,"意思想要"是指行为人认为自己该做点什么,"意思想要什么"是指行为人认为自己应该举手。

老师：这么说不够准确。举手之前，行为人有一个"意欲举手"的心理活动，该心理活动就是齐特尔曼所谓的意思活动。其中，"意欲"就是"意思想要"，"举手"就是"意思想要什么"。相应地，关于"意思想要"的观念（意识）就是关于"意欲"的观念，而关于"意思想要什么"的观念（意识）就是关于"意欲举手"的观念。通俗地说，前者表达的是"行为人清楚自己在想"，后者表达的是"行为人清楚自己在想什么"。这是一个心理分析，齐特尔曼借鉴了当时心理学的研究成果，提出了心理学视角下的意思表示概念。

问题三：对德国法上学说争议之理解

陈道宽：老师，我有一个问题。我不太理解第 114 页脚注 1 的内容，请您阐释一下。

老师：此处的学说争议发生在德国。有些德国学者的论证以《德国民法典》的规定为出发点，从实证法基础推导出结论。而我国《民法典》中可能没有这样的规定，所以其论证路径在我国未必行得通。因此，我将德国学者纯粹基于《德国民法典》中的某一特殊规定而进行解释的理由排除在外，不进行介绍，只介绍那些在中国也可能成立的类似理由。

问题四：对否定说的评析

廖皓：老师，我有一个问题。在第 117 页，对于否定说的第六个理由，我不太理解，老师可否再解释一下？

老师：若采否定说，则欠缺表示意识也能成立意思表示，然后适用意思表示错误撤销的规则。而德国民法要求当事人不迟延地行使撤销权，撤销权的行使受到时间上紧迫要求之拘束，这种拘束就是在保护相对人。相反，若采肯定说，则表意人欠缺表示意识，直接导致意思表示不成立。而表意人主张意思表示不成立的权利基本上不受任何时间限制，可随时主张。当表意人发现自己欠缺表示意识时，其完全可以等个一年半载再和相对人说自己当初没有表示意识，并主张意思表示不成立。由于没有权利行使的期间限制，所以相对人无法主张除斥期间抗辩。

廖皓：既然两种学说的差异集中表现为是否采取错误撤销模式，那么，论证之核心是否应当放在该不该赋予表意人撤销权上？否定说的第六个理由从期间限制出发，我认为有些勉强。

老师：这一理由并不勉强，期间限制是很重要的，会直接导致两种规范模式在法律效果上的不同。在对比两种学说时，有时需要比较结果的好坏，否定说的第六个理由就是在对比结果。在否定说下，意思表示成立，表意人享有撤销权，同时通过期间限制保护了相对人。相较于肯定说，否定说对相对人更为有利。

廖皓：那么，是不是可以给主张意思表示不成立的权利也配置一个行使期间之限制呢？

老师：你的意思是给肯定说打个补丁，这个想法在教义学上很难实现。错误撤销模式这种既有的构造十分明确，通过这种构造进行解释更为便利。关于争论焦点分析的这一部分，你们怎么看？

陈道宽：我认为第二个争论焦点的分析有问题。第118页可以归纳为可归责性问题，但肯定说的第三个理由似乎更多是在探讨意思自治问题，前后论述并不一致。

老师：这是因为你只注意到了否定说的第三个理由的论述，而没有看到肯定说的第三个理由的论述。

陈道宽：那么，这两个理由是否不应放在一起比较？因为否定说的第三个理由并不涉及可归责性问题。

老师：书中赞同的是否定说，因此，在论述上主要针对肯定说的第三个理由进行批驳，同时对否定说的第三个理由进行补充，而对否定说的既有论证则没有必要进行重复。

陈道宽：也就是说，我们可以将这一部分的争论焦点理解为，能否从戏谑表示无效推导出欠缺表示意识的表示也无效。对此，肯定说给了一个理由，否定说也给了一个理由，而作者的分析是将肯定说驳倒，然后再给否定说补充理由，以实现充分论证。但在争论可归责性的时候，书中列举了两种情形。其结论可概述为，表意人无过失时，意思表示应当无效；表意人有过失时，表意人享有选择权，可选择撤销意思表示。这意味着，表意人的可归责性越强，其撤销的可能性就越高。那么，此处是否会产生评价矛盾？

王同学：这一段只是在论证肯定说的理由站不住脚，亦即不能从戏谑表示无效推导出表示意识欠缺导致意思表示当然无效，这是本段的论证目的。但本段并未想要得出这样的结论，即论证对于表示意识欠缺的法律效果应采取何种规范模式。本段论证的结论是，表意人的可归责性越强，就越不应当使意思表示直接无效，但并没有说表意人的可归责性越强，就越应当采取可撤销模式，因为无效的反面未必是撤销。 这在后文第 120 页有进一步的论证，需要结合后文层层递进地分析。

老师：这一段的写作目的是批驳肯定说。 肯定说采取了当然解释的方法，即从戏谑表示无效当然推出欠缺意识的表示也无效。 为了批驳它，我采用了逻辑分析的方法，将表示意识欠缺分为两种情形。 第一种情形是表意人无过失，此时表意人的可归责性弱于戏谑者，似乎可以进行当然解释，从而适用戏谑表示无效的规则。 第二种情形是表意人有过失，此时其可归责性并不比戏谑者更弱，要么与戏谑者等同，要么强于戏谑者。 也就是说，存在欠缺表示意识之表意人的可归责性大于戏谑者的情况。 可归责性越强，说明表意人越不值得保护。 无效模式对表意人的保护力度大于可撤销模式，因为行使撤销权需要程序成本，并且存在期间限制的风险。 因此，通过对第二种情形的分析，就可以驳倒肯定说所采用的当然解释。

陈道宽：如果将第 120—121 页中对肯定说的第六个理由的批驳与第 118 页中的第二个争论结合讨论，那么，论证是不是会更充分一些？

老师：在自己论证的部分可以考虑这么写，但这一部分是在比较肯定说之理由与否定说之理由的合理性，因此，需要对诸项理由分别评判。

闫俊奇：导致"戏谑表示无效"的前提是相对人知道或者应当知道表意人欠缺约束意思，这是否会对比较的结论产生影响？

老师：你说的是按照《民法典》的规则得出的结论，但此处争论双方都是德国学者。 按照《德国民法典》第 118 条的规定，只要构成戏谑表示，意思表示就当然无效，无论相对人是否知情。 当然，从我们的角度看，我们认为《德国民法典》第 118 条是多余的，应当直接按照意思表示的解释原理解决这个问题。

陈道宽：本段分析的结论是，无法对欠缺表示意识的表意人与戏谑者的可归责性作比较。 但我觉得，如果更为充分地分析，那么，是不是需要举出例子来证明欠缺表示意识之表意人的可归责性强于戏谑者？

老师：论证充分与否，要看你的立场，亦即你是要推翻对方的论证，还是要支持对方的论证。 此段的目的是驳倒肯定说的论证，故而只要证明肯定说的理由是不充分的就足够了。 通过第二种情形的分析，就已经证明了欠缺表示意识之表意人的可归责性未必弱于戏谑者，这就使肯定说的理由站不住脚了。 另外，我在第 118 页倒数第 5 行处还从信赖合理性的角度进行了补充论证，指出欠缺表示意识时，相对人信赖的合理性通常强于戏谑表示的相对人，因此，论证是足够充分的。 还要注意的是，本段中写道"总体上看，戏谑者的可归责性比较弱"，这里的"弱"并不是指戏谑者的可归责性弱于欠缺表示意识的表意人。易言之，这句话并不是对两者进行比较得出的结论，而是强调戏谑者并非故意的。这是一种程度描述，表明这种意义上的戏谑者的可归责性是弱的，因为，若戏谑者是故意的，则其可归责性是很强的。

廖皓：从第三个争论中得出的结论是，与表示错误相比，欠缺表示意识情形中表示出来的法律效果符合当事人事后需求的可能性相对较低。我对这个说法仍然有些疑问。我认为这两者无法比较，即使可以比较，也是欠缺表示意识情形的可能性更高一些。

老师：在表示错误情形中，表意人内心想要的是 B1，外部表示为 B2；在欠缺表示意识的情形中，表意人内心什么都不想要，而外部表示是 B2。将这两种情形相比较，B1 与 B2 毕竟是同类型的东西，存在一定的相似性，而在欠缺表示意识情形中，明明表意人什么都不想要，法律上却硬塞给其一个 B2。因此，就前者而言，表意人事后愿意接受的可能性自然更高。

陈道宽：这就好比投飞镖。我的需求是扔到靶子上，那么，我向同一个方向投，最终命中的可能性还是有的。但如果我全方位随便投，比如说向后投也可以，那么，中靶的概率就更小了。

老师：而且我这里的论述还有转折，我写的是"充其量只能说"，说明这两种概率之差别在我的分析中其实并不重要。

问题五：对行为意思否定说的评析

陈道宽：老师，我有一个问题。在第 124 页，针对否定说的第三个理由，我想到的反驳方式与老师不太一样。否定说认为，欠缺行为意思的表示也符合表示错误的概念，所以它是可撤销的。我的反驳理由是，欠缺行为意思的表示本身确实构成表示错误，但正因为符合其他要件，即还欠缺行为意思，所以当然会导致其他的法律效果。我觉得否定说的第三个理由的问题在于，两者要件不同，所以法律效果当然也可以不同。

老师：对。这样批驳也是可以的，符合逻辑。

问题六：意思表示成立的意义

金子文：老师，我有一个问题。在第 127 页，书中总结意思表示成立的意义是为法律审查提供一个客体。那么，当意思表示成立但未生效时，是否还有其他意义？如果没有其他意义，那么，将表示这个成立要件直接认定为生效要件，是不是也可以说得通？ 也就是说，意思表示只需要生效要件，只是对于表示这个生效要件优先评价而已。

老师：非对话意思表示有发出与到达两个阶段。 按照我国《民法典》的规定，到达之前，意思表示成立但未生效，可以任意撤回；到达之后，意思表示生效，不能撤回，只能撤销。 而撤销权的发生并非任意的，需要满足相应要件。 所以，区分意思表示的成立与生效还是有必要的。

问题七：对病态意思表示构成中表意人过失之理解

陈道宽：老师，我有一个问题。 在第 130 页，书中提到常态意思表示的构成要件包括行为意思与表示意识，病态意思表示的构成要件是表意人的过失。那么，这里的过失是对于什么的过失？

老师：是对"产生具有表示价值的表示"这个事实的过失。

陈道宽：可否这样概括，即就病态意思表示而言，表意人对表示的产生存在过失，而就常态意思表示而言，表意人对表示的产生存在故意？ 第 131 页的标题是"意思表示是具备可归责于表意人的特定效果意义之表示"。 那么，其中所指的可归责性是客观要件还是主观要件？ 如果是主观要件，是不是指表意人对表示的产生存在故意或者过失？

老师：你把可归责性分为故意与过失，就像侵权责任那样。 但我这里所谓"可归责性"的真正意思不是这样的，因为归责基础既包括了欠缺表示意识与行为意思情况下的过失，也包括具备表示意识与行为意思的情形，也就是说，表示意识与行为意思这两个主观因素本身就可以成为表示意义的归责基础。 这种归责其实也是一种意义上的归属，是更宽泛意义上的归属，即判断一个表示意义应当属于谁。

老师：对于这一部分所举的例子，有没有什么问题？

陈道宽：与经销商的案例一样，老师认为脱手意思表示实际上也是欠缺行为意思时作出的表示，对吧？

老师：是的。 部分学者认为是欠缺表示意识，但我觉得是欠缺行为意思，因为表意符号被发出，这个举动并非受表意人的意思所支配。

问题八：对智能设备表意程序之理解

闫俊奇：老师，我有一个问题，涉及第 136 页第 2 段所表述的"间接产物，如当事人通过自愿行为给智能设备安装程序，使该程序在特定条件下可以运转，向相对人发出某种信号或者作出某种回应"。这里所描述的程序是可以根据设定作出自己的表示，而非单纯的类似于传达人一样传递表意人表示的程序吗？

老师：是的。这里的程序并非类似于传达人，其本身即可作出表示，与相对人签订合同。

问题九：承诺函与刚性保护人声明

陈道宽：老师，请问第137页脚注2所列举的案例中提及的承诺函内容可否构成刚性保护人声明？

老师：第67页提到刚性保护人声明。此种声明产生一项保护人对债权人的合同义务。该义务原则上并非表现为保护人直接向债权人支付债款，而是表现为保护人为债务人提供履行债务所需资金。第137页脚注2的案例中，丙公司直接将债款转账给债权人，而不是由其先将债款提供给债务人后，再由债务人进行清偿。

蔡淳钰：老师，请问根据第66页的定义，"保护人声明，是指对于债权人与债务人之间的交易具有利益关系的第三人为促成或者维持该交易向债权人表示将对债务的履行提供必要支持"，能否认定前述脚注2的案例构成保护人声明？

老师：定义所描述的"债权人将对债务的履行提供必要的支持"中，支持的方式通常表现为母公司向作为债务人的子公司注资，使得子公司资金充足，从而有能力向债权人清偿。第137页脚注2的案例所表述的案情为丙公司直接转账给债权人，不符合上述定义，所以不构成刚性保护人声明。该案中的承诺函也不构成保证，因为该函明确表示不构成公司的还款担保。如果没有该表述，则将该函认定为保证也未尝不可。

某同学：根据意思表示解释，从前述承诺函的内容中并不能得出成立保证的意思，但是，能否从该函的内容中解释出构成债务加入呢？

老师：债务加入对第三人而言责任更重，加入人无法如同保证人那样享受保证期间的保护，所以，对债务加入的认定应当持审慎态度，如果没有特殊理由，原则上不应认定为债务加入。也就是说，对于一个表示或者一个合同，如果既能够解释为构成保证，也能够解释为构成债务加入，则解释为构成保证较为合理。

问题十：价款或者报酬条款与合同的成立

黄靖锋：老师，我有一个问题。在第138页，对于书中此处关于价款或者报酬的段落描述该如何理解，或者说，该段的逻辑结构如何？

老师：该段的核心语句是"对于那些不必执行政府定价或政府指导价的物品或者服务，如何按照市场价格履行"。该句后面的内容是进行举例，即列举一些无法为法条内容所涵盖的情形，例如，对某些物品或者服务难以认定存在市场价格与政府指导价，或者说，虽然存在市场价格但价格存在浮动的区间，但此时如何认定合同价款，是一个值得探讨的问题。

问题十一：第139页第2段与第3段的逻辑关系

廖皓：老师，我有一个问题。在第139页，第2段后半段所表述的内容是否为作者自身观点？对这一段与下一段的关系该如何理解？

王同学：我认为这里表述的应该是作者自己的观点。作者想表达要约应当具有确定性，即要约应当包含约束性以及所欠缺的条款可以通过多种方式予以填补这两个条件。下一段的内容恰好在解释要约的约束性以及可能对要约内容进行的解释。

廖皓：我认为这两段所提及的内容是一致的。第139—140页的这一段阐述了两种情况，一种为未签订合同书，另一种为已签订合同书。在后一种情况的描述中，当事人已经签订了合同书但该合同书未包含价款或者报酬条款，即便如此，双方当事人已经在合同书上进行签章，表明他们已经具有想缔结一个合同的意思。这两段都表明了要依据是否具有约束力来认定是否构成要约，进而判断合同是否成立。

老师：第140页"其二"部分所强调的是双方当事人是否作出了终局性的决定。该处呼应前述第139页的一处论述，亦即，是否满足要约关键取决于一方发出要约时以及对方作出承诺时，是否真的想缔结一份具有约束力的协议，并且，对所欠缺的条款可否通过合同解释、惯例等方式予以填补。因此，这里表达的是作者自身的观点。

陈道宽：老师，如何理解第140页"其二"部分的相关论述？

老师：第140页"其二"所表述的情况是双方已经签订合同书，作者在此并未下论断认为合同已经成立。该合同书中未包含价格或者报酬条款，签订合同书只是表面现象，还需要根据合同成立要件去审查是否在法律意义上已经成立合同。既然双方已经在合同上签章，则双方的行动表明其确实想缔结一份具有约束力的合同。这里表述的"未尝不可"可以理解为认定合同成立为原则，不成立为例外。此时，赋予法官一定的自由裁量权去填补价格或者报酬。这里表述的"合理价格或者报酬"借鉴了《国际商事合同通则》的规定，即只有在涉及特定物买卖或者其他个性化特征较强的交易并且当事人主张的价格或者报酬差距过大以至于难以确定的情况下，才可认定合同因缺乏合意而不成立。

问题十二：对当事人约定沉默构成同意或者拒绝之理解

黄埼锋：老师，我有一个问题。在第143页，如何理解当事人将沉默约定为同意或者拒绝的表示呢？

老师：根据书中的观点，双方当事人可以约定沉默构成同意或者拒绝。首先，在实践中将此种沉默认定为明示意思表示抑或沉默意思表示，对处理结果是没有影响的。其次，既然双方当事人已经明确地将沉默约定为具有某种价值的表示符号，那么，一方通过该符号表示同意或者拒绝，将其理解为构成明示意思表示，未尝不可。

问题十三：未指定承诺期限时合理期限长短的判断

陈道宽：老师，第146页这一段针对没有指定承诺期限之情形的论述，在结果上会不会导致对合理期限长短的判断从理性受要约人的视角转变为个案中特定受要约人的视角？

老师：如果承诺表示只是稍微超出合理期限到达，则受要约人可能存在值得保护的信赖。作者在后文对此进行论证。一方面，合理期限本身具有弹性，双方对合理期限的理解可能有所不同，一方可能认为承诺表示到达时未超出合理期限，但是依据理性受领人的视角却已经超出。另一方面，要约人既然事先没有指定承诺期限，则意味着其并未明确表达不愿意接受迟延承诺之意。一旦认定超出合理期限，将产生对受要约人不利的后果，即受要约人作出的承诺只能被认定为新要约，这是对于受要约人的"惩罚"。如果只是稍微超出合理期限，则认定为新要约对于受要约人而言似乎"惩罚"过重，不符合比例原则。所以，此时应当对要约人科加一项不真正义务，即其应当及时发出通知进行澄清。这里需要强调的是"稍微迟延"，受要约人在此前提下会产生信赖，可能误以为自己发出的承诺并未迟到，期待自己的承诺会发生效力而未曾设想其会被评价为新要约。

黄培锋： 那么，具体到个案中，该如何判断呢？比如，要约人认为合理期限是 5 天，受要约人认为是 7 天，而承诺在第 6 天到达，对此该如何处理呢？

老师： 如果理性的受领人站在要约人的角度可以将合理期限理解为 5 天，那么，案件中的合理期限就应当确定为 5 天，第 6 天到达则属于稍微迟延。受要约人误以为未超出合理期限，因为其认为合理期限为 7 天。此时，受要约人期待其承诺发生效力，尽管不能直接按照受要约人的期待使其承诺发生效力，但从诚信原则出发，要约人应当及时通知受要约人，阻止其产生期待或者维持期待。

问题十四：对不同沉默的辨析

邓继圣： 老师，请问对第 147 页第 11 行所提到的"本质区别"该如何理解呢？

老师： 在非正常传送的情形中，只是法律规定承诺视为未迟延，要约人的沉默并未被法律拟制为同意的意思表示，仍然是原来的要约与受要约人的承诺达成合意。与此不同，在正常传送但承诺稍微迟延的情形中，承诺因为迟延而构成新要约，原来的要约已经失效，需要新承诺与新要约达成一致，此时，法律将要约人的沉默认定为新承诺。这两种情形的法律效果是不同的，因此，不能相互类推适用。

问题十五：《民法典》第 491 条中的确认书与商人确认函之区别

老师： 我们以第 148 页提及的第八种情形即商人确认函为参照，来比较、分析第四种情形与第五种情形。相对于第八种情形来说，第四种情形与第五种情形的交易成熟度不同。在有商人确认函的情况下，通过双方当事人长时间的商谈，在发函人看来，双方已经达成合意，此种情形中的交易成熟度已经很高。此时，对商人确认函的沉默才可以顺理成章地解释为同意的意思表示。而第四种情形与第五种情形还不到这种程度，作出表示的一方其实仍有所保留，还没有作出终局性的决定。与商人确认函相比，二者与达成合意的距离是不同的。因此，在法律评价上，第四种情形与第五种情形不能和商人确认函作相同处理。

《民法典》第 491 条第 1 款规定："当事人采用信件、数据电文等形式订立合同要求签订确认书的，签订确认书时合同成立。"该条提及的确认书是否属于德国法与瑞士法规定的商人确认函，二者有无区别？

王同学：《民法典》第491条提及的确认书与商人确认函是有区别的。对于确认书，签订双方已经有事先约定了，那么，《民法典》第491条规定的签订确认书就是独立于主合同之外的一项义务。而在商人确认函的情形中，双方当事人并没有就签订商人确认函达成合意，只是一方发出了商人确认函，因此，或许可以将商人确认函解释为要约。《民法典》第491条中的确认书是双方约定的合同成立的形式要件，如果一方不签订确认书，可能需要承担债务不履行的责任。

老师：《民法典》第491条规定的确认书是双方当事人事先约定的缔约步骤，而商人确认函并不要求双方就签订商人确认函事先达成合意。即使双方没有约定，经过商谈后，任何一方也都可以向另一方发出商人确认函。这一区别对于"是否将《民法典》第491条中的确认书定性为比较法上的商人确认函"这一问题有何意义？

王同学：对于《民法典》第491条中的确认书，当事人已经达成合意。如果一方不签订确认书，那么，其需要承担的是债务不履行责任。在商人确认函的情形中，对方不签署的话，救济途径就是将其沉默解释为承诺，或者认为合同不成立，然后通过缔约过失责任予以救济。二者承担责任的基础有所不同。

老师：你的观点可以归结为，两种情形中收件人不作出表示的法律后果是不同的。在商人确认函的情形中，如果收件方不作出表示，则认定为同意；在《民法典》第491条规定的确认书的情形中，如果收件方不作出表示，则不能将其沉默解释为同意。对此，其他同学是否有不同的看法？

陈道宽：王同学认为二者的法律后果不同，我们需要追问的是导致二者法律后果不同的原因。在《民法典》第491条规定的情形中，我们可以将其视为存在一项形式要求。就此而论，《民法典》第491条与书中的第四种情形可能是类似的。《民法典》第491条之确认书与第八种情形的区别在于，第八种情形可以说已经达成了意思表示一致，但是依《民法典》第491条的规定，只有签订确认书，合同才能成立。

老师：在《民法典》第491条规定的确认书情形中，双方明确约定需要签订确认书，说明双方通过数据电文的往来已经基本达成交易共识，但双方还没有作出最终的决断，所以要求双方签订确认书。如果没有签订确认书，合同就不成立，尽管双方在此前通过数据电文的往来已经对交易达成共识。你想要表达的是这个意思吗？

陈道宽：是的，但可能有例外情形。如果确认书仅具有证据功能，那么，可以排除签订确认书的要求。

老师：《民法典》第491条规定签订确认书时合同才成立，立法者认为，签订确认书是合同成立的最终步骤。在这个层面上，此种确认书不同于商人确认函。

邓继圣：确认书是当事人要求订立的，那么，可否视为当事人约定的一种要式？如果当事人没有按照该要式的要求订立合同，那么，合同成立的时间应当回到《民法典》第484条规定的承诺生效时间。

廖皓：如果按照这种观点，那么，《民法典》第491条规定的确认书与比较法上的商人确认函是差不多的。

邓继圣：但《民法典》第491条是合同订立的一般原则，而商人确认函是商事交易中的交易习惯，所以，我认为商人确认函的适用范围不能过大。如果只是普通的自然人或者法人之间订立合同，则不能适用商人确认函规则。

老师：你认为《民法典》第491条中签订确认书是合同成立的特别形式要件，这与我们前面得出的初步结论——签订确认书是合同成立的最终步骤——并不矛盾。《民法典》第491条在一般的书面形式基础上规定了签订确认书，而确认书也是一种特殊的书面形式。根据双方的约定，将这种特殊的书面形式作为合同特别成立要件。《民法典》第491条正是关于合同形式与合同成立时间之间关系的规定，所以，无论将《民法典》第491条中的确认书定性为合同成立的最终步骤还是定性为合同的特别成立要件，一方当事人对确认书的沉默都不能被定性为同意。

王同学：《民法典》第491条其实涉及的是价值判断问题，比如双方约定签订确认书，一方拒绝签订。在这种情况下，如果认为其是商人确认函，那么，拒绝签订就属于沉默的同意。如果不认定为沉默的同意，但又认为可以请求法院强制签订确认书，那么，二者的效果就非常接近。

老师：这种效果的产生是有前提的，要求双方有义务通过签订确认书达成合同。此种义务类似于预约中的缔约义务。那么，从双方通过数据电文的往来达成的合意中，可否解释出存在预约？

王同学：我认为是可以的，因为这是一个独立的合同，不能纳入主合同中。

老师：总之，《民法典》第491条提及的确认书不属于比较法上的商人确认函，但这并不意味着我国商事实践中不存在商人确认函，只是实务界通常不会使用商人确认函这一概念。

问题十六：对要约的非实质性变更与反向效力待定

邓继圣：老师，我有一个问题。在第 150 页，"对要约内容作出非实质性变更的意思表示"究竟是新要约还是效力待定的承诺？我一开始认为应当通过追认来使承诺生效，但书中提到的是通过提出异议使得承诺溯及既往地失去效力。那么，这里的"效力待定"是什么意思呢？

陈道宽：其实书中后面有提到，这属于反向效力待定。

老师：此种情形与债务免除的拒绝权类似，承诺会因为对方提出异议而丧失效力，这也是一种效力不确定的状态。

问题十七：交叉要约与要约人的撤销权

陈道宽：老师，我有一个问题。在第 151 页，有观点认为，在撤销要约的情况下，之所以赋予要约人撤销要约的权利，是因为如果发出要约后，对方一直不承诺，则要约人对于脱离要约存在值得保护的利益。然则，在交叉要约的情形中，你向对方发出要约，对方也向你发出要约，在你已经收到对方向你发出的要约的情况下，为何仍享有撤销权？

老师：在这种情况下，按照要约撤销的立法目的，要约人不应当仍然享有撤销权吗？

陈道宽：如果只是害怕对方一直不作出承诺，那么，当我知道对方向我发出一个要约时，可以断定对方有意与我缔约，可以因此成立合同，为何还要赋予其撤销权？

老师：交叉要约情形中对方向你发出要约是否导致合同成立，这本身还是正在讨论的问题，不能把待决问题当作一个确定的前提来推导出结论。

陈道宽：甲方收到乙方发出的要约与甲方收到乙方发出的承诺，两种情形中，甲方所受的约束有何区别？

老师：关键在于，乙方作出的意思表示是对甲方要约表示同意，还是作出一项独立的意思表示。如果乙方是对甲方的要约表示同意，那么，合同成立，甲方不享有撤销权。如果乙方作出的是一项独立的意思表示，即使其客观内容与甲方的意思表示一样，甲方仍然享有撤销权。在第一种情况下，甲方清楚地知道自己对乙方作出的意思表示已经被乙方同意，此时乙方的同意约束了双方，甲方不能再撤销，两个意思表示是环环相扣结合在一起的。在第二种情况下，甲方对乙方意思表示产生的印象只是乙方也作出了一项意思表示而已，此时乙方的这项意思表示并不能约束甲方，两个意思表示并不是环环相扣结合在一起的，而是平行的。就此而论，这两种情形中意思表示形成的结构是不一样的。

问题十八：交叉要约与依沉默成立合同

陈道宽： 老师，我有一个问题。在第151页，书中提到在交叉要约的情况下，依沉默成立合同的观点更值得借鉴。然则，此时有两个要约，按照这个逻辑，会不会依沉默成立两个合同？

老师： 此时取决于哪一方的沉默先发生。

陈道宽： 可能存在一种更加极端的情形。比如两个人同时发出要约，并且要约同时到达对方，然后两个人都保持沉默。

老师： 需要在逻辑上分出先后，逻辑上在先的沉默，先与对方的要约结合成立一个合同。此时，先成立的合同阻却了第二个合同成立的可能性，因为交易只有一个。从"关于交叉要约，这种依沉默成立合同的观点本来更值得借鉴"，到后面"不过，从实用的角度来看……采用交叉要约直接成立合同的学说更有助于解决实践问题"，论证思路是怎样的？

陈道宽： 我认为，首先，在比较法上，依沉默成立合同说在逻辑上更加严谨。书中也论证了直接成立合同说剥夺了要约人撤销要约的权利，会对要约人产生不利后果。其次，还要在我国法上，去考察哪一种学说更符合我们国家的特殊情况。

老师： 从纯粹理论的角度看，考虑到我国《民法典》第476条规定要约原则上可以撤销，我们本来应当借鉴德国法中的依沉默成立合同说，但由于我国《民法典》第140条第2款已经严格限定了沉默意思表示的类型且没有提及交叉要约的情形，所以，在交叉要约的情况下，德国法中依沉默成立合同说在我国面临的解释障碍比较大。权衡之下，宜采用在理论上本来不值得借鉴的直接成立合同说。这一部分论证的基本思路就是这样的。

问题十九：交叉要约与《民法典》第476条

廖皓： 老师，我有一个问题。第151—152页，在对交叉要约成立合同的两种学说进行论证的过程中，书中似乎没有对《民法典》第476条进行回应，是吗？

老师： 对《民法典》第 476 条是有回应的。在论证过程中提到，鉴于《民法典》第 476 条的规定，依沉默成立合同说更值得采纳，反过来说，就是直接成立合同说不值得采纳。

廖皓： 是否可以得出一个截然相反的结论，即根据《民法典》第 476 条与《民法典》第 140 条的规定，交叉要约不能直接成立合同？

老师：《民法典》第 140 条在论证过程中起的是反面作用。因为《民法典》第 140 条第 2 款严格限制沉默意思表示的类型，所以，即使理论上倾向于采纳依沉默成立合同说，我们在解释论上也只能采用交叉要约直接成立合同说。此时，只能在沉默意思表示之外寻找解决路径，而能够选择的路径只剩下直接成立合同说。

陈道宽： 师弟的意思可能是，《民法典》第 476 条导致实质合意说有缺陷，《民法典》第 140 条第 2 款也导致沉默说有问题。因此，可能需要再作出一个承诺，交叉要约本身不能产生合同成立的效果。

老师： 最后从实用的角度出发，经过权衡，我认为《民法典》第 476 条给交叉要约直接成立合同说造成的障碍不是很大。虽然前面提到直接成立合同说剥夺了撤销要约的权利，但我认为被剥夺的撤销权对于实践而言并不是那么重要。

王小亮： 我认为，这可能涉及两种不同的思路。法律上的推理存在建构主义与结果主义这两种路径。师兄的观点其实是采取了建构主义的路径，直接从法条出发进行推理，但我认为，书中的论证可能更倾向于结果主义。在交叉要约的情况下，书中认为，应当使当事人之间成立合同，因为双方都看到了对方内容相同的要约，在这种情况下，先倾向于认为合同应当成立，再去寻找解释路径。但是，在这两种情况下，解释路径都会存在一定的障碍。作者在权衡之后认为，在我国法上，直接成立合同说可能更为妥当。

老师： 对，就是两害相权取其轻。沉默说面临《民法典》第 140 条第 2 款的障碍，这里的障碍较大。在《民法典》第 476 条的背景下，直接成立合同说面临甲方的撤销权被剥夺的负面效应。但这里的负面效应相对来说较小。因此，书中退而求其次，采纳直接成立合同说。

其实，这段整体思路是这样的：首先论证一个完美方案即沉默说，这一完美方案是从《民法典》第 476 条的规范模式推导出来的。而后笔锋一转，从实用的角度来看，完美方案在我国遇到《民法典》第 140 条第 2 款这一"拦路虎"，这表明完美方案在我国实证法中是行不通的。因此，实践中只能采纳直接成立合同说。尽管直接成立合同说不完美，但其瑕疵主要是剥夺了甲方对要约的撤销权，被剥夺的撤销权并无太大的实践重要性，故而此处的瑕疵并不严重。

问题二十：纯获利益合同中沉默的承诺效力在我国法上的解释依据

黄靖锋： 老师，我有一个问题。在第152页，关于第十种情形，即纯获益合同中的沉默是否具备承诺效力，德国法认为可以类推《德国民法典》第516条关于赠与合同的规定，书中提到我国民法因为没有类似的解释论支点，所以无法这样类推。但是，我看到第169页意思实现这一部分提到了"我国《民法典》第685条第2款已经明确规定债权人收到书面保证后未提出异议的，保证合同成立。该款规定采用'要约+沉默承诺'的规范模式"。那么，该条是否可以作为第十种情形的解释依据？

老师： 我国法与德国法的区别除了解释论支点这个角度，在规范需求方面有没有什么区别？

王小亮： 我国民法规定无民事行为能力人实施的法律行为都是无效的，并不区分是否纯获利益。从立法政策角度看，纯获利益合同与保证合同在我国法与德国法上是否仍然存在一些区别？

老师： 从规范需求的角度看，纯获利益的法律行为在我国法上是否有这样的需求？或者说纯获利益的法律行为是否都已经得到相应的规范？另外，从解释论支点的角度看，我国《民法典》第685条规定的保证合同与《德国民法典》第516条第2款规定的赠与合同之间有没有较大的区别？

邓继圣： 我认为，《德国民法典》第516条第2款只是对当事人意思的拟制，规定没有提前拒绝赠与的话，视为接受赠与。此时，受赠人具体的心理状态是不确定的，有可能是不知情，有可能是真的不想，但忘了回复。我国保证合同则是通过债权人没有提出异议这一行为推导出债权人对第三人提供保证之要约的默示承诺。

老师： 通过沉默成立纯获利益的法律行为并没有广泛的规范需求，因为在我国民法上，最重要的纯获利益法律行为即赠与行为已被排除，同时，债务免除与债务加入也有另外一种构造模式。《民法典》第685条第2款虽然属于第140条第2款规定的沉默意思表示，但没有必要以第685条第2款为支点推及于其他纯获利益的法律行为。

第170页第1段的后半部分提到担保函与旨在变更合同的要约，这两种情况是否属于规范需求？是否属于前面所说的除保证、债务加入与债务免除之外的其他情形？是否属于其他纯获利益的法律行为？是否可以解释为一方的要约与另一方的沉默结合成立的法律行为，从而不需要借助意思实现？对于这些问题，大家可以进一步思考。

问题二十一：以意思实现方式为承诺与以沉默方式为承诺的比较

胡逸群：老师，我有一个问题。在第152页，在旨在变更合同的要约以及提供担保函的场合下采用修正的意思实现说，与类推《民法典》第685条第2款采用沉默表示的构造相比，二者最后在达成合意的时点上有什么区分的实益吗？我认为，如果采意思实现说，在合理期限内，受要约人没有表示拒绝，则此时法律行为就成立了。如果按照《民法典》第685条第2款的逻辑，未提出异议在逻辑上也会被认为是未在合理期限内提出异议。也就是说，经过同样的合理期限之后，只要受要约人没有提出异议，则可能最后法律行为都将成立。我认为，此时采修正的意思说与沉默表示说在结论上是一样的。此外，第169页最后一段提到了在纯获利益要约的场合下，应当对意思实现说进行修正。对此，我也有一个猜测，即因为我国《民法典》第140条对沉默意思表示的类型进行了限定，所以，这里修正意思实现说就是为了解决第140条过于封闭的问题。

老师：你提到了一个很重要的点，我国《民法典》第480条与第484条规定以意思实现的方式作出承诺，据此合同成立，这是一条路径。另外一条路径就是《民法典》第140条第2款规定的沉默意思表示。二者之间有什么关系？是交叉关系还是并列关系？

胡逸群：我认为，如果要坚持《民法典》第140条的封闭性，则可以在意思实现上做文章，即以修正意思实现说来解决法律未规定沉默构成意思表示之情形中的问题，毕竟二者最后的结论是一样的。

老师：实践效果应该是一样的，只是解释路径不一样而已。《民法典》第140条第2款规定沉默只有在法律规定、当事人约定或者符合当事人之间的交易习惯时才可以视为意思表示。虽然规定了交易习惯，但限定为当事人之间的交易习惯而不是一般的交易习惯，限定的范围明确且较狭窄。在这种情况下，第170页第1段的后半段提到的担保函、旨在变更合同的要约以及赠与合同未必都能借助沉默意思表示这一路径。在这些情形中，没有法律的特别规定，通常也没有当事人的约定，此外也未必有当事人之间此前曾经反复操作的交易习惯。如果上述情形都不满足，就不能根据第140条第2款的规定走沉默意思表示这一路径。相反，第480条与第484条规定的意思实现这条路径是比较开放的，因为第480条与

第484条规定以行为作出承诺，这里的行为既包括作为，也包括不作为。

王小亮： 我认为，单纯的沉默实际上已经到达了相对方，但如果以行为作出，行为不一定能够到达相对方。比如在现物要约的情况下，出卖人把物品寄过去，然后买受人保留这个物品，此行为能不能解释为到达了相对人？如果不能如此解释，那就是意思实现；如果可以如此解释，那就是沉默的意思表示。刚才提及的保证，我认为不属于意思实现，它依然是沉默的意思表示，因为这种单纯的沉默，实际上已经到达了保证人。

老师： 意思实现可以到达对方，也可以不到达对方。无论是否到达对方，都可以构成意思实现。但第140条第2款规定的沉默意思表示必须到达对方，因此，对沉默意思表示的要求可能比意思实现更加严格。这意味着现实生活中有一些情形不符合第140条第2款的要求，但却可能符合第480条与第484条规定的意思实现的要求。

王小亮： 意思实现有一个非常重要的点，即风险负担的问题。在现物要约的情况下，买受人保留并使用标的物，但其并没有把这样的行为告知出卖人。在这种情况下依然认定合同成立从而考虑风险负担的问题，实际上是有实质意义的。但在单纯沉默的情况下，风险负担的意义就没有这么大。

老师： 我们要解决的问题是，在法律没有特别规定且当事人没有约定的情况下，一方的承诺是否能够与对方的意思表示相结合构成一个法律行为？针对这个问题，是选择《民法典》第140条第2款更稳妥，还是选择意思实现这条路径更稳妥？我们面临这一选择的前提是，沉默是否能够导致纯获利益的法律行为成立？选择修正后的意思实现说这条路径面临的解释论障碍更小，而沉默意思表示这条路径面临的解释论障碍更大，这里的障碍主要源于第140条第2款的规范内容。是否还有第三条路径？类推《民法典》第685条第2款的规定，采要约加沉默承诺的规范模式，是否构成第三条路径？如果构成第三条路径，那么，这条路径与修正的意思实现说相比，哪条路径更好？或者说，哪条路径障碍与风险更小？

邓继圣： 采用这两条路径，会不会造成意思表示解释规则适用的不同？按照《民法典》关于保证合同的规定，债权人未提出异议即构成默示的承诺，那么，这种承诺在意思表示解释规则上应当采用规范解释。但如果走意思实现学说这条路径，则通常应当重视一方的主观意思。所以我认为在受赠的情况下，采用意思实现说对于受赠人的保护可能更好，比如在债务免除的情况下，采用要约与承诺的方式，就是为了保护债务人的尊严。如果采用意思实现说这条路径，则债务人可以基于自己的主观意思，随后去否认意思实现的效力。因此，我觉得二者主要是在解释规则上有差异。

王小亮：刚才说的这个问题，我也考虑了一下。书中认为意思实现是一种无需受领的意思表示，我觉得这种说法比较严谨。但这里的无需受领的意思表示并不能完全对应无相对人的意思表示，应当理解为有相对人的意思表示，在解释的时候不能完全以当事人的内心真实意思为准，而应当适用有相对人意思表示的解释规则，采取温和的表示主义进行解释。

老师：在概念上，意思实现是无需受领的意思表示，此时的相对人应当理解为法律关系的相对人。从法律关系的角度来看，意思实现当然是有相对人的。在学理上，相对人应当有两种意思，分别是法律关系相对人与意思表示相对人。如果"相对人"是意思表示相对人，则意思实现仍然是无相对人的意思表示，因为它不需要指向特定的相对人作出意思表示。如果"相对人"是法律关系相对人，则意思实现属于有相对人的意思表示。在意思表示理论中，有相对人意思表示中的"相对人"通常是指意思表示的相对人而不是法律关系的相对人。

从意思表示解释以外的角度看，第三条路径与第二条路径有何区别？

王小亮：全国人大常委会法工委将《民法典》第685条第2款理解为推定，如果按照这个角度去考虑，则该款规定的结果其实是可以被举证推翻的。因此，相较于意思实现，该款赋予受益人一方更多的选择余地。

老师：在《民法典》第685条第2款，从债权人的沉默中推断出债权人有接受保证的意思，这是一种法定的推断意思表示。如果保证人事后举出充分证据，证明当时债权人有其他举动显示其并未接受此项保证，那么，应当依规范性解释（考虑具体场景），认定债权人的所作所为不构成接受保证的意思表示。所以，此种法定的沉默意思表示，归根结底是意思表示解释的产物，只不过此项解释被《民法典》法定化了而已，但法定化不等于绝对不存在其他解释的可能性。

在方法论上，类推《民法典》第685条第2款属于法律续造。反之，如果把第170页第1段后半段所说的几种情形即赠与、担保函与旨在变更合同的要约纳入意思实现概念之中，则仍然属于法律解释的范畴，而不是法律续造的范畴。相比于法律续造，法律解释的风险更小，受到质疑的可能性更低。类推《民法典》第685条第2款毕竟是法律续造，要求只有存在法律漏洞时才允许法官造法。如果将对于担保函、赠与以及旨在变更合同的要约保持沉默解释为意思实现，则仅需对《民法典》第480条规定的"通过行为作出承诺"进行解释即可。因此，仅在没有更好的办法的情况下，才能考虑第一条路径与第三条路径。再回到胡逸群同学提出的问题，我认为，在我国民法中，对于纯获利益法律行为中的沉默，有更稳妥的解决路径，即把它纳入修正的意思实现概念之中，通过解释第480条来解决问题，而不是通过类推作为解释论支点的第685条第2款来解决问题，因为，作为法律续造的类推需要具备一些前提条件，可能会面临一些方法论上的障碍。

陈道宽：《民法典》第140条第2款是不是只有在法定的情况下才会被适用？既然第480条都能适用，而且其适用范围更加宽泛，在效果上二者又比较相似，那么，这是否导致第140条反而成为引致性条款，引到其他法定沉默的情形？

老师：不能这么说，因为第480条框架里的修正意思实现的适用是有前提的，其仅适用于使一方纯获利益的法律行为。一般情况下，意思实现所要求的行为应当是作为，不作为仅在例外情况下才能构成意思实现。反之，第140条第2款的适用不需要具备这一前提，无论是纯获利益的法律行为还是其他法律行为，只要满足第140条第2款的规定，就可以认定为沉默意思表示。第140条第2款与第480条有各自的功能与适用领域，侧重点是不一样的。

问题二十二：《民法典》第1124条规定放弃继承与放弃受遗赠之区别

陈道宽：老师，我有一个问题。基于第153页的论述，《民法典》第1124条第1款与第2款的区别何在？

王珏：我认为，在遗赠的过程中，实际上是受遗赠人与遗赠人双方达成合意。但是在继承中，继承人之间形成的是一个继承人共同体，放弃继承的表示是一种形成权的行使行为，表意人借此退出继承人共同体。继承人没有表示的，视为接受继承，实质上这并非一种沉默意思表示，而是形成权因期间届满而消灭。

老师：这算是一种解释。如果把放弃继承理解为继承人行使形成权，则《民法典》第1124条第1款与第2款确实是不一样的。

陈道宽：但如果这样解释，则第2款好像就有问题，因为第2款要求有要约与承诺。那么，把沉默视为放弃受遗赠，有什么问题呢？

老师：王珏同学提出的这种解释表明《民法典》第1124条第1款与第2款是有区别的。当然，这个解释本身也存在值得推敲的地方，即放弃继承是否属于行使形成权。此外，第 2 款究竟是否以要约加承诺的模式成立遗赠，亦不无疑问。换个角度看，如果受遗赠人没有作出接受遗赠的意思表示，那么，遗赠是不发生效力的。相反，即便继承人没有作出接受继承的意思表示，继承仍然依法发生。法律上不要求继承人作出积极的接受继承的表示，也不要求以沉默的方式作出接受继承的表示。而遗赠发生最终的法律效果则取决于受遗赠人有没有作出接受遗赠的意思表示。这就决定了对于《民法典》第 1124 条第 2 款，需要去讨论受遗赠人的沉默是否构成意思表示，而在第 1 款中，则不需要讨论继承人的沉默是否构成接受继承的意思表示。这才是二者的根本区别。

问题二十三：拟制表示与默示表示之区别

朱丽芸：老师，我有一个问题。在第 163 页，我不太明白拟制表示与默示表示的区别，感觉二者很相似，都需要有专门的法律规定。

老师：你是说从它们的法律效果来看不好辨别，还是说某种情形究竟应当认定为拟制表示还是默示表示（可推断意思表示），不好辨别？

朱丽芸：它们都是因为有法律规定才发生相应的意思表示效果，但是有的属于拟制表示，有的属于可推断意思表示，区分标准是什么呢？

老师：二者在效果上的区别比较明显。拟制表示完全不适用意思表示规则，也就没有错误撤销的可能性。反之，可推断意思表示需要适用整套意思表示规则，包括错误撤销、欺诈、胁迫等规则，都应适用。因此，存在辨别困难的应该是，如何判断某一条规则中涉及的究竟是拟制表示还是可推断意思表示。这个问题在后文会涉及，需要结合我国实证法的相关规定予以分析。到底是拟制表示还是可推断意思表示，主要从法律规范目的出发进行考量，有时也需要从法律规范本身的表述出发，根据语言逻辑进行判断。

王小亮：老师，之前曾提到，在特定情形中沉默也是可以视为追认的。比如某人明知道第三人以其名义实施无权代理行为，却未作任何表示。在这种情况下，可以认为本人的沉默构成追认。而书中这部分也提到《民法典》第 145 条第 2 款与第 171 条第 2 款是不太合适的规定。那么，我们在适用法律的时候，可以直接作出这样的解释吗？还是说，需要通过其他手段，使其往一个更合理的方向发展？

老师：之前说的是特定情形中构成默示追认，而此处说的是拒绝追认。二者一个是肯定的，一个是否定的，存在根本区别。

王小亮：《民法典》第 145 条第 2 款与第 171 条第 2 款直接规定"未作表示

的，视为拒绝追认"。但是在特定情形中，应当认为沉默其实可以发生追认的效果。所以，这个法条本身就给我们制造了一个解释障碍。既然老师也说了这个规定不太妥当，那么，在具体适用的时候，究竟应当采取解释论，还是进行漏洞填补？

老师：此处哪条规则有漏洞？

王小亮：比如，《民法典》第171条第2款规定"被代理人未作表示的，视为拒绝追认"，那么，在刚才那种情形中，本人明知第三人实施了无权代理行为，严格按照法条文义，其沉默应当视为拒绝追认，而不可能解释为以沉默方式作出的追认。这就直接创造了一种障碍，即不论在什么情况下，只要没作出表示，都被视为拒绝追认，而非视为追认。

老师：视为拒绝追认没问题。问题仅在于给这款法律规定贴的标签究竟是拟制表示，还是追认权因除斥期间届满而消灭。之前分析得出的结论是，沉默一般来说不能视为追认，仅在特殊情形中才可以视为追认。这与认定《民法典》第171条第2款规定的是追认权消灭并不矛盾，一个是原则，一个是例外。

老师：读完第164—165页后，关于拟制表示与可推断意思表示应当如何辨别的困惑有没有得到解答？

朱丽芸：二者的根本区别在于，拟制表示根本不存在一项意思表示，比如《劳动合同法》第14条第3款，用人单位就连订立书面合同的意思都没有，更不要说与劳动者订立一项无固定期限劳动合同的意思，所以，事实上不存在这样一种意思，而法律拟制出这样一种意思表示的效果；反之，就可推断的意思表示而言，即便这种可推断性是由法律规定的，不需要在个案中再进行判断，事实上也还是存在一项意思的。所以，二者的根本区别就在于是否存在一项意思表示。

老师：是的，二者的区别就在于是否以意思为基础。可推断的意思表示以当事人的意思为基础。拟制表示则根本不管当事人有没有相关的意思，有也可以，没有也可以，法律直接规定这种状态产生特定的法律效果。易言之，拟制表示与当事人的意思并无关联性。

陈道宽：老师，可否这样理解，将拟制表示之规定看作意思表示的一个条件。以《公司法》（2018年）第71条第2款为例，股东作出一个不同意股权转让的意思表示，但该表示有一个生效条件，就是需要去购买拟转让的股权。如果不购买，则不同意表示就因条件未成就而不生效。也就是说，该条规定为股东的不同意表示限定了一个法定的生效条件，有没有可能作这样的解释？

老师：为何需要如此构造？

陈道宽：至少从法条字义上可以这样理解吧？因为这样似乎就比较容易区分拟制表示与可推断意思表示。

蔡淳钰：道宽师兄的意思应该是，只有其他股东实施了购买行为，其所作出的反对股权对外转让的意思表示才会生效。

王珏：我感觉这个看法的问题在于不同意转让，如果不同意转让的意思表示不生效，则股权转让不一定理所当然地可以得到同意。这中间有一个逻辑断点，不同意转让的意思表示不生效就视为同意，其实仍然还是拟制的。也就是说，道宽的逻辑是，其他股东作出了一个不同意转让的意思表示，然后再加上一个购买股权的行为，这个不同意转让的意思表示就生效了；而如果没有作出一个购买股权的行为，不同意转让的意思表示就不生效。但由此并不能得出它必然变成一个生效的同意转让之意思表示的结论。所以，此时若认为有一个同意转让的意思表示，则仍然需要通过拟制。

陈道宽：对，因为后面还需要有一个意思表示，这样，就只能按照沉默意思表示来解释。这种构造太复杂了，可能更简单的构造还是得按照老师书里的逻辑。

老师：一则这个构造比较复杂，二则未必符合民法原理或者立法本意。采用更加迂回的构造，步骤比较多，容易节外生枝。每个环节其实都会牵扯到一套规则。

王小亮：我觉得，拟制表示其实就是意思表示，但基于价值判断，法律排除了其适用意思表示相关规则，比如不能因为表示错误而撤销。对此，书中第164页第2段也提到"毋宁只是立法者基于价值考量直接使'不购买'发生'同意转让'的效果"。在《公司法》（2018年）第71条第2款第3句中，表现为如果股东不购买，那就强制不允许其适用意思表示撤销规则。《企业破产法》第18条第2款亦然，破产管理人不提供担保，就视为解除合同。

老师：把拟制表示称为意思表示，但又完全排除了意思表示解释规则的适用，会导致自相矛盾。

王小亮：对。这种解释肯定是不妥当的，就是借此进行假设与比较而已。我觉得此处比较重要的一个问题，就是基于何种原因排除适用意思表示规则，使其不成为真正的意思表示。

王珏：具体原因就是其并非意思表示，因为在此类情况下，表意人根本就没有这个意思,甚至有相反的意思。

王小亮:那么,此处的意思是一种主观意思,还是一种从客观角度去理解的意思?

老师:说到"表意人没有这个意思"时,"意思"指的是主观意思。在股权对外转让的情形中,其他股东此前已经明确表示不同意转让,但法律上仍然将其"不购买"拟制为同意转让。可见,拟制表示不以当事人的主观意思为基础。其实,从另一个角度看,拟制表示也不以客观意义为基础,因为在股权转让的情形中,即便对其他股东此前不同意转让之表示予以客观解释,结论也是其不同意转让,与主观意思重叠。

王小亮:从构造上来看,拟制表示确实不是真正的意思表示。但如果其背后隐藏了某一种价值,从而将其从意思表示中抽取出来,变成这个所谓的拟制表示,那么,关键应当在于揭示这种特殊的价值考量。

老师:特殊价值肯定有,《公司法》(2018年)第71条第2款第3句的特殊价值就是平衡转让股东与其他股东之间的关系。那么,在这个点上限制的就是其他股东关于该项股权转让的一种决定权。具体而言,其他股东可以不同意转让,但要购买被转让的股权。不能一方面不同意转让,另一方面自身又不购买,否则就基本上断绝了股东通过转让股权退出公司的可能性,对投资自由造成过度束缚。这就是该条法律规定背后的价值考量。

问题二十四:股东不购买行为存在意思瑕疵时的救济路径

金子文:老师,我有一个问题。在第164页,如果股东的不购买行为是受欺诈、胁迫而作出,但又不能适用意思表示规则,即不能撤销,那么,是否只能找胁迫、欺诈人主张侵权救济?此时侵害的是表意人的购买权还是其他什么权利?

老师:举个例子,A公司有股东甲、乙、丙。其中股东甲持有30%股权,甲先把30%股权转让给外部的第三人丁。股东乙不同意股东甲对外转让,并打算自己购买。股东甲或者第三人丁威胁股东乙,不准其购买,导致乙最终未作出购买表示。按照《公司法》(2018年)第71条第2款第3句的规定,不购买视为同意,在本例中,即视为股东乙同意甲的股权转让。你的问题是,对股东乙的救济,除了侵权规则,能否直接或者间接适用意思表示规则,对吗?

陈道宽:此种情形似乎和意思表示没有关系,毋宁仅为对于股东优先购买权的侵害。这就如同两个人到商店买瓜,店里只剩最后一个瓜,顾客甲强制不让顾客乙作出购买的意思表示，自己作出购买表示将瓜买走了，这也会产生同样的问题。

王珏：能不能对《公司法》（2018年）第71条第2款第3句进行限缩，排除掉受胁迫不购买的情况？

老师：如果排除受胁迫，那么，受欺诈该不该被排除？有了第一种例外，就可能有第二种例外。

范芸菲：被胁迫者作出违反自己意愿的意思表示，与被胁迫者没有作出意思表示，应该是有区别的。

老师：有何区别？

范芸菲：如果被胁迫者没有作出一个意思表示，那就不能适用意思表示规则，因为意思表示根本就没有作出，相对人没办法知道，只能按照侵权处理。

老师：如果仅看这一片段，则不作出购买意思表示当然没有撤销的可能性，撤销只是针对意思表示，不可能针对无意思表示。但金子文同学针对的是股东因为不作出购买的意思表示而被视为同意转让，对此，可否考虑因为被胁迫而可撤销？

王小亮：可否认为购买权的行使与是否同意股权转让各为一项意思表示？如果某个股东直接同意转让，那就不涉及购买权的问题。如果某个股东不同意转让，那么，才应考虑是否行使购买权的问题。当股东不同意购买时，这个不购买表示会反过来影响其之前的不同意转让表示，此时适用拟制规则，拟制为同意转让。按照这样的理解，如果是受胁迫而不购买，则购买权行使的表示是可撤销的。

老师：《公司法》（2018年）第71条第2款第3句中的"购买"是指应当购买，而不是可以购买，所以不能说其他股东行使购买权。涉及购买权的，是该款另一句规定（股东优先购买权）。

前面介绍过德国关于拟制表示的几种学说。其中第二种学说认为，拟制表示并非绝对没有适用意思表示规则的余地。如果表示的法律效果是消极的，则不适用意思表示相关规则；如果表示的效果是积极的，那就有适用意思表示相关规则的余地。假如采用这种学说来解决金子文同学的问题，能得出什么结论？

闫俊奇：按照字面理解，积极的法律效果是必须形成某种法律关系。如果是本人作出的意思表示，则是本人与相对人形成了一种积极关系。就公司股权转让而言，其他股东作出不购买表示的，法律拟制为同意转让，这将导致转让股东与第三人形成法律关系，作出表示的其他股东并非该关系的当事人，这种情形能不能被评价为该表示的一种积极效果？

老师：视为同意转让的后果是，想转让股权的股东可以对外与第三人达成一个股权转让关系，这一法律效果是积极的。该学说并没有限定必须是作出意思表示的本人与相对人之间成立法律关系。

如果拟制表示采用德国法上的第二种学说，则股东因受胁迫未能作出购买的意思表示并被视为同意转让，该拟制表示是可以撤销的。但有没有必要这么处理，还需要进一步推敲。

闫俊奇：甲被胁迫，拟制为同意转让后，假如转让人已经与外部第三人签订了股权转让协议并且已经履行完毕，那么，甲再主张受胁迫而撤销，就会影响相对人与第三人的法律关系。这种结果是否对第三人不公平，破坏了其信赖？

老师：因为 A 与 B 内部的一些特殊情况导致影响 C 取得某项权利，这种情况在现实生活中并不少见。它涉及是否有必要对 C 进行信赖保护的问题。

蔡淳钰：此处是存在学说争议的，被胁迫的股东主张自己的权利受到侵害后，有两种处理方法。一种学说认为应当直接把出让方与受让方的合同一并撤销；一种学说认为出让方负担了一个义务，其必须把股权转让合同解除，然后进行赔偿。

两种学说对第三人的保护程度是不一样的。如果由出让方负担解除合同的义务，则比较有利于保护第三人。总的来讲，这样还是会影响到第三人的权利，但第三人承担这样的风险也是应当的，因为这涉及的是有限责任公司，当强调有限责任公司的人合性时，法政策将保护人合性排在保护交易相对方信赖之前。

我的观点是，将不购买当作一个可推断的意思表示。如果股东后来不购买，则是以新的意思表示取代了原来的不同意表示，认定真意以新的意思表示为准。这样就可以使股东的意思表示得到彻底的保护，而不会存在无法得到救济的危险。

老师：这是纯粹从目的论角度考虑，但有个逻辑障碍。既然其他股东已经明确表示不同意转让，再将其推断为同意，这是有矛盾的，明显违背其真实意思。

蔡淳钰：可否解释为构成意思表示更新，后作出的意思表示自动替代之前的意思表示并发生效力?

老师: 比较困难。其他股东已经明确表示不同意股权转让,甚至是通过发出一份律师函或者一个其他书面文件作出表示,此后再要推断其有相反的意思,可行性很低。

蔡淳钰: 可否认为民事主体行为前后矛盾违背诚实信用原则,应当给予一定的惩罚,而此处的惩罚就是视为同意转让?

老师: 这仍然采用了拟制表示的概念,你的论证自相矛盾。拟制表示,就是法律基于价值考量规定一个确定的法律效果。该法律效果是不能推翻的,一方面保护转让股东,另一方面也保障股权交易。我认为,如果着眼于法律安定性这一价值取向,则解释为拟制表示更为合理。

闫俊奇: 或许认定为拟制表示有可能是为了保护有限责任公司的人合性。如果单纯作为一个可推断的意思表示,那么,股东一开始表示不同意购买,后来主张意思表示错误进行撤销,先前的不同意导致想转让的股东已经没法转让,此时公司的人合性已经被破坏了。因此,解释为拟制表示相当于保护有限责任公司的人合性。

老师: 立法上不一定有这种特殊考虑。你所描述的是本条规则的一个比较隐蔽的实际效果。

蔡淳钰: 老师,我突然想到一个点可以用来补充道宽师兄提到的条件说。《民法典》第159条规定以不正当手段阻碍条件成就的,该条件视为已成就。适用到条件说上,其他股东所作的不同意转让的意思表示附了一个生效条件,即必须同意购买股权。此时,由于出让方或者是第三人运用不正当手段阻碍其他股东表示购买,该条件视为已成就。

王小亮: 我觉得还是老师的观点比较合理。"视为同意转让"这一拟制表示是基于不购买之事实,那么,关键在于理解该事实是因为什么效果而发生的。我认为有两种可能性。第一种情形是其他股东直接明确表示不购买,这相当于对购买权的抛弃。第二种情形是其他股东在一段时间内一直没有表示购买,从而购买权因除斥期间届满消灭。不购买实际上是附在购买权之上的。如果其他股东是因为受到胁迫而直接表示不购买,那么,可以通过撤销不购买的意思表示使购买权复活。然后股东行使购买权,从而不购买的事实不复存在,也就没有该拟制规则的适用余地了。

不过,还是要考虑到信赖保护。关键是股权转让后有无在公司股东名册上完成变更公示，如果登记了，则第三人有没有适时地参与公司管理。也就是说，要在公司治理结构的稳定性层面上进行考量。所以，对于不购买表示的撤销，必须有一定的限制。

老师：如果其他股东明确表示不购买，则有适用意思表示规则的可能性；如果并非明确表示不购买，而是没作出购买的表示，此种消极的不作为状态本身是无法适用意思表示规则的。《公司法》（2018年）第71条第2款第3句规定不购买的视为同意转让，如果将此定性为可推断的意思表示，则解释障碍太大，这不是价值上的障碍，而是逻辑上的障碍。如书中所述，其他股东先前已经明确表示不同意转让股权，很难把之后消极的不作为状态解释为可推断的同意转让的意思表示。反之，如果将此看作拟制表示，则会遇到金子文同学提出的问题。该问题是对拟制表示说的一种挑战。解决出路有两条。一条出路是采用前面介绍的德国法上的第二种学说，即认为拟制表示并非一概不适用意思表示规则，如果产生的效果是积极的，则有适用意思表示规则的余地。另外一条出路是坚持认为拟制表示完全没有适用意思表示规则的可能性，然后可以从如何认定是否构成"不购买"这方面入手予以解释。可以考虑对法条表述的"不购买"进行目的论限缩，将比较极端的情况如因受胁迫而没有及时表示购买排除在外，不适用"视为同意转让"的规则。从方法论上看，可以作这样的解释，因为就法条文义而言，既包括非因受胁迫而不购买，也包括因受胁迫而不购买。从目的论角度考虑，因受胁迫而表示不购买若认定为是不能撤销的意思表示，则对其他股东来说可能是不公平的，虽然有侵权责任可供救济，但未必能够完全达到保护目的。因此，更为可取的是对法条中的"不购买"作目的论限缩，这样就不需要对拟制表示理论作出一些伤筋动骨的改造。

韩欣：老师，我有疑问的是，意思表示理论能够适用于此种限制他人作出意思表示的情形吗？意思表示理论保护他人免于受胁迫而作出意思表示，是因为他们本不想受到法律的拘束，所以给他们撤销的权利。但若是因受胁迫而未作出意思表示，则根本就没有受到意思表示的拘束。比如，我要去买一个东西，这个东西难道只有我能买吗？我有作出意思表示的权利吗？公司法在此种情形中需要保护其他股东，是因为其他股东享有一个优先购买权，而不涉及意思表示，不应该用意思表示理论来解决吧？

老师：你的意思是受胁迫的股东没有作出购买的意思表示，并未受到某一个意思表示的拘束，所以没必要通过赋予撤销权的方式来保护他。如果仅着眼于"不购买"，则确实会得出这样的结论。但应当把"不购买"与后边的"视为同意转让"联系起来，亦即其他股东因为受胁迫而产生不购买的状态，法律上把该状态拟制为同意转让的表示。同意转让的表示，按照前面介绍的德国法第二种学说，是可以适用意思表示规则的，从而使受胁迫而不购买的其他股东可以摆脱该拟制表示的拘束状态。

王小亮：老师，我想问一下关于时效或者期间的问题。诉讼时效期间应当自胁迫事由终止之后才开始起算，权利人若是受到胁迫而没有行使形成权，则除斥期间的起算是不是也应当从胁迫终止之日开始？比如，其他股东因受到胁迫而未行使购买权，则除斥期间一直没有届满，在胁迫事由终止后，该股东仍然可以表示购买。

老师：你的意思是给受胁迫的其他股东保留一个优先购买权，通过行使这项形成权来破解"视为同意转让"这个困局。但优先购买权规定在《公司法》（2018年）第71条第3款，适用的前提是其他股东同意转让，与此处讨论的不同意转让之间存在矛盾。在此阶段还没有涉及优先购买权，而是涉及股东的同意权。不同意转让的其他股东应当购买，而不是有权购买。股东乙表示不同意股东甲把股权转让给第三人丁，其一方面表示不同意，另一方面，依照法律规定，其应当表示购买30%股权。这显然属于两个阶段的两个问题。

蔡淳钰：老师，因受胁迫而表示不购买导致被认定为同意转让，通常出现在大股东欺压小股东的情形中。那么，除了从意思表示理论与侵权法入手，如果在公司法上寻求相应的救济，应该就是探讨小股东在受到欺压时有何种救济方式。对此，通常是个人直接诉讼，普通法上还有压迫行为救济，所以，是否也可以考虑从商法中找到救济方式？

老师：关键的问题是，起诉最后会有什么结果？

蔡淳钰：结果是能保障其他股东的同意权。

老师：这从侵权责任的角度也能得到解释。甲想把股权转让给丁，小股东乙不同意，但被甲胁迫不能购买，拟制表示为同意转让。从公司法对其他股东同意权的保护角度看，相当于甲的胁迫行为侵害了股东乙的同意权，可以适用侵权损害赔偿，属于广义上的恢复原状，即恢复到之前没有受到侵害时的状态。

陈道宽：股东甲侵害了股东乙的同意权，须承担侵权责任，但是股东甲能够让它恢复原状吗？因为同意权是对于公司的，而不是对于某一个股东的。

老师：教义学构造为，甲如果想将股权转让给丁，就必须再次征求乙的意见。

陈道宽：如果是第三人实施侵害，比如胁迫乙的是另外一个股东，不是甲，又该如何呢？

老师：如果是第三人胁迫，那就只能适用金钱损害赔偿，恢复原状救济方式无法适用，因为客观上不能恢复原状。

陈道宽：那么，在这个意义上，用侵权责任制度依然没有办法完全解决金子文师弟提出的问题。

老师：对，因为侵权责任未必能完全实现保护目的。

问题二十五：意思实现在承诺之外适用于其他领域的必要性

胡逸群：老师，我有一个问题。在第166页，学理上有观点认为意思实现在承诺之外还可以适用于其他领域，我认为并无必要。比如，您向我订货，要约中表明我直接发货即可。如果采用意思实现理论，则显然我发货时承诺就已生效，因为其无须到达；如果采用默示意思表示理论，那就意味着只有货送到了，承诺才生效。这就是默示意思表示与意思实现在有法律关系相对人时的区别。

在动产所有权抛弃情形中，抛弃的意思表示是默示作出的，无需受领。它只是与意思实现效果类似而已，没有必要把它与意思实现等同。按照《民法典》第480条的规定，以意思实现方式作出承诺的，应符合交易习惯或者要约中有声明。这表明，规定意思表示无须到达即可生效时，一定要考量要约人的利益。但在动产所有权抛弃情形中，意思表示天然地无须到达、无需受领，所以，表意人作出行为的时候，意思表示就生效了，并非因为它是意思实现。我认为，应将意思实现的适用领域限定于承诺。

金子文：我认为此处似乎存在矛盾。按照书中定义，意思实现是表意人无须按照意思表示到达规则向相对人作出表示，隐含前提为意思实现是有相对人的意思表示。而动产所有权抛弃行为是无相对人的意思表示，为什么说它也属于意思实现呢？

老师：这与前面意思实现的定义并不矛盾。就动产所有权抛弃行为而论，所有权人确实无须按照意思表示到达规则向相对人作出表示。我们看意思实现定义的后半句"仅须作出足以表明特定效果意思的行为即可成立意思表示"，动产所有权抛弃与此定义是相符的，因为动产所有权人只要放弃占有就足以表明特定效果意思，即放弃该动产所有权。

金子文：然则，按照这样的理解，是否所有无相对人的意思表示都是意思实现呢？

老师：不是的。比如书面遗嘱，表意人无须按照意思表示到达规则向相对人作出意思表示，意思实现定义前半句符合了，但显然不符合定义后半句"仅须作出足以表明特定效果意思的行为"，因为书面遗嘱要求以文字写出遗嘱。

金子文：写出遗嘱，可以理解为是在作出行为。也就是说，这个遗嘱一旦作出就成立了，只是没有生效而已。

老师：你的意思是把写出遗嘱等同于意思实现定义中的"作出足以表明特定效果意思的行为"。但该定义的本意却不包含以语言文字方式来明确表达出某种意思，所以，意思实现应该不包括这种情形。

金子文：意思实现是否仅适用于有相对人的意思表示，不适用于无相对人的意思表示？

陈道宽：我再拓展一下金子文师弟提出的问题，在明示的情况下，可以辨别意思实现与无相对人的意思表示，但在默示的情况下，则很难辨别，可能会推导出无相对人的默示意思表示等于意思实现的结论。

老师：即便推导出此项结论也没什么问题，因为意思实现本来就是一种意思表示。这只能说明默示的意思表示与意思实现之间有重叠的地方。在民法概念体系上，学界本来也认为二者有重叠之处。目前通说认为，意思实现是一种无需受领的可推断意思表示。而动产所有权抛弃行为当然也是无需受领的可推断意思表示，除非在实施抛弃行为时，所有权人一边扔东西一边高声呐喊说要抛弃这个东西的所有权，那样就是明示的意思表示。排除掉这种特殊情况，动产所有权抛弃，都是从某一举动中推断出放弃所有权的意思，且都是无需受领的意思表示，这与意思实现是吻合的。实际上，把动产所有权抛弃视为意思实现，并非书中所创，德国有部分学者也持这种观点。甚至可以说，意思实现的原型就是动产所有权抛弃之类的行为，只不过意思实现概念在这个领域的实践意义不大，而在承诺领域的实践意义更大，所以给人印象深刻。

王小亮：如果物上有其他的物权，比如有担保物权，那么，动产所有权的抛弃是否需要到达担保物权人，或者干脆就不允许所有权人抛弃？

老师：动产抵押权的标的物是否允许被抛弃的问题，虽然我国《民法典》没有专门规定，但从法理层面来看，应当是不允许的。抛弃之后，动产变成无主物，就很难说抵押权人对该物还享有抵押权。转让抵押物时，抵押权具有追及力，抵押权人可以向新的所有权人主张权利。但抵押物被抛弃后，没有新的所有权人，这就剥夺了抵押权的追及力。也就是说，抵押人的处分权是受到限制的，可以转让标的物，但不能抛弃标的物。

问题二十六：构成单方法律行为的意思实现的认定

邓继圣： 老师，我有一个问题。在第 167 页下面的关于构成单方法律行为的意思实现认定这段论述，提到"须依据社会一般观念、交易习惯甚至表意人的个人习惯"推断出其行为是否有效果意思，进而认定是否构成意思实现。单方法律行为作为无需受领的意思表示，通常应当只需考虑表意人的情况，采取主观主义来进行解释。而社会一般观念却是属于比较客观的判断因素，是否只需要考虑表意人自己的个人习惯就可以了呢？

王小亮： 所有权的抛弃，可能还不是无相对人的意思表示。因为在涉及物权的法律关系中，一方当事人是物权人，另一方当事人是不特定的主体，从这个角度去解释，所有权的抛弃其实是有相对人的意思表示，所以仍然应当采取客观主义解释。

老师： 即便把物权关系理解为所有权人与世间任何其他人之间的法律关系，那也只能说抛弃动产所有权的意思表示是有法律关系相对人的意思表示，而不能说它是有意思表示相对人的意思表示。

陈道宽： 结合第 167 页的两段论述来看，书中的论证逻辑是，从遗嘱属于意思表示这个论断推导出同样属于无须向他人表示效果意思的两种意思实现也应当构成意思表示。遗嘱是无需受领的意思表示，应采主观主义进行解释，依据遗嘱人的内心意思来确定遗嘱的内容，但并不能由此当然推导出意思实现的解释也应采主观主义。遗嘱与意思实现其实还是存在区别的。据此，可能上一段论述就不能直接从遗嘱推导出意思实现也是意思表示之结论。

老师： 遗嘱与动产所有权抛弃在信赖保护方面是不一样的。但不能从这个区别倒推回去，断言意思实现不是意思表示。两者可能没有此种关联性。遗嘱是无需受领的，意思实现也是无需受领的，这一点是二者的共性。从这个共性中，能推导出如下结论，即遗嘱既然是一个意思表示，那么，意思实现也可以是一个意思表示。这是第 167 页第 2 段解决的问题。该页第 3 段表述的是，构成单方法律行为的意思实现，只要依据社会一般观念、交易习惯甚至是表意人的个人习惯可以从其行为中推断出具有此类法律行为所需的效果意思，即可将该行为认定为意思实现。

王珏： 我感觉第 3 段的重点不是在论述意思实现的解释规则，而是在说什么样的单方法律行为可能构成意思实现。

老师：当然，可能还会存在如下追问，即在解释意思实现时是否以行为人的真意为准。书中认为意思表示解释既涉及意思表示内容，也涉及意思表示的构成。第3段的重点是在认定意思实现的构成，而判断某个行为是否构成意思实现这种特殊的意思表示本身就已经进入解释阶段。因此，这个追问是合理的。书中这段话并没有表示作此解释时，完全不考虑行为人的主观真实意思。

大家再想想，对于无需受领的意思表示，解释时确实以表意人的真意为准。那么，表意人的真意应当如何查明呢？从实操角度来看，是对行为人进行问答，问他实施行为时心里是怎么想的吗？

王小亮：可能还是要通过在法庭上由法官询问当事人并由当事人相互对质。应从一般理性人的角度去理解，就行为人所做、所写、所想的东西，从客观视角去解读。

老师：第一条路径是采用客观标准，依规范性的标准去衡量与评价，然后作出一个包含价值判断的认定，即当事人的表述内容应当是什么样的，或者某行为应当认定为意思表示。而作出这种评价，就需要依据社会一般观念、交易习惯或者一些个案中客观、外在的因素。

第二条路径是将行为人的外在举动作为证据或者线索去查明表意人的真实意思。此处可能考虑到概率因素，即依据社会一般观念、交易习惯，某类行为大概率指向某种真实意思。比如动产所有权抛弃，某人路过垃圾桶，把手里喝空的一个矿泉水瓶扔到垃圾桶里，这个举动按照社会一般观念与人们的生活习惯，表明此人大概率有抛弃该矿泉水瓶所有权的意思。

邓继圣：所以，您的观点是认为前面列举的这些因素只是裁判者认定行为人真实意思的一个手段，如果行为人能够举证证明自己不是这么想的，那么，他是能够推翻原先认定的，对吗？

老师：如果只是一个无需受领的单方法律行为意思表示，则可以这么处理。当然，假如从社会一般观念中大概率推导出他的真实意思是抛弃，那么，行为人想要去证明自己有相反的意思，难度比较大。

陈道宽：老师，我觉得可能是我们对"甚至"这个词的理解出现偏差了，因为当我们看到"甚至"的时候，一般会想到是重要性的问题，从而理解为前面两个因素即"社会一般观念、交易习惯"更重要，而"甚至"之后的内容并没有那样的重要性。但按您刚才的解释来说，其实是把它看作一个概率问题，即一般而言，通过调查前面两个因素大概率就能说明行为人内心的真实意思是什么。

邓继圣：可能还是标准与手段的区别。

老师：对，是手段而不是标准。书中列举的这几个因素只是用来查明行为人真实意思的手段而已，不能等同于对有相对人的意思表示进行规范性解释时采用的考量标准。

问题二十七：在回转寿司餐厅用餐是不是以意思实现方式成立合同

王小亮：老师，我有一个问题。在第168页，关于回转寿司的案例，可否不解释为意思实现？去回转寿司店吃饭，其实不单纯是订立一个买卖合同，毋宁更像是订立一个服务合同。如果当事人进店的时候，已经和店家达成一个服务合同了，那么，顾客选哪个寿司，其实是在行使一种权利，最后再去结账。实际上，整个过程都要放在服务合同的框架内进行考量，不需要再去考虑通过意思实现达成一个合同。

王珏：如果顾客进店还没有开始吃，能离开吗？或者说，离开时是否需要承担合同之下的义务与责任？

王小亮：如果认为选了一款寿司后服务合同才成立呢？

王珏：这仍然需要借助意思实现概念进行解释。

王小亮：换个例子，酒店与顾客已经达成了一个服务合同，此后，顾客到酒店的一切消费都可以放在服务合同下去判断，包括去喝酒店放在房间柜台上的饮料也可以认定为是服务合同的一部分。

陈道宽：这其实仍然需要运用意思实现的概念，因为饮料最后还是需要用押金抵扣或者另外结算，跟前面那个订房合同不能混在一起。你其实是把后面顾客拿饮料喝算作享受订房合同之下的额外服务，这就需要解释为对合同内容的变更。

老师：其实酒店住宿订立的合同，用服务合同去指称本身就不精确，因为它是一个混合合同。梅迪库斯的《德国债法分论》也讨论过这样的问题。这个合同首先包含了房间的租赁关系。如果是带早餐的房间，那就要看价钱怎么算，是属于附赠的一份早餐，还是说住宿费里就包含了20元的早餐费。如果是后者，就属于关于早餐的买卖关系。酒店房间里通常摆着可乐、矿泉水等饮料，一瓶5元，顾客喝了后在退房时一并结算。以上这些都是混合合同中关于买卖的元素。把所有这些关系都扣上一个大帽子，认定为服务合同，这是不精确的。其实，我国《民法典》中并没有一种有名合同称为服务合同。严格地说，服务合同并不是一个标准的民法概念，只是一个生活词汇而已。

问题二十八：受要约人拒绝无须承诺的要约时有无通知义务

胡逸群：老师，我有一个问题。在第171页，最上面一段提到意思实现并不是向要约人作出的意思表示，所以并未引发要约人的信赖。我由此联想到一个信赖保护的问题。举个例子，您发要约给我，要购买货物，让我尽快发货，且声明可以通过意思实现的方式作出承诺。假如我想拒绝作出承诺，不想卖给您，那么，可否认为我有一个通知义务，即我需要向您以明示的方式作出一个拒绝要约的表示。

老师：为什么有这个义务？

胡逸群：要约人发出了一个要约，并且声明了无须明示承诺，处于一直等待发货的状态，会不会有值得保护的信赖？

王小亮：通常没有。如果他俩之前就一直有这样的交易模式，一方说尽快发货，另一方很快就发出货物了，但是这一次出卖方却不想发货了，那就可能例外地需要通知一下买受人。

老师：一般没有这种通知义务。一方面，不能因为要约人发出一个要约，就把负担强加给对方。另一方面，要约人发出要约后并不能期待对方肯定会以行为作出承诺，不存在信赖，因此也就不需要给受要约人设立一个通知义务来保护要约人。当然，如果双方之间存在特定交易习惯，则另当别论，因为可能基于诚信原则推导出一项先合同义务。

问题二十九：认定"无需受领的意思表示"的解释标准

邓继圣：老师，我有一个问题。在第171页第2段停车的案例中，如果无法认定为意思实现，而是从客观理性人的角度出发，认定为一种需受领的默示意思表示，那么，此处提到的社会一般观念或者交易习惯是一种解释标准吗？

老师：对。此处的"社会一般观念或者交易习惯"是作为规范性解释的标准，而非考察表意人内心真意的手段。

王小亮：还有一个问题。合同订立过程中，有些国家采取的是发信主义，即信件发出即生效，那么，在承诺采取发信主义的情况下，性质上是否属于无需受领的意思表示？这涉及解释标准问题，因为合同作为双方法律行为，须采取一种客观主义的解释。但若采取发信主义,由于无需受领,则是否与此处所论述的意思实现一样,采取主观主义解释呢?

老师:这个方法不太可取。发信主义应该不是大陆法系的模式。如果这种制度只是英美法上的,那么,比较起来就很困难。二者完全属于两套体系,从第二个体系中拿出一个零部件与第一个体系中的零部件相比较,标准、口径都不一样,很难说孰优孰劣,或者哪个应该参照哪个。

第二节 意思表示的发出与到达

问题一:"需受领的意思表示"与"有相对人的意思表示"之间的联系

王小亮: 老师,我有一个问题。在第174页,这里提到的"需受领的意思表示"与"有相对人的意思表示"两个概念之间有什么联系吗?

老师: 德国的某些文献将"有相对人的意思表示"表述为"需向他人作出的意思表示"。理解的关键在于,"有相对人的意思表示"中的"相对人"是意思表示的相对人,而不是法律关系的相对人。若以此为前提,则我国法上的"有相对人的意思表示"就等同于德国法上的"需受领的意思表示"。

王小亮: 对于"需受领的意思表示"中的"需受领"三个字,若将其理解为"受领之后意思表示才能生效",那么,这一学理上的定义可能无法完全涵盖立法上的规定。《民法典》第137条第2款规定采用数据电文形式的,当事人可以另行约定意思表示的生效时间。若当事人约定不采用到达主义,而采用发信主义,那么,因该意思表示并非在受领后生效,所以其并不属于"需受领的意思表示"。但因该意思表示依然需要向相对人作出,所以其仍属于"有相对人的意思表示"。

老师: 上述条文不一定是允许当事人不采用到达主义,可能是允许当事人另外约定到达的具体时点。对条文的解释需要结合立法文本的上下文。《民法典》第137条第2款第1句规定有相对人的非对话意思表示采用到达主义;第2句规定以数据电文方式作出意思表示的,进入特定系统的时点是生效时点,或者未指定特定系统的,相对人知道或者应当知道该数据电文进入其系统时生效;第3句可以解释为,当事人可以达成关于以哪个时点作为到达时间(生效时间)的约定。此种解释并不背离到达主义。

问题二:需受领的意思表示生效时点的变更及其解释规则

王小亮: 老师,对于"需受领的意思表示",我还有疑问。第一个问题是,当事人能否对需受领的意思表示达成约定,变更其生效的时点?第二个问题是，如果可以对它的生效时点进行变更，那么，它还是不是一个需受领的意思表示？第二个问题的结论决定了究竟应按《民法典》第142条第1款还是第2款对该意思表示进行解释。采取客观—规范解释抑或主观解释，在解释的结果上大有不同。

胡逸群： 我认为，发信主义、了解主义、受领主义都只是到达的判定标准而已。如果只是在到达的标准里采取发出说，我认为并未改变此项意思表示需要到达且需受领的本质，否则就会影响到有没有受领权限等一系列问题。

老师： 如果意思表示未到达之前即已发生效力，那么，生效时相对人不知道意思表示的内容。进行意思表示解释的时候，若按需受领的意思表示之解释原则，采用规范性解释，那么，约定发出时点作为生效时点有何意义呢？

王小亮： 我认为，这里主要涉及送达风险的分配问题。依照发信主义，即便意思表示中途遗失也不影响其生效。另外，也可能涉及给付与对待给付风险的分配问题。比如，买受人向出卖人先发出要约，并表明"请将货物随承诺一同发出，发出时承诺即生效力"。此后，出卖人将标的物随承诺一同发出，承诺于此时即生效力，进而合同成立、生效。由于合同已生效，所以进入给付风险与对待给付风险的分配阶段。

老师： 你的意思是否可以理解为，假如合同尚未成立，则不可能依据《民法典》第604条以下的规则判断风险是否移转；只有合同已经成立、生效后，才能依据《民法典》第604条以下的规则判断风险是否移转？但这一问题是否会对需受领的意思表示之概念构成挑战？在传统民法理论中，关于需受领的意思表示，生效时间标准、解释标准、受领权限这三个点是统一的。传统民法教科书中是以生效时间为标准对需受领的意思表示进行定义，再以此为支点扩展到解释标准与受领权限问题。

陈道宽： 在合同当事人约定采用发信主义的情形中，如果承诺没有到达要约人，这个承诺是否有效？如果认为承诺有效，则意思表示解释不可能是客观解释。此时，三个时点是否仍为统一的？

老师： 在发信主义之下，不需要表示到达对方，也不需要对方知晓表示，只能采用主观主义的解释原则。如果坚持"三点一体"理论，就需要把该意思表示认定为无需受领的意思表示。易言之，若当事人约定采用发信主义，则所产生的是无需受领的意思表示，对需受领的意思表示之概念不构成挑战。

王小亮： 若按前述讨论，则意思实现也是无需受领的意思表示吗？对其也应采取主观解释吗？

老师： 是的。但要注意，书中第171页谈到的"停车场案"属于特殊情况，不构成意思实现，毋宁构成默示的意思表示。如果受要约人以要约人可得而知的方式实施依社会一般观念或者交易习惯可被理解为承诺的行为，则可以将该行为解释为需受领的默示意思表示，而非意思实现，不采用主观主义的解释原则。

胡逸群： 老师，在约定采用发信主义的情况下，若将该意思表示认定为无需受领的意思表示，进而采用主观解释，那么，若出卖人内心想的是A，要约上写的是B，出卖人岂不是可以任意主张自己的真实想法是A？如果仅仅是因为有发信主义的约定，就在利益状况都很相似的情况下，改变意思表示解释的规则，我认为不大合理。约定发信主义或者到达主义，有所不同的只是信件遗失风险的分配，不能将意思表示解释的规则也随之改变，否则会导致评价失衡。

老师： 你的意思是，约定发信主义，效果不及于理解风险，只及于送达风险。买卖合同当事人特别约定意思表示自发出时生效，出卖人心中意图出售产品A，误写为产品B。如果保护买受人的信赖，则认定双方就产品B达成了合意，但出卖人享有撤销权。如果不保护买受人的信赖，则就意思表示解释而言，应按照无需受领的意思表示的主观主义来解释，最后结果是合同因不合意而未成立。

胡逸群： 对，而且此时可以直接主张不成立。但是相比于需受领的意思表示，当事人还损失了撤销权的除斥期间这层利益。我认为，这已经远大于约定发信主义所要承担的风险。

陈道宽： 假设承诺发出时合同即生效，但承诺在途中灭失，会导致要约人不知道承诺的存在。我认为，此案例中要约人的信赖与另一案例（即前述承诺人内心真意是A却表达为B的案例）中要约人对B的信赖，其实是差不多的。但是胡逸群师弟说的也是对的，信赖产生了，却导致不合理的后果。所以，我对最初的前提产生了怀疑，亦即，《民法典》第137条第2款最后一句所谓"当事人对采用数据电文形式的意思表示的生效时间另有约定的，按照其约定"，到底能否包括双方约定"发出生效"？这个前提或许还应再斟酌一下。

老师：《民法典》第137条第2款最后一句不能解释为我们刚才讨论的约定发信主义。

郑哲峰： 老师，可否如此处理，即将当事人所约定的发信主义解释为有溯及既往效力的到达主义？例如，当事人在三月份发出承诺，四月份到达并生效，但当事人的约定使该承诺溯及既往地于三月份发生效力。该承诺依然是需受领的意思表示。

胡逸群：此种方案无法处理中途遗失的案型。当事人约定发信主义，说明一方承担了"纵使中途遗失意思表示，该意思表示也生效"的风险。

王珏：我认为，最大的问题在于难以从当事人的约定中解释出此种方案。

老师：当事人特别约定采用发信主义的，有两种处理模式。第一种是一以贯之的模式，运送风险、理解风险（意思表示的解释）、意思表示受领权限，要么统一按照无需受领的意思表示来处理，要么统一按照需受领的意思表示来处理。第二种模式，在三个方向区别对待。对意思表示的生效时间进行特别约定时，运送风险比照无需受领的意思表示处理。但意思表示的解释与受领权限问题，按照需受领的意思表示处理。对于两种模式的利弊，大家可以进一步思考。

问题三：当面递交书面文件的定性问题

金子文：老师，我有一个问题。在第178页，有学者认为，当面递交书面文件的，并不需要在途时间，定性为非对话意思表示，有欠妥当。王泽鉴老师的观点是，以意思表示能否直接沟通作为有相对人意思表示与无相对人意思表示的区分标准，以纸条传达时，不能直接沟通意思，所以属于非对话的意思表示。另有学者认为，区分标准为相对人能否自主决定了解时点，如果相对人能够直接支配这个表示载体，则属于非对话意思表示；如果不能直接支配这个表示载体，则属于对话意思表示。

老师：对于上述第三种观点，可能是根据相对人能否自主决定当场阅读纸条而定性为对话或者非对话的意思表示。但我认为，如果仅考虑相对人的自由，可能有点片面。对于需受领的意思表示，应权衡双方的利益，而非仅顾及某一方的情况。

金子文：对。我认为，可能正如老师书中所言，争论的关键在于承诺期限问题，即表意人可否期待相对人即时作出回应。从相对客观的角度看，表意人可以期待相对人即时回应。

胡逸群：我认为，纸条无论界定为对话意思表示还是非对话意思表示，实际上所考虑的时间是相同的。若界定为对话意思表示，即时回应也需要一段时间；若界定为非对话意思表示，虽说需要留给相对方合理期限，但基于理性第三人视角，考虑到这个纸条已经打开了且在眼前，合理期限也仅为三五分钟。所以，从理性人的视角看，"即时"与"合理期限"在时间长短上其实应当是一样的。

老师： 如果是摊开的纸条，则区分的实际意义并不大。更有意义的是折叠起来且装在信封里的纸条。如果是摊开的纸条，则应当是对话意思表示，需要相对人即时作出回应，具体时间长短需要对"即时"两个字进行弹性化的处理。通常而言，纸条的尺寸小于 A4 纸，这实际上已经决定了纸上内容的有限性，短时间内即可被了解。

问题四：有意识制造风险之"有意识"与"参与意思"的关系

胡逸群： 老师，我有一个问题。在第 179 页，书中提到"表意人有意识制造信赖损害风险""欠缺交流意思"，那么，应如何理解"有意识"与"欠缺交流意思"的关系？

老师： 二者的对象不同。"有意识"的对象是制造信赖损害风险；而"没有参与意思"是指不想启动与他人的社会交往，暂时还没有与别人进行交往的意愿。书中举例，表意人将一份书面要约放在桌面上，尚未决定是否发出，但被其秘书发出。办公室桌面属于空间相对公开的地方，至少甲的秘书是可以进入这一空间的。甲将其书面要约置于此处开放的空间，至少可以认定甲能够意识到有被他人误寄的风险，按照诺依纳的观点就可以类推适用《德国民法典》第 122 条。而甲虽然意识到有被错误寄出的风险，但他仍然没有通过寄出信件与他人进行交往的意愿。因此，二者有所区别。

问题五：脱手意思表示的定性问题

老师： 关于脱手意思表示，你们有何想法？如何定性？

金子文： 我认为，脱手意思表示与表见代理、善意取得是类似的，一方面要求相对人具有信赖，另一方面要求表意人具有可归责性，两个方面共同导致了一个结果。脱手意思表示理论偏向消极信赖保护，而表见代理与善意取得偏向积极信赖保护。

老师： 对。它们都属于私法上的信赖保护，有的是消极信赖保护，有的是积极信赖保护。就脱手意思表示而论，在表意人欠缺行为意思的情况下，基于其可归责性，仍然认定成立意思表示，目的在于为相对人提供消极信赖保护。

问题六：以公告方式作出意思表示

邓继圣： 老师，我有一个问题。在第 181 页，对于《民法典》第 139

条,有观点认为,该条主要借鉴了民事诉讼法上关于公告送达司法文书的规定,因此,并非所有民事主体都能采用公告方式作出意思表示,采取这种方式的主要是公权力机关;也有观点认为,并非任何情况下表意人都能采用公告方式作出意思表示,只有表意人非因过错不知相对人的下落或者地址时,才能通过公告方式作出意思表示。

陈道宽: 以债权让与或者应收账款质押为例,对此进行分析,更加直观。应收账款质押需要登记,但是登记本身并不会产生通知债务人的效果。若认为在此可以用公告方式作出意思表示,则就不必在应收账款质押场合使登记与通知并存了,因为公告本身就与登记产生类似的效果。所以,对于此类交易,不能理所当然地以公告的方式作出意思表示。

老师: 对于如何理解《民法典》第139条的规定,确实存在很大争议。或许可以将其理解为对《民法典》第137条第2款的"到达主义"在"向不特定多数人作出意思表示"这种特殊情形中的具体适用。

问题七:悬赏广告的到达

老师: 德国法认为,悬赏广告属于单方法律行为,不涉及意思表示到达问题,而我国《民法典》倾向于将其认定为要约。那么,悬赏广告作为向不特定人发出的要约,关于其发出与到达,是否存在特殊性?比如有没有到达的要求?

廖皓: 悬赏广告是对不特定人的要约,作出时即生效,而相对人完成了指定行为时,承诺就生效。对于悬赏广告,似乎并无到达的要求。

金子文: 这似乎与我们之前的观点发生冲突。姚明斌老师把悬赏广告定性为有相对人的意思表示。[①] 如此定性的一个主要目的是认定解释规则应当采取客观解释而非主观解释。但在生效时点上,姚老师又认为悬赏广告发出即生效,而非到达生效。按照我们之前的讨论,若为有相对人的意思表示,则应是到达生效,才能采取客观解释。这三个点要一以贯之。若是发出生效,则应采取主观解释。姚老师的理由是,悬赏广告意思表示虽有相对人但不特定,与采取单方行为说抑或合同说无涉,故而采取发出主义。

陈道宽: 悬赏广告仍可解释为到达生效,其发出时就到达了不特定相对人

---

① 参见姚明斌:《〈民法典〉第499条(悬赏广告)评注》,载《南京大学学报(哲学·人文科学·社会科学)》2021年第2期,第62页。

处，所以当然要以客观相对人视角进行解释。

金子文：就是说，因为无特定相对人，所以意思表示发出即到达，但不是应当至少有到达的可能性吗？假设悬赏广告粘贴在荒郊野外或无人区，也能理解为到达吗？

陈道宽：此种情形中，意思表示发出了吗？

金子文：悬赏广告已经粘贴在墙上，应当是构成发出了。虽然看到的可能性很小，甚至事实上没有一个人能看到，但至少已经有到达他人的可能性了。此时认为该意思表示生效，采取的应该是发出主义，而不是到达主义。

陈道宽：如果认为此时已经发出，是由于有一个不特定的人可能看到，难道不能说也已经到达不特定人处了吗？

金子文：你的意思是，有看到的可能性就属于到达不特定人处？

陈道宽：对。由于相对人是不特定人，因此发出已经作了特别构造，受领也要以该构造为前提，即只要存在看到的可能性，就是到达了。在判断发出时，以不特定人为准，在判断到达时，又以特定人为准，就会存在冲突。

金子文：这相当于换一种角度来理解到达。如此，则悬赏广告也是到达生效，不是发出生效。

老师：对。在合同说下，悬赏广告是向不特定人作出的要约。其发出与到达难以区分，因为两个步骤都在不特定人所处的开放空间内展开，浑然一体。

问题八：对"公告发布时生效"之理解

老师：前面两个问题的讨论引发了一个更为一般的疑问，悬赏广告、个别情况下的商业广告等向不特定多数人作出的要约，生效时间如何判定？是采取发出主义还是到达主义？若为到达主义，是否需要对到达作特殊理解？比如，以公告的发布作为判断到达的标准？即便作了特殊理解，从而到达与发出时点实际上是重合的，但在概念上也仍然属于到达主义。《民法典》第139条的"公告发布时生效"到底该如何解读？有无独立的意义？

金子文：在以公告方式作出意思表示的场合，如果将发出与到达作同一理解，那么，《民法典》第139条似乎就没有独立的意义。因为，此时可将其认定为到达生效，契合了原有的观点，即有相对人的意思表示都是到达生效。所以，无须创设如下例外规则，即公告是有相对人的意思表示，但是发出时即生效。这样也有助于法律体系的简洁化。

老师： 为什么公告发布后就立即到达？

金子文： 正如陈道宽师兄所言，由于相对人不特定，故而只要表示发出，不特定的相对人就有知悉的可能性，也就符合到达要件。

王小亮： 在实践中，若所让与之债权的债务人下落不明，可以在权威媒体上刊发债权让与通知。通知一经发布就到达债务人，无须考虑通知实际上是否到达债务人。

老师： 但这种情形中，债务人是特定人而非不特定人。并且，针对特定人所作的公告，"公告一经发布即到达"的观点是否合理，尚存疑问。

王小亮： 假如这一观点是合理的（至少在个别情形中是合理的），那么，针对一个特定人，都可以认为公告一经发布即到达，而针对不特定的相对人，似乎更应当作如此认定。这是采取当然解释的结果。

老师：《民法典》第139条有一个隐含的前提，即允许以公告的方式作出意思表示。如果公告针对的对象是不特定多数人，则公告发布等于意思表示到达。因为公告一经发布，就给不特定多数人提供了知悉可能性，这属于意思表示到达主义的特殊表现。假如个别情况下，也允许以公告的方式向特定人作出意思表示，那么，尽管该特定人实际上并没有看到发布的公告，亦可构成到达。由此所生的不利益，由该特定人去承担，这是基于特殊理由的。比如，前面所举的债权让与的例子，由于债务人下落不明，迫不得已只能采用公告送达。

问题九：以公告方式作出的意思表示之数量

王小亮： 老师，我有一个问题，以公告方式作出的意思表示，是单个意思表示，还是多个意思表示？如果只是单个意思表示（要约），那么，何者先作出承诺，合意就在其与要约人之间达成。后作出承诺的人，并无与其承诺对应的要约，从而无法达成合意。但如果存在多个意思表示，则可以成立多个合意。

老师： 有可能成立多个合意。例如，被视为要约的商业广告，只要出卖人的货物数量充足，自然可以成立数个合同。A合同、B合同、C合同中卖方的意思表示，尽管内容是一样的，但数量上却存在多个意思表示。

陈道宽： 这有点像是框架合同，类似于一个框架合同加数个个别合同的构造。

王小亮： 如果认为有可能存在数个意思表示，那么，我认为将《民法典》第139条中的"公告发布"理解为"发出且到达"并不妥当。举个例子，汽车销售商发出了一个商业广告"有意者可在广告发布后的一个月内购车",假设这一商业广告构成要约,且将第 139 条中的"公告发布"理解为"发出且到达",那么,广告中包含的数个要约中的任何一个都已到达。若半个月后,汽车销售商因已无存货,打算"否定"前述要约,则只能通过撤销而非撤回的方式实现,但又因要约中有确定的承诺期限,依据《民法典》第 476 条第 1 项,该要约是不可撤销的。不过,此种情况下,我觉得应当允许汽车销售商"反悔"才更合理。

邓继圣: 其实可认为该要约中附有隐含的成立条件,即仅在货物充足的条件下要约才成立。类似于自动贩卖机,若自动贩卖机坏了或者货物不够,则要约是不成立的。

老师: 王小亮同学提出的问题确实值得进一步探讨。《民法典》第 139 条规定的理论基础何在,不无疑问。不过,既然《民法典》合同编承认部分商业广告可以构成要约,则必然引发广告(要约)存续期间内销售商断货的问题。对此问题,合同法理论上已有相应的教义学构造予以解决。

问题十:相对人的知悉可能性是意思表示的发出要件还是到达要件

邓继圣: 老师,我有一个问题。在第 185 页,相对人的知悉可能性是对话意思表示的发出要件,还是到达要件?第 183 页"醉酒案"中认为,相对人处于严重醉酒而无意识的状态,表意人不能合理相信相对人有知悉的可能性,所以,意思表示没有到达。而第 177 页的"买鱼案"认为,相对人处于嘈杂环境,不能期待其能识别表意符号,所以,意思表示没有发出。我觉得在"醉酒案"中,同样没法期待严重醉酒的相对人能够识别意思表示,所以,意思表示压根没有发出,不涉及是否到达生效的问题。

王珏: 但是"买鱼案"中意思表示之所以不构成对甲的要约,是因为要约是向某顾客发出而非指向甲,这与第 183 页"醉酒案"不太一样。或许第 177 页的"电话解除案"更具可比性,但"电话解除案"与"醉酒案"也存在差异。发出是指表意人将其效果意思表达于外部,并使该表达以通常可到达受领人的方式向受领人方向运动。在"电话解除案"中,由于环境十分嘈杂,这一要求并不满足,所以不构成发出。但在"醉酒案"中,虽然相对人明显严重醉酒,表意人还是把效果意思表达于外部,并使该表达向醉酒人的方向运动了。

邓继圣: 我的理解是,"电话解除案"是用于论证"只要表意人向相对人发出在交流情境中可被相对人的听觉或者视觉立即识别的表意符号,就构成意思表示的发出"这一句话，而"电话解除案"之所以不构成意思表示发出，恰恰是因为在十分嘈杂的环境中，解除通知不属于被相对人听觉或者视觉可以立即识别的表意符号。我觉得，这一原理同样适用于"醉酒案"，因为醉酒人也无法通过听觉或者视觉识别表意人发出的表意符号，所以也应当不构成发出。

王珏："醉酒案"中的表意符号还是可识别的。

陈道宽：我觉得，最方便的判断方法是结合第三人予以判断。"电话解除案"中，任意第三人处于相对人的位置都无法识别，而"醉酒案"只是因为受领人本身处于无意识状态，故而受领人才会无法识别。

邓继圣：那么，问题的实质是，可识别的判断标准究竟是基于客观第三人抑或是基于特定相对人的角度予以确定？

胡逸群：我认为，醉酒其实可以分两种情况。一种情况是，醉酒者已经醉得连眼睛都没法睁开，处于明显睡着的状态了。此时其作出要约，认定为未发出比较合理，因为表意人可以看出相对人已经失去接收表意符号的能力。另一种情况是，相对人处于醉醺醺的状态下，表意人期待相对人能听见、识别，此时应认定构成发出。只不过因为相对人的信息处理能力严重下降，无法理解要约的内容，所以认定为未到达。简言之，发出只要求能听见、看见，而到达则要求能正确理解其含义。

陈道宽：第182页第3段第3行"表意人发出意思表示后，表意符号立即呈现在相对人的感官之前"这句话表明，发出本身的作用是把表意符号呈现在相对人的感官之前。在"醉酒案"中，之所以没有到达，是因为相对人由于醉酒无法理解表意符号。

王珏：我赞同在"醉酒案"中需要区分具体情形。区分的标准，正如道宽所言，即是否可以立即呈现在相对人的感官之前。对于逸群师弟的情形分类，如果相对人属于睡着状态，则表意符号是没办法呈现在其感官之前的，所以，意思表示确实应认定为并未发出。

老师：即便相对人醉得不省人事，但其感官还在。感官是否能够正确运转，以捕捉表意符号所传达的信息，这已经属于到达环节而非发出环节的判断了。构成发出很简单，只要能将表意符号展现在相对人的面前即可。若把表意符号比作一道菜，甲是表意人，乙是受领人。甲把这道菜端在手上递给乙，只要在甲、乙之间不存在有形的障碍（如一块木板、一道墙壁甚至一个窗帘），甲即可顺利地把菜端到乙的面前。这是对发出的分析。至于乙当时是严重醉酒抑或嗅觉失灵，从而无法感受到这道菜，则是到达环节的判断内容。第

177页的"电话解除案"中，甲在十分嘈杂的环境中用手机打电话通知乙解除合同，甲的声音没能传递过去，相当于甲想端菜给乙，但中间被一道窗帘挡住，甲递不过去，所以，并不构成发出。而"醉酒案"则不同，对着一个严重醉酒的人作出表示，声音的传达并没有障碍。只是因为其严重醉酒而陷入无意识状态，所以无法理解声音所包含的信息，这属于到达环节的障碍。

王珏：如果相对人处于完全无意识的昏迷状态呢？

老师：依然是发出但没有到达。声音依然传递完成，只是相对人当时处于昏迷状态，无法理解其中的信息。

王珏：假如相对人已经死亡了呢？

老师：这属于受领主体的欠缺，根本无法到达。

陈道宽：如果相对人是一个聋人，那么，我向其说出某一要约，也只构成发出，但是未到达吗？

老师：是的。

陈道宽：若相对人所处的环境嘈杂，属于到达环节的障碍吗？

老师：是的。相对人因其所处的环境嘈杂而无法听清，属于到达环节的障碍。

问题十一：对"活信箱"之理解

陈道宽：老师，我有一个问题。在第184页，对于第3段第1行所说的办公室职员，是否加一个定语更为合适？比如以下这种案型，意思表示的相对人是一家上市公司，作为载体的信件被交给了一个小职员（会计），这个时候是否不能认为意思表示到达了或者认为他有"活信箱"的功能？

老师：这仅仅是到达的第一步，即进入了相对人的支配领域。至于是否到达，仍然要考察在第185—186页论述的第二个要件，即"意思表示通常可被相对人知悉"。仅在通常可以期待相对人当时知悉意思表示的情况下，才构成到达。打个比方，到达就像一座大门，满足"意思表示进入相对人的支配领域"要件后便获得了进入大门的资格，若再满足第二个要件"意思表示通常可被相对人知悉"就到达了，也就是凭借资格实际上进入大门了。从另一个角度看，如果你认为这个小职员不构成公司的"活信箱"，不满足第一个要件，那么，意思表示也就绝无到达的可能了。这并不符合在公司架构下职员的职责要求，作为公司的职员，处理的问题不应仅限于委托给他的特定工作，偶尔有公司的信件送到他这里，即使他无权处理，也有交给有权处理部门的职责，这个部门可能是公司的收发部门、董事长的秘书处等。在特殊情况下，比如你举的例子中，如果送达的是一份债权转让的通知，那么，是否亦为会计职责范围内应处理的事务呢？如果此时法院直接认定没有进入相对人的支配领域而使意思表示失去了到达的可能性，是否合适呢？我觉得，这是不合适的。

问题十二："进入相对人支配领域"与"通常可被相对人知悉"

闫俊奇：老师，我有一个问题。在第184页，作者认为支配领域也包括相对人的社会关系，同时认为受领代理人也构成这种以社会关系为依托的支配领域。但若受领人为公司，则意思表示到达其法定代表人处时就已然到达公司了。此时，公司似乎并非只有抽象的知悉可能性，对吗？

老师：其一，从关系的角度看，法定代表人与公司的关系仍然是一种社会关系，退一步说，即使认为是一种内部关系，这种关系也属于书中论述的相对人的支配领域。其二，与受领使者比较接近的是意定代理人而非法定代理人或者法定代表人，不要进行跳跃式的思考，要一步一步地推进。在此，我们先比较意定代理人与受领使者。第一步，意思表示首先到达意定代理人处，这与到达受领使者处没有什么差异。第二步，意定代理人不需要再将意思表示转送给被代理人，但受领使者需要进行转送。这一步可以理解为，意思表示的内容通过意定代理人的眼睛在其脑中转了一圈，这一过程也构成两者的差别。其三，在代表的情形中，需讨论法人的本质。如果采"代理说"，那么，由于法定代理人与意定代理人的构造类似，所以与前面的论述一致。如果采"法人实在说"，那么，即使我们认为法定代表人仅为公司的机关（二者是身体与手的关系），也仍不能忽视"意思表示通常可被相对人知悉"的要件。因为即使在不存在使者、代理关系、代表关系的时候，也不能认为意思表示进入信箱就符合了"通常可被相对人知悉"的要件。在各种情形中，都需要分两步进行判断。

陈道宽：老师，结合第185页"意思表示通常可被相对人知悉"下的第1段论述，我产生了一个疑惑。您在第184页的论述，将受领使者与受领代理人等中间人都视为相对人的"活信箱"，而且我在书中也没有找到关于意思表示到达受领使者或者受领代理人所生效果之不同。朱庆育老师的书中区分了这两者的法效果，其认为，当意思表示到达受领代理人的时候，就已经对被代理人生效了，但如果到达的是受领使者，则仍需要考量"意思表示通常可被相对人知悉"的问题。那么，基于这种法效果的不同，"活信箱"这个比喻的射程是否就不能涵盖受领代理人了呢？

老师： 不能这么说。进入支配领域仅仅是第一步。如果意思表示要到达，则还需要另一个要件，即意思表示通常可被相对人知悉或者已经实际被相对人（受领代理人）知悉。就两类"中间人"的区分而言，关键不在于第一步，而在于第二步。

陈道宽： 老师，我明白了。第185—186页的论述涉及了受领使者，而第184页是把受领使者与受领代理人一并论述的，认为两者都发挥"活信箱"作用，由此我产生了这种惯性思维，实际上在此也应将二者一体对待。

问题十三：语言风险的分配

闫俊奇： 老师，我有一个问题。在第186页第3段，关于语言风险的分配问题，书中认为，当事人产生信赖与否所对应的法效果在于，计算到达时间时是否需要预留翻译时间，即如果表意人能够合理期待相对人可以理解以此种语言作出的意思表示，则无须预留翻译时间，反之则需要。但如此解释是否太过于苛责受领人一方？虽然现在网络上有较为便捷的翻译软件，但尚难认为一般性地达到了能够精确地为商事交易提供服务的标准。若表意人用了一种冷门的语言，而受领人一方需要临时去找精通此种语言的翻译人员，而且需要为此支付额外的费用，即面临较大的翻译障碍，那么，按照书中路径为受领人预留翻译时间是否仍然不太公平？是不是认为意思表示没有到达比较好？

老师： 我们可以举个例子。首先，在案例的构造上，承诺比要约更合适。因为如果是要约，则相对人面临你所说的翻译障碍时，可以直接选择不为承诺，但如果是承诺，则距离合同的达成只差一步，相比前者，在后者中当事人更希望逾越翻译障碍。据此，这个例子可以表述为，在中国人与埃塞俄比亚人的国际贸易中，中方发出的英文要约已经到达，而埃方的承诺使用了当地的土语。根据你的描述，这个时候可能会面临翻译费用过高、翻译人员难以寻找等障碍，按照书中的解决路径，也会衍生出预留翻译期间难以确定的问题。对此，你可否想出一种较为稳妥的处理方式呢？比如，依据诚实信用原则，让受领人在这种特殊的情形中负担一个告知义务，或者一个类似于交涉的义务？进一步思考的话，如果受领人没有进行这种交涉，就应当回归一般规则，即经过一定的时间后，承诺到达。既然其没有履行基于诚实信用原则的义务，就应承担不利后果。

闫俊奇： 老师，这个问题是否处于第188—189页"到达障碍"的涵摄范围之内？是否可以类推适用缺乏适当的受领设施之情形？这么处理的话，法效果是表意人须重新尝试寄送或者发送意思表示。但前述案例中，似乎让受领人通知表意人更为合理。

老师： 可以考虑拒绝受领。若受领人有权拒绝受领，则这一拒绝通常会反馈给表意人，而收到反馈的表意人就需要重新尝试发送意思表示。回到我们讨论的案例中，即可认为因翻译障碍过大，受领人有权拒绝受领。在受领人拒绝受领后，表意人应重新尝试发送。

胡逸群： 老师，我认为同样是使用一种比较难懂的语言，要约人与承诺人所需克服语言障碍的义务是不同的。承诺人在为承诺时，这种义务更强一些，要约人的义务则弱一些。对受要约人来说，要约的到达会使得其获得承诺资格，所以，可以认为要约到达了但需预留出翻译时间。对承诺来说，我们可以区别对待。如果语言真的十分冷门（如例子中的埃塞俄比亚土语），则可以认为其未到达。但如果仅是相对不常见的语言，则仍然按照一般原则处理，认为意思表示到达了但需预留翻译时间来处理。

问题十四：系统与消极代理

胡逸群： 老师，我有一个问题。在第187页，关于《民法典》第137条第2款，按照书中的论述，如果是法条中规定的"相对人指定特定系统接收数据电文"的情况，则仍然需要考虑"意思表示通常可被相对人知悉"的要件。在书中所举的法人例子中，如果意思表示是在营业时间之后才进入该系统，那么，似乎无论指定系统与否，都是下一个营业日才能到达。我想到的一种可能的解释方案是，将该条第2款第2句的"指定特定系统"进一步限缩，即不仅要特别指定，还要作出类似于"什么时候发来都可以"的表示。这种方案妥当与否？

老师： 即便对该款作了如你所述的限缩，仍然无法解决问题。例如，邮件在凌晨进入了指定系统，若以该时间为到达时间，则显然不合适。

胡逸群： 可否认为当事人指定的系统构成消极代理？在指定特定系统的情形中，意味着由受领人承担系统崩溃、迟延、错误的风险；在未指定特定系统的情形中，意味着由表意人去承担前述风险。如果按照这种思路，就比较类似于受领使者与表示使者的构造。由此出发去解释《民法典》第137条第2款的话，在指定特定系统时，就相当于该系统是受领人的消极代理人。这也符合该条法效果的规定，到达了消极代理人，就等于到达了本人，故而也就符合法条文义上的"进入该特定系统时生效"。

老师：这么构造是不对的。不应把一个系统当作消极代理人。消极代理人虽然无须作出意思表示，但其本身具有意思能力。也就是说，消极代理人有能力去知悉与理解意思表示，并且在当时能立即知悉意思表示的内容，况且是因为受领人的授权才使得第三人成为消极代理人，故而到达消极代理人处可以等同于到达本人。反之，数据系统背后很难说有这样的逻辑构造。

问题十五：受领人提前知晓撤回表示的处理方案

闫俊奇：老师，我有一个问题。在第190页，这里论述的"意思表示的到达与撤回"会不会出现这种特殊情形，即虽然撤回的意思表示实际上晚于意思表示到达，但受领人意外地先知道了撤回意思表示？对于此种情形，该如何处理？

老师：如果撤回表示的受领人实际上先知晓，那么，就以其实际上知晓的时间为准，认为撤回的意思表示先到达了受领人。

闫俊奇：这样处理会不会对表意人太不公平？基于法秩序的分配，受领人本身就需要承担预期知悉可能性的风险。如果在此基础上让受领人又承担实际知悉的风险，则意味着受领人需承担双重风险，是否不太合适？

老师：我们举个例子进行分析。你向我发出要约，我同意要约的内容，就给你发了一封包含承诺表示的信件。按照前述到达标准，正常情况下该信件会在明早八点到达你处。此后我反悔了，又以数据电文的方式向你发出了一个撤回承诺的表示，而刚好你睡得晚，在半夜看到了我给你发的数据电文。在此，撤回的意思表示因为你的实际知悉而到达，而你也没有对我的承诺产生信赖，所以应当允许我撤回承诺。

闫俊奇：在这种情形下，给受领人一个选择权是不是更好？基于该选择权，受领人既可以主张已经实际知悉了撤回承诺的意思表示（从而承诺被撤回），也可以主张没有知悉，从而使承诺到达并生效。

老师：不应赋予受领人这样的选择权，如此构造会过度保护受领人。虽然受领人可能会因为先知晓撤回的意思表示而丧失这一交易机会，但没有充分理由认为其必然得到这个交易机会。况且受领人没有对承诺的意思表示产生信赖，没有必要使其得到交易机会。

王小亮：对于要约的"反悔"，法律承认了撤回与撤销两种可能性。"反悔"的意思表示先到达则为撤回，此时要约人并无对要约的信赖可言。即便"反悔"的意思表示未先到达，也还有撤销的余地。至于要约能否撤销，需要考虑受要约人对要约的信赖投入。 对于承诺的"反悔",法律只允许承诺的撤回。 承诺的撤回类似于要约的撤回,即不存在受领人对于意思表示的信赖。如果要约人提前知悉了"反悔"的意思表示,那么,要约人此时并无对承诺的信赖。 在实质上,基于实证法所体现的利益衡量,既然要约人并无信赖,则当然应允许受要约人的"反悔"。 在形式上,因要约人无信赖,故在此构成承诺的撤回,应当认为"反悔"的意思表示先于承诺到达。

第三节 意思表示的解释

问题一：意思表示解释是事实问题还是法律问题

闫俊奇：老师，我之前读书看到过一个问题，讨论的是意思表示解释究竟为事实问题抑或法律问题。讨论的实益在于，不同的认定可能会影响到证据制度以及上诉制度的适用。对此，您有何看法？

老师：即使当事人证明存在表示，仍然需要法官对该表示进行解释。在诉讼过程中，两造对表示可以提出不同的理解并举证，但最后仍然是由法官居中裁判。

闫俊奇：您认为这本质上是一个法律问题，对吗？因为按照您的说法，这涉及对法效果的判断。不同的是，该效果不是规范所赋予的，而是法官解释的结果。

老师：不是的。这本质上还是一个事实问题，不能说涉及法律效果就一定是法律问题。你所理解的法律问题指的是什么？

闫俊奇：法官在适用完全法条时，通常由构成要件推导至法效果。法官对当事人之间的合意进行解释时，也会涉及法律适用的问题。

老师：你的理解不够准确。法律问题就是法律规则的解释与适用，如果在这个环节法官发生了错误，则在程序法中就是一种法律适用错误。在一个买卖合同纠纷案件中，合同里的具体约定，比如何时交货、付款等，都是事实认定问题，可以表述为"在本案中合同这个法律事实究竟是什么样的？"，解决这个问题之后，才有法律的适用问题。

问题二：意思表示的发出与到达是否为意思表示解释的对象

王小亮：老师，结合意思表示解释部分的论述，意思表示的发出与到达是否属于意思表示解释的对象？我之所以产生这一想法，是因为判断意思表示发出与到达的考量因素和此处考量的因素有所重合。

老师：到达不属于意思表示解释的对象。考量因素的重合仅仅是偶然的重合，有交叉不意味着其当然是意思表示解释的对象。到达的判断是包含了规范性因素的事实判断，其有自己的一套规则。无论如何，到达的判断都不是关于某项表达出来的意义内容的解读。相较之下，发出与意思表示解释的关联性更紧密一些。

问题三：法律行为的认定与结果导向的思维

胡逸群：老师，我有一个问题。当我们考虑把一个行为定性为法律行为还是非法律行为时，我们的考量可以从法效果出发，比如，我们觉得这个行为需要用到意思表示解释规则、错误制度与行为能力的时候，就会将其定性为法律行为。首先，在不当得利法中，明知非债清偿时，要排除不当得利返还请求权，一种观点认为是因为此种做法属于自相矛盾的行为，另一种观点则认为其属于自我约束的意思表示，后面这种定性可能就考虑到了有适用意思表示解释、行为能力之类规则的必要。其次，即使一些行为是事实行为，有时也可以类推意思表示解释的规则，比如无因管理中的管理意思。这本质上似乎是一种倒推法，对吗？

老师：是的，结果导向有时是必要的。是否把一个行为定性为法律行为，需要考虑如此定性有什么好处，又有什么不利。民法中时常需要结果导向的思考方式。

问题四：明确的语义与其他情事

李兆鑫：老师，我有一个问题。在第191页，第2段倒数第3行中"即使语义十分明确，也可能因存在其他情事使意思表示具备与该语义不同的意义"可以指向哪些具体情形呢？

老师：此处的"语义十分明确"是指，从一般人的视角看，词语的含义十分确定，但在交易过程中（如磋商的过程中）存在一些特殊背景，这种特殊的个别化因素也对意思表示解释具有一定的意义，影响解释的结论。这在后文中也会有所论述。在进行解释的时候，不仅要立足于合同条款的词语本身，还要结合缔约过程中的特别因素，考虑一些背景性的东西。如此，一个在一般人看来十分明确的词语，把它放到特殊的语境之中，就可能产生不同的意义。

问题五：沉默与交易习惯的关系

陈道宽：老师，我有一个问题。在第194页，第4行写道："甚至在同一个第三人此前多次以此种方式向出借人提供担保且最终都自觉履行担保责任的情况下，仍不能单纯据此认定在系争的借款合同中第三人作出了担保表示。"这里的论述会不会与前文"沉默"部分有冲突？一般认为，在存在交易习惯的情况下，即使当事人沉默，也可以依据交易习惯认为存在相关的意思表示。那么，这里为什么要采用比沉默的情形更为严格的限制呢？

老师： 其一，我们要对案涉的"交易习惯"进行分析。比如，是什么样的交易习惯？这个交易的具体情况是什么样的？不是所有的交易习惯都符合《民法典》第140条第2款的"交易习惯"，因而不能必然推导出一个沉默的意思表示。若欲作类似推导，则需要仔细斟酌后，予以进一步论证。其二，就交易类型而言，如果双方达成的是买卖合同，则他们之间的关系是有偿的、存在对价的，故而相较于担保的情形，交易习惯的认定标准要低一些。在担保的情形中，担保人在此面临着巨大的风险，因而不宜单纯通过交易习惯，就把当事人的沉默解释为提供担保的意思表示。其三，如欲作此解释，还需要结合别的因素，在经过多方考量后，才能将沉默解释为提供担保的意思表示。

闫俊奇： 老师，关于交易习惯，我也有一个问题。如果双方并不属于同一行业，一方也完全不了解另一方行业内的交易习惯，那么，双方在交易的时候，需要把交易习惯考虑在内吗？如果一方是自然人，那么，我们要求其参与任何一项交易时都需要了解相关行业的交易习惯，是否不太合适？

老师： 如果是整个行业的交易习惯，则当然应予以考虑。即使不是商人，作为自然人进入一个领域去做相关的交易时，也需要稍微了解该行业的习惯。后边在论述"规范性解释"的时候，考量因素里就包括交易习惯。

问题六：推定抑或认定

王小亮： 老师，我有一个问题。在第197页，关于这里论述的第五种考量因素，既然表意符号形成之后的当事人实际行动可以作为一种考量因素，那么，这是否意味着此处涉及的是一种推定而非认定？

老师： 确实如此。表示作出的时候，以表意人的意思为准，而其后续行为则作为一种推断的依据，据此来判断其发出表意符号的时候到底是什么意思。如果有其他相反的证据，则当然是可以推翻的。

问题七：撤回通知的效果

胡逸群： 老师，上次我们讨论到闫俊奇师兄提到的"撤回通知虽然没有先于或者同时到达,但是相对人先实际知悉"这种案型。 对此,我仍然有些疑问。 例如,瑞士法上认为,撤回通知先于要约为受要约人所知者,视为要约未曾发出。① 为什么瑞士法要把这个撤回通知先于要约为受要约人所知者的法律效果规定视为要约未曾发出? 之前跟师兄、师姐讨论时,他们指出,瑞士法上所谓的视为要约未曾发出,既针对撤回通知虽然晚于要约到达但先为受要约人所知之情形,也针对通常情境下先于要约到达或者与要约同时到达受要约人的这种正常撤回。 也就是说,瑞士法上撤回的效力是使要约未发出。 但在我国,通说认为,如果一个要约被撤回了,则发生的效果是要约未生效。 我想请教一下老师,这种立场的正当性何在? 我自己的想法是,如果严格使用"视为"这一词语,并假设在瑞士法上承认撤回要约的效果是使要约未生效,那么,为什么要在撤回通知先于要约或者与要约同时到达的情况下,将其表述为"要约未曾发出"? 如果一个要约未曾发出,则其根本就不成立,也就无从撤回了,这个时候规定成"视为未曾发出",似乎不太妥当。

老师: 你说的是针对两种情况,瑞士法规定了两种不同的效果,至少在表述上有所不同。 是这样吗?

胡逸群: 不是。 瑞士法上认为这里的"视为要约未曾发出"在两种情形中均适用,也就是说,在两种情形中,结果都是要约未曾发出。 但我认为,规定为要约未生效比较好,而不是未发出。 如果未发出的话,则要约根本就不成立,也就无从撤回,至少在第一种情形中就会出现问题。

老师: 瑞士法上要约撤回的结果表述为"视为未曾发出",但我们比较熟悉的观点认为,要约撤回的后果为要约不生效力。 你能否说一下,瑞士法为何如此规定? 这两种效果之间有无实质区别?

胡逸群: 第一个区别就是我刚才所提到的,如果一个要约未曾发出,那么,根本就不成立要约。 第二个区别是,上次讨论到关于意思表示解释的规则,老师认为意思表示的发出可能成为意思表示解释的对象,而到达则否,所以,要约"视为未曾发出"与要约不生效有所区别。

王珏: 我还想到另一个区别。 就撤回通知又被撤回而论,若认为要约已发出,则撤回通知可以被撤回;反之,若认为要约没有发出,就无法对撤回通知予以撤回,而是需要再作出一个要约。

老师: 如果受要约人已经知晓撤回通知,那么,还有"再撤回"撤回通知的

---

① 参见《瑞士债务法》,戴永盛译,中国政法大学出版社2016年版,第7页。

可能吗?

王珏:根据逻辑来看,撤回之撤回的表示应当先于撤回的表示到达。

老师:对。受要约人已经知晓撤回通知的,撤回通知即已到达并发生效力,结果是要约不生效力。按照瑞士法的规定,要约视为未发出。或许,视为未发出与要约不生效力在结果上并无巨大差异。

陈道宽:老师,我想回应一下王珏同学的观点。假设我们已经接受了撤回的效果是要约未发出,那么,依此逻辑,撤回之撤回的效力也应当是撤回表示未发出。

王珏:如果我没有误解胡逸群同学的意思,那么,一个表示都未发出的话,当然不能言及该表示的撤回。

老师:这可能只是表述上的不同而已,从实践效果上看应该区别不大。瑞士法比较崇尚实用主义,不会为了精确区分,在概念体系方面下太大功夫。在这一点上,瑞士法与德国法略有不同,《瑞士民法典》《瑞士债务法》与《德国民法典》在表述上风格各异。某些表述上的不一致可能会指向不同的实践效果,某些不一致则不会指向不同的实践效果。我的初步结论是,胡逸群所提及的表述差异应属后者。

问题八:"white gold 案"

某同学:老师,我有一个问题。韩世远老师举过这么一个例子,某人在珠宝店里向店家表示,其欲定作 white gold 的戒指。买方理解的 white gold 是"白金",店家以为是"人造白金"。韩老师认为,双方针对"white gold 的戒指"这一符号成立了合同,至于"white gold 的戒指"的含义究竟是什么,则属于合同解释层面的问题。[1] 我觉得韩老师似乎将这个符号与其背后深层次的含义割裂看待。这样做是否合适呢?

老师:你的观点可以总结为,合同是否在双方之间成立,不应停留在判断双方使用的符号是否一致,还要去探究双方对于符号的实然理解或者应然理解,进而分析双方的实然理解或者应然理解是否达成了一致,然后再判断合同是否成立。其他同学对此有何看法?

王小亮:补充一下我的理解。韩老师《合同法总论》我当初读了好几

---

[1] 参见韩世远:《民事法律行为解释的立法问题》,载《法学》2003 年第 12 期,第 64 页。

遍,印象中在合同订立的那一章的开头就谈了一个问题,即合意的判断究竟应采取主观说还是客观说,其对合意理论的介绍,更偏向英美法。① 将合意的判断与合同解释分别对待,更像是英美法上的做法。

老师:按照书中的观点,需要对表意人的表示进行解释,分析是否构成意思表示。 如果构成,再解释对方的表示,看是否构成内容同一的意思表示或者是否构成一个有实质性变更的意思表示,然后据此判断双方是否达成合意。 如果达成合意,就认定合同成立。 合同成立之后,对于一些非实质性内容的理解发生分歧的,再进行所谓的合同解释。 书中认为,即便是这一阶段的合同解释,在本质上也是意思表示解释。 对此,后文还会展开。

问题九:第 201 页的"例外情况"

金子文:老师,我有一个问题。 在第 201 页,第 2 行写道:"例外情况下,乙方证明其真实意思与甲方真实意思不一致的,依规范性解释原则,乙方的意思表示可能被解释为'乙方的付款迟延被拟制为终止合同意思表示',双方在这个问题上未达成合意。"这个例外情况是针对"乙方知道甲方的真实意思"而言的。 乙方既然知道甲方的真实意思,那么,就应按照甲方的真实意思进行解释,否则有违诚信原则。 为什么后面又会有个例外? 这个例外在什么情况下会发生?

陈道宽:按照金子文同学的逻辑,如果对方理解的是 a,我理解的是 b,但我知道对方理解的是 a,那么,解释的结果应为 a。 这里的例外情况应该是指,虽然我知道对方理解的是 a,但我作出同意的意思表示时,心里只想同意 b,并且,我可以证明自己内心的真实想法。

王珏:我想补充一下,第 201 页说的是"推定"甲的真实意思与乙的真实意思不一致。 如果存在强有力的证据证明并非如此,那么,此种"推定"当然可以推翻。

老师:注意第 201 页第 1 段第 1 行写的是"推定"。"推定"只是想在证明的层面上说明问题,它不是解释。 我们的讨论建立在这一前提下,即甲方的真实意思比较特殊,与一般人对表意符号的理解不一样,而刚好乙方知道甲方有比较特殊的理解。 但这并不意味着必须将乙方的意思表示解释为与甲方的真实意思一致。 只是在乙方知道甲方特殊的真实意思的情况下,于证明的层面上推

---

① 参见韩世远:《合同法总论(第四版)》,法律出版社 2018 年版,第 102 页。

定其真实意思与甲方真实意思一致。这只是推定而已，推定是可以推翻的。乙方可以提出确凿的反证去证明，当时乙方的真实意思与甲方的真实意思不一样。也就是说，证明乙方当时虽然知道甲方的特殊理解，但乙方的真实意思并非如此，乙方不想按照甲方对表意符号如此特殊的理解去订立合同，乙方的真实意思是要按照该表意符号的一般理解（标准含义）与甲方订立合同。以上说的就是例外情况下乙方证明其真实意思与甲方真实意思不一致，而后依规范性解释予以处理。规范性解释采用一般理性人对表意符号的通常理解，解释的结果为，乙方想按照该表意符号的标准意义订立合同。如此，则对乙方意思表示进行解释的结果与甲方的真实意思并不一致。

金子文：此处可否认为乙方有违诚实信用原则？乙方既然知道甲方的真实意思与自己不一致，却不告知和提醒甲方，最终还要采取规范性解释，法价值层面上似乎不能接受。对于乙方的不诚信行为，应当予以惩罚，即按照甲方的真实意思成立合同。我认为，这里之所以存在例外情况，恰恰可能是因为乙方的真实意思符合大多数人的正常理解，相反，甲方的真实意思比较特殊，以至于一般人都不会这么理解，从而乙方此时不承担说明义务。

陈道宽：我觉得要结合具体的案例，可以参考第219页对"201房与301房案"的分析。在此，买受人知道出卖人要卖的是201房，只是最后出卖人错误表述为301房。书中的观点认为，买受人具有高度可归责性，所以让买受人与出卖人就201房达成买卖合意。这一处理结论似乎与第201页的结论有所区别。

老师：第201页第3行前面有个"可能被解释为"。"可能"就不是必然的，究竟如何解释，应当结合书中后续内容展开。就本段论述而言，只要我们得出一个结论，即乙方的意思表示可能按照规范性解释原则被解释为"付款迟延被拟制为终止合同的意思表示"，就足以实现本段论述的目的。如果甲方曾明确向乙方表明其真实意思与所用表意符号的通常含义是不一致的，那么，乙方意思表示的规范性解释结果与甲方的真实意思相同。规范性解释要考虑到个案中的一些具体情势，所以具有一定的弹性，并非那么死板。对乙方的意思表示进行规范性解释的结果不是唯一的，须结合缔约过程中的一些背景性因素，所以解释结论可能是这样的，也可能是那样的。书中这句话的意思是，如果规范性解释的结论是"乙方的付款迟延被拟制为终止合同的意思表示"，那么，乙方与甲方在这一问题点上就没有达成合意。本段讨论的前提是，双方关于合同成立没有争议，且也没有一方主张意思瑕疵。在该前提下，双方对某一个合同条款的理解仍然会产生分歧。此时就需要分别解释甲方与乙方的意思表示内容为何，进而判断关于这个问题点双方到底有没有达成合意，以及如果达成合意，是以什么内容达成合意。

问题十：比较法视野下的意思表示解释规则

胡逸群：老师，我有一个问题。在第201页最下方，作者认为，在理论上区分单方法律行为与多方法律行为的意思表示解释其实比区分合同解释与意思表示解释更有意义，多方法律行为既包括契约，也包括决议行为。对此，我想到一个问题，如果从该视角出发去看《德国民法典》第133条与第157条，好像就会出现一些问题。比如，对于共同行为与决议行为，因为它们不属于合同，逻辑上就只能适用《德国民法典》第133条，但是决议行为与共同行为又大多属于需受领的意思表示，所以可能还要类推适用《德国民法典》第157条的规则。从立法论的角度来说，是不是像我国《民法典》第142条那样，区分有相对人的意思表示与无相对人的意思表示，需受领的意思表示与无需受领的意思表示，分别制定意思表示解释的规则，比那种区分法律行为的类型从而制定不同的意思表示解释规则更好一些？

老师：对。从这一角度看，我国《民法典》第142条的规范模式更合理一些，更具有包容性。

胡逸群：在日本法上，似乎并未对意思表示解释或者合同解释进行单独规定。鉴于此，是不是在立法上也可以考虑另外一种模式，根本不在立法上规定意思表示解释的具体规则，而是整体交由一般的信赖保护思想并结合相关学说去确定意思表示解释的规则。

老师：这样也是可以的。法学方法论或者法律解释学中所运用的方法，实证法上要么没有规定，要么只能在个别笼统的条款中有所窥见。但这并不妨碍学理上发展出一套法律解释与续造的方法，形成法学方法论。同理，即便实证法没有任何一个条文对意思表示解释进行专门规定，但实践中肯定有相应的需要，法官、仲裁员处理案件时，经常会涉及意思表示解释。既然实践有此需要，学理上往往就会有所回应，通过学者的研究和努力，提供一套意思表示解释的规则。即便立法上有一个条款（如《民法典》第142条）对意思表示解释进行规定，这种规定往往也是非常原则性的。条文中诸多抽象的表述都需要被具体化，然后形成一套可操作的规则，在司法实践中发挥指导作用。

问题十一：意思表示解释应否采纳表意人的应有理解

王小亮：老师，我有一个问题，从主观主义到客观主义的转变，其实是解释的目标从探究真意到探究表示含义的转变。当提及客观主义时，我们通常都将其限定在受领人的视角。客观主义的引入，是对主观主义的修正。而客观主义又常常与规范性解释存在着紧密关联。但为何提及规范性解释，通常只将其理解为确定受领人的应有理解。如果说规范性解释是对"探究表意人内心真意"这一目标的修正，则至少应考虑如下可能性：第一，受领人的应有理解。第二，表意人的应有理解。此处表意人的应有理解并非表意人的内心真意，而是指基于表意人本来应有的理解能力对该表示的理解。第三，丹茨所言的"纯粹的理性人之理解"。不过，拉伦茨在《法律行为解释之方法》一书中，对丹茨的观点进行了批判。拉伦茨认为，丹茨的视角过于抽象，我们并不能从"理性人"中得出任何东西。① 第四，受领人的实际理解。在第216页的介绍中，格莱纳的观点即与此有关。但为何第二种可能性似乎未见有人提及？

王珏：对于有相对人的意思表示，本质上可能还是需要考虑相对人的信赖保护。若从信赖保护出发，则考虑表意人应有之理解，可能就没有太大的意义。

王小亮：在意思表示解释中谈到"信赖保护"时，指的是不能仅以表意人的真实意思为准，对受领人应有的理解也应予以考虑。但反过来说，意思表示解释也不能仅以受领人对表意符号的实际理解为准。那么，对表意人应有的理解予以考虑，实际上是一种反向的信赖保护。如果一味贯彻"受领人应有的理解"，则并不能实现合理的利益平衡。

举一个例子。甲、乙二人是朋友，甲对乙说："我有一个宝贝，你要吗？"乙说："好的，我要。"就甲的要约而言，甲的内心真意是："我有一个宝贝要卖给乙。"就乙的承诺而言，乙的内心真意是："甲有一个宝贝要送给我。"在这种情况下，若采取主观主义的解释，则结论是未达成合意。通常认为，只有采取客观主义的解释，二者才有可能达成合意。

我们首先加入第一个条件，即二人所处的环境是古董交易市场，这是为了强化作为价值判断上最优结论的"合意达成"。此处的价值判断是，专业交易市场将有偿交易作为一般情形符合绝大多数人的预期，从而稳定的专业交易市场能够减少交易双方当事人的磋商成本。反之，无偿赠与在此是极个别的例外情形，应当提高认定无偿赠与的标准，避免市场的稳定性被侵蚀。具体到个案中的利益衡量，甲的内心真意与交易稳定是一致的，而乙的实际理解已然严重

---

① 参见〔德〕卡尔·拉伦茨：《法律行为解释之方法——兼论意思表示理论》，范雪飞、吴训祥译，法律出版社2018年版，第13页。

偏离了交易稳定的要求。 最终的结论是，应当按照甲的内心真意达成合意。

接下来加入第二个条件，即乙的认知与理解能力较弱，以至于乙即便身处古董交易市场这一环境，也不大可能想到朋友甲是欲卖给（而不是赠与）其一个宝贝。 此时，乙对甲之要约的应有理解是："甲有一个宝贝要送给我。"而甲对乙之承诺的应有理解是："乙愿购买我的宝贝。"因此，形式逻辑推演的结果仍是不合意，这与价值判断存在冲突。 需要检验的是，第二个条件的加入是否会干扰前述价值判断的结论。 在此，乙虽能力薄弱但尚非无行为能力人或者限制行为能力人，法律并未给予乙特别保护。 此外，甲亦非有意利用乙之能力薄弱。 综上，第二个条件的加入并不影响价值判断的结论。

如果将意思表示解释规则看作表意人与受领人之间的利益平衡规则，那么，这里就会存在两个端点。 一端是表意人的内心真意，另一端是受领人的实际理解。 如果内心真意与实际理解是一致的，那么，就不存在利益冲突。 但如果二者是不一致的，那么，意思表示解释规则必须妥当地平衡表意人与受领人之间的利益。 此时，除了两个端点之外，解释的结果还可能是介于二者之间的表意人应有理解、（绝对中立的）理性人应有理解、受领人应有理解。 当然，这些关于"应有理解"的概念并非精确的。 这些概念的使用只是想表明，在解释时应当更多地考虑对表意人或者受领人有利的因素，从而在个案中实现合理的利益平衡。

老师：表意人的真实意思以意思自治为基础。 受领人的应有理解以信赖保护作为支撑。 法律行为制度的内部体系主要是意思自治与信赖保护，须在具体场合判断到底侧重前者抑或后者。 你所说的表意人之应有理解，既不能在意思自治中找到正当基础，也不能在信赖保护中找到正当基础，所以通说才不考虑表意人的应有理解。 至于你后面举的例子，涉及的是第221页的内容。 到底是强者迁就弱者，抑或弱者迁就强者，属于后面要探讨的问题。

问题十二：对"效力表示说"之理解

老师：拉伦茨的意思表示概念被称为效力表示说，你们对于拉伦茨的效力表示说如何理解？

王珏：拉伦茨认为，作为意愿或者意图的效果意思终究是一种过去的想法，在时间之中可以不断变化，缺乏终局性。 因此，他认为，表意人通过作出意思表示，将其可能处于变化之中的效果意思变为了一个超越时间约束的、具有终局性的效力表示。 即使之后产生了不同的想法，也对效力表示没有影响。

老师：效果意思是过去某一个时点的想法。从现在来看，过去那个时点的想法可能已经发生了变化，而通过意思表示表达出来的东西是终局性的，并不是过去的想法。

陈道宽：我感觉这与法律的解释比较类似，比如，目的解释中的主观目的与客观目的。解释法律时要追求其客观目的，意思表示要表达的也是某种效力（Geltung）。当这个效力存在并且可归责于表意人时，就构成意思表示。

老师：那么，对于"过去的效果意思终究是过去的想法，可以不断变化，缺乏终局性"，你们怎么理解？

陈道宽：一个人的想法是在不断变化的，只有当它最终表示出来，通过一个载体呈现之时，它才是终局性的。所以，拉伦茨认为，我们只需要解释这个载体即可，比如签订一个合同，我们只要解释这个合同，不需要再考虑过去的效果意思。这个合同可能会产生若干意义，我们要在若干意义中结合可归责性，选择出一种作为最终的意义。但书中也认为，若干意义中会有主观的理解与客观的理解，绕不开表示的主观意义与客观意义。所以，拉伦茨的这种解释依然没有解决二元对立的问题。

老师：刚才讨论的是拉伦茨对意思表示概念的理解。我们应先把握拉伦茨对意思表示概念的独特理解，然后再去探讨如此界定这个概念对于意思表示解释立场的选择有什么影响。现在我们把注意力集中到拉伦茨在效力表示说下对意思表示概念的界定上。传统理论关于意思表示的定义是，表意人把内心关于特定法律效果的想法表达于外部。拉伦茨的效力表示说主要批判的即是这种常见的意思表示定义。

闫俊奇：拉伦茨的效力表示说是否与传统定义相反？如果将拉伦茨所界定的意思表示解释比作一个棱镜，先照向刚才师兄说的含有意思表示内容的载体，然后透过这个棱镜折射出来的，即为意思表示的意义。此时就不需要考虑这个载体背后的表意人还有什么具体的效果意思，因为这种具体效果意思是不确定的、会变化的。只需要确定被折射出来的东西，即可归责于表意人的意义。

老师：有人还提出这样的观点，即我们要把目光集中到合同条款的解释，但是合同条款也是在表达表意人的想法，所以，我们应当透过合同条款，再结合其他因素去探究表意人在写下条款时的真实想法。

王珏：是否可以理解为，表意人的想法可以通过这种效力予以表现？比如，我跟阿宽说："我想向你买一本书。"那么，我作出的表示发生的效力是

"向阿宽买书"。假如我想向他买的其实不是书,而是一部手机,但由于我的表示产生的是买书的效力,所以,我的真实意愿在此不起作用。可以这样理解吗?

老师:法官与仲裁员最后需要确定你的意思表示到底应当产生买一本书的效力,还是买一部手机的效力。但在此之前,需要对你的意思表示进行解释。那么,在解释的过程中,拉伦茨的理论又是如何发挥作用的呢?

王珏:我认为,在解释的过程中也要考虑表示所产生的效力。比如,我在作出表示之时,是否有意识地作出表示以及我赋予这个表示本身以何种意义。这个效力是基于我的表示而产生的,并非基于我的意愿而产生的。就如师弟刚才说的棱镜,只要通过表示这个棱镜折射出来就足够了,而不需要讨论在此之前的意思。

老师:这应当属于归责的范畴。如果有行为意思以及表示意识,则这个意义可以归责于表意人。从哲学层面来看,你在作出意思表示之时"赋予这个表示本身的意义"也已经是一种过去的想法。拉伦茨的理论就是建立在此种理解之上的。

王珏:那么,该如何理解如下表述,即"存在于时间之中,可以不断变化,缺乏终局性"?比如,我在今年5月1日上午9点整向阿宽作出一项表示,内容为"购买一本书"。当我作出这一表示时,按照传统定义,我将内心购买一本书的效果意思表达于外。此处表达的是既存的想法,即当天上午9点之前曾经存在于我内心的想法。但拉伦茨认为,意思表示不应被定义为对过去想法的表达,哪怕只是几秒钟之前的想法。相反,他认为意思表示始终是当下的。就意思表示的产生而言,这里是"进行时"而非"过去时"。只有通过效力表示,这一目的才能实现。

老师:"只有通过效力表示,这一目的才能实现"这一说法并不准确。我们可以将意思表示同立法进行类比。立法机关颁布一部法律,在此法律中某一事实构成及法效果被规定,比如,规定了侵权行为的事实构成及损害赔偿义务。损害赔偿义务这一法效果是通过颁布一部法律(具体来说是法律中的某个条款)被规定的。从这个意义上说,立法就是关于特定效果的规定。为了理解拉伦茨的理论,你们可以将表意人想象成一个立法者。立法者通过立法规定了损害赔偿义务这一效果,表意人通过意思表示也创设了一项效力。就买书的例子而言,通过意思表示,你与卖方之间创设了一项债之关系,这一债之关系就是效力。"效力"与"效果"只是表述不同而已,其实是一回事。表意人(如同立法者）作出意思表示的过程，就是给自己创设效力的过程。作出意思表示就意味着他正在创设一项效力，或者他正在表示一项效力。所以，意思表示是效力表示，所表达的内容是终局性的效力，而不是过去曾经存在的关于效力的某一想法。如果认为所表达的是最接近于表意人作出表示之时的想法，则会面临无法界定"最接近"的困难。效力表示说之下，意思表示是"进行时"的。表意人作出意思表示即是在创设效力，所创设的效力是终局性的，而非在表达投射于过去某一时刻的关于某种效力的想法。

陈道宽：我想到一个可能不太恰当的比喻。我们可以把意思表示与浮动抵押进行类比。表意人的意思（如同浮动抵押的抵押财产）处于变化之中。表意人作出表示，就如同浮动抵押中的"结晶"。在"结晶"之后，我们只需观察通过"结晶"确定的客观存在即可。

老师：是的。有点像你所说的那样。

金子文：当意思的形成与表示的作出之间存在一定的间隔时，就可以理解拉伦茨所谓的效力表示。假设我写了一个要约，这一要约日后是要发出的，此时，一般认为已经存在一项意思了。但按照拉伦茨的观点，此时应该是没有意思的。只有在发出的时刻，意思才得以产生，意思表示才成立，才能产生某种效力。意思与效力同时产生于发出之时，即发出与意思表示的成立是同时的。而传统观点认为，发出与意思可以是不同时的，效果意思产生于意思表示成立之前。

老师：你说的也有一定道理。你的意思是，从书写要约到发出要约的这段时间差里，表意人的想法在变化，他对已经书写好的条款的理解也会发生变化，因为后面会介入别的因素。所介入的因素有可能影响表意人对既定表意符号的理解，所以说，效果意思是存在于时间之中、可以不断变化的。

王小亮：老师，我认为金子文师兄的表述与拉伦茨的学说应该是较为接近了。一般认为，意思是某一特定时点中的意思，但从脑海中最初想法的产生，到表示作出，再到裁判者观察表示之时，意思始终处于变化之中。因此，真正有决定性意义的还是效力之表达。

老师：简单来说，拉伦茨的效力表示说将意思表示等同于效力表示，其实正是要否定"意思表示"这一说法。基于"意思表示"这一说法，表意人所表示的是内心意思，而内心意思是过去某一时点的一种想法。这恰恰是拉伦茨所反对的。他认为，意思表示不应被理解为对过去某一想法的表达，而应理解为当下对某一效力的表达。过去的某个想法并无决定性意义，真正有意义的是意思表示作出时所表达的效力。比如，买卖合同产生的债权债务关系，就是买受人在作出意思表示时所表达出的一种效力。这种效力才是我们应当关注的东西。表意人的意思终究是过去的想法，在此并不重要，不应作为被关注的对象。

基于传统定义，意思表示被理解为意思的表达。我们需要追问的是，究竟是什么意思？答案往往是"某一关于法律效果的意思"。如此，则表示与法律效果的关联是间接的关联，而非直接的关联，而拉伦茨则强调二者的直接关联。拉伦茨虽然还在使用"意思表示"这一传统用语，但他对这一用语的理解已经发生了变化。他认为，意思表示不是某一个关于效力的意思之表达，而是表达效力本身。这等于说，效力是由表示创设的，而非由意思创设的。从根本上看，拉伦茨是反对意思表示这一说法的。如果大家都愿意追随他，把意思表示改称为效力表示，则一切问题都能得以澄清。

现在你们也大致明白了拉伦茨所称的"效力表示"究竟是什么意思。下面我们要探究，"效力表示"的提出对于意思表示解释原则有何影响。注意，一般理论认为意思表示等于意思加上表示，而拉伦茨认为意思表示（效力表示）就等于表示。表示有主观因素与客观因素，主观因素就是行为意思与表示意识，客观因素就是表示意义。

王小亮：如果意思表示由意思与表示两部分组成，那么，意思与表示总是会有不一致的情形，二元论也就随之而来了。但若认为意思表示（效力表示）只由表示构成，也就是说，意思不再作为组成部分，那么，只要着眼于"表示"即可。换言之，只要查明表示的"意义"即可。但从拉伦茨的民法总论教科书来看，似乎他并不认为我们所说的表意人主观意思一点都不重要。比如，在"误载无害真意"的场合，也应按表意人的主观意思确定意思表示的内容。[①]

王珏：在拉伦茨理论的内部会不会有自相矛盾之处？

老师：对，我们要讨论的就是拉伦茨对意思表示（效力表示）的概念界定与意思表示解释原则之间是什么关系？可否认为，因为拉伦茨将意思表示理解为效力表示，所以在解释意思表示时应采取纯客观主义？

王珏：若是如此，法律就不应是被人们所写，而是被人们发现。阿宽把效力表示与立法相类比，我感觉比较好理解一点。立法会产生法律效果，但不能否定其目的并不在此，而仍是立法者意愿的反映。

金子文：我认为，拉伦茨的观点可能是主张仅从表示符号出发来探求意思。

---

① 参见〔德〕卡尔·拉伦茨：《德国民法通论（下册）》，谢怀栻等译，法律出版社2003年版，第459页。

当然，这个表示符号也有可能表达表意人的主观意义以及客观意义，所以，他的观点并不能消解意思主义与表示主义的对立。虽然是从表示的若干意义中判定何种意义归属于表意人，但表示中的若干意义仍然可能包含主观意义与客观意义。

老师：若干意义既包括主观意义，也包括客观意义，但在主观意义与客观意义之间还得进行选择。第 207 页第 1 段后半部分表明，即便采"效力表示"说，在涉及意思表示解释之时，仍无法回避主观意义与客观意义的选择问题。

王小亮：拉伦茨将"意思表示"改称为"效力表示"，意味着效力并非源于当事人的内心意思。如此，则作为确定效力具体内容的解释就不应再从内心意思的角度切入了。拉伦茨似乎对此并非严格贯彻，毕竟他还是承认"误载无害真意"的——此处仍然会涉及"内心意思"。但从《法律行为解释之方法》一书中的论述看，拉伦茨将"误载无害真意"视为诚实信用原则的体现。①

老师：你的意思是，拉伦茨将维护诚实信用原则作为证成"误载无害真意"的理由？这是否意味着，他主张的意思表示（效力表示）概念与意思表示解释原则还算是融贯的？

王小亮：但求诸诚实信用原则在此也只是一种打补丁的做法。适用诚实信用原则，意味着内心意思在决定效力的层面上仍应有一定的权重和意义。否则，相对人何必受制于诚实信用原则而顾及一项毫无意义的东西？既然拉伦茨已主张内心意思与效力脱钩，逻辑上就不应再承认"误载无害真意"。或许是因为拉伦茨在价值层面上仍认可"误载无害真意"，但又受制于"效力表示"的主张，所以，拉伦茨在说明"误载无害真意"时避开了"内心意思"，而求诸于"诚实信用原则"这种客观性的原则，但这很难说是自洽的。

老师：对，算是打补丁。如果没有这个补丁，则会有点不太妥当。基于拉伦茨对意思表示（效力表示）的概念界定，意思表示在其理论中只包括表示，不再包括效果意思。表示包含主观因素与客观因素，主观因素又仅限于行为意思与表示意识。所以，在意思表示已经成立的情况下，进行解释时必然只关注客观因素。所谓客观因素即表示的客观含义，这就意味着解释只能采客观主义。表意人的主观意思对于确定已成立的意思表示之内容不再具有重要性，但这就无法解释为何"误载无害真意"。援引诚信原则来解释"误载无害真意"，就相当于打补丁。

---

① 参见〔德〕卡尔·拉伦茨：《法律行为解释之方法——兼论意思表示理论》，范雪飞、吴训祥译，法律出版社 2018 年版，第 77 页。

王小亮：是的。拉伦茨避开了"内心意思"，而通过"诚实信用原则"这一抽象的原则论证了"误载无害真意"，但这一论证未必有力。

老师：确实如此。总的来看，拉伦茨的效力表示说确有可取之处。意思表示确实是在表示某种效力，或者说在创设某种效力。但如此定义意思表示的概念对于意思表示的解释究竟产生何种影响，尚有晦暗不明之处。基于书中的观点，意思表示的解释仍需回答到底应以表意人赋予表意符号的主观意义为准，还是以一般理性人赋予表意符号的客观意义或者规范意义为准。若需在理论上进行比较，则书中对于意思表示的概念界定与拉伦茨的界定略有不同。相比于拉伦茨的"效力表示"，书中将意思表示界定为具备特定效果意义的表示。相较之下，拉伦茨对意思表示的定义更侧重于动态，而书中的定义更侧重于静态。因此，书中认为，意思表示解释应当着眼于对具备特定效果意义的表意符号，关键在于，特定效果意义到底是表意人赋予该表意符号的主观意义，还是一般理性人赋予该表意符号的客观意义或者规范意义。基于书中对意思表示的概念界定，推导至意思表示解释，是较为顺畅、融贯的。在拉伦茨的理论中，从概念界定推导至意思表示解释，也可能是融贯的。只是他的理论比较博大精深，理解起来有难度。到目前为止，我们可能尚未对拉伦茨博大精深的意思表示理论形成完全的理解，有待于此后更深入、更全面地认识他的思想。关于意思表示定义与意思表示解释之间的关系，我们今后还需要继续投入精力加以考证。

问题十三：客观解释一元论与主客观解释二元论中的学说观点

陈道宽：老师，我有一个问题。在第209页，此处客观解释一元论中所提到的两种观点，是否一样？主客观结合二元论中提到的两种学说，虽然论证上有所不同，但二者在本质上一样吗？

朱丽芸：我认为，前两种观点都侧重于意思表示的客观意义或者规范含义，只是在具体表述上有所区别。至于后两种观点，第三种观点虽然不如第四种观点明确，但也提到了要兼顾表意人的真实意思与客观情况。总之，第三种观点与第四种观点是差不多的，要兼顾主客观两个方面进行解释。

陈道宽：对后两种观点的理解，我和你有点不同。最后一种观点应该还是划分了领域的，在绝大部分领域采用客观解释，只在很小部分领域内才采用主观解释。而前一观点似乎有些不同，其似乎认为在任何情形中都要考虑主观因素与客观因素，也就是说，解释意思表示的含义时，既要考虑表意人的内心真意，也要考虑相对人的信赖利益。 在此，从"为确定其真实含义，既要考虑表意人的内心真实意思，也要考虑相对人的信赖利益，并兼顾客观情况"这句话来看，真实含义包含两个部分，一部分是内心真意，另一部分是相对人的信赖利益。

老师：但是，从"同时兼顾"不能推导出每一个有相对人的意思表示的解释结果中都有主观因素与客观因素，毋宁说，只是在解释时需要考虑这两方面的因素。 至于解释的结果，可能以表意人的内心真意为准，也可能着眼于相对人的信赖保护，以一般理性人的客观理解为准。

陈道宽：似乎不太好确定第三种观点的具体含义是什么。 是区分了情形而分别适用客观解释与主观解释，还是在每一情形中对二者都予以考虑。

老师：第三种观点不仅要区分意思表示的类型，还要区分不同个案的具体情况。 第三种观点与第四种观点本质上一样，都是主客观相结合的二元论。

问题十四：对《民法典》第142条第1款的论证方法

老师：你们能否说明一下，书中针对《民法典》第142条第1款提出的二元论的基本内容？

朱丽芸：《民法典》第142条针对不同的意思表示类型来确定意思表示解释的原则。 针对无相对人的意思表示，采用的是主观主义解释，而针对有相对人的意思表示，采用了主客观解释二元论，即原则上采用客观主义解释，例外情形中，主观主义解释仍有适用余地。

老师：那么，为得出《民法典》第142条第1款采用二元论的结论，书中运用了什么论证方法？

朱丽芸：书中从三个方面进行论述。 第一方面，直接从《民法典》第142条第1款的字面含义出发进行论证，属于文义解释。 第二方面，通过比较我国法与德国法进行解释。 第三方面，通过比较该条第1款与第2款进行解释。

老师：你说的第一种方法是文义解释，也可以说是逻辑分析，着眼于法条中词语的逻辑结构。 第二种论证方法是比较法，既包括对德国法的考察，也包括以德国法为参照理解《民法典》第142条。 第三种论证方法是体系解释，着眼于《民法典》第142条第1款与第2款的关系，相互比较，进而得出结论。

问题十五：习惯、诚信原则与无相对人意思表示的解释

邓继圣： 老师，基于《民法典》第142条第2款，我对无相对人意思表示解释中习惯与诚实信用发挥作用的余地表示怀疑。在解释无相对人的意思表示时，采主观解释意味着我们只考虑表意人的真意。在此，习惯与诚信原则发挥作用的余地其实是非常小的。我认为，广义的"习惯"包括表意人的个人习惯与一个大范围内不特定主体间的交易习惯。如果是个人习惯，则依此认定表意人的真实意思没有疑问。如果是交易习惯，则主观解释与表意人真意在此就趋于客观化了。诚信原则在此也会面临类似问题。假设表意人想的是a，但a违反了诚实信用原则，那么，该如何认定表意人的真实想法呢？此时，我们可能认为，解释的结果应当是不违反诚信原则的。《德国民法典》第133条的表述没有特别强调习惯与诚信原则，反倒在第157条中特别强调了应当斟酌交易习惯与诚信原则。因此，我认为，在解释无相对人的意思表示时，习惯与诚信原则发挥作用的空间较小。

老师： 确实如此。相比于有相对人意思表示的解释，在无相对人意思表示的解释过程中，习惯与诚信原则发挥作用的空间较小。书中之所以这么写，是因为整段论述都是在解释论层面上对《民法典》第142条第1款与第2款进行分析。解释第1款与第2款的时候，论证应有所依据。前述第三个论证方法就是对法条的体系分析，通过对第1款与第2款进行比较，进而得出一个结论。尽管第2款中提到的"习惯"以及"诚信原则"对无相对人的意思表示解释实际上发挥的作用并不是特别大，但毕竟第1款与第2款都提到了这两个词语，基于分析的严谨性与实现写作目标之考虑，仍应对两款中的"习惯"及"诚信原则"进行比较。"习惯"及"诚信原则"对于无相对人的意思表示的解释，在实践中的作用虽然不是那么大，但对于"第142条采二元论"这一论断的论证而言，则是有用的。

陈道宽： 我认为，诚如师弟所言，诚实信用原则的实践作用不大，但习惯则不一定。师弟刚才提到，区分个人习惯与交易习惯。我举一个例子，上海人都喜欢说"给"，"给"在此是"借"的意思，而在其他地区，"给"可能是"送"的意思。如果一个上海人在遗嘱中使用了"给"这个字，而又无法查明表意人的个人习惯，那么，我们只能通过客观化的习惯进行解释。不能认为，这种习惯是客观化的，所以进行的就是客观解释。我们仍然是在探究表意人的真实意思，只是由于表意人长期居住在上海，所以他对表意符号的真实理解极有可能受到大环境的影响。

老师：对。习惯对无相对人意思表示的解释还是有用的。不仅是个人习惯，区域内的普遍习惯对于探究表意人真实意思也是有用的，表意人的真实意思必须在具体的环境中得以确定。习惯在此并非没有意义，只是相较于有相对人的意思表示解释，其作用较小，但不能说习惯在此毫无用处。

问题十六：如何理解理性人在一般交易领域的沟通、理解能力

闫俊奇：老师，我有一个问题。关于第223页中"涉及理性人主体特性的因素"这一节中的第二点"该群体类型在一般交易领域的沟通、理解能力"，我认为，这一点与后一节"交易情境中的一般因素"关联性很强，因为后一节涉及交易习惯与语言能力，当事人据此可以通过与别人沟通来增加向第三人咨询的能力。

在一个隐藏不合意的经典案例中，很难想象在什么情况下，一个相对人可以被构造为具有较高的沟通能力，从而解决其中的困境。例如，一个挪威人与一个瑞典人进行交易，同一个单词对挪威人而言是鲨鱼肉，对瑞典人而言是鲸鱼肉，二人表面就该单词达成了合意，但其实内心存在着隐藏的不合意，即没有达成是交易鲨鱼肉还是鲸鱼肉的合意，所以合同不成立。也就是说，表面上双方都统一使用了一个符号，但内心对这个符号的理解是不同的。

在这个案例中，构造理性第三人应当考虑到理性第三人的沟通能力，其需要从表意符号及其补充性的说明中获取意义，并且需要向第三人询问。那么，在前述案例中，如果一个挪威人从理性第三人角度被构造为具有较高的沟通能力，就可以要求其通过探究这个单词对于一个瑞典人的真实含义，从而使合同成立。什么样的人可以被一般性地构造为具有较高的沟通能力呢？

老师：你举的例子实际上指向第一节的第三点"该群体类型对于交易所用语言的掌握程度"，而非直接指向第二点中的沟通能力，因为案例中一个是挪威人，一个是瑞典人，他们之间的交易属于跨国交易，涉及语言风险问题。

假设是由瑞典人发出要约，挪威人作出承诺，那么，发出要约的时候，瑞典人对这个单词的理解是鲸鱼肉，他的主观想法是要出售鲸鱼肉给对方，而当挪威人看到要约时，他的主观理解是瑞典人要卖给他鲨鱼肉，于是表示同意。那么，对于瑞典人发出的要约，如果采取理性人视角，挪威人本来应当如何理解？

闫俊奇：结合第224页，如果交易所用语言对于理性相对人所属的群体类型而言是英语外的其他语种，则规范性解释的理性人标准应适当降低。本案中涉及的是英语以外的语种，因此，作为一个挪威人，即使将其构造为理性人，也无

法理解到瑞典人的真实意思（鲸鱼肉），规范性解释的结果应是挪威人收到了一个出售鲨鱼肉的要约。

老师： 对于语言风险这一点，我在书中还写道："在分配语言风险时，同样也要将基于理性人的沟通能力所应进行的必要沟通考虑在内。"这才与第二点产生了关联，因为这里强调的是须做必要的沟通，而第二点强调的是沟通能力，也提到了必要的询问，理性人需要根据其能力进行必要的沟通，从表意符号及其补充性说明中获取意义。

也就是说，一个理性的挪威人，未必应当把这个单词理解为鲨鱼肉，而应当考虑更加具体的情况。假设这个单词在挪威语中是一个非常生僻的单词，一般的挪威人也不知道这个单词是什么意思，只有查字典、询问个别人或者询问表意人才能知道这个单词的意思，那么，在这种情况下，一个理性的挪威人不会草率地将这个单词理解为鲨鱼肉，而是与表意人沟通核实、查字典或者询问外语水平高的人，这样就可以得知瑞典人的真实意思。如果挪威人没有这么做，就达不到一个理性挪威人的标准，应承担语言风险，把要约解释为瑞典人愿意向挪威人出售鲸鱼肉。就挪威人的承诺而言，他说同意购买这个单词所指的鱼肉，他的真实意思是愿意购买鲨鱼肉。如果在瑞典语中，这个单词也是一个生僻词，那么，与刚才的解释路径相同，他的承诺应当被解释为挪威人愿意购买瑞典人的鲨鱼肉。双方没有达成合意，合同不成立。所以，案例如果不添加案件事实的话，其实没办法统一视角。

问题十七：通过解释确定合同内容后陷入履行困境的处理

王小亮： 老师，我有一个问题。在第225页"脐橙案"中，结论是系争橙子买卖合同的价格条款应以理性购物者的理解为准，即解释为"4500g 脐橙 26元"，而非商家错标的"4500 斤脐橙 26元"。但这可能引发一个后果，由于想"薅羊毛"的人太多，下单的人数过多，即便按照"4500g 脐橙 26元"来成立买卖合同，也超过了商家的供货能力，使其陷入迟延履行的状态。

老师： 对于这个问题，可以从三个角度解答。第一，出卖人在设计交易系统的时候，可以设置订单数量的上限，这是现有技术可以支持的。第二，在这个案件中，出卖人先是标错了价格，然后又没有设置订单数量上限。关于出卖人的第一个错误，已经通过意思表示解释关照了出卖人，那么，在限额问题上，就不必再对出卖人予以关照了。法律不应总是关照同一方当事人的利益，这不符合民法的精神。第三，订单数量过多并非无法应对的困难，交易标的不要求一定是出卖人自己仓库里的存货，出卖人可以从别的供货商进货再发到消费者手中。

陈道宽：老师，对于这种类型的案件，有一种说法认为，如果交易平台本身无法支持商家设置订单上限，则可以将买受人下单视为要约，出卖人实际发货视为承诺，这样就可以保护出卖人的利益。

老师：你认为这样的解释是否有不合理之处？

陈道宽：可能交易物品的市场价格一旦上涨，商家就可以随意取消买受人的订单，这对买受人是非常不利的。

老师：现在的平台应该都具有显示存货的功能。如果显示缺货，就无法下单。所以，这个问题的前提可能并不成立。且按照民法的逻辑，既然出卖人没有设置订单的上限，而这个操作是技术上可以得到支持的，那么，消费者的网购订单一旦被确认了，就应当认定成立了买卖合同。

问题十八："当事人的宗教与文化背景"为何属于"交易情境中的一般因素"

陈道宽：老师，我有一个问题。在第225页，"当事人的宗教与文化背景"为什么放在"交易情境中的一般因素"一节，而不是放在"涉及理性人主体特性的因素"这一节？

老师：首先，宗教与文化背景对规范性解释产生的影响，与交易习惯对规范性解释产生的影响类似，它们是当事人所处的总体交易环境。其次，并非任何一方的背景都可以成为交易情境，"一方的宗教或者文化背景过于隐秘，以至于理性人不得而知的，不构成规范性解释的交易情境"这句话决定了这段论述不可以挪到"主体特性"这一节中。最后，"理性人主体特性的因素"更多的是在考量双方相关水平的高低问题，而宗教文化背景是无法分出高下的。这些因素决定了"宗教与文化背景"还是放在"交易情境中的一般因素"一节中更为合适。

问题十九："交易情境中的特殊因素"中第一点与第二点之区别

邓继圣：老师，我有一个问题。在第226—227页"交易情境中的特殊因素"这一节，其一是在论述"在合同订立前的缔约阶段当事人所作的相关陈述、说明、展示、考察、口头沟通等信息交流"，其二是在论述"双方当事人在合同订立前达成的交易意向、谈判纪要、合同草案、往来函件或者数据电文等交材料"。我觉得这些交易材料并无区别，是否可以放在一起论述？

老师：这两点中涉及的交易材料是在磋商的不同阶段形成的，从磋商到订立合同，这是一整个过程。第二点中的谈判纪要、合同草案与往来函件等，相较于第一点中的相关陈述等，在时间线上更加接近订立合同这个终点。书中也提到了谈判纪要等材料有时甚至会构成合同的一部分，就是这个道理。

问题二十：补充性意思表示解释的运用

闫俊奇：老师，我有一个问题。在第 231 页，作者认为，补充性意思表示解释是从当事人利益出发来解释意思表示的。那么，当事人是否可以主张法官的补充性解释与他的利益状况是不相符的？

老师：这取决于具体运用了哪种补充性解释的方法，这种方法是否可能导致漏洞填补的内容与一方的主观想法相背离。根据第 258 页"基于假定的当事人意思进行漏洞填补"这一节的论述，须考虑各方作为假定的、正直的合同当事人将会达成何种约定。这种假定的当事人意思不仅取决于个别因素，还取决于包括交易习惯等在内的客观标准。考虑到这些规范性因素，必然存在漏洞填补的结果与当事人主观意思不一致的可能性。既然有构成错误的可能性，就可以适用错误撤销的规则，当事人可以在按照漏洞填补确定合同内容后，基于错误撤销被填补漏洞的合同。

闫俊奇：是不是还有一个考量，即补充性解释属于法律授权法官进行漏洞填补，为了防止滥用，也需要给当事人撤销权作为保护手段？

老师：是的，但这是次要因素。

陈道宽：老师，如果说补充性解释不等于当事人的真实意思，那就满足了意思表示错误的表示内容与意思不一致的要件，但关于这种不一致是否具有显著性，该如何认定呢？

老师：就第 260 页关于《增资入股协议》的例子而言，按照协议第 6 条的约定，原股东存在若干明确列举的严重违约行为时，新股东有权请求原股东按一定价格回购股权；按照协议第 9 条的约定，原股东违约的，须向新股东承担连带赔偿责任。在纠纷解决过程中，关于两个原股东对新股东的股权回购义务究竟是按份债务还是连带债务发生争议。由于《增资入股协议》第 6 条对此未予以明确约定，构成合同漏洞，应当类推第 9 条违约损害赔偿责任规则，使两个原股东就股权回购承担连带债务。

在此前提下，假如股东甲有充分证据证明签订《增资入股协议》时认为第6条所约定的回购义务为按份债务而非连带债务，那么，他的主观想法就与进行合同漏洞填补的结论不同。前者是按份回购义务，后者是连带回购义务，二者的差别就可以认定为非常显著，所以构成了意思表示错误，可以产生撤销权。

当然，从实践的角度看，补充性解释的结论适用错误撤销的可能性很低。

闫俊奇：老师，在这种情况下，合同双方对于交易的重要方面应当是达成了合意后才能成立合同，他们的意思表示应当是没有瑕疵的。那么，当事人撤销的是意思表示还是整个合同？

老师：按照我国民法规定，撤销的应当是整个合同，且即便不考虑我国的实证法规定，从纯理论的角度看，撤销意思表示与撤销合同这两种说法都是可以成立的。一方面，虽然双方当事人就合同重要方面达成了一致，但并不等于说存在漏洞的条款就是完全不重要的。另一方面，既然合同有漏洞，那么，双方的意思表示必然在相同的位置存在相同的漏洞，这个漏洞是重叠的。补充性解释通过一次性填补双方当事人意思表示相同位置的漏洞来填补合同的漏洞。这个漏洞也可以理解为分散于构成这个合同的各个意思表示之上。因此，可以把这些意思表示评价为有瑕疵的意思表示。

问题二十一：通过意思表示解释处理无效法律行为转换之性质

王小亮：老师，我有一个问题。在第231页，关于无效法律行为的转换，由于我国没有无效法律行为转换的法律规定，所以，通过意思表示解释来处理无效法律行为转换，属于狭义的意思表示解释还是补充性意思表示解释？在第436页的例子中，当事人甲、乙作为普通百姓，他们所表述的"出卖土地"在文义上其实是有包含土地使用权转让意思之可能性的，似乎不存在漏洞，那么，此种情形是否属于狭义的意思表示解释呢？

老师：漏洞包括显性漏洞与隐性漏洞两种。若法律无法直接涵盖系争案件，则是显性漏洞；若法律条款的适用范围过宽，则是隐性漏洞，需要通过目的论限缩的方法去限缩这个范围过宽的条款。在上述例子中，如果认定为土地买卖合同，则属于效力范围过宽，通过解释将其限缩为土地承包经营权转让，实质上是补充性意思表示解释。

意思表示解释本身与无效法律行为转换之间是有界限的，但由于我国没有无效法律行为转换的相关规则，就需要用意思表示解释来弥补这个缺陷，所以，意思表示解释规则的适用范围相应扩张了。我认为，所扩张的这部分区域通常而言属于补充性意思表示解释。

问题二十二：应当如何理解解释意思表示所依据的具体标准

邓继圣：老师，我有一个问题。 第241页提及的意思表示解释的方法，是指解释意思表示所依据的具体标准或者所采用的具体手段。 这里提到的"标准"一词应当如何理解？ 一般认为，"标准"是指某种参照对象，例如，我们在针对意思表示解释规则中所采取的"客观理性第三人"的视角即所谓的"标准"。 至于"手段"，我认为其所强调的是意思表示解释的具体工具，例如，针对意思表示采取的文义解释、历史解释等。 我的理解对吗？

老师：文义解释一般会涉及所谓"标准"问题，即针对某一词语，究竟是以一般语言用法、特殊语言用法抑或个别语言用法为准进行解释。 一般语言用法就是普通人对词语的主流理解。 这样的主流理解不能视为你所说的"工具"，而是"标准"，以该"标准"作为参照确定合同条款的意思，属于文义解释。 体系解释与历史解释侧重于手段。 历史解释涉及合同订立之前磋商与谈判的过程。 该过程中包含的一系列背景资料可以认定为"手段"，据此确定意思表示的内容，属于历史解释。 所以，有的意思表示解释方法涉及"标准"，有的则侧重于"手段"。

陈道宽：老师，关于反面解释与当然解释，在书中后文也提及了，任意性法规挤占了当然解释与反面解释的适用空间。 那么，可否理解为意思表示存在漏洞的情况下，应当适用任意性法律规范而不是适用反面解释与当然解释？

老师：可以这么理解。 在法律解释的方法体系中，反面解释与当然解释的性质本身存在争议。 德国法学方法论一般将二者置于法律续造部分，我个人倾向于将反面解释与当然解释置于法律解释部分。 这主要考虑到，在我国司法实践中，法官对法律续造较为谨慎，他们更多是在解释与适用法律，而非续造法律，如果将反面解释与当然解释置于法律续造部分，法官在裁判的过程中将会不太敢使用这样的方法。 与漏洞填补的其他方法相比，反面解释与当然解释的确定性更强，其自由裁量的空间比类推等方法更小，所以，将它们置于法律解释部分未尝不可。

虽然将反面解释与当然解释放在狭义的法律解释中，但它们毕竟还是具有法律续造的某些因素。 意思表示解释中提及反面解释与当然解释时，也是作相同理解。 虽然将它们放在狭义的意思表示解释部分，但它们与补充性解释也关系密切。 所以，本书在论述它们的作用时提到解释者更应当适用任意性法律规范，让人联想到反面解释与当然解释要解决的问题是否本属于补充性意思表示解释所要解决的问题。不论在法学方法论中，还是在意思表示解释方法中，反面解释与当然解释这两种方法的定性均存在争议。我认为它们属于中间区域，所以，它们与任意性法律规范的适用之间的关系在一定程度上类似于补充性意思表示解释与任意性法律规范适用的关系。

问题二十三：意思表示解释与无效法律行为转换的关联

王小亮： 老师，我有一个问题。在第245页第2段所提及的例子中，甲、乙双方在合同中约定，原材料价格上涨5%的，甲方有权撤销合同。由于甲、乙双方均非法律专业人士，所以书中认为，其所谓"撤销"应理解为"解除"。我联想到王泽鉴老师书中所提及的一个类似案例。不过，王泽鉴老师将该案例置于无效法律行为转换理论之中而非置于意思表示解释之中。所以，书中例子是否可以从无效法律行为转换角度进行理解呢？是否意味着解释与转换存在关联呢？

老师： 王泽鉴老师书中所提及的例子也需要进行意思表示解释。无论是行使解除权还是撤销权，都是行使形成权，这样的单方法律行为也涉及意思表示解释规则。王老师书中将该问题按照无效法律行为转换处理，当事人行使本不存在的撤销权的行为当然是无效的，书中将其转换为行使解除权的法律行为。这一问题涉及意思表示解释与无效法律行为转换的关联性，它们之间确实存在一个模糊的区域。对该问题，德国亦有部分学者提出相同看法，例如，梅迪库斯所著《民法总论》就有所涉及。解释与转换存在中间区域，在该区域中适用解释与转换均可。王泽鉴老师书中的例子就是这种情况。书中第245页所举的例子，可能也涉及解释与转换的中间区域问题。甲、乙在合同中约定原材料价格上涨5%的，甲方有权撤销合同，但民法上规定的各种撤销权类型并不包含本案中所涉及的类型，所以，本案中本不涉及所谓撤销问题。当事人在合同中达成的撤销权条款可以认定为不发生效力，但可以将其转换为有效的解除权条款。

一般认为，解释先于转换，个案中应当先尝试进行解释，然后再根据解释所确定的内容，判断具备该内容的法律行为到底是有效的还是无效的。如果是无效的，那就进入转换的轨道。书中的例子首先考虑解释问题。

问题二十四：法律解释中的历史解释与意思表示解释中的历史解释的关联与区别

闫俊奇： 老师，关于书中第246页的论述，我有一个问题。请问法律解释中的历史解释与意思表示解释中的历史解释有何关联或者区别呢？

老师：在法律解释中，主观目的论解释与历史解释是一样的，而在意思表示解释中，二者不能简单理解为等同的，意思表示的历史解释与目的解释不尽相同。此外，意思表示的解释目标是探求表意人在作出意思表示时该意思表示应当具备何种含义，其本身就着眼于过去。相反，法律解释主要着眼于当下。二者在大方向上有所区别。历史解释在意思表示中具有重要性，民法强调意思自治，所以更注重作出意思表示时该意思表示究竟具有何种意义。反之，历史解释对于法律解释而言并不重要。

王小亮：意思表示的历史解释与当事人之间的交易习惯是否可能存在关联呢？

老师：意思表示的历史解释有时也须根据语境进行解释，只不过该语境是一种纵向的、以时间为主线的语境，它由合同订立之前所发生的事情构成。这些事情属于意思表示发生的"历史背景"，将最终的意思表示文本置于该"历史背景"下理解，这就是意思表示的历史解释。交易习惯通俗而言就是迄今为止不断重复的做法，这种做法也是在时间线上不断重复发生的做法，所以也是在意思表示产生之前的"历史背景"的一部分。

邓继圣：在第244页所举的甲、乙银行针对合同文本中之"签字"的争议案件中，作者举出的确认"签字"主要含义的理由之一就是这个合同日常情况下是由甲银行提供的，甲银行提供合同所面向的主体既包括自然人也包括其他主体，所以，在确定"签字"含义时，甲银行过去的做法也是作为一种历史资料来认定其意思表示的含义，是吗？

老师：这属于文义解释可能与历史解释存在交叉的情况。因为文义解释也是在语境中理解条款含义的，这样的语境在时间轴上不断往前延伸，就可能与历史解释发生交叉。事物与事物以及概念与概念之间总是存在交叉或者过渡区域，这几种解释方法也可能存在交叉区域。

问题二十五：效力维持限缩之性质

朱丽芸：老师，我有一个问题。书中第253页第1段提到，对于这些其他规则无法解决的问题，可通过效力维持限缩来获得合理结果，这在性质上并非狭义的意思表示解释，而仍然属于补充性意思表示解释。我不太理解为什么"效力维持限缩"属于补充性意思表示解释（隐性漏洞填补）？

老师：效力维持限缩在本质上也是目的论限缩。法律解释中的目的论限缩针对的是法律条款文义过于宽泛之情形，这样的条款存在隐性漏洞，即该条款包含本不该包含的事项。目的论限缩在法律解释中是用于填补隐性漏洞的，同理，在法律行为解释中是在缩小法律行为的适用范围。法律行为条款覆盖面过于宽泛，以至于触及某一禁区，将该触及禁区的部分内容去除，这就是在填补法律行为的隐性漏洞，性质上属于补充性意思表示解释。

第四章
意思表示瑕疵

- 第一节　意思与表示不一致
- 第二节　无意的意思与表示不一致：意思表示错误
- 第三节　意思表示不自由

第一节 意思与表示不一致

问题一："无意的意思与表示不一致"的体系定位

胡逸群：老师，关于第四章的目录结构，我有一个问题。第四章的目录第一节是"意思与表示不一致"，这一节中讨论的第一个问题是"意思表示瑕疵概述"，讨论的第二个问题是"故意的意思与表示不一致"。接下来的第二节是"无意的意思与表示不一致"。我有一个疑问，这里为什么不将"故意的意思与表示不一致"与"无意的意思与表示不一致"置于体系上的相同地位，而是将"无意的意思与表示不一致"单独成节，是考虑到篇幅问题吗？抑或是结合后文的观点，作者认为"故意的意思与表示不一致"（如真意保留与通谋虚伪表示）的本体法效果都可以通过意思表示解释来解决，而无须借助法律规定，所以作者将这一部分放在前面，没有将其置于与"无意的意思与表示不一致"相同的体系地位？

老师：主要是出于篇幅方面的考虑。"无意的意思与表示不一致"（意思表示错误）内容较多，单独一节进行阐述更为顺畅。反之，故意的意思与表示不一致，涉及的内容相对较少，按照我的观点，通过意思表示解释就可以解决，所以没必要单独成节。

问题二：真意保留的构成要件

胡逸群：老师，我有一个问题。在第266页，真意保留的构成要件中，作者提到第二个要件是"表示意义与表意人的真实意思不一致"。我国台湾地区"民法"上有观点认为，在真意保留中，表意人认识到可能有效果意思，但是没有让这个效果意思发生效果的意志。既然表意人认识到了可能有效果意思，并且最后结论也是有效果意思，那么，在真意保留中并不存在意思与表示的不一致。我认为，这个观点可能在台湾地区"民法"中有法条依据。台湾地区"民法"第86条与《德国民法典》第116条的表述类似，即"表意人无欲为意思表示所拘束之意，而为意思表示者，其意思表示不因之无效"。其意思似乎

135

是，按照一般规则处理，意思表示就是有效的，所以才会有上述观点。但我认为，这样的观点会出现一个问题，即在相对人明知真意保留的情况下，如果认为真意保留中不存在意思与表示不一致，就无法得出相对人明知真意保留时意思表示不成立或者无效的结论。

老师：你是从实证法规定出发，并且从相关的将要发生的法律效果倒推回去分析是否存在意思与表示不一致。如果不采用这种倒推的方法，而是直接去分析在真意保留的情形中，表示意义与表意人的主观想法是否一致，那么，能得出什么结论呢？

胡逸群：我认为，这一观点实际上将表意人的内心状态分成了两个部分，一个是"知道"，一个是"意愿"，相当于认识要素与意志要素。在认识要素上，表意人认识到可能发生一个法律效果，但是在意志要素上，不愿意让表示出来的意思发生效果。所以，在认识上既然已经认为可能发生效果了，那么，最后得出的结论就是表示与效果实现了一致。但我认为，这种解释可能有点牵强，应当把认识与意志放在一起去评价。整体来说，虽然表意人认识到了效果，但他其实不愿意让其发生效力，所以最后仍然存在不一致的情况。

老师：对的。意思表示的意思有认识因素与意志因素，不能单独拿出一个去和表示意义作比较，审查二者是否一致，这个比较是不完全、不充分的。

闫俊奇：老师，如果按照这个进路，那么，就通谋虚伪表示而言，是不是也可以说表意人认识到了意思与表示意义一致，意愿上也是希望一致，因此是真正的一致？

老师：关于通谋虚伪表示，还需要考虑到相对人因素，分析从相对人角度看如何解释虚伪表示。例如，甲、乙达成虚伪表示，甲向乙作出一个表示，我们需要先解释这个表示的意义是什么。既然是通谋虚伪，那么，乙肯定知晓甲的内心不愿意让这个表示出来的内容发生法律效力，因此，解释出来的表示意义就应当与甲的主观想法一致。你想问的是，表示内容究竟是与甲的认识因素一致还是与甲的认识加意愿的因素一致，对吗？

闫俊奇：我是想用这个思路来分析通谋虚伪表示，我觉得通谋虚伪表示不论是从认识因素还是意志因素考虑，都构成（故意的）一致。

老师：通谋虚伪表示的表示与意思是一致的。表示意义与主观想法是一样的，都指向"表示内容不发生效力"。真意保留处理的结果有两种，一种是相对人知道真意保留，另一种是相对人不知道真意保留。如果相对人不知道真意保留，那么，最后处理的结果就是意思与表示不一致，也就是说，表意人的主观意思与表示意义不一致。此处主观意思既考虑到认识因素，也考虑到意愿因素。如果相对人明知道，那么，真意保留处理的结果是意思与表示一致，意思同时包含了认识因素与意愿因素。真意保留的第二种结果在这个意义上与通谋虚伪表示处理的结果是相同的。

问题三：《民法典》第 134 条第 1 款对于真意保留的适用

闫俊奇：老师，我有一个问题。第 267 页论述了解释论视角下的通谋虚伪表示，作者给出的第二个论据是，此种解释无法解决相对人不知道真意保留情形中法律行为是否有效的问题。我不太理解这种缺陷以及书中提出的《民法典》第 134 条第 1 款结合第 136 条第 1 款的解决路径。

老师：学界有一种主张，其把《民法典》第 146 条第 1 款中的虚假意思表示解释为包括单方虚伪表示（真意保留），适用这个条款可以得出单方虚伪表示中的意思表示不发生效力的结论。但是，在方法论上，《民法典》第 146 条第 1 款无法做到将相对人不知情的真意保留排除在外。我所提出的方案，即这段话的最后三行所表述的方案也只解决了相对人知道真意保留的情形，没解决相对人不知道真意保留的情形。对于该情形，可以按照第 267 页第 1 行的论述，通过规范性解释，得出意思表示成立且因到达而生效的结论。将这两部分内容加在一起就是我所推荐的方案，既解决了相对人知道的情形，也解决了相对人不知道的情形。

王小亮：老师，可否认为《民法典》第 146 条第 1 款中的"行为人与相对人"的"与"体现出双方当事人之间的一种意思交流？在这种情况下，如果想适用该款规范真意保留行为，那么，由于需要有行为人与相对人之间的意思交流，就只能规范相对人知道真意保留的情形，对吗？

老师："与相对人"和"相对人知道"不能等同。如果将"与相对人"换个位置，变成"行为人以虚假的意思表示与相对人实施的民事法律行为无效"，那么，这样的表述和"行为人与相对人以虚假的意思表示实施的民事法律行为无效"似乎也没有太大的区别，硬要将"知情的"这三个字塞进去是很勉强的。

胡逸群：老师，我认为这里用《民法典》第 134 条第 1 款与第 136 条第 1 款好像只能解决相对人不知道真意保留的情形，此时法律行为因成立而生效。细读《民法典》第 134 条第 1 款，其表述的是："民事法律行为可以基于双方或者多方的意思表示一致成立，也可以基于单方的意思表示成立。"这里用的词语是"可以"，我觉得好像推导不出因为"不一致"而不成立。《民法典》第 136 条第 1 款规定的是:"民事法律行为自成立时生效,但是法律另有规定或者当事人另有约定的除外。"我认为这个但书规定其实说的是法律行为原则上自成立时生效,例外可以约定成立但不生效,但是好像从该但书的规定也无法推导出因不成立而不生效的结论。

邓继圣:《民法典》第 135 条规定的是法律行为的特别成立要件,《民法典》第 136 条提到法律行为在成立后生效,由此得出《民法典》第 134 条规定了意思表示是民事法律行为的一般成立要件的结论。这也是老师对于法律行为的一般成立要件的总体看法,认为意思表示是必需的。《民法典》第 134 条旨在说明,成立一个法律行为至少需要具备一个意思表示。所以,对于真意保留,我认为老师的整体观点是认为它的法效果没有必要在成文法下得到规定,主要原因是可以通过意思表示解释规则得出相应的法效果。具体而言,在相对人明知真意保留的情况下,采取主观解释,就不存在所谓的意思表示,而意思表示是法律行为的成立要件,对于不存在意思表示的法律行为,当然不会成立,所以,这是根据《民法典》第 134 条的规定推导出来的结论。

老师: 读法条应结合民法原理。《民法典》第 134 条中的"可以"并非意味着法律行为可以基于意思表示而成立,也可以不基于意思表示而成立。它只是区分不同类型的法律行为,可以基于双方或者多方意思表示一致而成立,也可以基于单方意思表示而成立,甚至可以基于依据某种表决程序作出的决议而成立。不过,无论是何种成立模式,都必须至少存在一个意思表示。如果连一个意思表示都没有,那么,法律行为就不可能成立。

问题四:真意保留是否包含相对人有重大过失的情形

邓继圣: 老师,我有一个问题。在第 267 页,作者在这里谈论的真意保留中,一直提到相对人知道以及相对人不知道两种情形。在比较法上,日本法中的真意保留提到了相对人因重大过失而不知道的情形。作者是否不承认这种情形?我认为,对于真意保留,我们在适用意思表示解释规则的时候,不仅应考虑相对人是否明知,还应考虑相对人有无重大过失。

老师: 意思表示的规范性解释中包含了价值考量因素。对真意保留而言,需要考量的一个因素是表意人具有高度的可归责性(与一般的意思表示相比较!)。在相对人有重大过失的情形中,需要对表意人的可归责性与相对人的可归责性进行衡量,据此决定采用何种解释结论。

邓继圣: 老师,我们在进行表意人与相对人之间的价值衡量时,如果发现相对人仅有轻过失，即可认定表意人具有强可归责性，同时，相对人的信赖也是足够强的。但是在相对人具有重大过失的情况下，相对人的信赖保护与表意人的自由保护之间是很难取舍的，因为我们不能说表意人处于一种极端的恶意状态，考虑到相对人具有重大过失，相对人的信赖保护是否应当让步于表意人的自由保护？

老师：不能。因为表意人是故意的，所以表意人具有强可归责性，而相对人不是故意的，哪怕是重大过失也还是过失，其可归责性弱一些。相比较而言，相对人更值得保护，所以，意思表示的解释就应当采用相对人实际理解的意义，即按照表意符号的客观意义来确定意思表示内容，这也是规范性解释。学界也存在你说的那种观点。纪海龙老师发表的一篇文章就提出真意保留情形中要按照意思表示解释规则来解决，无须特别立法，但他认为，相对人明知的情形与相对人因重大过失而不知的情形在意思表示解释上应作同样处理，这与我的观点不同。[①] 规范性解释的弹性比较大。什么叫规范性解释？其实就是基于价值考量对表示行为作出解释。我这里说的规范性解释与一般民法教科书中所说的规范性解释不尽相同，存在一些区别。

问题五：无相对人的意思表示是否受到真意保留的影响

老师：关于无相对人的意思表示是否受到真意保留的影响这个问题，你们有何看法？

闫俊奇：老师，对于遗嘱，是否应当作特殊考量？按照作者最后的观点，如果遗嘱存在真意保留，就应当认定它是因欠缺具备效果意义的表示而不成立。但此时被继承人已经去世，无处分遗产之可能，使这份遗嘱因为欠缺效果意思而不成立的话，是否不太合适？万一被继承人在遗嘱中作了一些特别的安排，比如不想让自己的第一顺位继承人按照法定继承获得遗产，该如何处理？

老师：这个特殊安排是真意保留，恰恰说明其内心不想作这样的安排，这是问题讨论的前提。

闫俊奇：如果被继承人内心想将遗产处分给 A，但是最后在遗嘱中却表示处分给 B，在得到充分证明的前提下，是否可以通过"误载无害真意"的规则来解决，将遗产处分给 A？一种情形是能够证明表意人是故意的，构成真意保留，按照老师的观点就是欠缺效果意义，意思表示不成立，然后导致无效，最后

[①] 参见纪海龙：《真意保留与意思表示解释规则——论真意保留不具有独立的制度价值》，载《法律科学（西北政法大学学报）》2018 年第 3 期。

走法定继承的路线。如果表意人只有过失，则可能符合"误载无害真意"的要件。

老师：还有没有其他无相对人意思表示在适用真意保留原理时需要作特殊处理？

邓继圣：对于悬赏广告，如果假设悬赏广告无需受领，是一个没有相对人的单方法律行为，那么，在适用真意保留原理时是否需要考虑对相关主体的信赖保护呢？

老师：德国法对悬赏广告采取单方行为说，我国法采取要约说，悬赏广告不是单方法律行为。

陈道宽：老师，德国法中的遗嘱比较特殊。德国法认为，在公证遗嘱的情况下，要按照字面意思去解释遗嘱，而不关注真意保留的内心意思。除此之外的其他遗嘱仍然要关注被继承人的内心真意。德国法上进行了这种区分，可能是因为他们认为公证遗嘱本身存在一个公证力。我们国家没有相关规定，是否有这样解释的必要？

老师：德国法可能是为了维护公证的权威性，我们国家目前还没有人讨论这个问题。

邓继圣：老师，如果对悬赏广告采取单方法律行为说，那么，在此种情形中，对于特定人的损害，是仅仅保护消极信赖利益还是在例外情形中赋予其一个积极的法律效力呢？我觉得对于这种没有相对人的单方法律行为的真意保留，不需要考虑第三人的积极信赖保护。例如，所有权抛弃，所有权人将其所有物扔掉，被一个拾荒者拾得，随后所有权人主张自己是真意保留，要求拾荒者返还。我认为，这种情形采取这种解释路径也没有什么问题，毕竟拾荒者是无偿取得财物的，法律上应当更倾向于对原权利人予以保护。所以，我认为对第三人的信赖没有什么额外保护的必要，应当更倾向于对表意人自己内心真意的维护。

王小亮：但是有些情形中还是需要考虑第三人保护的。比如作者在第267页指出，"既然涉及真意保留的是无相对人意思表示，就不存在需要保护的相对人信赖，而且后续交易中的第三人信赖可以借助善意取得制度予以保护"。

邓继圣：善意取得制度的适用所需要的构成要件对于第三人而言是苛刻的。

王小亮：不是要件苛刻，而是有的情形中不可能适用善意取得，因为善意取得是针对物权而言的。比如，某人立了一项遗嘱，指定债权由谁继承，后来发现遗嘱内容与表意人内心真意不符。在这种情况下，如果这个所谓的遗嘱继承人再将债权转让给第三人，则受让债权的第三人应当如何保护呢？此时无法适用善意取得制度。

老师：所有权抛弃情形适用真意保留没有问题，第三人不值得保护，问题不大。目前听起来问题比较大的是，将悬赏广告定性为单方法律行为可能会遇到一些困难，但这些困难在我国实证法中是不存在的，因为我国采取要约说，实际上已经回避了这个问题。

闫俊奇：老师，对于悬赏广告，一方面可以限制表意人，适用禁反言原则，不让其自己主张真意保留；另一方面，完成指定行为的第三人显然也不会主张真意保留。

老师：我国实证法上并没有这条原则，这是英美法中的原则。

问题六：表意人戏谑失败是否为故意的意思与表示不一致

闫俊奇：老师，我有一个问题。在第 268 页，作者认为表意人在戏谑失败的情形中，严格来说不是一种故意的意思与表示不一致。我认为这个结论是从相对人角度得出的，从相对人的角度出发，意思与表示是一致的。但是从表意人的角度出发，本质上还是属于故意的不一致，因为无论如何他都知道自己所表示出来的内容与自己的内心真意不一样，从其主观意愿上看，其实还是他故意造成这种不一致的。

老师：当然不是故意造成不一致的。表意人没想到会不一致，其故意想营造的结果是意思与表示一致，在其预期中，无论表示内容还是意思内容都是"我说的话不算数"，这种意义上的一致才是其故意追求的。至于经由意思表示解释而得出的意思与表示不一致的结果，则超出了其预期，并非其故意造成的。

问题七：规范性解释所涉及的信赖保护

胡逸群：老师，我有一个问题。在第 268 页，我对作者提到的"情侣赌气案"还存在一点疑问。这种在情绪比较激动时作出的表示与吹牛型的戏谑表示好像不太一样。

王小亮：这个问题可否从信赖保护的角度来考虑？规范性解释的核心任务是保护相对人的信赖。在这种场合下，女方免除男方的债务，对于男方而言是一个完全受益的行为，此时就不仅要有口头上的表述，还需要有一些事实能强化男方的信赖，这样才能按照规范性解释原则将其解释为债务免除。也就是说，在本案这种仅有口头表述的情况下，男方的信赖强度不足以使其受到保护。

老师：强调信赖投入，是像缔约过失责任那样，需要涉及损害赔偿。在意思表示解释领域，说到规范性解释，虽然也涉及理性相对人的合理信赖，但不需要考虑有没有实际的信赖投入，因为解释的结果并非对某项损害（信赖投入的落空）予以赔偿。

问题八：通谋虚伪表示是否为一种法律行为意义上的合意

胡逸群：老师，我有一个问题。在第 271 页，作者在阐述通谋虚伪表示的合意时，介绍了一种观点，即有学者认为它本身是一种法律行为意义上的合意。我的想法是，对于通谋虚伪表示的合意，如果认为它是一种法律行为意义上的合意，那么，这个合意追求的效果就是让法律行为无效。但这样的话，似乎就跟效果意思的概念发生矛盾了。我认为不应承认所谓的约定无效，按照意思表示解释，法律行为其实并不是无效，而应当直接认定为不成立。

老师：是的，这个观点确实存在问题。法律行为要发生的效果怎么能是"否定该法律行为的效果"，这在逻辑上本身就说不通，所以这个观点站不住脚。

问题九：关于象征性对价构成通谋虚伪表示之理解

闫俊奇：老师，我有一个问题。第 272 页第 2 段末尾所说的"如果双方当事人为此项权利的转让约定了对价（包括象征性对价），则对价约款构成通谋虚伪表示"指的是什么？我的第一反应是有点像"朱俊芳案"，即以买卖的方式进行担保，是这样的吗？

老师：这个与"朱俊芳案"不同，"朱俊芳案"中的所有权在当时并没有移转。我这段论述的最后一句话说的情况指的是借款加上纯粹的让与担保，同时当事人又特别达成了一个象征性对价。实践中有的股权让与担保就是这样操作的，因为股权让与担保需要去工商管理机关办理股权移转登记，但是有的工商管理机关非常僵化，要求有股权转让对价，构成一个股权交易，才能进行登记，所以当事人就约定了一个象征性的对价，例如 1 元钱的对价，股权转让目的是担保一笔借款。我指的就是这种情况。

问题十：当事人欲排除的经济效果与事实上效果之区别

闫俊奇：老师，我有一个问题。在第 272 页，这一段我没看懂，作者在第

2 段中间先列举借名行为、信托行为与脱法行为等例子，然后说"此类行为的当事人恰恰需要追求表示内容所包含的法律效果，以实现其特殊目的，其所欲排除或限制的仅仅是该表示带来的经济效果或其他事实上的效果"。以信托行为为例，委托人确实将自己的财产交给受托人，让其管理、经营，同时委托人出于经济目的将法律上的权利转让给受托人。对此，我看不出其想排除的经济效果与法律效果有何区别。

老师：是有区别的。比如，甲有一栋房屋，这栋房屋的所有权被甲转让给乙信托公司，让乙公司替他管理。所有权移转给乙公司的法律效果是甲、乙所追求的，这是设立信托的必要条件，所欲排除或者限制的仅仅是该表示带来的经济效果。该行为的法律效果是乙公司对该房屋享有占有、使用、收益、处分的权能，但从经济效果层面来看，甲并不想将整个房屋的所有经济利益都移转给乙公司，乙公司只是在一定期限内管理这栋房屋，而乙公司管理这栋房屋所产生的经济上的收益还需通过信托受益权的方式归属于甲或者其指定的第三人，这就是甲在排除与限制所有权转让表示所带来的经济效果。

问题十一：脱法行为的认定

邓继圣：老师，我有一个问题。在第 272 页，作者对脱法行为下的定义是"脱法行为当事人采用的手段是对某种合法的法律行为予以变造"。我翻看了一下王泽鉴老师对脱法行为的表述，他认为这是一种迂回手段，规避强制性规定。好像作者对脱法行为的定义与王泽鉴老师有点不同，没有特别强调当事人是通过一个法律行为去规避某种强制性法规。

老师：二者并不矛盾。王老师是在下定义，我这里并没有下定义。我仅仅是选取了脱法行为的某一个角度对其进行描述，而非进行完整的定义。实际上我也赞同王老师的定义。

邓继圣：老师，您认为通谋虚伪表示与脱法行为存在交叉之处。我的想法是，通谋虚伪表示之所以会导致法律行为无效或者像老师所认为的不成立，是因为表意人不愿意受到自己真意的拘束。我认为，如果一个意思表示不成立，我们就没有必要去探讨其是否合法。一旦认定成立通谋虚伪表示，就完全没必要探讨其有没有脱法、是否符合强制性法规。我觉得脱法行为更强调当事人之间的表意是真实的，只是该真实表意的结果是强制性法规所不允许的，进而需要通过《民法典》第 143 条去认定该法律行为的效力。书中强调了通谋虚伪表示与脱法行为存在竞合，我觉得竞合是对法律行为效力的二选一，就像加害给付一样，可能既是违约又是侵权，当事人可以选择一个去主张，实现了其中一个，另一个就没有存在的必要了。因此，一旦认定为通谋虚伪表示，意思表示不成立，就无须再去考虑是否脱法的问题，这是一个前置性的问题。

胡逸群：我认为，脱法行为与通谋虚伪表示竞合实际上应当是在隐藏行为上发生竞合。比如作者在第273页所举的《工矿产品购销合同》例子，此时公开行为是买卖，虚伪行为是借贷。这里的法律规定是甲、乙公司之间不能借贷，其实借贷行为是无效的，而公开行为（买卖行为）由于构成通谋虚伪表示而不成立。隐藏行为的效力应当独立判定，因为这个例子中的借贷合同违反了相关强制性规定，所以应当无效，这整个行为可以评价成一个脱法行为。

邓继圣：我觉得一个公开行为，一个隐藏行为，是单独地通过虚伪表示与脱法行为规则去进行认定的，二者是分开的，没有交叉关系。通谋虚伪表示是认定脱法行为的一个前置性问题。

老师：在这种情况下，虚伪表示与隐藏行为相结合，共同构成一个脱法行为。

邓继圣：所以，从单个的法律行为角度来看，事实上这两种情况很难同时成立。但如果将两个法律行为看作一个整体的话，当事人的这种行为整体就达到了脱法的目的。是这样理解的吗？

老师：隐藏行为与公开行为相组合，共同实现规避法律的脱法目的，这就是一个脱法行为，这里也包含了通谋虚伪表示。所以，在这种案型中，存在交叉区域，这是把两个法律行为结合起来看待的结果。

问题十二：通谋虚伪表示无效的对抗规则是否可以直接导向权利取得

胡逸群：老师，我有一个问题。在第276页，我对通谋虚伪表示无效的对抗规则存在疑问。对抗规则是否可以直接导向权利取得？如果能导向，那么，如何化解其与善意取得之间的评价矛盾？

老师：对于这个问题，要分两种情况来讨论。一种案型是与物权的善意取得产生重叠的情形，另一种案型是与物权的善意取得无关的情形。第一种案型可以举个例子来将对抗规则与善意取得相比较，考察两条规则是一回事还是两回事，以及是否存在将物权法上的善意取得规则架空的可能性。

胡逸群：甲与乙通谋虚伪买卖一本书，此时买卖合同因通谋虚伪而无效，物权行为也因通谋虚伪而无效，后来受让人又将该书卖给了丙。由于通谋虚伪，乙并未取得所有权，其转让该书的行为构成无权处分。假如按照"无效不得对抗善意第三人"规则来处理，丙对通谋虚伪之事实并不知情，属于善意第三人，可以取得该书的所有权。但这里第三人取得物权至少要满足物权变动的交付要件，有疑问的是需不需要满足合理价格要件。

老师：对的。以合理价格有偿转让是我国善意取得的一个特殊要件。在德国法上，不需要有偿取得，如果在德国法的框架内讨论这个问题，则通谋虚伪表示无效不得对抗善意第三人与善意取得实际上是一样的，没什么区别。

陈道宽：老师，在占有改定这个层面可能有问题。假如乙、丙是通过占有改定的方式交付，不能适用善意取得，那么，此时相对无效的对抗规则是否能使丙取得该书的所有权？

老师：在这种情况下，丙很难构成善意。

胡逸群：我认为形式上的差别可能就是合理对价，但在适用对抗规则时，合理对价这个要件也会影响善意的认定。

老师：对的，善意的认定也会受到影响。在我国《民法典》的框架内，假如我们设计了一条通谋虚伪表示无效不得对抗善意第三人的规则，那么，在物权变动的领域，就会形成与《民法典》物权编中的善意取得制度不一样的规则。此时适用对抗规则来保护本案中的丙有何不妥呢？如果适用，则可以构成一个竞合，由第三人进行选择，类似于请求权竞合。

胡逸群：会不会有理由认为物权法上的善意取得制度优先，应当禁止第三人选择"无效不得对抗善意第三人"的相对无效规则？

老师：对的，可能出现这种观点。那么，应当如何反驳这种观点呢？要反驳这种观点，还要找出更为显著的区别。通谋虚伪表示无效情形中对善意第三人的保护与一般的无权处分情形对善意第三人的保护在价值构造上可能还是有些不一样，你们往这个方向去思考。

陈道宽：老师，我觉得最大的不同，是原所有权人是否使得第三人产生了信赖。在通谋虚伪表示情形中，原所有权人对于第三人产生信赖是具有预见性的，他对该信赖的产生具有可归责性。

老师：你的意思是在占有委托物情形中无权处分导致的善意取得，没有考虑原所有权人的过错，顶多是一个风险归责，而通谋虚伪表示情形中原所有权人肯定是有可归责性的，而且其故意造成第三人信赖，过错是很严重的，因此，保护善意第三人的门槛要降低，要件需要变得宽松。这在法价值上是可以正当化的。是这样的吗?

陈道宽：是的，老师。

王小亮：补充一点，就算都是风险归责，在通谋虚伪表示情形中，所有权人控制风险的能力明显比一般无权处分情形中的原所有权人大一点。相应地，其更应当负有一个管理风险的义务，更有义务取消善意第三人对他产生的信赖，所以法价值上的评判自然也会不一样。

老师：从这个意义上说，通谋虚伪表示无效不得对抗善意第三人规则导致第三人保护的要件门槛降低，这恰恰是该制度的优点，不能成为该制度被攻击的理由。该制度弥补了物权法上善意取得制度的不足，使得通谋虚伪表示情形中，善意第三人不至于因为欠缺某个要件得不到善意取得制度的保护。那么，对于涉及其他权利取得从而根本不能适用善意取得制度的情形中，通谋虚伪表示的对抗规则是否还有用武之地?

胡逸群：我认为还是有用武之地的，《民法典》第311条仅仅规定了物权的善意取得，但这并不意味着该条拒绝对其他权利进行保护，所以用对抗规则对其他权利进行保护也不会存在什么问题。

老师：总的来说，这个条款的适用利大于弊，目前想不到一个明显存在弊端的情形。

第二节　无意的意思与表示不一致：意思表示错误

问题一：一元论是否有实证法依据、是否合理

闫俊奇： 老师，我有一个问题。 在第 280 页，就意思表示的构成要件而言，《民法典》第 147 条删去了《民法通则》（已废止）第 59 条规定的"行为内容"之限定，这一变动可能会导致立法偏离自罗马法以降聚焦于双方行为内容不一致的错误制度。 现在的重大误解构成授权性解释的法律漏洞，这也成为许多人主张一元论的立论基石。 而《最高人民法院关于适用〈中华人民共和国民法典〉总则编若干问题的解释》第 19 条回归了《最高人民法院关于贯彻执行〈中华人民共和国民法通则〉若干问题的意见（试行）》（已废止）第 71 条的规定，从这一点来看，是否可以证明一元论的主张是没有实证法依据的？ 而且就一元论而言，其要求"认识可能性"要件，亦即如果相对人对表意人的内容错误具有认识可能性，则依据"解释先于错误"原理对双方当事人的意思表示进行解释即可，无须赋予表意人以撤销权，是否也可以从这个角度证明一元论是不合理的？

老师： 错误之构成需要相对人具有"认识可能性"，这是一元论中的一种观点。 一元论与二元论的本质区别在于是否区分表示错误与动机错误。 你的问题实际上是对相对人之信赖保护应否更进一步的问题，即在某些情形中为了保护相对人的信赖应否限制表意人的撤销权，而这一处理方式在二元论中同样可以存在。

陈道宽：《最高人民法院关于适用〈中华人民共和国民法典〉总则编若干问题的解释》第 19 条将"价格"纳入考量因素，我认为这一规定将我国的错误制度限定在了二元论的视角之下，因为只有在表示错误的情境下考虑"价格"才是恰当的。 具体而言，其一，如果认为我国立法上采一元论的观点，则可能导出在"价格"上发生性质错误时表意人也享有撤销权的结论，这在法情感上是不能接受的。 其二，立法者之所以把"价格"因素纳入司法解释之中，是因为考虑到在电子合同中标错价款时应赋予表意人撤销权,此时发生的错误实际上还是表示错误,在动机错误中一般不考虑"价格"。因此将"价格"放入一元论的框架中不太妥当,由此可以解释出我国立法事实上否定了一元论。

老师:是的。二元论有其理论优势,在处理具体案件时更加精确,也更符合相同情况相同评价的方法论原则。

闫俊奇:老师,如果采一元论的视角,则是否无法解决表示错误的问题?假设当事人在订立合同时写错价格,在这种情形中相对人对当事人写错的事实难以窥知,那么,在一元论的视角下,表意人无法行使撤销权,而在二元论的视角下,表意人却可以撤销。

老师:"写错"的情形在一元论的框架下未必不能为相对人所窥知,如果写错的数额过于离谱,比如将1000元误写为10元,则相对人还是有认识可能性的。

闫俊奇:是的。但是写错导致的误差较小时,相对人是难以窥知的。在这种情况下适用一元论还是二元论就会导向不同的结论。我认为,一元论更偏向于保护相对人,而二元论更偏向于保护表意人。

老师:二元论将动机错误原则上排除在可撤销的范围之外,是出于保护相对人的目的。至于相对人是否应当具有认识可能性,在《民法典》的规定中找不到法律依据,也不能在司法解释中加入相对人认识可能性的要件,否则司法解释就会有架空《民法典》的嫌疑。

王小亮:就闫俊奇师兄举的例子而言,我认为在二元论的框架下讨论更为合理。因为讨论错误问题的前提是"解释先于错误",而我们在进行意思表示解释时采用的是规范性解释路径,侧重于保护相对人的利益。以"果小云案"为例,当事人将一单净重为4500克的橙子标注成了4500斤,通过前置性的规范性解释可以得知相对人可识别表意人之意思表示存在错误,问题已然得到解决。

闫俊奇:一元论可能源于日本民法上的纯粹客观主义理论,亦即先对意思表示进行纯粹客观的解释,再看相对人对表意人的错误是否有所认识,若有,则赋予表意人撤销权。这种处理方式与我们的解释规则是不太相符的。

老师:总而言之,一元论在我国实证法上没有规范基础,无论是《民法典》还是司法解释都没有考虑相对人对于表意人的错误是否具有认识可能性。

闫俊奇:类比《国际商事合同通则》与《联合国国际货物销售合同公约》,这两个公约都采用了更偏向于保护相对人的规则,类似于一元论。上述公约之所以设置这种规则，是因为考虑到在国际交易的背景下，人与人之间的距离较远，考察内心真意的成本较高。如果是国内交易，则对相对人内心真意进行考察的成本更低，或许采二元论更合适；而如果是跨国交易，则对相对人内心真意进行考察的成本更高，采一元论更合适。

王珏：我认为还是应当考虑交易时相对人是否具有认识可能性。表意人如果明知商品价格偏高就不会购买（即表意人具有动机错误），且相对人对此明知，那么，我认为赋予表意人撤销权也未尝不可。

老师：在相对人明知的情形中，需要看相对人是否具有提示义务。如果相对人有提示义务，那么，提示义务的不履行可能构成欺诈。

王珏：构成消极欺诈要求相对人具有告知义务，但在相对人明知表意人对价格产生误解，即表意人误认为商品价格偏高的情形中，相对人具有告知义务吗？

老师：告知义务可以源于诚信原则的要求，而诚信原则就是要求每个人都应当做一个好人，所以有可能从中推导出相对人具有告知义务。这样，表意人就可以通过欺诈规则撤销意思表示，无须借助一元论即可获得相对公平的结果。

陈道宽：老师，我认为一元论与书中的体系不相符合。此前我们讨论意思表示成立相关问题的时候，讨论到要在意思表示生效阶段再考虑意思自治。例如，表意人因手指抽搐误击鼠标而作出意思表示，且其对此具有可归责性时，我们认为意思表示成立，并在意思表示生效阶段赋予表意人撤销权，以维护其意思自治。但若采一元论的观点，在相对人对表意人的错误不具有认识可能性时，就不允许表意人撤销其意思表示，这事实上剥夺了表意人意思自治的可能性。

老师：以相对人是否具有认识可能性为标准的一元论在我国没有实证法基础，我国实证法在考虑表意人是否享有撤销权时，实际上并没有考虑到相对人是否具有认识可能性。在我们的理论中，相对人是否具有认识可能性应当在意思表示解释中予以考虑，而不是在错误撤销的环节进行考虑。

问题二：意思表示错误的"显著性"要件采何种标准

王钦：老师，我有一个问题。在第282页，意思表示错误的第四项构成要件中提到："仅当意思与表示不一致如此显著，以至于表意人假如当初知道真实情况就不会作出此种内容的表示时，才允许以意思表示错误为由撤销法律行为。"这里的表意人指的是具体个案中的表意人，还是处于相同位置的理性（客观）表意人呢？ 如果采用客观表意人标准，则客观表意人相对于主观表意人在从事法律行为时思虑会更为周全，是否相较于主观表意人标准更能兼顾相对人的信赖利益保护？

邓继圣：在表意人行使撤销权后，相对人的损害可以通过信赖利益损害赔偿（消极信赖保护）予以弥补，且消极信赖利益的保护程度可以接近于对履行利益的保护程度。 意思表示错误规则的根本目的在于保护表意人意思的真实性，从这一角度来说，还是应当采用主观表意人标准，否则将与错误规则的规范意旨相冲突。 并且，我国对错误撤销权采取了形成诉权的构造，诉讼程序的门槛已然使得部分表意人在损失不大时放弃行使撤销权，因此没有必要再在构成要件上为表意人提高门槛。

问题三："较大损失"要件与"显著性"要件之间的联系

胡逸群：老师，我有一个问题，第 283 页提到的"较大损失"要件与第 282 页提到的"显著性"要件之间是否存在某种联系？ 在损失较大的情形中，通常也会认为该法律行为的主客观重大性均具备，那么，"较大损失"要件是否可以被包容进"显著性"要件？

老师：关于第五个要件是否必要的争议很大，大家觉得第五个要件是否能被第四个要件吸收？ 或者是否存在第五个要件不能被第四个要件吸收的情形？

王钦："较大损失"要件应该是源于《最高人民法院关于贯彻执行〈中华人民共和国民法通则〉若干问题的意见（试行）》第 71 条规定的："行为人因对行为的性质、对方当事人、标的物的品种、质量、规格和数量等的错误认识，使行为的后果与自己的意思相悖，并造成较大损失的，可以认定为重大误解。"但是该条文目前已被废止，承继它的是《最高人民法院关于适用〈中华人民共和国民法典〉总则编若干问题的解释》第 19 条第 1 款规定的："行为人对行为的性质、对方当事人或者标的物的品种、质量、规格、价格、数量等产生错误认识，按照通常理解如果不发生该错误认识行为人就不会作出相应意思表示的，人民法院可以认定为民法典第一百四十七条规定的重大误解。"法律规定的变化使得第五个要件在现行法上找不到依据，从这个角度出发，将其并入第四个要件之中是否更为妥当？

老师：第五个要件目前确实欠缺实证法依据。《最高人民法院关于适用〈中华人民共和国民法典〉总则编若干问题的解释》第 19 条规定的是显著性要件，该条把"较大损失"要件删除了。

邓继圣： 从立法变迁来看，立法者刻意规避了"较大损失"这一要件。回归到重大误解制度的目的或者功能，之所以不考虑表意人过失因素，是因为意思表示错误制度是为了纠正表意人错误的意思表示，至于是否有过失，应当是在信赖损害赔偿阶段考虑的问题。因此，从制度本意出发，"较大损失"要件与纠正错误的意思表示无关。另外，老师在书中提到"我国民法上基于意思表示错误的撤销权门槛本就过低"，我的看法与老师相反，我认为这一门槛是过高的，因为撤销权须以诉讼的方式行使，有较高的程序门槛。如果加上"较大损失"要件，则又会提高错误撤销权的成立门槛。因此，我认为"较大损失"要件是可以被"显著性"要件所涵盖的。

老师： 从逻辑上看，"较大损失"与"显著性"要件是否重叠，还是说二者只在某些领域有交叉？

王小亮： 我认为"较大损失"要件实际上与诚实信用原则联系更紧密，是禁止权利滥用思想的体现。因而，"较大损失"或许可以从一般性的诚实信用原则上进行考量，而无须将其作为意思表示错误的构成要件。

老师： 可否举例说明"轻微的不一致"与"意思与表示的不一致如此显著"的具体情形？

瞿成宇： 甲有一块玉石，但将其误认为普通石头，并以极低的价格出卖给乙。一个月后，某地开采出与甲之玉石同品类的玉石矿，导致该玉石的市场价值降低，仅比普通石头的价值贵一点点。

老师： 该例在一个月前同时符合"显著性"与"较大损失"要件，但在玉石矿被发现后不再符合"较大损失"要件。那么，应否允许表意人撤销呢？

郑哲峰： 我认为应当在意思表示作出时评估是否存在"较大损失"，否则一旦市场价格震荡，当事人撤销权之有无将陷于极不稳定的状态。

老师： 法官要决定的是当前这份合同维持或者撤销的问题，从这个角度出发，或许应当以法官作出决定时的市场价格为准来判断是否存在"较大损失"。这些情况表明，在表意人的错误具有"显著性"但未造成"较大损失"时，赋予表意人以撤销权未必妥当。

胡逸群： 我们举的例子在现实生活中极少发生，不具有普遍性，我认为可以像王小亮同学所说的那样，借助诚实信用原则对其进行规制，而不用"较大损失"要件进行规制。

老师：我的《民法总论》教科书中去掉了第五个要件。① 《袖珍民法典评注》考虑到通说，也没有加上第五个要件。② 我在书中加上第五个要件是因为当时受到《民法通则》（已废止）及其司法解释的影响。"较大损失"要件确实在很大程度上被"显著性"要件所涵盖，且不为现行的司法解释所支持，所以还是去掉为宜。

问题四：标的物同一性错误及其显著性

李兆鑫：老师，我有一个问题。假设甲每次住酒店都订"517房"，因为该房谐音"吾要妻"，但某次出差时误订为"514房"，甲认为"514"谐音"我要死"不太吉利。此时可否允许甲主张错误撤销呢？

曹沛地：我觉得如果甲在订房间时未见"514房"，则有构成动机错误的可能性。

老师：这个应该属于同一性错误，而非动机错误。

闫俊奇：如果本案中的"514房"与"517房"客观条件一致，那么，甲的错误就不具备客观显著性，仅具有主观显著性。

老师：是的，但我们前面说过应当采用主观显著性标准。

问题五：误击鼠标属于欠缺行为意思抑或欠缺表示意识

胡逸群：老师，我有一个问题。在第289页，如果行为人在有行为意思的情形中手滑误击鼠标而作出意思表示，德国法上有观点认为此时表意人欠缺"表示意思"（Erklärungswille），并将其界定为欠缺表示意思而形成的脱离的意思表示。③ 我不太理解为何如此界定。

老师：因手滑或者抽搐等误击鼠标，事实上都是不受大脑控制的举动，这类情形应该属于欠缺行为意思而非欠缺表示意识（思）。

胡逸群：我也认为此类情形界定为欠缺行为意思比较妥当。德国学者可能认为行为意思欠缺会导致意思表示不成立，但又觉得在这种案型中认定意思表示成立从而将瑕疵置于意思表示生效阶段处理（如可撤销）更为妥当，所以才

---

① 参见杨代雄：《民法总论》，北京大学出版社2022年版，第326—328页。
② 参见杨代雄编著：《袖珍民法典评注》，中国民主法制出版社2022年版，第101—102页。
③ 参见〔德〕尤科·费里茨舍：《德国民法总则案例研究（第5版）》，张传奇译，北京大学出版社2022年版，第87—88页。

有了"欠缺表示意识的脱离意思表示"之说法。

老师：是的。德国法学界的通说认为行为意思是不可或缺的，若欠缺行为意思，则意思表示不成立。但在某些案型中，学者认为意思表示应当成立，所以他们将这些欠缺行为意思的案型解释成欠缺表示意识，目的在于让意思表示成立而可撤销。他们对法律概念的梳理不畅，所以在法价值层面上对其进行矫正，但矫正的结果使概念更不清晰。我个人认为理顺概念即可，欠缺行为意思与欠缺表示意识其实没有本质不同，应当作相同处理，没有必要在意思表示的成立阶段留下行为意思这一尚需检视的主观要件。

问题六：传达错误与代理人错误的区分

胡逸群：老师，我有一个问题。在第290—291页，关于传达错误与代理人错误的区分，我想到一个案型。假设甲内心想的是3万，对传达人乙说的是4万，乙对相对人丙说成了5万，此时传达错误与表示错误似乎是同时存在的。在我国法上可能没有太大的问题，但在德国法上似乎存在"撤销权竞合"的问题，即究竟适用《德国民法典》第119条，还是适用关于传达错误的规定。对于这一案型，究竟是构成表示错误与传达错误的竞合，还是根本不构成传达错误呢？

老师：单论甲内心想着3万但对乙误说成4万的部分，构成传达错误吗？

胡逸群：这不算传达错误，是单纯的说错，属于表示错误。

王小亮：在使用传达人的情况下，表示行为应当是哪一个呢？

胡逸群：使用传达人时，意思表示发出的时点为指示传达人的时点，意思表示解释的时点应当以意思表示发出时为准，因此，表示行为应当是表意人对传达人表达其意思的行为。

老师：从概念上看，由3万变成4万，属于表示错误；由4万变成5万，属于传达错误。若严格依据概念处理，则先因表示错误产生一个撤销权，后因传达错误产生一个撤销权，表意人总共有两个撤销权。但从实践的角度看，通常不必区分两个撤销权，由表意人一次撤销足矣。例外情形是，如果传达耗时较长，以至于传达错误与表示错误存在明显的时间差，那么，两个撤销权的除斥期间的起点与终点就有区别。这意味着，基于表示错误的撤销权虽因除斥期间届满而消灭，但基于传达错误的撤销权却可能尚未超过除斥期间，从而表意人依然可以针对"由4万变成5万"这一错误行使撤销权。

问题七：故意误传的处理

老师： 故意误传在我国法与德国法中争议都很大，比如朱庆育老师与纪海龙老师的观点就不一致。朱庆育老师认为故意误传构成传达错误①；纪海龙老师则认为不构成传达错误②。你们对此有何看法？

胡逸群： 老师这里认为，在表意人不具有可归责性的时候，意思表示不归属于表意人，如果表意人具有选任过失，则意思表示归属于表意人，但例外地按照错误规则赋予表意人撤销权。那么，在表意人不具有可归责性从而传达人故意误传的意思不构成表意人的意思表示时，是否应当类推适用无权代理的规则进行处理呢？

老师： 为何要类推无权代理呢？

胡逸群： 我也在思考这个问题。当无权代理人是一个毫不相干的第三人时，给本人追认权的正当性何在？如果正当性在于第三人使用了本人的名义，那么，在使者故意误传时并未使用本人名义，此时正当性不存在，似乎无法类推适用无权代理规则。

老师： 应对这个问题逐步讨论，先讨论代理的情形，再推进到我们这里讨论的故意误传。在代理的情形中，即 B 未经 A 的授权与 C 签订合同，B 与 A 毫无关系，那么，法律上为什么要赋予 A 追认权呢？

闫俊奇： 不妨把 C 的意思表示看作指向 A 的要约，此时 B 无代理权，而 A 作为受要约人可以通过追认的方式进行承诺。

老师： 这种解释是可以的。既然 C 向 A 作出要约，就要受到要约的形式拘束，须等待 A 作出承诺。当然，如果是 C 向 A 作出承诺，则此种解释未必可行。或许，与要约一样，承诺作为一项意思表示，在生效后也具有形式拘束力，只不过其形式拘束力通常被合同的形式拘束力吸收了。我们暂且忽略这个问题。假设甲让使者乙告知丙其想租一台设备，乙故意误传为甲想购买一台设备。针对此例，你们如何分析呢？

王小亮： 我认为还是可以适用无权代理的，因为无权代理有一个适用前提，即意思表示不因其他事由归于无效。在上例中，意思表示能够成立，有无

---

① 参见朱庆育：《民法总论（第二版）》，北京大学出版社 2016 年版，第 277 页。
② 参见纪海龙：《〈合同法〉第 48 条（无权代理规则）评注》，载《法学家》2017 年第 4 期，第 160—161 页。

权代理规则的适用空间。

胡逸群：使者故意误传时相对人的信赖程度是否达到了无权代理中相对人的信赖程度？换言之，使用本人名义与否，是否会导致相对人的信赖有所不同？在无权代理人使用本人名义时，相对人对无权代理人有一个最低的信赖，即就算代理权欠缺，也会存在由无权代理人承担的无权代理责任。但是在故意误传时，如果使者没有使用本人名义，则相对人连无权代理的信赖都没有。若该结论成立，那么，是不是就不存在类推适用无权代理规则的空间（使相对人有可能通过本人的追认而与本人进行交易）？我认为，故意误传类推适用无权代理规则的正当性并非不言自明的。

老师：我的观点与德国通说以及反对说有什么关系？

胡逸群：老师认为可以按照传达错误处理的情形多于德国通说规定的情形。德国通说认为，即便表意人对使者的选任有过错，使者故意误传也是按照无权代理规则处理。老师认为如果表意人对使者的选任有过错，应当按照传达错误处理；如果表意人无过错，则不成立意思表示，但并未提及是否类推适用无权代理规则。如果不适用无权代理规则，则相对人只能向使者主张缔约过失损害赔偿，但是我国法上缔约过失损害赔偿以过错为要件；如果类推适用无权代理规则，则相对人不仅可以主张损害赔偿，还可以选择要求使者承担履行责任。

老师：故意误传的使者肯定是有过错的，因此相对人对使者的损害赔偿请求权必然成立。从这个角度看，是否类推适用无权代理规则在损害赔偿责任上是没有区别的，两者区别在于履行责任。类推适用无权代理规则有明显障碍吗？

胡逸群：如果反对类推适用无权代理规则，我想到的理由是因为使者没有使用本人名义，所以故意误传之相对人的信赖弱于无权代理之相对人的信赖。

王小亮：代理中的"以本人名义"要件实际上还是没有脱离意思表示的一般构成要件，该要件是对意思表示构成要件中的法律拘束要件进行解释，解释出受拘束的主体为谁。在故意误传的情形中，如果能解释出愿受拘束的主体为本人，那么，二者的信赖程度其实没有差别。

老师：在无权代理中，代理人明知自己无代理权，仍诱导相对人作出意思表示，这是评价的关键点。故意诱导相对人作出意思表示并成立法律行为，该法律行为在无权代理中因为不能归属于被代理人，所以不能按照预期的状态执行交易，而致预期落空。为了保护相对人的信赖，法律上加重了明知其无代理权的无权代理人的责任,让其承担履行责任。 在故意误传的情形中,传达人也是故意诱导相对人作出意思表示,若法律行为不能在表意人与相对人之间成立,则相对人的目的落空,为了保护相对人的信赖,也使传达人承担一个较重的履行责任,这两种情况没有本质区别。 如果表意人有可归责性,则适用错误规则,意思表示成立但可撤销;如果表意人无可归责性,则意思表示不成立,并类推适用无权代理规则,使传达人承担履行责任。 使传达人承担履行责任的理由在于,一方面传达人具有高度可归责性,另一方面要保护相对人的信赖。 两方面相结合得出结论,应当类推适用无权代理人责任规则。

王小亮:我想补充一个观点,如果以无权代理为基准,那么,怎样的故意误传是与无权代理相类似的? 区分传达与代理的关键不在于当事人的内部关系,而在于从相对人的视角来看究竟是传达还是代理。① 在故意无权代理的场合,代理人必须有表示意识或者行为意思,即使表示意识或者行为意思欠缺,代理人也必须具备可归责性,否则会导致意思表示不成立,进而无从适用无权代理规则。 而在故意误传的场合,意思表示是在表意人处形成的,那么,何种情形才会导致表意人欠缺行为意思或者表示意识呢? 我认为,只有当传达人与表意人毫无关联时,才会导致表意人欠缺行为意思或者表示意识。 这里需要先讨论欠缺之可能性,即是否存在导致行为意思或者表示意识欠缺的情形,然后再讨论表意人可归责性的问题。

闫俊奇:假设老板把信放在桌子上,秘书未经老板指示将信发出,该如何处理?

老师:秘书的例子肯定是(老板)欠缺行为意思的,但是故意误传的情形与秘书案有所不同,毕竟传达人是表意人派出去的,只是传达人所传达的意思与表意人的意思不一致。 那么,在故意误传的情形中,表意人是否有行为意思呢? 回到之前说的那个例子,甲通过乙向丙发出租赁一台设备的意思表示,乙在进行传达时故意说成甲欲向丙购买一台设备,此时甲是否欠缺行为意思?

邓继圣:表示使者相当于表意人的工具,表意人使用工具时应该是有行为意思的。

闫俊奇:类比"拍卖案","拍卖案"的当事人是有举手意思的。

老师:在"拍卖案"中,举手这个表意符号是由表意人自己独立完成的,而在故意误传的情形中,相对人收到的表意符号却并非由表意人自己独立完成

---

① 参见〔德〕维尔纳·弗卢梅:《法律行为论》,迟颖译,法律出版社 2013 年版,第 901—904 页。

的,所以,二者似乎有所不同。

胡逸群: 可否如科勒的观点那样,认为在使者故意误传的情形,并不存在表意人自己的意思表示。① 此时判断的准据是使者的意思表示?

老师: 这也不对。 使者乙说的不是"我要购买设备",而是"甲要购买设备"。 从相对人丙的视角来看,这就是甲的意思表示。 你刚才提到的科勒观点的意思可能是,购买设备的意思表示并非由甲的行为作出的,而是由乙的行为作出的,因此不构成甲的表示行为。 但我认为不能把表示局限为表意人自愿的行为,而应当广泛地理解为进入法律交易领域的符号。

王珏: 我认为表意人既然明知自己使用使者进行表示,就应该是有行为意思的,因为行为意思仅指向行为,而不指向行为的内容。

陈道宽: 甲租赁设备之要约没有到达,同时,甲对乙所误传的购买设备之要约没有行为意思。

王珏: 如果认为行为意思指向某个具体的意思表示,那么,其实已经指向行为的内容了。

陈道宽: 如果我让传达人帮我传达意思表示A,但是传达人不仅帮我传达了意思表示A,而且又以传达人的身份作出了一个意思表示B。 你觉得这种情形,我对意思表示B有发出的行为意思吗?

王小亮: 陈道宽师兄的意思是,我让你帮我买月饼,但你多说了一句还要买个蛋糕。 此时我对买蛋糕的意思表示是否有行为意思呢?

王珏: 我认为有的,表意人应该能认识到使者未必会完全传达表意人的本意,表意人在使用使者时应该都是有行为意思的,因为行为意思只是指向行为本身。

王小亮: 在代理的场合,本人授权代理人作出意思表示A,但是代理人还作出了意思表示B,此时代理人对于意思表示B是无权代理。 假设代理人在相对人面前以传达人的身份出现,这种情况该如何处理呢?

王珏: 这两种情况似乎没有差别,相对人需要识别的是本人,而非乙的身份。

王小亮: 这样反推回去,在代理人以传达人身份出现的情况下,是否会欠缺

---

① 参见〔德〕赫尔穆特·科勒:《德国民法总论(第44版)》,刘洋译,北京大学出版社2022年版,第124页。

行为意思呢？如果欠缺行为意思，是否就不能适用无权代理规则了？

陈道宽：我还没有完全认可无权代理规则的适用。理由在于，后面老师提到表见代理时，提出表见代理之被代理人明明没有行为意思，但合同还是成立了。这里的框架与两个人之间的框架是不一样的。老师认为代理人与相对人之间达成了一个意思表示，最终可归责于被代理人，这种情况并不会导致合同因为没有达成合意而无效，但是在没有代理人而仅有双方当事人的情况下，可能会因为一方当事人撤销意思表示而无法达成合意。在老师的理论框架内，天然地认为代理意思表示与双方当事人的意思表示之间是有一定差别的，如果我们把传达与代理作相同处理，可能会导致这个界限变得模糊。我不太认同这个观点，但暂时还没想到反驳理由。

王珏：故意误传与无权代理之间的区别为何？相比于无权代理，使者同样要显示出本人，且同样欠缺代理权。但如果故意误传与无权代理没有区别，那么，为什么德国法通说认为故意误传应类推适用而非直接适用无权代理的规则呢？

郑哲峰：如果以相对人视角来判断传达人或者代理人，那么，假设无权代理人在实施无权代理行为时，其在相对人视角中为传达人，该如何处理？双向视角不同不应当导致规则适用的不同，从这个角度来说，似乎故意误传与无权代理之间没有什么差别。

王小亮：假设情况 A 是表意人让传达人买一个美心牌月饼，但传达人买了另一个品牌的月饼；情况 B 是表意人让传达人替他买月饼，结果传达人多买了一个蛋糕。对于情况 A 与情况 B，应当作相同处理还是作不同处理？我认为我们的讨论直指一个问题：自始至终没有授权的无权代理，可以适用无权代理规则吗？

老师：我们还是应当回到行为意思的思路。如果认为故意误传不欠缺行为意思，那么，应该推导出什么结论呢？

王小亮：意思表示可以成立，类推适用无权代理规则没有什么障碍。

老师：为什么一定要类推无权代理规则，而不直接适用传达错误规则，使表意人享有撤销权，并使其对相对人承担损害赔偿责任？

王珏：说到这里，我认为这在结构上很像动机错误与表示错误的区分。因为表意人在指示传达人的过程中很像人的大脑在形成决策，传达人进行传达时则像是把内心意思表达于外。

老师： 按照你的思路，表示出来的结果与表意人的主观想法不一致，那就是意思表示错误，按照错误规则处理就行了。

胡逸群： 老师，您认为如果不欠缺行为意思，那么，不论表意人是否有可归责性，统一适用错误规则？

老师： 是的，但前提是"如果不欠缺行为意思"。第三人未经表意人委任，自作主张地假称自己为传达人，并向相对人传达了一项意思表示。此时在"表意人"看来，其对该项意思表示欠缺行为意思。我们前面讨论的问题是，传达人确实是表意人委派的，但是传达人在行为实施过程中更改了表意人的意思。

胡逸群： 这可以区分为三种情形，即：①我委派了使者，使者故意误传；②我没有委派使者，使者故意误传；③我委派了使者，但随后撤回了委派。在情形②和情形③中，是否类推适用无权代理规则是有疑问的。我们之前讨论的是情形①，亦即表意人具有行为意思，那么，不论表意人是否具有可归责性，都可以按照意思表示错误规则撤销意思表示。

老师： 在情形②和情形③中，表意人显然欠缺行为意思，且表意人对其行为意思的欠缺不具有可归责性，所以不成立意思表示，但又涉及谁对相对人承担责任的问题，此时才有必要引进无权代理规则来保护相对人。而对于情形①，表意人是否欠缺行为意思，尚有疑问。如果不欠缺行为意思，则表意人的意思表示成立，但意思表示与表意人的内心真意不一致，构成错误，表意人可以撤销其意思表示，并对相对人进行损害赔偿。消极利益的损害赔偿责任采过错原则，如果表意人没有过错，则无须承担损害赔偿责任，所以也同样需要适用无权代理规则，使故意误传人向相对人承担责任。

胡逸群： 但如果意思表示被撤销了，就不存在适用无权代理规则的空间了。

老师： 这倒也是一个理论障碍。看来，在何种范围内类推适用无权代理规则，确实是一个难题。

陈道宽： 按照老师的观点，如果我让传达人传达我要买一个糖果的意思表示，但是传达人传达的是我要买一套房子的意思表示，这也具有行为意思吗？

胡逸群： 是的，具有行为意思，但是效果意思发生了偏差。

老师： 究竟有无行为意思，尚须推敲。我觉得道宽同学的想法有一定道理。甲让乙向丙传达租赁设备的意思表示，乙却故意传达为购买设备的意思表示。从表面上看，是甲有意启动了传达行为，所以甲具有行为意思。但是，在传达人执行任务的过程中，介入了另一个因素，即传达人乙的故意更改，将本应传达的意思表示 A 更改为意思表示 B。就意思表示 B 而言，传达行为发生的主要原因并非甲的有意启动，而是乙的故意更改。所以，从因果关系的角度看，乙传达意思表示 B 的行为并非基于甲的行为意思而发生。例如，甲因为手臂被乙撞了一下而点击鼠标，提交了订单，"点击鼠标"的动作虽由甲的手指作出，但其发生原因并非甲的行为意思，而是乙的撞击，所以，提交订单的表示行为欠缺行为意思。同理，在上述故意误传情形中，表意人甲也是欠缺行为意思。

关于责任承担问题，《最高人民法院关于适用〈中华人民共和国民法典〉合同编通则部分的解释（征求意见稿）》第 6 条最初规定任何第三人都可以承担缔约过失责任，后来加上了"特别信赖"要件进行限制。故意误传的传达人是否可能列入司法解释中具有特别信赖的第三人？相对人对传达人有无特别信赖？我觉得应该有的。

王珏：这种情形与超越代理权的无权代理有什么本质区别吗？

老师：如果能直接适用第三人的缔约过失责任，那就可以不类推适用无权代理规则了。无权代理规则毕竟是一个很特殊的规则，最好限制其适用。

王珏：如果传达人故意误传，他与无权代理人有什么本质上的区别吗？在故意误传的情形中，从相对人视角来看，相对人所要识别的是本人；但在无权代理中，相对人要识别的也是本人。我认为故意误传与无权代理的利益判断是一致的。

老师：这些困惑的根源在于无权代理责任规则本身是有问题的。早些年的《民法总论专题》一书其实更能体现我的原始思想，我在该书中对无权代理规则提出了批判，尤其是无权代理人的履行责任。我认为应当用第三人缔约过失责任来解决这些问题，没有必要规定一个特别责任。① 《最高人民法院关于适用〈中华人民共和国民法典〉合同编通则部分的解释（征求意见稿）》第 6 条已经一般性地确立了第三人缔约过失责任，在这个背景下无权代理人责任显得更为突兀，尤其是其履行责任的正当性不够充分。但我在写《法律行为论》的时候要创作的是一部教义学作品，有些问题被迫作出了调整。《民法总论专题》更多是在纯理论的层面上从立法论的角度进行论证，在这个问题上，那本书更符合我真正的观点。无权代理责任规则是存在问题的，所以不能随便类推适用。

问题八：瑕疵担保责任是否应排除性质错误规则

胡逸群：老师，我有一个问题。在第 291—296 页，关于性质错误，无论对

---

① 参见杨代雄：《民法总论专题》，清华大学出版社 2012 年版，第 264—265 页。

于出卖人还是对于买受人而言，是否都应当让瑕疵担保责任排除性质错误的适用，使得表意人不得主张因性质错误而产生的撤销权？

老师： 举例而言，假设买受人去服装店买衣服，误以为其挑中的衣服是纯棉的，但事实上是石油化学产品制作的，这对买受人而言是性质错误。如果买受人仔细观察，就可以看见衣服上有一个标注了原材料的标签，但买受人因为过于相信自己的鉴别能力而没有看标签。此时买受人知道或者应当知道该瑕疵，所以，依据司法解释的规定，买受人的瑕疵担保权利应被排除。基于评价无矛盾原则，买受人的撤销权也应当被排除。这样处理是否妥当？

陈道宽： 如果合同约定的标的物为特定物，而我们交付的也是合同约定的特定物，那么，质量瑕疵何在？

老师： 陈道宽同学的意思是买卖法上的瑕疵担保请求权与法律行为制度中的性质错误撤销权发生交叉的情形极为有限，我刚才举的例子就不在二者交叉的范围内，那就不能说买卖法上的瑕疵担保规范普遍地排除民法总则中的错误撤销权。我的疑问也在于此，这两个规则的交叉区域有那么大吗？

王珏： 如果衣服上标了"纯棉"，但事实上并非纯棉，则构成瑕疵。虽然衣服上标的是"纯棉"，但买受人生活经验丰富，可以凭手感判断得知该衣服并非纯棉，那就符合我们这里讨论的情况了。

老师： 如果标的是"纯棉"，但实际上不是纯棉，那就构成欺诈，不需要适用错误撤销规则。性质错误撤销权与买卖法中的瑕疵肯定有交叉领域，但是交叉领域的范围不大，在交叉领域之外肯定不存在排除的问题，因此讨论这个问题的价值似乎不大。易言之，民法总则中的性质错误撤销权规则仍然是很重要的，不至于被买卖法上的特殊规则架空。

王珏： 假设 A 去水果店买水果，看见水果上标了 100 元一斤，误以为这是非常便宜的价格，而 A 对此没有作任何说明，便购买了一斤水果。A 衣着朴素，平时都买售价便宜的水果，十分节俭，水果店店主 B 明显能看出来 A 存在动机错误，那么，A 能主张欺诈之撤销权吗？我初步认为，A 很难主张欺诈，因为，首先 B 不存在欺诈行为，其次也不满足因果关系要件。但是 B 对于 A 的动机错误具有认识可能性，仅因 A 的动机错误不构成性质错误就不让其撤销的话，我认为不太妥当。

老师： 你似乎是出于同情才产生这样的想法，你的观点能一般化吗？

陈道宽： 假设 A 买完水果后，在几个街口外的水果店发现了售价更便宜的同种水果，此时 A 能对 B 主张性质错误并撤销买卖合同吗？

王珏： 在一元论视角下，如果相对人具有认识可能性，我认为允许撤销也未尝不可。

老师： 如果相对人随意可撤销的话，则会致使市场陷于无序状态。况且，市场上同种商品的价格肯定是有差距的，因为商铺租金数额有高低，我们所付的价款很多时候都包含了商家的租金成本，就此而论，价格差距在一定幅度之内是正常的市场现象。这类情形不需要用错误规则调整，必要时借助显失公平规则调整即可。

问题九："土地可以作为建筑用地"是否属于具有经济利用之可能性

胡逸群： 老师，我有一个问题。在第 295 页，对标的物予以经济利用的可能性，与上文讨论的土地是否可以作为建筑用地有什么区别吗？我理解的是，土地作为建筑用地似乎就是对土地进行经济利用。

老师： 土地是否可以作为建筑用地是一种特殊类型的经济利用之可能性，具有特殊的意义。一如性质错误，本质上也是动机错误，但属于一种特殊的动机错误。

胡逸群： 是否可以理解为，两者的区别主要在于交易上重要性的区分？

老师： 是的，可以这样理解。

问题十：在存在补充性解释或者其他债法救济手段的情况下，是否仍适用主观行为基础障碍理论

瞿成宇： 老师，我有一个问题。在第 298 页，提到应当给法律行为基础障碍理论注入一定的规范性因素，即"可接受性"。但我认为，"可接受性"是一个较为抽象甚至偏主观的标准。第 299 页末尾提到，梅迪库斯认为行为基础包括事实因素、假定因素与规范因素，其中"正直诚实"的要求也显得有些抽象。是否可以考虑将交易习惯作为缔约前提？

老师： 例如，在按揭购买二手房的情形中，是否可以将习惯因素作为标准引入？

瞿成宇： 买受人通常是出于购房需求才订立商品房担保贷款合同的。从客观角度看，这是常见做法，所以，反其道而行的个别情况应不适用主观行为基础障碍理论。

老师：梅迪库斯的理论并未将习惯因素考虑在内。同时，对于当事人而言重要的因素，也需要考虑社会一般观念。

闫俊奇：如果将重要性限定为当事人间的习惯，那么，个人习惯就不符合规范要素。

老师：梅迪库斯的意思不是用习惯来进行限定，而是将其作为一个重要的考虑因素。但这引出另一个问题，亦即，如果存在习惯，则是否还有其他解释的可能性？

闫俊奇：如果存在给付不能的债法救济条件，我认为应尽量不适用行为基础理论。

老师：是的，主观行为基础障碍理论的适用范围需要界定。尽管其边界模糊，但理论上仍有较大价值。

问题十一：关于"庆典取消案"的讨论

胡逸群：老师，我有一个问题。在第 299 页，关于帕夫洛夫斯基在主观行为基础欠缺理论中提出的"庆典取消案"，假设变化案型为，当事人误以为将要召开庆典是真事，而实际上是假新闻，庆典并未召开，那么，根据帕夫洛夫斯基的观点，自始欠缺等同于主观行为基础障碍，嗣后丧失等同于客观行为基础障碍。相比变化案型，原始案型是否应当归入客观行为基础障碍？

老师：这个问题之前也有人问过，我们需要分析这属于主观行为基础障碍还是客观行为基础障碍。原始案型不涉及普遍性影响，应属于主观行为基础障碍。

胡逸群：庆典的取消是否也可视为客观情况的变化？一种情形是当事人原本以为要召开庆典，但实际上召开庆典是一则假消息；另一种情形是庆典原定召开，后来取消了。我认为第一种情形应属于主观行为基础障碍，第二种情形是否属于主观行为基础障碍，则存在疑问。

老师：你构造的变化案例显然是主观行为基础障碍，也是行为基础自始欠缺。原始案例是否属于行为基础自始欠缺，则存在疑问。根据拉伦茨的概念，主观行为基础是双方的共同设想或者肯定的期待，可以涵盖这个案例。埃塞尔认为，自始欠缺是指缔约过程中作为效果意思基础的关于某种当时情况的设想后来被证明是错误的。

胡逸群：在"庆典取消案"中，缔约时设想是庆典将召开，但后来庆典取消，很难说缔约时设想错误。

王珏：缔约时的设想是庆典将召开，后来庆典没有召开，不就是设想错误吗？

老师：嗣后丧失是指在缔约过程中作为当事人效果意思之基础的某种状况在未来并未如当初预期的那样持续存在。三五天后将举行的庆典并非既存状态，而是一种对未来的设想。

胡逸群：也就是说，无论是根本不存在，还是缔约时存在但后来取消，都可以归入主观行为基础障碍。

老师：是的。使用拉伦茨的概念，对此可以毫无障碍地进行解释。将其视为行为基础自始欠缺也是可行的。通过添加"既存状况"关键词，可以清晰地解释案例。我个人认为，拉伦茨的概念更为合适，因为它更清晰，具有更强的解释力，抓住了行为基础障碍的本质。

闫俊奇：关于"庆典取消案"，托尔特曼认为主观动机并非法律行为的内容。按照他的理解，意思表示的内容仅为"出租窗口位置"，并不包括"观看庆典"。但在缔约过程中，当事人肯定将自己的想法作为缔约的前提，可否把"观看庆典"也纳入表示内容中呢？

老师：当事人的表示内容为以100马克的租金租一个座位，观看国王庆典只是动机。如果表意人明确表达了动机，对方知晓并认可，那么，动机也可以转变为意思表示的内容。例如，A告诉B，为了观看五天后的国王庆典，以100马克的价格租用座位，B同意。后来庆典取消，构成给付不能。

王珏：是否可以将"观看庆典"理解为合同所附的条件呢？

闫俊奇：如合同明确约定了履行时间，不能仅因该表示就将"观看庆典"视为条件，而需要明确地表示将"观看庆典"作为条件。

老师："观看庆典"在表示内容中起什么作用？是作为条件还是起其他作用？

闫俊奇：如果当事人明确提及"观看庆典"，则应先考虑"观看庆典"是否可以作为意思表示的内容，然后考虑是否可以作为条件。

胡逸群：如果"观看庆典"是条件，那么，合同效力的发生或者消灭是自动的，但如果认为"观看庆典"是给付内容之一，则须行使解除权才能解除合同。

老师："观看庆典"要么作为条件，要么作为给付的内容之一。如果给付内容为提供观看典礼的位置，该给付内容无法实现，则构成给付不能，导致原给付义务消灭，允许解除合同。

王小亮：观看典礼不应作为给付内容，因为商家没有义务让其观看典礼。

陈道宽：可以将其视为关于质量的约定，不满足时构成瑕疵给付，进而解除合同。

老师：这相当于给出租人增加额外负担，不仅提供靠窗座位，还须在庆典由第三方承办的情况下保证承租人能观看庆典。

李兆鑫："观看庆典"作为动机，若要纳入合同，不应仅因提及就成为合同内容。动机纳入合同应作为条件，我认为这是动机进入合同的必要过程。

老师：动机若被表达且对方认可，则可将其转化为意思表示的内容。条件不会增加债务人的负担，而给付内容会增加债务人的负担。因此，条件应优先于给付内容得到考量。出租人通常不会想去自增负担，而只愿意提供具有正常功能的座位。因此，将"观看庆典"纳入意思表示，最多作为条件，不宜作为内容。

问题十二：德国法上的"请求调整合同"与我国法上的重新协商义务

胡逸群：老师，我有一个问题。在第300—301页，如果将德国法上交易基础障碍的法效果与我国法进行对比，德国法是"请求调整合同"，而我国法是"请求变更或者解除"。德国法上的调整合同是否类似于我国法上的重新协商义务？

老师：似乎不是一回事。德国法上的"请求调整合同"意味着一方当事人享有关于调整合同的权利，而不是仅仅可以进行重新协商。

胡逸群：那么，是否还需要通过向法院提起诉讼的方式来请求变更合同？

老师：如果一方不理睬对方的调整请求，则最终还需通过法院解决。

问题十三：关于《商品房买卖合同司法解释》第19条第2句的讨论

李兆鑫：老师，我有一个问题。第301—302页提到的法条规定，买卖合同解除导致担保贷款合同目的无法实现时，当事人请求解除担保贷款合同应予支持。是否可以按照《民法典》第563条的一般规则类推适用解除权，直接解除合同，而无须适用法律行为基础障碍理论？

老师：《民法典》第 563 条提到的是因不可抗力导致合同目的无法实现，合同目的无法实现是一个必要条件，不能删除。

李兆鑫：如果将其放在法律行为基础障碍理论下解释，是否为宣示性的解除权规定，而非赋权性的规定？

老师：为何不是赋权性的规定？司法解释本身提供实证法基础，理论仅为背书。解除权源于司法解释的明文规定，其最合适的理论基础应当是法律行为基础障碍。

胡逸群：《民法典》第 533 条只规定了客观行为基础，主观行为基础不适用该条文，而只能适用《最高人民法院关于审理商品房买卖合同纠纷案件适用法律若干问题的解释》（以下简称《商品房买卖合同司法解释》）。

李兆鑫：关于理论基础，是否可以借鉴德国法的抗辩延伸规则？商品房买卖合同与担保贷款合同关联，买卖合同解除时，根据关联合同规则直接享有解除担保贷款合同的权利。

老师：关联合同的理论基础何在？为何两个合同会互相影响？关联合同的法律规定可能建立在法律行为基础障碍理论上，否则无法解释为何第二个合同的效力受第一个合同影响，以及两个独立的合同如何捆绑。

李兆鑫：我认为关联合同的理论基础还有可能是经济上同一性原则。台湾地区"民法"在实践中面对商品房买卖与担保贷款案例时，直接推出了经济上同一性原则，但立法上无明文规定，而德国法则有明文规定。

老师：经济上同一性是指两个合同从经济角度被看作一个合同吗？

李兆鑫：对。因为这个经济联系导致了银行与开发商之间具有了密切关系，也导致这两个合同在法律上具有了从属性与依存性，所以，我国台湾地区直接认定关联合同可以解除。

老师：因为经济上具有同一性，所以法律上也把两个独立的合同看作是一个吗？

李兆鑫：不是的，他们把两个合同看成具有相互依存关系的合同。

老师：这是经济领域的语言，要把它变成法言法语还得经过几个步骤，可能某一个步骤就运用了法律行为基础障碍理论。你试着推导一下，看看如何从经济上的同一性一步一步地推导出第二个合同的效力受第一个合同效力的影响。

李兆鑫：因为要购买房屋，所以才需要向银行贷款，故商品房买卖合同是基础关系，担保贷款合同是给付关系。有学者提出商品房买卖合同与担保贷款合同之间是主合同与从合同的关系，但我不认同这种观点，因为两个合同仍有独立性。

老师： 这里实际上涉及三个合同，房屋买卖、贷款以及担保合同。就我们所探讨的问题而言，可以姑且把担保与贷款看作一体，只需要考虑担保贷款合同这个整体与商品房买卖合同之间的关系。经济领域的状态要转化为法律领域的结论，需要在两者之间架设桥梁。

闫俊奇： 银行可能由开发商指定，因此开发商与银行之间的关联性非常强。从这个角度出发，房屋出卖人与贷款提供人的关系可以视为经济上具有同一性。

老师： 即使承认开发商与银行在经济利益上一致，为何买房人与开发商解除合同就能视为与银行解除合同？

闫俊奇： 买房人与开发商、银行签订的合同，由于经济上的紧密关联，可能只需一次签字，具体的银行与贷款流程都由开发商安排。在这种情况下，是否可以将开发商与银行视为同一主体？

老师： 如果承认他们是同一主体，那么，接下来该如何处理？

闫俊奇： 如果视为同一主体，那么，买房人与开发商解除合同也可以视为与银行解除合同。

老师： 为什么第一个合同解除就应当导致第二个合同解除？两个合同之间需要有一个衔接过程，可能涉及法律行为基础障碍。

王珏： 闫俊奇师弟的说法似乎将两个合同视为一个。德国有观点认为，如果事实上是一个合同，则抗辩穿透是合理的。

老师： 你们需要尝试逐步推导得出结论，我赞同两个合同具有经济上的同一性，他们服务于同一个目的。即便不从银行与开发商的经济利益同一性角度考虑，而是从购房者借款的角度考虑，也可以认为两个合同服务于同一生活目的。但如何从两个合同服务于同一生活目的的推导出，第一个合同效力丧失导致第二个合同效力也丧失？两个合同毕竟是各自独立的，其效力本应分别判断。

王小亮： 在按揭购房的情况下，银行通常先支付款项给买房人，然后买房人再支付给开发商。但实际操作中，银行直接缩短了给付流程，将款项直接支付给开发商。这是否意味着银行在一定程度上知晓贷款合同与商品房买卖合同有关联？

老师： 这种情况仍然无法绕过法律行为基础障碍理论。关联合同可能只是在立法上实证化了法律行为基础障碍理论。

李兆鑫： 是否可以通过意思表示解释来解决这一问题？例如，购房人与银行签订贷款合同后，发生"烂尾楼"问题，购房人不愿继续还款。双方虽未明确约定，但可认为存在默示的合意。实践中，购房人未收到房子通常不会继续还款，银行也默示同意这一点。购房人与开发商签订的房屋买卖合同中也存在类似的隐含合意。

老师： 我明白你的意思，但第 298 页主观行为基础的定义与你刚才提到的情况高度相似，所以，还是无法绕过法律行为基础障碍理论去解决这一问题。

王珏： 在这种情况下，这两个合同整体之间有一个特殊的三方合同关系，合同三方的给付彼此具有交换性，所以，买受人对银行的抗辩或者拒绝支付贷款是基于牵连性产生的权利。但这可能会导致将两个合同视为一个合同，而我认为实际上应当区分两个合同的法律效果。例如，买受人迟延还款，此时应考虑担保贷款合同项下的法律效果（如解除合同），而不能考虑买卖合同项下的一些规则（如分期付款的解除规则）。

老师： 如果借款人迟延还款，则开发商不能拒绝交付房屋。是这个意思吗？

王珏： 是的。在按揭购房中，担保合同需要书面形式，而买卖合同则不需要。考虑到可能存在的缔约过失责任，银行在与消费者签订合同时应尽到提示义务，告知两个合同的独立性。如果银行未尽到此项义务，则消费者是否可以基于缔约过失责任主张解除或者其他法律效果？

李兆鑫： 这可能涉及格式条款的问题。

陈道宽： 如果认定为缔约过失，则须以企业可能无法交付房屋为前提，而不仅是未尽到提示"合同之间无关联性"的义务。

王珏： 消费者虽然知道签订了两个合同，但可能无法清楚认识到法律后果。

陈道宽： 这属于法律后果错误。

王小亮： 王珏师姐的意思是基于损害赔偿法上的恢复原状义务来废止合同。

老师： 我认为构成缔约过失似乎有些勉强。如果法律没有就关联合同作出规定，这两个合同本来是相互独立的，则银行无义务告知其独立性。

陈道宽： 按照《民法典》第 549 条第 2 项的规定，抵销的条件是"债务人的债权与转让的债权是基于同一合同产生"。基于经济一体性导致的合同牵连性,也存在适用抵销的余地。①

老师:两个合同相互独立是原则,要突破这一原则需有充分的理论基础。仅凭经济上的同一性不足以论证两个合同应一体判断。目前未见有合适的理论作为关联合同的理论基础,法律行为基础障碍似乎是唯一可行的理论。

邓继圣:老师,我有一个问题。关于《商品房买卖合同司法解释》第19条第2句,是否可以认为其原理来自诚信原则?

老师:可以。服务于商品房买卖合同的借款担保比较特殊,与企业向银行贷款以扩大生产等情形有所不同。如果银行在商品房买卖合同无效或者被解除后仍要求履行贷款担保合同,则违反了诚信原则。

邓继圣:就违反诚信原则的情形而言,法效果上通常先进行调整,无法调整再解除,但相关条文似乎不符合这一逻辑。

老师:无论是《德国民法典》还是我国《民法典》第533条,实证法规定的法律后果仅是众多选项中的一种。实证法选择了某一选项,并不意味着理论上只能选择该选项。理论上有多种可能性,任何规定都可以在理论上找到依据。《民法典》第533条即使未规定协商,也是可行的。

闫俊奇:协商本身是理想化的,如果能变更合同,当事人早已变更。法院要求协商,是否多余?

老师:规定协商与否都有其合理性。立法者规定协商有其特殊考量,不规定也无不妥。

闫俊奇:老师,我有一个问题。在二手房按揭买卖中,如果因不可归责于双方的原因,合同被认定无效或者被撤销,那么,是否应与商品房买卖作相似处理?

老师:这两种情况似乎没有根本区别,无论是新房还是二手房,都涉及贷款购房。

闫俊奇:在商品房购买中,买受人可能面临有限的选择,只能向开发商选择的银行贷款;而在二手房购买中,买受人可以在一定范围内自主选择中介与房源。

---

① 参见庄加园:《留置抗辩权的体系构建:以牵连关系为中心》,载《法商研究》2022年第3期,第155页。

老师：即便在购买商品房的情形下，购房者亦可以自由选择向哪家银行贷款，开发商未必会特别指定某一家银行。

闫俊奇：商品房的购房者可能会处于缔约上的弱势地位，没有充足的选择权。

老师：即便这一区别存在，其对于我们的问题而言是否为评价上的关键因素呢？

胡逸群：在二手房买卖中，银行是否也应直接将款项支付给出卖人？

老师：款项通常不会经过购房者手中，而是由银行直接支付给出卖人。

王小亮：老师，我有一个问题。如果双方当事人内心并无共同设想，是否仍适用该条司法解释的规定？

老师：你所提到的情形属于个别极端情况，很难在法律上得到承认。

王小亮：所谓的主观行为基础，是否需要经由规范解释来确定？在某些情况下，是否应当有一定的动机？

老师：动机的查明与认定须结合社会一般观念，而非仅仅通过解释来确定，因为动机隐藏于意思表示背后。极端情况通常因偏离社会一般观念而不被法律所接受。关于《商品房买卖合同司法解释》第20条，尽管在我看来其理论基础为主观行为基础障碍理论，但实证法已经形成了明确的规则，其适用并不必然要回溯到该理论基础。即使在极端情况下双方均无共同设想，这一规则仍然适用，因为实证法规定与理论基础之间存在一定的距离。理论基础的构建旨在深入理解规则，并探讨其是否适用于法律未明确规定的相似情形。例如，对于以按揭贷款方式进行的二手房买卖，该司法解释第19条与第20条并未具体规定，此时需要考虑是否具备类推的前提。在进行类推适用时，须回归法律规则的底层逻辑，以判断待决案件的基本属性是否与司法解释相契合，从而确定是否可以类推适用，这正是理论基础的重要性所在。

问题十四：商品房担保贷款合同是否为继续性合同

李兆鑫：老师，我有一个问题。在第302页，作者认为书中提到的商品房担保贷款合同是继续性合同吗？

老师：应该是继续性合同。尽管银行的付款是一次性的，但银行需要在长达10年或者20年的时间内提供信用支持，允许借款人使用这笔款项，并分期偿还，而不是要求收款后立即还款。

李兆鑫：最高人民法院似乎认为按揭贷款合同既不是一时性的，也不是继续性的。

老师：这种说法逻辑上不成立。一件事物要么是 a，要么是非 a，我们不能说它既不是 a，也不是非 a。这种观点从形式上就可以被否定，无须深入探究其内容。

问题十五：动机或者经济目的是否可以纳入意思表示的内容

郑哲峰：老师，我有一个问题。第 302 页，关于商品房按揭贷款，其具有指定目的性，且银行的贷款操作比较特殊，款项通常不经过借款人而直接划转给开发商。在这种情况下，可否解释为银行的义务是代借款人清偿部分或者全部基于商品房买卖合同产生的还款义务？

老师：你的意思是将动机或者经济目的纳入意思表示的内容之中？

郑哲峰：是的。商品房贷款的方式较为特殊，似乎可以将动机转化为合同内容。如果商品房买卖合同无效，银行无法履行贷款合同，则构成给付不能，可以解除合同。

李兆鑫：你是将商品房买卖合同视为基础原因关系，而将贷款担保合同视为给付关系。基础原因关系一旦不存在，担保给付关系也随之消失。

老师：你这是按照利他合同或者指示证券（Anweisung）的三角关系模型来解释贷款购房关系。二者是否具有本质共性，有待推敲。

问题十六：是否允许开发商根据贷款担保合同主张解除权

李兆鑫：老师，我有一个问题。在第 302 页，在商品房买卖合同被撤销的情况下，如果房屋已经建成，但购房者与银行之间的担保贷款合同并未解除，可能会出现问题。例如，如果存在抵押预告登记，则开发商可能无法进行二次销售。是否有可能将司法解释中提到的当事人请求解除的范围扩大到开发商，以便消除预告登记，不影响二次销售？

老师：你提出的问题涉及商品房按揭中抵押人的身份。如果抵押人是购房者，那么，抵押关系发生在购房者与银行之间，与开发商无关。

李兆鑫：如果合同不解除，那么，抵押预告登记无法消除，进而会影响开发商进行二次销售。是否可以扩张解释，允许开发商享有解除权？

老师：贷款尚未收回，如何保护银行的利益？

李兆鑫：银行可能选择继续收款，而借款人可能不急于还款，选择慢慢偿还。

老师：是否有其他解释路径？让开发商解除购房者与银行签订的合同似乎不合适，解除权应属于合同当事人而非第三人。

王珏：这是一个复杂的合同构造。德国有所谓的统一说，即三方合同理论，该理论与分离说相反，将两个合同视为一个合同来处理，进而融资性分期付款产生的三方交易关系可以类推适用《德国民法典》第273条。解除权是否可能穿透？或者抗辩是否可能穿透？例如，购房者是否可以在房地产开发商的履行能力出现问题时暂且选择不解除合同，只是不继续付款。在这种情形中，可否通过法律行为基础障碍理论来解决问题？

老师：法律行为基础障碍不涉及抗辩问题，它与合同效力、撤销及解除有关。拉伦茨在其文章中提到债权性留置权，主张在按揭购物情形中，留置权抗辩可以穿透三方法律关系，但并未提及解除权或者撤销权的穿透。解除权、撤销权等形成权的法律效力与抗辩权不同，抗辩权仅阻却请求权，而形成权则消除请求权。因此，债权转让不影响债务人的抗辩权，但形成权通常仍归属于原合同当事人，债权受让人并不自动获得形成权。形成权的享有与移转需要得到更慎重的考虑。

王珏：也就是说，即使拉伦茨的理论在抗辩权方面有一定说服力，但也仅限于抗辩权的范畴，而不足以支持解除权的穿透。

老师：确实如此。一体理论在处理抗辩权穿透的问题时可能有解释力，但对于形成权穿透这种法律效力更强的情况，则可能无法应对，需要更多的论据与深入的论证。在没有充分论据支持的情况下，不能轻率地将一体理论应用于形成权穿透问题。

问题十七：过失的不实陈述案是否属于共同设想

李思蝶：老师，我有一个问题。在第303页，关于"过失的不实陈述案"，书中提到甲、乙双方基于权威人士提供的消息，即政府将采取措施鼓励某种设备加工产品出口，订立了设备买卖合同。这种情况被认为是共同设想。但我认为，政府鼓励措施这一设想对乙来说可能具有重要意义，而对甲来说意义可能不大。

老师：甲方肯定是认可这种设想的，他甚至主动引导了这一点。

李思蝶：我认为这不属于共同设想，更像是拉伦茨提到的第二种情形，即一方当事人以此为订立合同的出发点，而另一方促成了这种错误，并且知道这种观念对于对方决策的重要性。

老师：这种情形也属于主观行为基础障碍。除了主观行为基础障碍理论能解决过失的不实陈述这种案型，还有别的途径吗？这种情况不构成欺诈，因为我们不承认过失欺诈。

问题十八：为何在沉默意思表示中相对人更不值得保护

胡逸群：老师，我有一个问题。在第304页，我不太理解比德林斯基的观点。这里提到，多数学者的观点是否定说，认为不可撤销，反对观点如比德林斯基认为可以撤销，理由是不允许撤销主要是为了保护相对人而非表意人，他认为沉默意思表示中的相对人本就不值得保护，如果不允许撤销，则反而使相对人得到了更强的保护。那么，为何在沉默意思表示中相对人更不值得保护？

老师：沉默构成意思表示本身对表意人是不利的，如果再不允许表意人撤销，则表意人将更加吃亏。比德林斯基试图平衡表意人与相对人的利益。

胡逸群：如果之前已经约定沉默具有表示价值，那么，表意人已经作出了自主决定，很难说他之后会吃亏。

老师：是的。在这种特殊情况下，沉默已经因事先约定而构成明示的表示了，利益状况自然有所不同。

问题十九：沉默者应否享有撤销权

闫俊奇：老师，我有一个问题。在第304页，沉默可依法律规定、当事人约定与当事人之间的交易习惯而构成意思表示。就依法律规定而构成意思表示的沉默而言，诺特以撤销将影响法律规定的构成力为由，否定沉默者具有撤销权，但在沉默依当事人约定而构成意思表示的场合，沉默者享有撤销权并不会影响法律规定的构成力，这就产生了评价上的矛盾。

老师：诺特的反驳理由略为勉强，比德林斯基的观点更为清晰有理而难以反驳。如果排除沉默者的撤销权，就会导致评价矛盾，法律规定的构成力将在更大程度上受到影响。不过，你应当注意的是，在沉默依当事人约定而构成意思表示的场合，涉及的是明示意思表示而不是默示意思表示，在适用错误撤销规则上可能有所不同。

问题二十：沉默意思表示中意思表示构成要件的欠缺及其处理

胡逸群：老师，我有一个问题。在第 305—306 页，对于沉默意思表示中意思表示构成要件的欠缺及其处理，我自己总结了一下：若沉默者不知道自己针对某个意思表示保持沉默，此时欠缺行为意思；若知道自己针对某个意思表示保持沉默，但是不知道自己的沉默具有表示价值，此时欠缺表示意识；若自己针对某个意思表示保持沉默，且知道自己的沉默具有表示价值，但以为自己的沉默表示价值为 A，实际上表示价值为 B，此时欠缺效果意思。我认为，通过这样的细致区分，或许可以有效反驳那些认为行为意思或者表示意识欠缺导致意思表示不成立的观点。在沉默的情境中，进行如此精细的区分既不可能，也无必要。

老师：我书中对此没有区分，上面三种情况是你自己归结出来的。

胡逸群：书中提到的第一种情况是按照表示意识欠缺处理，第二种情况是按照行为意思欠缺处理。此外，我自己补充了一个效果意思欠缺的案型。对于争议的第一个焦点，即推断性错误，应按照表示意识欠缺处理，核心在于判断可归责性之有无。事实性错误则属于行为意思欠缺，同样以可归责性之有无为标准进行判断。我认为对这两种情形的处理应当保持一致性。

老师：对的，确实如此。

问题二十一：本人因故不知除斥期间存在而未追认无权代理行为，是否可以主张错误撤销

王小亮：老师，我有一个问题。在第 305—306 页，就无权代理的情形而言，本人因某些原因没有意识到除斥期间的存在，所以一直沉默而未进行追认，进而导致追认权因除斥期间届满而消灭。此时是否应给予本人以救济的机会？如本人不能主张错误撤销，则是否会导致评价上的矛盾？

老师：错误撤销是意思表示相关的规定，追认权因除斥期间届满而消灭则是一种法定效果，其事实上并非意思表示，不适用错误撤销的规定并无不当。除斥期间经过，无权代理行为之本人的追认权即告消灭，这体现了法律在时间维度上对形成权予以限制。

问题二十二："应当知道"是否属于重大过失的范畴

闫俊奇：老师，我有一个问题。在第 307 页，关于重大过失解释论的观点我不太理解，有学者将"应当知道"与"知道"视为等同，认为"应当知道"是因重大过失而不知，这是否属于重大过失的范畴？

老师："应当知道"通常指的是轻过失，即一般的过失。重大过失意味着稍加注意就应当知道。如果稍加注意就应当知道但当事人实际上不知道，则表明当事人非常不小心，此为重大过失。如果有条款将重大过失界定为"应当知道"，则可能是概念理解上的错误，这不符合民法理论的传统。从罗马法到德国法，重大过失并不等同于"应当知道"。

问题二十三：关于签名错误第一种情形的案例讨论

邓继圣：老师，我有一个问题。在第307页，签名错误的第一种情形是双方当事人达成口头合意后将合意制作成书面文件，而该文件的内容与口头合意的内容不一致。随后书中举的例子是甲、乙双方先就租赁达成口头合意，后来错误地在一份买卖合同书上签名。对此，我认为书中所举案例并不恰当，因为双方当事人从始至终未就买卖合同进行过任何讨论，更遑论达成合意，口头合意与书面文件的内容毫无关联，而第一种情形中的口头合意与书面文件似乎是有一定关联的。我认为，恰当的例子应当是甲、乙双方就租赁合同达成口头合意，而后拟成书面合同，但是误将租赁写成买卖。

老师：甲、乙双方起草合同书时可能发生两种错误。一是拿错合同文本，二是误将"租赁"写成"买卖"。两种错误都可以被签名错误的第一种情形所涵盖。

问题二十四：签名错误是否导致要式法律行为出现形式瑕疵

王小亮：老师，我有一个问题。在第307页，假设法律规定或者当事人约定租赁合同应采用书面形式，当事人达成口头合意后在错误的合同书上签字，是否满足租赁合同的形式要求？

老师：双方当事人在签字时心里想的是已达成口头合意的租赁，则此时可以将签字解释为针对租赁合意的签字。

王小亮：是否应当运用客观目的论解释以明确形式之目的？

老师：书面形式的主要作用是警示，让当事人慎重决定是否缔约。双方当事人不仅就租赁达成了口头合意，并且针对租赁在文件上签了字，表明其已经足够慎重。书面文件的错误瑕不掩瑜，不影响形式功能的实现。

王珏： 我认为，书面文件的错误恰好能够证明当事人不够谨慎。

王小亮： 我认为，如将"租赁"误写为"买卖"的一般笔误可以接受，但如果整个合同的条款都写错了，则不符合慎重行事的要求。

老师： 慎重行事不要求格外细心地对合同文本进行审查，只要对于进行交易的决定是慎重的即可，交易的具体细节可容后再行商榷。双方签字时都认为所签内容指向口头合意，就可以实现书面形式的功能。

胡逸群： 形式瑕疵在多数场合下会被履行治愈。

老师： 是的，通常是开始履行后才发现书面合同签错了。

问题二十五：签名错误与脱手的意思表示

胡逸群： 老师，我有一个问题。在第 308 页，书中提到了一个秘书让董事长签名的案例，在脱手意思表示中，可能存在类似情形，例如，董事长将一个合同承诺函放置桌上，尚未决定是否寄出便离开，秘书随后代为寄出。这通常被认为是脱手的意思表示，根据作者的观点，此时甲的秘书擅自寄送函件相当于甲自身无意识的行为，因此甲缺乏行为意思。我的疑问是，秘书无论是出于故意还是过失将合同承诺函混入其他文件中，董事长均未予辨别便签字，秘书随后代为寄出的情形，是否也属于脱手的意思表示？或者说，在这种情况下，表意人是否具备行为意思？

老师： 表意人具备行为意思，因为董事长允许秘书实施寄出文件的行为，只是他不知道寄出的文件是承诺函而已。

胡逸群： 按照老师的观点，无论是行为意思欠缺还是表示意识欠缺，最终处理的结论是相同的。但按照传统观点可能会引发一些问题。比如，传统观点往往认为意思表示中的"发出"要求以"表意人的意思发出"。[1] 我一直好奇"表意人的意思"究竟指的是什么。在这个例子中，表意人有发出信件的意思，只是他没有意识到信件实际上是延期承诺函。

老师： "以表意人的意思发出"可能是指发出行为的启动与发生是由表意人的意愿决定的，是关于是否发生某种行为的意愿而非意识。以此观之，秘书擅自寄出信件并非基于表意人的意愿，表意人欠缺行为意思。在你提出的案例中，表意人欠缺表示意识。

---

[1] 参见王泽鉴：《民法总则（2022 年重排版）》，北京大学出版社 2022 年版，第 346 页。

问题二十六：如何解释签名错误的第三种情形不可撤销

胡逸群： 老师，我有一个问题。在第308页，最后提到的一种情形是"表意人未经阅读就签署了一份交易文件，其对该文件的内容没有任何观念，而且知道自己欠缺此种观念"。我赞同书中的结论，即表意人应对其漫不经心的态度承担风险，因此，意思表示不可撤销。但是，我对如何解释这一结论存在疑问。德国法一方面认为此时缺乏效果意思，另一方面又认为意思与表示不一致。如果我们采用第一种解释路径，即表意人的无所谓态度意味着他对所有可能发生的情形都具备一种效果意思，那么，确实不存在意思与表示不一致的问题。但这种解释可能不符合效果意思需要具体确定权利义务关系内容的要求。对于表意人未想象到的情形，已超出了"想象"的范围，难以认为具备效果意思，那么，此时是否可撤销？第二种解释路径是认为表意人缺乏效果意思，构成真意保留。但问题在于，通常真意保留的情况下，如果相对人明知，则意思表示不成立。在这里讨论的情况下，如果表意人无所谓，且相对人明知表意人无所谓，那么，我认为结论上仍然否定表意人的撤销权较为合适。总之，表意人的无所谓态度究竟是指其对发生的任何事情都可以接受，还是说其实际上对发生的任何事情都没有效果意思？

陈道宽： 这种情形可能与第269页第2段关于戏谑表示的论述类似。首先，表意人对于表示意义之产生存在恶意，其次，表意人有较强的可归责性，因此，认为此种情形表意人不可适用错误规则主张撤销。第309页也讨论到过分随意的态度将导致责任加重。这里的恶意与后面的过分随意似乎可以画等号。

老师： 二者确实存在一定的关联性。

王珏： 表意人真意保留时，并不希望受到表示内容的约束。而表意人未经阅读便签署交易文件时，明知自己对文件内容没有任何概念却仍然签字，恰恰说明其愿意受到约束。

胡逸群： 我只是列举了两种可能的解释及其存在的问题。按照王珏师姐的观点，表意人愿意受到约束，似乎对所有情形都具备效果意思，但这可能不符合效果意思需要具体确定的要求，是吧？

王珏： 表意人愿意受到约束的情形仍然受到表意人预料范围的限制。通常情况下，表意人只能预料到与其业务相关的事项，不包含业务范围之外的其他事情。

老师： 表意人签署的交易文件经过规范性解释能产生某种效果意义，但表意人内心可能不想发生任何法律效果。如果是这样，就应当构成真意保留。

问题二十七：意思表示无效与不成立

闫俊奇： 老师，我有一个问题。第 312 页，书中提到"要么因为计算基础与计算结果同等重要而二者又互相矛盾从而认定意思表示无效"，相互矛盾的后果为什么是无效，而非不成立？

老师： 部分德国学者并不注重成立与生效的区分，此处提到的"意思表示无效"，实际上是指意思表示不成立。

问题二十八：主观行为基础障碍规则适用于计算错误

王小亮： 老师，我有一个问题。在第 312 页，对于本页下方的总结，即便是将其按照法律行为基础障碍来处理，是否也应当属于主观行为基础障碍？在我国法律实践中将计算错误作为动机错误来处理，是否意味着对动机错误的适用范围进行了扩展？

老师： 是的。在德国法中，主观行为基础障碍有其独立的规则体系。而在我国，根据我之前的论述，主观行为基础障碍同样适用《民法典》第 147 条关于错误撤销的规定。在我国民法中，错误规则的适用范围应当比德国民法更为广泛，这一点是毋庸置疑的。

问题二十九：缔约过失中的废止合同请求权

胡逸群： 老师，我有一个问题。在第 312 页，在我国法上，基于缔约过失推导出的废止合同请求权的规范基础是否为《民法典》第 500 条第 3 项结合第 179 条第 1 款第 5 项的恢复原状？

老师： 应该是的。《民法典》第 179 条所规定的恢复原状与赔偿损失是作为并列的救济方式存在的。从理论层面分析，恢复原状应当包含废止合同并恢复至合同订立前的状态。然而，在司法实践中，我国法官通常不会裁定废止合同，因为迄今为止我国的法律实践尚未普遍接受"合同废止"这一概念。

王小亮： 在分析《民法典》第 179 条关于恢复原状与赔偿损失的规定时，不宜直接将其理解为完全并列的关系。例如，《民法典》第 179 条第 1 款第 4 项关于返还财产与第 5 项恢复原状之间可能存在交叉，由此可见，《民法典》第 179 条第 1 款各项之间并非完全并列。

老师： 是的，这些条款之间的界限并不是特别明晰。

胡逸群： 也就是说，在我国的司法实践中，法官基本上不会采用基于缔约过失的合同废止请求权，所以，其与基于消极欺诈而提出的撤销权之间不会出现评价矛盾。

老师： 是的，确实如此。

闫俊奇： 在德国的司法实践中，法官是否通过构造双方当事人达成解除合同的合意，从而使得当事人能够脱离合同？

老师： 在诉讼中，原告通常会请求被告承担损害赔偿责任，而德国法上的损害赔偿责任是广义的，不仅限于金钱赔偿，还包含恢复原状。法官可以从原告的损害赔偿请求中解释出包含废止合同的意愿，然后支持其诉讼请求。

闫俊奇： 如果法院判决构造一方提出解除合同的意思表示，但该方后来反悔，那么，是否就无法解除合同，或者说这种做法本身存在矛盾？

王小亮： 我觉得这里是判决合意解除的情形。①

老师： 判决合意解除即拟制对方同意的进路是可行的。例如，在所有权让与的情形中，原告让与所有权之请求本身已包含了一个意思表示，判决则取代了被告（让与人）同意让与的意思表示，诉讼请求所包含的意思表示与判决所包含的意思表示达成关于所有权让与的合意。这种构造亦可应用于废止合同的情形。原告请求被告承担缔约过失责任，该请求包含废止合同的意思表示，而判决构造对方同意废止的意思表示，从而达成合意。但这是否为唯一的方法？根据我之前的设想，可否认为法院判决赋予原告一项解除权（形成权），这种构造是否存在障碍？

闫俊奇： 在这种构造下，判决是仅赋予原告这项权利，还是认为权利已经行使了？

老师： 这种构造确实存在逻辑问题。原告提起诉讼最多可以解释为要求获得一个解除权，判决支持其请求并赋予解除权后，还将面临解除权行使的问题。因此，前述合意解除的构造似乎更为顺畅。

胡逸群： 我赞同这种观点。如果直接判决赋予原告一项形成权，那么，基于缔约过失废止合同的效果就与欺诈的撤销权非常接近了。

老师： 是的，确实如此。

---

① 参见刘昭辰：《履行利益、信赖利益》，载《月旦法学》2005 年第 1 期，第 105 页。

问题三十：不提醒计算错误是否构成恶意欺诈

赵昕彤：老师，我有一个问题。在第312页，在计算错误是由表意人自身原因造成的情况下，为何相对人还负有提醒的义务，否则将构成欺诈？

老师：因为相对人不提醒就违背了诚信原则。

赵昕彤：在我看来，表意人未能尽到应有的注意义务，存在过失。相对人虽然知情却未提醒，可能在道德层面上值得谴责，表意人也可以基于错误行使撤销权，但若认定相对人构成欺诈，似乎过于严厉。

老师：诚信原则是道德准则融入法律的桥梁。所谓诚信原则，就是在合同的订立与履行过程中，要求当事人做一个好人。如果我知道你发生了对你利益有重大影响的计算错误，作为一个遵循诚信原则的人，我就应当履行告知义务。如果我选择沉默，就违背了诚信原则，构成沉默欺诈。

问题三十一：错误撤销与欺诈撤销之区别

王小亮、闫俊奇：老师，我们有一个问题。在第312页，错误撤销与欺诈撤销的损害赔偿都适用《民法典》第157条的规定，那么，它们的法律效果相同吗？

老师：赔偿义务人不同。错误撤销的赔偿义务人是表意人，而恶意欺诈撤销的赔偿义务人是相对人。

胡逸群：在我国法上，这种区别是否并不重要？因为在这两种情形中，都是由过错方承担赔偿责任。

老师：有道理，在我国法上的区别确实并不明确，错误撤销的赔偿责任并不一定都由表意人承担，也可能由相对人承担，或者双方过错相抵。相比之下，《德国民法典》第122条显得有些过于僵化。这样看来，在这个问题上，我国法的规定具有优势。仅从损害赔偿责任的角度来看，我国法不会引发尖锐的问题。

闫俊奇：这最多只是为当事人提供了更多的撤销手段。

老师：不过，应当注意的是，撤销权的除斥期限是不同的，恶意欺诈的除斥期间更长。

问题三十二：缔约过失的合同废止与恶意欺诈撤销的评价矛盾

胡逸群：老师，我有一个问题。在第 312 页，在欺诈中违反告知义务的行为，在缔约过失中也可能被评价为违反了先合同义务。然而，欺诈撤销权的除斥期限通常短于缔约过失导致的合同废止请求权的时效期间。在这种情况下，是否可以认为缔约过失中的义务违反程度高于欺诈，因此赋予表意人更长的保护期限才具有正当性？

老师：一种情况是计算错误由相对人的过失引起，另一种情况是表意人自身计算错误，而相对人发现后未予提醒。在这两种情况下，相对人的过错程度与主观可归责性哪个更强？应当是后者。

胡逸群：我的意思是，在相对人明知却未提醒的情况下，学说通常会认为欺诈与缔约过失导致的合同废止请求权之间存在评价上的矛盾。

老师：你的问题是，在恶意欺诈的情况下，相对人的可归责性更强，而在缔约过失责任中，相对人的可归责性相对较弱（仅要求过失），但为何后者的权利保护期限反而更长？

胡逸群：是的。

老师：这确实看起来存在评价上的矛盾。这是由两套规则各自的特点所导致的，在个别情况下，评价矛盾可能是不可避免的。我们不能因为要避免评价矛盾而不让由过失引起对方错误的人承担缔约过失责任，这样做显然是不合适的。因此，相对人的过失引起表意人的计算错误，应当让其承担缔约过失责任，并进入缔约过失责任的归责框架。这种请求权的诉讼时效期间为 3 年，权利的可行使期间自然更长。

胡逸群：那么，在时效问题上，能否类推欺诈或者错误的规定？

老师：这属于规范竞合情形中的相互影响问题。王珏同学在请求权竞合中的相互影响方面有所研究，可以请她发表观点。

王珏：在涉及合同废止请求权与欺诈撤销权的情形中，可能最终会出现请求权的竞合。在具体案件中，需要考虑适用较长还是较短的时效期间。但我认为，这并不属于请求权的相互影响问题，因为在欺诈情形中违反的告知义务与在缔约过失中违反的保护义务，本质上是同一义务。如果是同一义务，则可能不涉及相互影响。陈道宽同学是否也曾探讨过这一问题？

老师：违反的是同一义务，但产生了两种不同的法律后果。

王珏：这与典型的相互影响情形不同。在相互影响中，合同请求权中的某些要素会影响侵权请求权，或者这两个请求权之间的要素相互影响。我认为这属于规范竞合，因为这两个义务本质上是同一义务，相当于一个生活事实同时符合欺诈与缔约过失的要件，从而产生了两个请求权。这两个请求权的法律基础实际上是相同的，因此应当视为规范竞合。相比之下，请求权相互影响的情形较为复杂，涉及何时影响以及影响的结果等不明确的问题。

陈道宽：我们通常讨论的相互影响，并不涉及违反同一义务的情形。在违反同一义务导致两种不同后果的情况下，为何不能相互影响？

王珏：我认为这更类似于规范竞合，从概念上讲，完全符合。

陈道宽：如果出发点是规范竞合，那么，法律后果如何？

王珏：如果是规范竞合，则法律后果应与相互影响相似。问题在于定位上，是相互影响还是规范竞合。

陈道宽：我同意你的看法。

王珏：在德国法上，除了拉伦茨以外的其他学者很少提及规范竞合，大多数讨论都集中在相互影响上。

陈道宽：这是因为他们的诉讼法仍然遵循二分法，两个请求权在法官面前都会被审理。

老师：拉伦茨的规范竞合说在德国是少数说。

王珏：但我认为拉伦茨的观点非常有道理。

老师：我最近也在研究请求权竞合的问题，起初觉得拉伦茨的观点有道理，但后来更倾向于请求权竞合说，认为存在多个请求权，而不是像拉伦茨所说的只有一个请求权但有多个规范基础。当然，这个问题的理论细节还需进一步研究，这是一个复杂的问题。回到第312页的情况，无论是规范竞合还是请求权竞合，实际上都可能存在相互影响。我认为相互影响不应专属于规范竞合说或者请求权竞合说，它们之间没有必然联系。

王珏：如果是规范竞合说，则相互影响是非常符合逻辑的，因为它们本质上是同一事物，应当一致处理。但如果不是规范竞合，在论证为何可以相互影响时，就需要更多的论证。

老师：论证的要求更高，但也不是不可完成的。

王珏：如果不采用规范竞合，那么，在论证时可能面临的问题是，立法者是否故意设定了两个不同的期间，以实现某种更强的保护。

老师：因此需要探究规范目的，了解较长或者较短期间的规范目的是什么。

王珏：我认为探究规范目的很困难。

老师：有时研究无法得出结论，只能引入规范目的，这实际上是个人的价值选择与判断。恶意欺诈与缔约过失之间有相互影响的可能性吗？

王珏：有相互影响的可能性，但前提是它们本质上是同一事物，即规范竞合。老师是否认为，即使不是规范竞合，也可以相互影响？

老师：这种竞合的特殊性在于，它不是真正意义上的请求权竞合。一个是形成权，一个是请求权，二者基于同一生活事实产生。这个请求权比较特殊，最终会导致合同的废止，即合同关系的消灭，通过诉讼程序行使的结果接近于形成权行使的结果，因此产生了请求权与形成权竞合的特殊现象。形成权本身也可能发生竞合。这里实际上是形成权与具有接近形成权效果的特殊请求权发生了竞合。

王珏：在这种情况下，应当让形成权的期间影响请求权的期间。形成权有特别的规范目的，即尽快确定法律状态，所以应当是形成权影响请求权。

老师：你的意思是，形成权的保护期间更为特殊，包含了一些特殊的立法考量，这种特殊的规范目的应当影响到法律效果接近形成权的那种请求权，对吗？

王珏：是的。

老师：你们也说说看，这是个理论难点。

王小亮：是否有可能与消极欺诈的法律定位有关，即为何在比较法中会出现合意废止契约的处理方式？如果欺诈的定义本身包含消极欺诈，那么，消极欺诈直接适用欺诈的一般规则进行撤销似乎是可行的。但是否存在某些国家或者地区的立法特意排除了消极欺诈适用欺诈撤销的可能性？因此，在特定情况下，可能需要采取其他手段以恢复至合同在订立前的状态。

老师：我从你这段话中听出来另一个问题，无论是积极还是消极欺诈，当一方故意欺诈另一方导致其作出意思表示时，受欺诈方可以行使欺诈撤销权。但在相对人故意实施欺诈的情况下，受欺诈方是否可以不选择欺诈撤销权，而是主张缔约过失责任，并请求法院判决废止合同？在这种情况下，选择缔约过失责任似乎并不合适。

王珏：如果考虑相互影响，那么，欺诈的法律效果应当影响缔约过失的效果。毕竟，最终达到的效果可能是相同的，这样处理才是公平的。

老师：是否两个权利都成立并相互影响，或者在相对人故意的情况下，欺诈撤销权排除了缔约过失责任的适用？

王珏：为什么可以排除，有实证法上的其他依据吗？

王小亮：是否存在这样的可能性，即在构成欺诈的情况下适用欺诈撤销权，在不存在欺诈的情况下再适用缔约过失责任？

老师：理论上这种可能性是存在的。在物权法中，所有人—占有人关系中的请求权被认为具有排他性，可以排斥侵权损害赔偿请求权与不当得利请求权。同样的逻辑可能适用于欺诈撤销权，在相对人故意的情况下，尤其是在构成积极欺诈的情况下，欺诈撤销权可能具有排他性，排除缔约过失责任的适用。

王珏：但从《民法典》第500条第1项"假借订立合同，恶意进行磋商"的条文表述来看，显然已经构成欺诈了。

老师："假借订立"即尚未形成合同，因此不产生合同撤销权。在讨论的特殊情况下，对于因欺诈订立的合同，表意人享有撤销权，这个撤销权可能具有特殊性，应排除缔约过失责任的适用。

闫俊奇：根据《民法典》第500条第2项，在已经订立合同的情况下，是否只排除缔约过失责任请求废止合同的效果，但仍可以请求金钱赔偿，而不是完全排除缔约过失？

老师：金钱赔偿与形成权无关，其效果不接近于形成权的效果，不涉及我们讨论的竞合问题。

李兆鑫：德国法上有观点认为，如果没有缔结不利合同，不存在损害，就不能主张缔约过失，只能以自由受限制为由主张欺诈撤销。

王珏：是否可以这样理解，即缔约过失责任的法律后果仅限于损害赔偿，在缔约过失与欺诈撤销权竞合的情形中，只有在主张损害赔偿时才能请求承担缔约过失责任，而如果意图撤销合同，则必须主张欺诈构成？

老师：不完全是这样的。按照德国法上的观点，如果缔结了不利合同，则存在损害，因此可以请求承担缔约过失责任以废止合同，但我不清楚为何要设定这样的限制。

王珏：如果是这样，那么，这种限制似乎并没有实质性的效果。如果已经订立了不利合同，然后再主张缔约过失的损害赔偿，则其效果似乎仍然是恢复原状意义上的损害赔偿。我认为，这种观点是要对法律效果进行限制，即只能请求金钱赔偿而非恢复原状。

陈道宽：不是这样的，这是一个关于适用范围的限制。

王珏：因此，如果订立了不利合同且存在财产上的不利益，就可以主张缔约过失；如果没有财产上的不利益，则主张欺诈。

老师：如果没有财产上的不利益，通常就不会有人主张废止合同。

陈道宽：针对前面提到的观点，我想补充一下。上述观点与德国联邦法院的判例观点一致，认为缔约过失上的合同废止请求权应以"财产上不利益（财产损害）"为要件，亦即，缔约过失制度只保护"财产"。因此，受欺诈的人如果没有财产上不利益（财产损害），就只能行使撤销权。如果撤销权已过除斥期间，就不能得到救济了。但也有反对观点认为缔约过失制度不仅保护"财产"，也保护"决定自由"。当事人因受欺诈而缔结合同，决定自由受到侵害，这个合同存在本身就是欺诈造成的"状态差"，这也是一种"损害"。因此，他可以选择依缔约过失制度来消除此种状态差（赔偿损害）。只不过，如果他没有财产上不利益（财产损害），请求赔偿损害时，就不能采用"金钱赔偿"这种方式，只能请求"恢复原状"，即"废止合同"。总之，按照第二种观点，即使受欺诈的人没有财产上不利益，也不妨碍他享有两项权利，即撤销权与合同废止权。因此，即使撤销权已过除斥期间，他仍然可以主张合同废止请求权。[①]

老师：这是指撤销权与合同废止请求权不需要相互影响，对吗？

陈道宽：是的。我想或许是因为两种权利的效力强度不同。因受欺诈而撤销，是行使形成权，无须对方同意或者配合，效力更强；而依缔约过失制度请求废止合同，是行使请求权，理论上需要对方配合，效力较弱。由于撤销权效力更强，所以让它的发生要件更严格（主观上必须是故意）、行权时限更严苛（适用较短诉讼时效），也许有一定的合理性。

老师：但是，通过诉讼行使这一请求权的最终结果已经接近于形成权了。

陈道宽：是的，通过诉讼与强制执行方式实现请求权，确实不再需要对方"配合"（生效判决拟制对方发出同意废止合同的意思表示）；但若尚未发生诉

[①] 参见〔德〕迪尔克·罗歇尔德斯：《德国债法总论（第7版）》，沈小军、张金海译，中国人民大学出版社2014年版，第73页。

讼与强制执行，则请求权人只能请求废止合同，要实现权利仍需要对方配合。

老师： 虽然概念上有所不同，但从实务操作角度看，结果非常接近。

陈道宽： 两者或许仍有效果上的区别？比如，请求权人若不借助判决与强制执行，就不能以单方意思表示废止合同，换言之，合同废止的时间至少要等到判决时或者强制执行阶段。但形成权人就可以用单方的意思表示废止合同，不需要等到判决与执行，从而合同被废止的时间更早。

王小亮： 但在我国法上，撤销权也需要通过诉讼方式行使，因此只有在德国法的体系中才可能出现这样的效果，对吗？

陈道宽： 是的。

老师： 因此，我们讨论的实际上是德国法上的争议。在未提起诉讼时，状态是不同的，但一旦提起诉讼并经过法官裁判，结果就非常接近了。如果有差别，也仅是细微的差别。

王小亮： 这一观点实际上并不可靠，他的限制转移了问题的本质。为什么在缔约过失责任中仍然可以主张通过废止合同来恢复原状？本质上，这仍然是关于损害的问题。这一损害定义似乎是客观的损害或者偏向于履行上的损害。然而，我们通过废止合同实际上是在救济信赖利益的损害。

李兆鑫： 提到损害，即指《德国民法典》第 249 条以下的损害。

王小亮： 这一限制意味着只有在产生经济上的不利时，才能主张损害。

老师： 之所以能够引起争议并导致此问题，必然是因为订立了对一方不利的合同。若未形成不利合同，则无须启动相关程序。

王珏： 那么，这一限制实际上等同于无任何限制吗？

老师： 关于限制，我目前的初步看法是，它的实际意义并不显著。总体来说，这个问题在德国法上存在较大的争议。在我国法上若对此进行讨论，则同样可能会产生不同的观点和较大的争议。

问题三十三：极端情形中的计算错误

闫俊奇： 老师，关于表示错误与计算错误之间的区别，我有一个问题。例如，乙方向甲方购买 10 台电脑，甲方作为卖方，心中的单价为 8000 元，意图提出的总报价为 80000 元，如果甲方在报价时输入错误，将总价输入为 8000 元，这构成表示错误，可以撤销。但如果从二元论角度出发，假设甲仅是心算错误,将 80000 元误算为 8000 元,并未表现出这一计算错误,是否就无法撤销? 根据我们教材上的分类,我认为在这种情况下都无法撤销。 如果不考虑表意人的内心意图,对相对人而言,他们看到的都是 8000 元总价的报价。 但输入错误与计算错误的后果差异很大,如果是输入错误,可以撤销;如果是计算错误,仅属于动机错误,无法撤销,这在结果上似乎不公平。 这是否意味着表示错误的救济范围过于宽泛? 或者反过来说,我们是否可以承认某些动机错误是可撤销的?

老师: 是否可以承认某类动机错误,如导致表意人遭受严重损失的情况,可以例外地撤销?

闫俊奇: 这样做可能会受到批评,可能有人会认为规定了太多例外是因为制度本身存在缺陷。

邓继圣: 德国有观点认为,承认哪类动机错误是立法者的选择。 立法者决定关注哪些错误,对某些错误给予关注,而对其他错误不予以关注。 但这确实存在问题,动机错误与表示错误在实际效果上存在差异,弗卢梅并未明确这两者之间的具体差异,他只是认为这是立法者的选择。

老师: 我们回到这个案例,讨论一下。 在这种极端情况下,是否凸显出动机错误与表示错误的二分法存在缺陷? 我们需要诊断是否真的存在缺陷,这个结果是否不可接受? 或者在坚持二分法的前提下,是否有其他解决方法?

闫俊奇: 我认为是不可接受的。 我构思了一个解决方法,即限制表示错误的撤销范围。 例如,在这种情况下,价值 80000 元的电脑被错误地表示为 8000 元。 无论从主观还是客观价值来看,这都是显著失衡的,应当给予撤销权。 但如果只是少算了一些,差距不大,未达到显著失衡的程度,从损害角度来看,表意人没有遭受巨大损失,是否应当在一定程度上限制其撤销权? 可能需要引入一个评价标准,如公平、正当性等。

老师: 你提到显著性,可以直接通过显著性要件来限制。 你的方法不应针对表示错误,而应针对动机错误。

闫俊奇: 是的,动机错误较难处理,可能只能设立例外。

王珏: 在金额差异巨大的情况下,是否符合相对人明知的情形?

闫俊奇: 这不一定,在"双十一"等促销节日,相对人可能认为是大幅度折扣。

王珏: 少写一个零的情况应当属于明知。

闫俊奇：也可能是 5 万误写为 3 万的情况。

老师：你之前提到的 8000 元与 80000 元的例子太极端了。像 18000 元与 8000 元这种情况，相对人不一定明知，但这样的差异也会对表意人带来较大的损失。纯粹的计算错误仅属于动机错误，表意人不能撤销，只能自己承担损失。概念上的区分（表示阶段与形成阶段）导致一个可以撤销，一个不能撤销。你认为这个结果不可接受，对吗？是否有其他解决方法？

王小亮：我认为这个问题可能与主观行为基础障碍有一定关联，但目前理论上这种关系并不明确，因为主观行为基础障碍似乎要求双方都将动机作为合同的基础。是否存在一种可能性，即仅有单方存在动机错误的性质错误与涉及双方动机错误的主观行为基础障碍之间，存在一个将它们连接起来的桥梁或者交接地带？如果存在这样的连接，这三种情况实际上可以作为一个整体的例外规则。

老师：你是指从中提炼出立法上的价值决定，然后将其推广到我们刚才讨论的情形吗？

王小亮：对，这样的话，二元论就可以维持。是否存在一种可能性，即一方将其作为合同的基础，而另一方虽然没有将其作为基础，但只要他知道对方存在基础障碍，就应当将其视为基础。

老师：你说的"应当"是一种规范性判断，还是根据社会经验的推断？

王小亮：就像第 299 页下方梅迪库斯提到的规范因素。他提到的事实因素是至少有一方将某种情况作为缔约的前提，但拉伦茨认为需要双方都将其作为缔约的前提。

老师：拉伦茨的行为基础要求更为严格，门槛更高。梅迪库斯的要求相对较低。

李思蝶：我记得拉伦茨在书中也提到一种情况，即"视同"共同基础，也是只有一方将某种情况作为合同的基础，另一方虽无过错，但他引发了对方的基础错误，在这种情况下，可以视为"共同基础"。[①]

闫俊奇：在我们讨论的案例中，不存在"引起错误"的问题，因为是表意人自己出错。我认为这种情况与梅迪库斯提到的规范因素也不同。以"庆典取消案"为例，如果酒店老板是一个诚实正直的人，也将典礼的举办视为缔约的

---

① 参见〔德〕卡尔·拉伦茨：《德国民法通论（下册）》，谢怀栻等译，法律出版社 2003 年版，第 539 页。

基础，则适用主观行为基础理论是合适的。但我们讨论的情况是表意人自己主观上出错，与对事实的认识错误不同，即使双方都认识到价格的一般重要性，也不能因为价格出错就依据双方动机错误撤销合同。

王小亮：我认为这里有一个度的问题。如果错误程度小，则没关系，但如果错误程度大，就要考虑是否给予撤销权。

闫俊奇：这又回到了显著性的问题，即涉及多少的赔偿金额。

王小亮：在具备显著性的情况下，像计算错误这样的动机错误，我们似乎还是要允许撤销。如果要维持二元论，又不适合让动机错误介入。那么，我的想法是提炼出那些例外情形。

老师：你是如何提炼出例外情形的？像性质错误、双方动机错误这两种特殊的动机错误，它们有什么共同的价值基础？是否可以适用于我们刚才提到的极端情况？

王小亮：他提到的规范因素很模糊，但我认为这几种情形之间有一定的关联。

闫俊奇：是不是因为性质错误最初被视为合同外的因素，然后随着历史发展，人们开始认为它是合同内容的一部分？

老师：不是。性质错误并未成为合同内容，只是个别学者主张将性质解释为合同内容，例如购买"这件衣服"被解释为购买这件纯棉衣服，将"纯棉"纳入表示内容，但这只是少数意见。

闫俊奇：在比较法上，为了弥补动机错误的空白，一种方法是将其解释为合同内容，像日本民法一样，采用表示理论或者认识理论。另一种方法是立法论，像德国民法那样直接将其视为内容错误。如果不采用德国民法在立法上设置例外的做法，那么对于这个案例的处理，一元论似乎更合理。从相对人的视角考虑问题，无论是表示错误还是计算错误，这就是一个 8000 元的意思表示，纵然上帝视角下其属于表示错误，也应当否定意思表示的可撤销性。

郑哲峰：那么，对相对人而言，写错与算错就没有区别，亦即自己领域发生的错误风险自担，这似乎不是我们现在讨论的处理方式。

王小亮：我国法上的错误是一种主观上的错误，即思考与表述的错误，而不是事实上的错误。

闫俊奇：对，考量的因素不一样。

老师： 从实际操作的角度来看，如果表意人对民法有所了解，那么，他应该主张自己是在书写时出错，而不是在计算时出错。然而，理论上我们仍需进行明确辨析。你所提出的这种极端情况确实凸显了一个问题。打个比方，假设及格分数线为60分，则59分为不及格，仅是一分之差，为何一个人因此及格并被录取，而另一个人则因不及格而被淘汰？这一分之差造成了天壤之别的结果。同样地，书写错误与计算错误之间的差异微小，但一个可撤销，一个不可撤销，这与及格、不及格的情况相似，不是吗？

王珏： 我的想法与老师的观点相似。如果我们坚持二元论中动机错误与表示错误的区分，则实际上动机错误本质上并不构成错误，因为其意图与表示是一致的。因此，无论情况看起来多么特殊，只要不涉及性质错误与双方动机错误这两种特殊情况，就不能撤销。正如弗卢梅所说，法律决定了在哪些情况下需要关注你的错误。

老师： 确实，法律为了追求秩序与确定性，必须划定界限。如果你达到了这个标准，你就拥有权利；如果没有达到标准，就没有权利。剩下的问题就是实际操作与诉讼技巧的问题，看你如何表述，如何使用法律语言来阐述。这样的解决方案是否妥当？是否有更完美的方案？

王小亮： 我认为二元论是合理的，因为在涉及欺诈的情况下，如果不区分表示错误与动机错误，就一定会出现问题。我们仍然需要区分这两者，但关键是如何处理这个棘手的问题。

老师： 如果你认为这个结果实在无法接受，8000元与18000元之间的差距很大，那么可以考虑将其归入主观行为基础障碍的范畴。"应当知道"是基于长期的社会经验，对于这么大的差异，乙方不可能不知道甲方发生了计算错误。通过适当扩大主观行为基础障碍的适用范围，可以将这种极端情况下的动机错误纳入其中。这也是一种方法，而且不会因此动摇二元论的基础。

王珏： 这实际上与我最初的说法相似，本质上还是明知。只不过在这种情况下，不是真正的明知，而是根据经验判断，对方不可能不知道。

老师： 对，这是基于经验层面上的"应当知道"，而非规范层面上的"应当知道"。尤其是当双方都是商人时，他们肯定心知肚明。

王小亮： 问题能否进一步细化，在直接表明总价格的情况下，应当是先成立合同后撤销，还是合同直接不成立？我认为应当是先成立后撤销。因为即使推定相对人能够知道表意人并非基于正确的计算基础作出意思表示，但计算的基础并不属于合同内容，不能作为其效果意思。因此，即便是基于错误的计算基础，但错误部分仅属于表意人的内心过程，效果部分仍然是 8000 元。

老师：你的前提是我们判断相对人不可能不知道表意人的计算错误。那么，在相对人知道计算错误的情况下进行意思表示的解释，表示内容应当是多少？价格是 8000 元还是 18000 元？

闫俊奇：如果相对人知道了对方存在动机错误，那么应该不是 8000 元，我倾向于认为是 18000 元。

王小亮：不是，因为相对人知道的是形成阶段的动机部分，而表意人的内心效果依然是 8000 元，动机与内容应当区分开。

陈道宽：相对人知道表意人计算错误，但不确定具体数额是多少。

王小亮：对，动机跟内容还是要区分开来，动机这一部分算错了，但是（内容）效果这部分解释出来依然是 8000 元。所以是先成立后撤销，而不是直接不成立合同。

陈道宽：如果相对人知道对方计算错误，这个合同价格看起来肯定不是 8000 元，那么，这时候还有表示价值吗？

王珏：我同意陈道宽同学的观点。

老师：乙知道甲算错了，那么，这个算错的结果就不应作为表示内容吗？

王小亮：意思表示的拘束意义实际上针对的是效果意义。

老师：知道 8000 元是计算错误的产物，表意人还愿意受到 8000 元表示的拘束吗？

王小亮：典型的拘束意义的丧失出现在真意保留的情况下，相对人知道表意人内心不想发生这个效果。如果主观上区分形成阶段与表示阶段，则错误发生在形成阶段，所以解释出的效果意义仍然是 8000 元。

老师：我暂时偏向于王小亮同学的解释，他的解释似乎更符合逻辑一些。

王珏：意思表示的作出是一个动态过程，不可能截然分成两个阶段。第一阶段的动机错误可能会直接影响到第二阶段的表示。

老师：怎么产生影响呢？

闫俊奇：按照王小亮师弟的观点推论，意思表示的效果直接指向表示内容，所以相对人知道动机不会影响表意人的意思表示，只可能影响相对人承诺表示的意思表示。

李兆鑫：从风险角度看，内部计算错误的风险应由表意人承担，即使相对人明知错误发生，表意人也不享有撤销权。

老师：法教义学研究应先在规则层面上尝试澄清问题，而不是直接逃避到诚信原则等一般条款。

闫俊奇：下一步可能面临的问题是相对人的承诺是否具有拘束意义，即真意保留的问题。如果相对人知道表意人计算错误，仍然作出承诺，那么这个承诺是否能与要约达成合意？合意的内容又是什么？

陈道宽：比较的是应当知道的情形。

老师：第一种情况是，相对人知道算错了（知道总价不是 8000 元），但不知道具体数额（不知道是 12000 元还是 13000 元）。第二种情况是真意保留，相对人明知表意人不想发生这个效果。两种情况相比较，有无本质区别？相对人知道表意人可能有别的意思，与明知表意人有相反意思，是否应作相同处理？（明知真意保留，欠缺效果意义，意思表示不成立！）

王珏：在真意保留中，相对人知道效果意义是相反的，所以不成立法律行为。而在知道计算错误的情况下，相对人意识到表意人可能算错了，但具体数额不清楚，那么，表示就没有明确的效果意义，相对人承诺所指向的"要约"存疑。如果一定要认为这个"承诺"成立意思表示的话，我认为它更像一个要约。

老师：在算错的情况下，意思表示的效果意义变得不确定，而要成立意思表示，必须有一个特定的效果意义。因此，没有特定的效果意义，意思表示不成立。这样表述是否符合逻辑？

郑哲峰：在价格算错的情况下，是否可以基于诚信原则认为乙方负有询问义务（确定价款到底是多少），如果乙方未经询问就直接说"好的"，那么就认为无论多少价格他都愿意接受。

老师：那就像我们前面所讨论的签名错误，因表意人持无所谓的态度而惩罚他，让他接受任何一种结果，这是存在争议的。将有争议的处理方案搬到这里作为参照，会使争议加剧。

王小亮：为什么得出的结论是没有确定的表示意义？

老师：甲是表意人，他写出的价格是 8000 元。乙作为行业内长期做生意的商人，知道甲成本核算错了，虽然乙不清楚真实报价是多少，但 8000 元肯定是不对的。

王小亮： 我认为仍有表示价值。乙方只知道甲方在形成阶段出错，但表示阶段表现出的价格是 8000 元。

老师： 你已经预设了效果意义是 8000 元，但效果意义是通过解释得出的。相对人已经知道甲方写的是 8000 元，但他算错了，依规范性解释，相对人应当怎么理解？相对人应当理解为甲方不可能以这么低的价格出售给我，具体价格不确定，这不就是效果意义不特定吗？

王小亮： 但解释不是应当只涉及效果部分吗？

闫俊奇： 解释的是整个表意符号。

王小亮： 解释的是表意符号中的效果意义吧？效果意义实际上是效果意思在客观上的折射。

老师： 你之前的论述逻辑上都是合理的。唯一的问题是，效果意义也是通过解释得出的，在这个过程中涉及一个规范性的判断。如何理解"应当"这个概念？如果乙方已经知道甲方在计算上犯了错误，那么 8000 元这个价格看起来显然是不合适的，乙方可否将 8000 元这个价格视为合适的价格呢？可否说，合适的价格应当是另一个数字，但具体是多少则不确定？

王小亮： 但是这样的话，不就相当于形成阶段与表示阶段不需要区分吗？

老师： 需要区分，只是在相对人视角的解释下，它们之间是否有相互影响的可能性？

闫俊奇： 是否不将其视为一个具体的数额会更容易理解？我认为王小亮之所以感到困扰，是因为我们将价格固定在了 8000 元，而 8000 元似乎具有一个具体的效果意义。如果我们将 8000 元替换为一个明显偏低的价格，那么这个明显偏低的价格在双方之间就没有明确的效果意义。

老师： 你们再深入思考一下这个问题。或许王小亮说得也有一定道理，如果乙方知道甲方的报价问题出在计算上而不是出在笔误上，则乙方已经知道甲方心中所想的价格是 8000 元，而且知道甲方心中没有另外一个确定的价格，那么，似乎只能以 8000 元作为效果意义。即便依规范性解释，也无法在 8000 元这个价格之外确定另一个价格，8000 元这个效果意义毕竟与甲方内心想法是一致的，有立足点，其他价格则毫无立足点，"理性相对人"无法准确计算出在表意人未犯计算错误时合理的价格应当是多少。如此，则解释结论为价格 8000 元，不过，考虑到相对人明知道表意人陷入动机错误而未加提醒或者纠正，符合沉默欺诈的构成要件，表意人可以主张欺诈撤销。

问题三十四：动机错误与表示错误的二分：有时候多说话就能多一个撤销权

李兆鑫：老师，我有一个问题。在第313页，关于内容错误，就"饭店从物出售案"而言，如果案情有所变动，出卖人未曾约定"连同从物"一并出售，此时应适用《民法典》第320条关于"从物随主物转让"的任意性规定。那么，在当事人事前并不知晓此规定的情况下，依据书中观点，是否应将其视为动机错误（属于间接的法律后果错误）？

老师：是的，这种情况下法律后果并未包含在意思表示之中，属于间接的法律后果错误。

李兆鑫：进一步来说，这是否意味着当事人只要多说一句话就可以获得一个撤销权，而不说则没有？

老师：是的，我们之前在讨论动机错误与表示错误的二分法时，也出现了说与不说导致不同结果的情况，不是吗？

李兆鑫：如果将许多法律后果错误都纳入到意思表示中，撤销权的范围就会无限扩大，这是否意味着法律更倾向于保护那些多说话的人？

老师：多说话总是有益的，在现实生活中通常也是如此。

闫俊奇：我认为这涉及动机表示理论，即表示出来的动机是否会成为合同的内容。例如，我们讨论的从物、瑕疵担保等概念在法律上都有公开、明确的规定，因此，买卖合同中包含瑕疵担保责任或者包含从物给付义务，对双方当事人而言都是可预期的。但依据动机表示理论，假如我购买戒指是为了结婚，只要把这个情况告诉售货员，"为了结婚"这一动机就成了合同内容。如果婚没结成，表意人就享有撤销权。

老师：动机也有不同种类，有些是可以转变的，有些则不可以。例如，买受人看到货架上的运动鞋，误以为该鞋的尺码为42码，因而表示他要买这双鞋，买回家后却发现鞋子的尺码为41码。这属于动机错误还是表示错误？

闫俊奇：这应当取决于"我买这双鞋"应当如何解释。可能有几种情况，一种情况是"我要买眼前的这双鞋"，这样就没有撤销的可能；另一种情况是解释为"我要买一双42码的鞋"。

老师：他什么也没说，怎么能解释为要买一双42码的鞋呢？

闫俊奇：确实解释成要买这双鞋更加合理。

王小亮：这种情形是否可能构成性质错误？

老师：对，性质错误也是动机错误。

闫俊奇：实际上是同一性错误与性质错误的辨别。关键在于表意人对标的物是否有亲知（事前接触过标的物），若有亲知，则会有不同的解释。

老师：对上述案例进行改造，如果我在货架上看到这双鞋，但没仔细看号码，就以手指鞋，对售货员说"我要买一双42码的鞋，就这个吧"。这时，我多说了一个短语，那么，我的意思表示应当如何解释？

闫俊奇：我认为一个理性的销售员应当理解为"我要买一双42码的这款鞋"。

老师：应当这样理解，那么42码这个属性就成了表示内容。一个属性可以是动机，也可以通过表示后被添加到表示内容之中。这就是你们说的"多说话占便宜"。法律交往是一个沟通过程，表达越充分，沟通就越准确，交往的效果也就越好。

问题三十五：同意续租的沉默意思表示是否可撤销

王钦：老师，我有一个问题。在第313页，回想我们上周讨论的沉默意思表示错误（第305页），您提到的例子是《民法典》第734条，即承租人在租期届满后继续使用租赁物，而出租人未提出异议，则原租赁合同继续有效。您的观点是，应当按照"不知法无赦"原则处理，认为当事人的沉默意思表示不可撤销。但是，如果按照法律后果错误的处理方式，是否可以理解为当事人并不知道沉默这一表意符号所指向的法律效果是原租赁合同继续有效，他误以为沉默代表合同终结，因此构成直接的法律后果错误，属于内容错误，合同是可撤销的？如果是这样的，那么，为什么在沉默意思表示错误的情况下（第305页）是不可撤销，而在法律后果错误的情况下（第313页）却可以撤销呢？

老师：首先，我们应当将其置于第313页的情境中，考察是否可以撤销，然后再考虑第305页的情境，考察是否可以撤销。大家也可以思考一下，这到底是属于意思表示直接决定的法律后果还是间接决定的法律后果？

王小亮：判断这里的沉默属于可推断的意思表示还是拟制的意思表示更为重要。

老师：它是可推断的意思表示。我的原则是尽量将其视为可推断的意思表示，只有在无法将其解释为可推断的意思表示的情况下，才将其视为拟制表示。拟制表示不考虑行为人的意愿，但可推断的意思表示需要考虑。出租人的沉默是一个可推断的意思表示，其包含的法律后果是同意续租，那么它应当属于直接决定的法律后果错误，是可撤销的。再回到第 305 页，结论是什么？这种情况是否也构成第 304、305 页中的推断性错误？出租人以为沉默不等于同意，但没想到法律将沉默规定为同意，此时能否说出租人的沉默欠缺表示意识？

王钦：我认为这里出租人是欠缺表示意识的。

邓继圣：书中关于沉默续租这个问题的定性（第 160 页），有一段表述是说出租人的沉默也是一项可推断的意思表示，也应适用民法上关于意思表示的规则，但意思表示解释规则除外，因为沉默的可推断性已经由法律统一规定，无须在个案中依相关情势予以解释。然后第 313 页中对于间接的法律后果的定义是依法律规定而发生的法律后果，那么我们刚才讨论的这种情形，是否可以定性为间接的法律后果？

老师：这样的理解可否成立？将前后内容联系起来，能否推导出这个结论？在第 313 页的部分，根据后面的例子，依法律规定而发生的法律后果（间接法律后果）是附带发生的，并非意思表示本身所欲发生的主要法律效果。主要法律效果是由意思表示本身直接决定的，而我们讨论的续租与否之情形，恰恰是主要法律效果（与买卖不破租赁、从物随同移转的情形不同）。我的判断是，它属于意思表示直接决定的法律后果。那么，问题是第 313 页与第 305 页根据"不知法无赦"原则推导出的结论是否存在矛盾？

胡逸群：是否可以认为，即使将其归类为直接决定的法律后果，也可以用"不知法无赦"原则来修正结论？

老师：怎么修正呢？

胡逸群：根据法律后果错误的分类，它可能属于直接后果，是可撤销的，但结合该条文的规范目的来看，仍然认为例外情况下不能撤销，即排除这种情况下的撤销权。

老师：按照你的意思，是不是应当在第 313 页第 2 段补充说明，引用第 305 页的内容？

邓继圣：但是在沉默续租的情况下，不赋予撤销权是不是法条的必然后果，或者说是规范目的所包含的？出租人在发现误解后，想要摆脱续租合同，有什么问题吗？

老师：我现在初步认为，在这个问题上我的前后论述可能存在矛盾。你们也帮忙诊断一下，是否真的有矛盾，或者我们忽略了某些因素？

陈道宽：是否可能是《民法典》第734条本身的问题？我个人理解，这条法律规定可能主要针对商铺租赁。如果我们区分商铺租赁与住房租赁，对这个法条进行限制，可能就没有问题了。《民法典》第734条的立法宗旨导致沉默可以推断为同意续租的意思表示。所以，我认为可能是《民法典》第734条自身没有说清楚。

老师：即使按照你的说法，将《民法典》第734条的适用范围限缩为商铺租赁，问题不是依然存在吗？

陈道宽：如果是商铺租赁，老师仍然认为应解释为直接决定的法律后果吗？还是通过价值判断，认为是间接决定的法律后果？

老师：也应当是直接决定的法律后果。

陈道宽：那可能还是有问题的。

老师：对，第313页与第305页的内容前后似乎存在矛盾。在第313页第2段，意思表示直接决定的法律后果错误应当认定为内容错误，表意人享有撤销权。这里没有考虑到第305页提到的"不知法无赦"原则（不应允许表意人主张推断性错误）。

王小亮：是否可以对第305页的"不知法无赦"原则的适用范围进行限缩？如果是拟制表示就适用，可推断的意思表示就不适用。

李思蝶：是否可以对基于法律规定而构成的沉默意思表示的情形进行区分？考虑这个法条的规范目的是否仅仅将沉默作为可推断的对象，但具体的推断性意义仍有适用意思表示解释规则的空间，或者法律是否要强制固定沉默的推断性意义，不允许当事人推翻？如果法律仅仅作出一个推定，并不限制沉默的意义，仍然允许适用意思表示解释规则，那么应当允许撤销。

老师：你的意思是，第305页的"不知法无赦"原则不应适用？

李思蝶：是的，我认为《民法典》第734条的规范目的可能并未对沉默的意义进行绝对限定，使其具备一个不可推翻的续租意思。如果法律只是想要推定沉默的意义，没有禁止当事人通过沉默表达相反的意思，那么应当允许撤销。

王小亮：你这种说法是在区分拟制表示与可推断意思表示吗？

闫俊奇：不完全是，李思蝶师妹的意思是，如果是固定的可推断意义，则与拟制的效果相似，不能撤销。

李思蝶： 是的，关键在于法条的规范目的是否对推断性意义作出限定。如果是，那么它与拟制表示相似。

老师： 经过讨论，这两个地方确实存在矛盾。我在考虑是修改前面的内容还是后面的内容。

王小亮： 这个问题，贺栩栩老师曾在课上提到，她的德国导师研究过这个问题，认为"不知法无赦"原则不是绝对的，需要区分情形。

老师： 因此，"不知法无赦"原则也不能被不假思索地搬来作为推导的前提，这条原则不是绝对的。

闫俊奇： 从逻辑一致性来看，前面作者都是尽量解释为可推断的意思表示，如果这里再用"不知法无赦"原则来限制，前面的努力可能就大打折扣了。

老师： 我初步判断还是修改前面比较好，"不知法无赦"原则似乎太武断了。

郑哲峰： 或许可以从另一个角度考虑，认为可推断意思表示是基于社会一般观念推断出来的，然后法律将其一般化。从根源上讲，法律只是将依据一般观念推断出来的意义确定下来，这样理解就不必直接适用"不知法无赦"原则，也就是对该原则的适用情形进行限制。这样不修改也可以解释得通。

老师： 我觉得修改更为妥当。还有其他意见吗？

陈道宽： 如果要修改前面的内容，那么第160页是否也需要相应调整？因为那里提到"沉默也是一项可推断意思表示，也应适用民法上关于意思表示的规则——意思表示解释规则除外"，如果将意思表示解释规则除外，那么第313页还能进行解释吗？

老师： 我们刚才讨论的问题不在于解释本身，而是解释之后是否允许撤销。第305页是不允许撤销，而第313页又说允许撤销，尽管这两个地方不完全重叠，但存在交叉点，在交叉点存在前后矛盾。我初步决定修改前面的论述，因为"不知法无赦"这条原则现在看来有些武断，不是绝对的。第305页的论证不够充分，立足点太少，仅有"不知法无赦"原则，而第160页不涉及这个问题，那几句话没有问题，不需要修改。

问题三十六：处分行为中意思表示错误的特殊性

胡逸群： 老师，我有一个总结性的小问题。在本章关于意思表示错误的讨论中，似乎主要提及的是负担行为上的意思表示错误，而就处分行为而言，其意思表示错误是否存在一些特殊之处？ 由于抽象原则的存在，物权合意的意思表示内容非常有限，仅包括将特定物的所有权转让给特定人。 也就是说，由于处分行为受客体特定原则的制约，在认定处分行为的意思表示错误时可能存在一些特殊性。 例如，甲有两只外观相同的宠物猫，一只性格调皮，一只性格安静，乙欲向甲购买性格安静的宠物猫，并在买卖合同中进行了约定。 但交付时，通常安静的猫突然变得调皮，而通常调皮的猫变得安静，导致甲交付了错误的猫。 如果我们像解释负担行为中的效果意思那样，甲内心的效果意思是交付那只安静的猫，而实际上交付了调皮的猫，这可能属于内容错误。 但如果按照客体特定原则，甲在转移猫的所有权时，效果意思必定是针对眼前这只特定的猫，而他心中的安静或者调皮仅仅是猫的一个性质，这时似乎属于处分行为中的性质错误。 关于处分行为中是否可以基于性质错误撤销，也存在争议。 在这种情况下，如果认定为内容错误，则可以撤销；如果认定为性质错误，同时坚持处分行为中不能基于性质错误撤销，则结论是不能撤销。 因此，我初步认为这个问题可能会产生不同的处理结果。

老师： 清晰起见，我们将两只猫分别称为 1 号猫与 2 号猫（1 号猫是安静的，2 号猫是调皮的），只有提到性质的时候，再说安静、调皮。 我们先讨论负担行为，买卖合同是否存在错误？

闫俊奇： 负担行为无误，处分行为可能发生了同一性错误，即误交了 1 号猫。 假设乙没有提前看过猫，只是在咨询时获悉 1 号猫安静，2 号猫调皮，并与甲就 1 号猫订立了买卖合同，最终甲交付了 2 号猫，这种情况可能构成同一性错误。

老师： 买卖合同中约定的是 1 号猫，但在交付时转让了 2 号猫的所有权，胡逸群同学刚才说的是处分行为中的错误。 那么，处分意思表示的内容是什么？ 表意人的主观意思又是什么？ 请分别描述一下。

胡逸群： 对于第一种解释，如果坚持处分行为客体特定原则，我认为此时甲的内心意图是将眼前 2 号猫的所有权转让给对方，他的表示内容也是转让眼前 2 号猫的所有权。 对于第二种解释，认为甲此时内心实际上想转让的是 1 号猫，但表示内容却是转让 2 号猫的所有权，内心意图与表示内容不一致，属于内容错误。

老师： 处分的意思表示中，为什么 2 号猫又变成了性质？

胡逸群： 因为物权合意是最小的合意，即将眼前的特定物转让给对方。

老师： 眼前的这只猫不就是 2 号猫吗？ 我们已经给编号了，它们是同一事物。

胡逸群：那么，老师觉得我刚才举的案例中可以按照内容错误来撤销法律行为吗？

老师：结论尚未得出，我们的讨论是逐步推进的，目前还在中间阶段。让与人交付 2 号猫给受让人，他的意图是将 2 号猫（眼前这只猫）的所有权转让给受让人，受让人接受了，达成了处分合意。你说处分行为存在什么错误？

胡逸群：他内心想转让的是 1 号猫的所有权，但最终转让的是 2 号猫。

老师：他内心应当也是想转让眼前这只猫（2 号猫）的所有权，听起来处分行为没有错误。

胡逸群：那么，这种情况是不是相当于异种给付？还是应当继续基于合同请求交付 1 号猫。

老师：对，交付的物品不是合同约定的物品，相当于债务未履行。

胡逸群：那么，让与人在移转 2 号猫的所有权时，内心的动机是什么？

老师：动机是履行 1 号猫的买卖合同。

胡逸群：那么，在动机上不是还存在性质上的误解吗？我认为这又回到了处分行为是否可以基于性质错误撤销的问题上。

老师：这个动机错误是不是性质错误？动机是履行 1 号猫的买卖合同，哪里涉及性质？性质是关于处分标的物的认识错误。

胡逸群：那就是一种完全不涉及性质错误的动机错误？

老师：仔细琢磨一下，可以说动机还包括让与人以为眼前这只猫是 1 号猫吗？但这样似乎又变成标的物同一性错误而非性质错误了，看起来有点吊诡。

闫俊奇：改造一下这个案例。假设之前没有看过猫，也没有编号过程，双方在订立买卖合同后，就当即完成了交付。例如，甲去宠物店表示自己想买一只活泼的猫，乙说那就把这只猫拿走，甲抱走了那只猫，结果发现它是一只安静的猫。物权合意仍然针对眼前的这只猫，但在动机上，他实际上想买一只活泼的猫。

王珏：买一只活泼的猫是处分行为的动机还是负担行为的动机？

闫俊奇：购买一只活泼的猫是负担行为的动机，处分行为的动机是履行这只活泼猫的买卖合同。

老师：让与人交付眼前这只猫给受让人，受让人接受了。此时，让与人的意图是转让眼前这只猫的所有权，他以为这只猫是活泼的（"活泼"为处分标的物的属性），受让人也存在相同的认识错误，这里可能涉及性质错误。但如此分析需有前提，即之前没见过猫。如果见过，那么在当事人的观念中就有编号，情况就不同了。

陈道宽：老师刚才说两个人都以为这只猫是活泼的，那不就属于双方动机错误了吗？

老师：也可以这么说。

闫俊奇：上次讨论到双方动机错误的适用范围应当有边界，不管与其他制度还是与性质错误相比，双方动机错误更多的是作为底层逻辑，该限制的还是要限制，有其他路径就要走其他路径。

老师：对，双方动机错误是兜底性的规则。关于1号猫与2号猫处分的案件，综合大家的讨论，我现在认为，即便按照处分客体特定原则来解释，甲在转让猫的所有权时，其内心意思也应解释为"转让1号猫的所有权"，因为其事先在心中已经区分了1号猫与2号猫，交付时"眼前这只猫"的符号意义在主观上已经被其等同于"1号猫"，只不过该符号的客观意义被解释为"2号猫"而已。处分客体的特定化方式不限于以"眼前这只猫"来特定化，也包括以"1号猫"来特定化。

第三节　意思表示不自由

问题一：瑕疵担保责任与意思表示瑕疵的撤销权排除

闫俊奇： 老师，我有一个问题。在第316页，对于挖掘机买卖案例［李某某、黎某某与重庆美延工程机械有限公司买卖合同纠纷案，重庆市第五中级人民法院民事判决书（2015）渝五中法民再终字第00057号］，一审法院认为构成品质不适约而排除欺诈撤销权，理由在于鼓励交易、保护中小商人和排除不利地位。该理由似乎并不充分。

邓继圣： 在德国法框架内，该问题在错误与欺诈上有区分，错误时可以排除错误撤销权，而在欺诈时因为恶性较大，并不排除欺诈撤销权。

王小亮： 关于性质的约定可以进入合同内容吗？若其不是合同内容，发生的错误就只是动机错误，即性质错误。若其可以进入合同内容，则性质错误与瑕疵担保才可以重叠。

闫俊奇： 性质错误与瑕疵担保可以同时存在。举例而言，如一家牛皮衣服专卖店的出卖人失误，将非牛皮衣服以牛皮衣服之价格卖给买受人，此时，同时存在性质错误与瑕疵担保责任。

老师： 错误与欺诈的利益状况不同，在瑕疵担保情形中排除错误撤销权或许有充分理由，但排除欺诈撤销权则不然。德国主流观点认为瑕疵担保责任排除错误撤销权，目的在于维持交易，因瑕疵担保责任足以使买受人得到充分保护。我国实证法上虽然没有规定该规则，但此种情形中主张错误撤销，可以考虑援引权利不得滥用原则来限制。

王小亮： 老师，德国法与我国法中物的瑕疵担保似乎不太一样。《德国民法典》第434条第1款第2句规定："以性质未被约定为限，物有下列性质时，无物的瑕疵……"而我国法似乎将瑕疵担保的标准定义为合同内容。

老师： 我国法上并未明确将成为合同内容作为构成瑕疵担保的标准，而是说可能会产生合同义务。合同义务可以从合同内容中产生，也可以从诚信原则、行业惯例中推导出来。我国法与德国法在这方面似乎没有本质区别。

胡逸群： 老师，在该例中，买卖合同构成欺诈，基于瑕疵同一性，处分行为也构成欺诈。但在出卖人将挖掘机所有权移转给买受人后，买受人似乎不会主张在处分行为中其受到欺诈，因为此时保留挖掘机所有权对其更有利。那么，在买卖合同中，瑕疵同一性理论发挥的空间好像主要针对的是出卖人被买受人欺诈的情形，是吗？

老师： 瑕疵同一性只有描述的功能，没有规范的功能。它指事实上负担行为与处分行为具有同一瑕疵，描述与否，该事实状态都存在。买受人取得所有权，并非全是好处，也伴随着风险，如房屋因"买卖不破租赁"而使买受人受有租约负担。在建筑物致害责任案件中，买受人如果仅仅登记为所有权人而未占有该房屋，则在其撤销处分行为的情况下，就可以避免成为《民法典》第1252条中"所有人、管理人、使用人"之一。因此，处分行为的撤销是有意义的。

问题二：相对人欺诈中不可能发生内容错误

王小亮： 老师，我有一个观点。在第323页，在相对人欺诈的场合，内容错误不可能构成欺诈。

胡逸群： 我也同意，因为相对人欺诈时，欺诈人是明知对方内心真意的。举例而言，甲去乙的商店购买变形金刚，甲告知乙要买擎天柱，但乙查明擎天柱没货了，就想骗甲买大黄蜂。乙便告知甲在系统上选择A即为购买擎天柱（实为购买大黄蜂）。此时，乙明知甲想买的是擎天柱，因此合同内容应解释为买卖擎天柱，表意人甲并无表示与意思的不一致。所以，在相对人欺诈情形中，不可能发生内容错误。

老师： 该结论在此例中成立，但是否在任何情形中均成立，有待考察。

王小亮： 该结论可以从抽象层面予以论证。首先，意思表示解释的对象是意思表示的内容而非动机，所以它只能规制到内容部分而无法规制动机部分。其次，在相对人对表意人进行内容欺诈时，意思表示的解释规则会先行介入，此时因相对人明知表意人内心真意，解释的结果将与表意人的内心意思一致，从而也就不可能成立内容错误。这也说明了内容错误与动机错误的区分是有必要的。

胡逸群： 还有一个类似的问题，欺诈是否导致表示意识欠缺？相对人既然已经欺骗表意人了，就明知其没有表示意识，此时应直接按照意思表示不成立处理。

老师：是的，解释规则总是在先。你们前面提出的一般命题似乎成立。

郑哲峰：该一般命题似乎可以找出例外。该命题成立的前提在于，欺诈人明知表意人的内心真意，但如果欺诈人不知表意人内心真意而欺骗了表意人，似乎就有内容错误与欺诈同时存在的空间。举例而言，在商店橱窗中有A、B、C三个机器人标明有货，消费者向店员询问哪个是最贵的（A）机器人，店员错听为B机器人，而欺骗消费者是C机器人。此时，消费者作出的承诺，内心真意为A，客观符号为C，而受领人理解为B，欺诈人的理解与表意人的内心真意并不一致，似乎只能解释为购买客观符号C机器人的承诺。如此，则内容错误与相对人欺诈同时存在。

老师：我们讨论一下这个例子。买受人承诺的客观意义是购买C机器人，主观意义是购买A机器人，而店员的主观理解是B机器人，与表意人赋予的主观意义不一样，应采规范性解释，原则上依据理性相对人的理解，例外按照主观相对人的理解。显然，此处只能采用理性相对人的理解，理性相对人对于表意人的符号应当理解为A、B抑或C？

郑哲峰：我认为应解释为C款机器人，即客观符号。

老师：样品只起到符号作用，用于指向要约里可以包含的标的物，所以不用过于纠结橱窗内的样品，目光应聚焦于买受人承诺之意思表示。B款机器人，是出卖人听错而来的。听错作为特殊情况，不能因此将意思表示解释为B，所以B款机器人被排除。在出卖人位置上，一个理性的出卖人明知C款不是最贵的机器人，亦即买受人不想买C款，那么又如何解释出C款的承诺？

李思蝶：我认为规范性解释的结果应当是A款机器人。因为一个理性的店员不应发生误听，应当以店员尽到注意义务时听到的内容，即A款机器人为准解释买受人的承诺。

老师：一个理性的店员，对于店里的三款机器人哪款是最贵的，应当很清楚。买受人既然已经描述了要买最贵的A款机器人，那么出卖人误听为B款本身就是有过失的。反过来说，一个没有过失的、谨慎的店员，应当理解买受人想买的是A款机器人，而不是C款或者B款。因此，解释的结果与买受人的主观意思一致，没有发生错误，再次印证了"相对人欺诈中，内容错误不可能构成欺诈"的一般命题。

王小亮：这个案例可以再改造一下。假如买受人想买A款机器人而错说成B款，或者，买受人想买的是最贵的机器人（A款机器人），但因为特殊语言表达习惯，表达为想买比较贵的机器人（实际为B款机器人），然后被出卖人误导为购买 C 款机器人。

老师：此时也是采用规范性解释。客观意义为购买 C 款机器人，买受人主观意义是 A 款，出卖人理解的是比较贵的 B 款。承诺解释的结果为 B 款机器人，买受人存在表示与意思的不一致，但该不一致不是店员欺诈导致，而是表意人自己造成的，只能适用错误规则。关于"相对人欺诈中，内容错误不可能构成欺诈"这一命题，目前还没有找到相反的例子，将来有合适的例子，可以再讨论。

问题三：消极欺诈对动机错误的保护不以有积极认识要素为限

王小亮：老师，我有一个问题。在第 320 页，"凶宅买卖"的例子中，表意人是否存在动机错误，若其根本没有想到凶宅与否的问题，是否还会构成欺诈？

闫俊奇：表意人可能没有不买凶宅的意思，但是依社会一般观念，在表意人知道后，该因素会对其购买造成影响，所以可能构成消极欺诈。

王小亮：我认为不应当让动机的范围太大，只有当事人想到的具象的意思才属于动机，不包含抽象的意思。

李思蝶：房屋是否为凶宅是影响表意人购买的重要因素，虽然表意人当时并非基于"不是凶宅"的明确认知而购买，但若其当时知道"是凶宅"则不会购买，这其实是反向的思路。

赵昕彤：可以将凶宅看成一种房屋的瑕疵，该瑕疵会导致价格下降。买受人想要购买的是没有瑕疵的房屋，而出卖人没有履行告知瑕疵的义务，所以构成欺诈。

王小亮：凶宅属于房屋瑕疵，但除了欺诈救济，是否可以通过其他方式，如缔约过失责任救济？

胡逸群：在故意欺诈情形中，缔约过失的废止合同请求权没有太大意义，它更多的是在过失欺诈中发挥作用。例如，出卖人过失未告知买受人房屋为危房。依之前的讨论，此时买受人可以通过缔约过失制度来避免建筑物致害责任。

王小亮：如果当事人没有积极认识要素，却依然可以撤销，会导致消极欺诈的适用范围过于宽泛，对动机错误的救济力度太大，这样是否合适？

邓继圣：欺诈与错误在动机错误的保护范围上是有区别的。欺诈制度为动机错误提供保护的正当性在于，恶意欺诈相较于错误对于意思自治的侵犯更为严重。比较法上，欺诈相较于错误在要件方面有所放宽。在美国合同法第二次重述中，就提到了是否构成实质性陈述的要件，"若一方当事人的意思，是因为合理信赖另一方欺诈的实质的不实陈述所引致的，则受不实陈述的一方，可以撤销合同"。起草者认为，对于非欺诈的不实陈述，要求满足实质性标准，而对于欺诈的不实陈述，不要求满足实质性标准。有学者还提出，欺诈的因果关系也不需要符合侵权法采取的相当因果关系。

老师：各种权利或者法律效果涉及不同的利益状况，这就决定了 A 权利的构成要件可能比 B 权利的构成要件更严格。对此，无可厚非。

问题四：相对人"知悉"告知事项重要性的判断标准

闫俊奇：老师，我有一个问题。在第 320 页，"其二，相对人知道该因素对于表意人决策的重要性"。买受人或许没有自始认为凶宅是重要因素，事后却以此为借口撤销合同，对此，是否应当确立一个统一的标准，即通过诚信原则判断该因素的重要性？

老师：相对人是否知晓，是最终的判断结果。至于判断过程，需要结合诚信原则、证据因素、社会一般观念、交易情境等综合认定。

闫俊奇：有观点认为，若出卖人相对于买受人而言是专家，则为了保护社会公众对于专家的信赖，应当推定出卖人知道其重要性。

老师：专家的责任当然要比普通人重一些。

问题五：违法性认识错误是否阻却欺诈故意

胡逸群：在过失违反告知义务情形中，一般认为缔约过失中的义务违反与过错是没法区分的，既然缔约过失与欺诈违反的是同一个义务（告知义务），那么，类比消极欺诈，是不是消极欺诈中的义务违反与过错也很难区分？

老师：在缔约过失与欺诈情形中，义务违反与过错并非绝对分不开，而是通常分不开。只能说，具体行为义务的违反大概率指向过错。回到科勒教科书中的"二手车买卖案"，第一买受人自己并不知道二手车有问题，此时为什么会违反告知义务？这一问题是否与第 326 页的"PDI 案"有联系？

胡逸群：在"PDI 案"中，出卖人知道汽车有瑕疵但误以为不用告知，此时其告知义务与缔约过失里的注意义务是重合的。

王小亮：故意与过失是对当事人的主观评价。我认为应将其与违法性区分开,很重要的原因在于,故意与过失不仅要认识到违法性这个要素,还要认识到因果关系、损害结果等,而此处讨论的仅是违法性认识。在"PDI案"中,当事人对于违法性的认识是有过失的,但对于其他要素的认识是故意的,此时是否依然成立欺诈故意? 欺诈故意指的究竟是什么?

老师:关于违法性认识错误是否阻却故意构成这一问题,可以结合第305页的"不知法是否可赦"问题进行讨论,第305页与第326—327页的问题是否属于同一类问题? 二者之间有什么联系? 在第326—327页,相对人可否主张"不知法可赦",从而主张不构成故意欺诈?

李思蝶:在第305页,若采"不知法可赦"原则,赦免的是表意人,目的在于保护错误方的意思自治;而在第326—327页,违反告知义务时,不赦免相对人,也是为了保护受欺诈方的意思自治。似乎赦免与否,都是为了保护意思自治。

王小亮:第305页中的错误是作为事实构成要件处理的,讨论的是事实上的错误;在第326—327页中,错误作为规则构成要件处理,引入了价值判断,讨论的是能不能归责的问题。

陈道宽:第305页讨论的是沉默表示符号能不能归责于沉默人的问题,与第326—327页讨论的是同一类问题,都是可归责问题。

王珏:我认为除了比较第305页与第326—327页的案例,还可以比较第327页因过失不知有告知义务与明知有告知义务但过失未告知的两个案例中,义务人的可归责性。若认为在不知有告知义务时的可归责性弱于过失未告知某事项,且明知有告知义务但过失未告知时不构成欺诈,则因过失不知有告知义务时也不应构成欺诈。

胡逸群:我的理解恰恰相反,正因为行为人应当明确自己有无告知义务,所以不知自己有告知义务时的可归责性反而更强。

陈道宽:我认为第305页与第326—327页的两个案例还是存在一定区别的。例如,对方向我发出一个要约,此时我保持沉默的话,我会因为不太关注当地的交易习惯而认为自己没有作出一个意思表示;而在第326—327页的情形中,涉及的是有无告知义务,这是需要当事人自己明确的,可归责性似乎更强。

王珏:告知义务也不一定是十分明确的,在某些情形中,义务人可以证明误以为无须告知。比如,在汽车行业内,车商一半认为要告知,一半认为无须告知,此时义务人的可归责性要弱于明知有告知义务但过失未告知之情形。

老师： 车商在行业内达成的共识，仅是一方的共识，并未得到买受人的认可。行业惯例应当是买卖双方在行业内普遍认可的规则。车商单方达成的共识，作为行业惯例不具有正当性，由此产生的认为没有告知义务的认识，可归责性仍然很强。

问题六：消极欺诈中告知义务的认定

胡逸群： 老师，我有一个问题。在第 317 页，消极欺诈部分，书中提到"不过，如果表意人只要尽到其自身利益所要求的注意即可获取这些信息，那么他就无权期待相对人予以告知"。究竟何为"只要尽到其自身利益所要求的注意"？

老师： 这是指此时的信息提供义务分配给表意人，为了保护其自身利益，表意人有信息获取义务。

胡逸群： 我有一个观点不知道是否成立：当一个义务旨在保护固有利益时，可能更容易成立告知义务。因为在利益对立的买卖双方中，要求告知对方信息似乎总是欠缺正当性，但如果是单纯保护对方完整利益不受损，价值判断上更具正当性。例如，在买卖二手车时，二手车的某部件存在问题，如刹车在超过某个时速后就会失灵，此时可以成立告知义务。

闫俊奇： 现实中有一个案例，在买卖蛇的交易中，如果要买的蛇是剧毒的，则应当告知对方。店家明确告知了小女孩该蛇剧毒，而小女孩依然因处理不当被咬了。店家履行了告知义务，是否就不成立缔约过失责任？在民法上，店家只告知危险性即可，还是要求其根本就不应订立合同？本案中，店家虽然告知了，但订约后造成了小女孩人身损害，合同因违法而无效，小女孩是否可以依缔约过失责任请求赔偿？

老师： 有故障的汽车或者毒蛇是否可以买卖？

闫俊奇： 非国家重点保护动物，在狩猎证允许情况下可以捕猎，在行政部门批准的情况下可以买卖。

老师： 那么，此时未经批准的合同应当是未生效的。

陈道宽： 我认为问题的关键不是买卖毒蛇，而是买受人是小女孩。如果是卖给成年人，可能不会讨论侵权或者缔约过失责任的问题，但仅告知小女孩而非其监护人，是否履行了告知义务？

老师： 即使是成年人，合同也未必有效。成年人买卖毒蛇，也可能对城镇公共安全造成影响。

陈道宽：如果稍微改变一下案情，买卖的是一只烈性犬，此时合同不会依《民法典》第153条被认定为无效，出卖人是否负有告知义务？

老师：小女孩购买烈性犬，依然超出其行为能力范围，需要法定代理人同意或者代理。

问题七：因欺诈陷于错误不要求欺诈是唯一的原因

胡逸群：老师，我有一个问题。在第323—324页，关于买电冰箱与买房产的两个例子，我认为都在讲同一个问题，即因欺诈陷于错误是否要求欺诈是唯一的原因。在买冰箱案例中，法院认为吸引侯某发出意思表示的原因有两个，一是"三天一度电"，二是"特惠价"，而"特惠价"更关键，对侯某的购买行为发挥决定性作用。在买房产案例中，法院认为导致刘某购房的因素有很多，受欺诈的价格并非唯一因素。两个案例中，法院都认为因欺诈陷于错误要求欺诈是唯一的原因。书中对于第二个案例表示反对，但没有对第一个案例的结论表态。其他教科书中提到，欺诈因果关系只要满足共同刺激和影响就可以。对此，您的看法如何？

老师：当存在多个原因时，须区分主要原因与次要原因。在买冰箱案例中，"特惠价"是主要原因，而"三天一度电"是次要原因。

胡逸群："三天一度电"可能对决策的影响也很大，不过在这个案例中，宣传的耗电与实际情况误差很小，所以并未产生重要影响。

老师：是的，如果实际情况是"三天三度电"，就可以构成欺诈。

问题八：欺诈构成要件中的违法性判断

王小亮：老师，我有一个问题。在第328页，为什么"违法性"被放在"欺诈故意"要件中讨论，而不是放在"欺诈行为"要件中？

胡逸群：合法的故意欺诈属于一种"正当防卫"。[①] 此时欺诈行为因存在违法阻却事由而不具有违法性。欺诈行为可以区分为两种形态，一种是当然的不法，一种是被违法阻却事由阻却了违法性，如此处所谓合法的故意欺诈。如果将违法性放在欺诈行为要件中考察，似乎就不用再区分行为人是故意还是过

---

① 参见〔德〕赫尔穆特·科勒：《德国民法总论（第44版）》，刘洋译，北京大学出版社2022年版，第139页。

失了。

老师：相较之下，胁迫的违法性是单独作为一个要件，与欺诈不同。在我参考的文献里，欺诈在客观构成要件中都没有考虑违法性，考虑到此，就将"违法性"放在故意要件中讨论了。

陈道宽：我认为这是合理的。在第328页，先讨论好意欺诈构成欺诈，再讨论哪些情况下不构成欺诈，从而讨论到合法的故意欺诈，符合逻辑。

老师：书中在故意欺诈这个要件下讨论某些比较特殊的问题。一个是，好意欺诈也是故意欺诈，是否排除撤销权？另一个是，合法的故意欺诈也是故意欺诈，是否排除撤销权？这样写并不违反逻辑。

胡逸群：但是如果认为欺诈行为没有违法性，就不用再讨论故意了。类似于刑法上三阶层的判断，如果行为上存在违法阻却事由，就不用再进入责任阶层的判断了。

王小亮：这个问题的前提是"违法性"是否为欺诈的构成要件？如果是，没有违法性时，当然就不用再讨论，但如果违法性不是要件，则不然。

老师：退一步讲，如果违法性是欺诈的要件，那么，它是排斥故意的要件，还是与故意并列的一个要件，只是在检索顺序上要先检索违法性，检索没有通过的话，就不需要再检索故意？易言之，是A排除B，还是A先于B？

王小亮：应当是A先于B。

老师：那么，没有违法性时，仍然可以成立故意，只是此时的故意已经没有意义，被违法性要件拦截了。

郑哲峰：从要件的普适性上看，违法性要件并不能作为独立的要件。在消极欺诈中，违法性的认定会被告知义务吸收，并不需要单独进行违法性判断。所以，独立的违法性要件仅适用于积极欺诈，并不具有普适性。

李思蝶：在消极欺诈中，讨论是否成立并违反告知义务的问题，就是在讨论违法性的问题。

老师：是的，违法性与告知义务的功能是重叠的，不适合将违法性作为独立的构成要件。

王小亮：我认为欺诈行为这一要件本身就是包含违法性判断的，该要件不是说有这么一个行为与否，而是包括对这个行为违法与否的评价。

胡逸群：或者说，欺诈行为本身就是违法的，我们讨论的只是何时会阻却违法。

老师： 就像侵权责任，违法性是当然的，例外时才阻却违法性。故意是对于行为人认知状态的描述，而合法或者违法不是描述，是评价。

问题九：我国《民事强制执行法（草案）》新增判决替代意思表示的规定

胡逸群： 老师，我有一个问题。关于书中第 312 页的内容，我国《民事强制执行法（草案）》（已终止审议）第 198 条规定："法律文书确定被执行人作出意思表示的，该法律文书生效时，视为意思表示已经作出。前款规定的意思表示附条件或者申请执行人应为对待给付义务的，条件成就或者申请执行人已经履行对待给付义务时，视为意思表示已经作出。"该条是否类似于《德国民事诉讼法》第 894 条中"判决代替意思表示的"规定？

老师： 是的，该条类似于《德国民事诉讼法》第 894 条，通过这个条款可以解决很多问题，这是我国民事立法上的一个重大进步。

问题十：无相对人意思表示的欺诈规则适用

王小亮： 老师，我有一个问题。在第 330 页，之前在相对人欺诈的部分，我们讨论了内容错误可能无法构成欺诈，因为意思表示解释规则的先行介入阻断了欺诈的成立。那么，在第 330 页，对于无需受领的意思表示，由于采自然解释，内容错误是否同样无法构成欺诈，欺诈仅发生在表意人出现动机错误的场合？

老师： 可以这样理解。

胡逸群： 那么，无相对人意思表示的欺诈应适用哪一条规则？是类推适用《民法典》第 148 条，还是对第 149 条进行目的论限缩？

老师： 可以直接适用第 148 条，在文义解释的范围内对第 148 条中的"一方"与"对方"作宽泛解释，其中"一方"指实施欺诈的行为人，"对方"指表意人，而非仅指有相对人意思表示中的相对人与表意人。

问题十一：无权代理人欺诈情形中欺诈行为的归属

胡逸群： 老师，我有一个问题。在第 331 页，一般认为，代理人的欺诈视为相对人的欺诈，那么，在无权代理或者越权代理的情形中，无权代理人的欺诈是否属于第三人欺诈？还是说应适用无权代理制度去解决这个问题？

王小亮：我认为这个问题与代理部分中的法律行为归属规范有关，第 489 页注释 1 提到："归属"首先发生在事实构成层面，然后才发生在法律效果层面。因此，无权代理人的欺诈，也应当先在事实层面判断行为归属于谁，再据此判断行为所产生的法律效果归属于谁。

老师：这种思考方向是正确的。此处应当理解为：归属先于效力判断。代理行为本质上是代理人的行为，但是法律将它归属于本人。无权代理人实施欺诈行为是否属于第三人欺诈这一问题，首先应当讨论的是无权代理人实施的法律行为应当归属于谁？是否归属于本人？

王小亮：应当只有在本人追认或者构成表见代理的情况下才归属于本人。

老师：是的。所以在本人追认或者构成表见代理的情形中，这一行为归属于本人，按照第 331 页介绍的弗卢梅的"阵营理论"，此时无权代理人应当归属于相对人阵营，其实施的欺诈行为应当属于相对人欺诈。相反，如果无权代理人的行为无法归属于本人，就无须再讨论欺诈问题，因为此时这一行为没有主体，直接按照无权代理责任规则处理即可，不涉及法律行为的欺诈撤销。

胡逸群：若此时相对人依据《民法典》第 171 条第 3 款请求履行债务，是否有欺诈的延伸问题？

老师：相对人如果行使履行请求权，自然就不会撤销，所以只要进入无权代理责任就不会涉及欺诈撤销。

胡逸群：如果是相对人欺诈无权代理人，是否也因为无权代理人的行为无法归属于本人，所以不发生撤销的问题？

老师：严格说来是这样的，同样应当优先判断行为归属。如果构成表见代理或者无权代理获得本人追认，那么无权代理人的行为就归属于本人，此时如果代理人受欺诈，就依据代理的相关规则判断意思瑕疵的认定是以代理人为准还是以本人为准。相反，如果是未经本人追认的狭义无权代理，那么行为就不能归属于本人，此时再去探讨相对人欺诈无权代理人就没有意义了。不过，在相对人向无权代理人主张履行责任或者损害赔偿责任时，考虑到假如相对人没有实施欺诈，无权代理人可能就不会与相对人实施此项法律行为，从而相对人也就不会遭受损害，所以，如果无权代理人证明相对人实施了欺诈，则应当让相对人分担责任。为此，应当权衡无权代理与相对人欺诈这两个因素对于损害结果的原因力大小。

问题十二：判断中介人欺诈属于相对人欺诈还是第三人欺诈的考量因素

胡逸群：老师，我有一个问题。在第331页，最后一段提到如果中介人承担了通常属于合同一方当事人的任务，则这种情形应当属于相对人欺诈而不是第三人欺诈，这是必然的，还是应当回到"阵营理论"作具体判断？

老师："中介人在缔约过程中承担了通常属于合同一方当事人的任务"意味着中介人已经承担了部分代理人的职责，所以其实施欺诈应当比照代理人欺诈处理，属于相对人欺诈。

问题十三："相对人明知或者应知"在第三人欺诈规则中的构成性意义

王小亮：老师，我有一个问题。在第331页，我认为第三人欺诈的问题是可以通过错误规则来解决的，但是规则中加入了相对人知道或者应当知道这一要件，似乎是想把欺诈撤销所产生的不利后果归属于相对人。依据《民法典》第157条，当事人应当按照各自的过错承担责任，那么，在第三人欺诈情形中，第三人的过错似乎被算在相对人的身上，是吗？

老师：此处不能直接理解为该规则将不利后果归属于相对人。意思表示被撤销后，相对人确实应当依《民法典》第157条承担缔约过失责任，但实施欺诈行为的第三人也要承担侵权责任，这两个责任是并存的关系，就像雇主责任与雇员责任一样。在大陆法系中，比较法上的主流观点认为雇主责任与雇员责任并不是相互排斥的关系，受害的第三人既可以要求雇主也可以要求雇员承担侵权责任。

王小亮：那么，在第三人欺诈的情形中，相对人承担缔约过失责任是基于自身的过错还是基于第三人的过错？

胡逸群：这也是相对人的"明知或者应知"是否发生归责的问题。

老师：是的，相对人明知或者应知欺诈行为就是一种过错，所以应当承担责任。与第三人胁迫的情形一样，表意人能否请求相对人承担赔偿责任，取决于相对人对胁迫行为是否知情，若其不知情就没有过错，按照过错责任原则也就无须负责。

胡逸群：如果相对人明知欺诈行为存在，是否可以认为相对人构成消极欺诈？

老师：可以这样认为，此时他没有尽到提示义务。

胡逸群：如果相对人因明知欺诈行为而未提示构成消极欺诈，那么，第三人欺诈的部分情形是否可以直接适用相对人欺诈规则来处理？

老师：是的，可以直接适用。

王小亮：第三人欺诈与相对人欺诈之间的关系似乎有点模糊。第三人欺诈究竟是一个独立于相对人欺诈的规则，还是从相对人欺诈中衍生出来的？这似乎涉及两个制度之间的协调问题。或者换一个方向思考，这个制度是在保护什么？如果说相对人欺诈是在保护表意人的意思自由，那么，第三人欺诈就是在保护表意人的意思自由与相对人的信赖之间寻求一个利益平衡。

胡逸群：我认为可以从风险负担的角度来理解，表意人被第三人欺诈的风险原本是应当自己承担的，但如果相对人对欺诈行为明知或者应知，那么，他就具有可归责性，风险就转移给相对人，法律上也就赋予表意人撤销权。

老师：这确实主要涉及可归责性。欺诈导致的通常是动机错误，动机错误原则上不能产生撤销权，除非具有特殊理由，如错误论框架中的性质错误、双方动机错误。超出错误论的范畴，在欺诈理论中，如果动机错误是由相对人欺诈导致的，那么，表意人是有理由取得撤销权的。如果动机错误是由第三人造成的，那么，表意人能否取得撤销权就不可一概而论，要看相对人有无可归责性。在相对人明知或者应知第三人欺诈的情形中，其具有可归责性，所以表意人才能因为动机错误而取得撤销权。

问题十四：第三人实施身体强制时意思表示不成立

胡逸群：老师，我有一个问题。在第338页，关于身体强制，如果对表意人进行身体强制的不是相对人而是第三人，表意人依然欠缺行为意思，此时意思表示是否成立？

老师：究竟是相对人还是第三人进行身体强制，没有本质区别，表意人都欠缺行为意思且没有可归责性。

胡逸群：按照风险归责，是否可以认为此时表意人具备可归责性，因为相对人是无法控制这个风险的。

老师：在意思表示领域，我们采用的仍然是过错归责。只有在代理法中因为涉及三方当事人，有更强烈的信赖保护需求，所以特殊处理，在归责方面降低要求，采用风险归责。

问题十五：违法性要件中的"目的违法或者不正当"与"违法、背俗"的关系

王钦： 老师，我有一个问题。在第340页，关于第1段，是否可以这样理解：如果胁迫所追求的法律行为本身就是违法或者背俗的，那么它就属于无效法律行为，把这部分行为排除出去之后，才是这里所说的"目的违法或者不正当"的情形？

老师： 可以这样理解。

胡逸群： 如果胁迫所追求的法律行为本身因违法而无效，那么再去讨论胁迫的违法性就没有实际意义了。

王钦： 姚明斌老师之前提到，《民法典》第153条"违法、背俗"这一条款实际上不是私法内部的限制，而是公法上的限制。所以是否可以这样理解：如果胁迫所追求的法律行为构成公法上的限制，就直接认定因违法、背俗而无效，如果构成私法内部的限制，才考虑是否属于目的违法或者不正当？

老师： 这种说法过于绝对了，此段内容不需要再这样进一步总结。私法内部并非一定没有禁止性规范，比如原《物权法》（已废止）第211条流质约款的禁止，条款中明确含有"不得"，显然是一个禁止性规范，流质约款的效力应当根据这一条款结合原《民法总则》（已废止）中的违法、背俗条款一起认定，即违反禁止性规范的法律行为无效。在《民法典》中，这一条款发生了变化，《民法典》第428条直接明示了流质约款无效，由于禁止性规范本身已经规定了法律行为无效，所以在适用时就不需要再援引第153条第1款。

胡逸群：《最高人民法院关于适用〈中华人民共和国民法典〉有关担保制度的解释》第2条规定，有关担保独立性的约定无效，该规定是否也可以直接适用？

老师： 是的，这一条也不需要援引《民法典》第153条第1款。该规定是从担保的从属性出发，从而推导出无效的结果，此种强制性规定不属于第153条第1款所指的强制性规定。就像物权法定原则，它使物权法中大量的规定都成为强制性规定，实践中如果当事人的约定与法律对于某项物权的规定不同，那么该约定无效，但是这种无效并不是依据《民法典》第153条第1款而认定的无效。

问题十六："违法性"要件的内涵

胡逸群： 在第342页，违约行为构成违法胁迫这里，违约行为虽然可以说是违法行为，但是将法律行为这种个别规范作为胁迫的"违法性"要件里的"法"，是否合适？ 举例而言，甲、乙买卖一辆二手车，甲以违约威胁乙，声称除非乙购买他的房子，否则就不交付车辆。 甲是否构成胁迫？ 依通说，可能认为乙因此陷入恐惧，表意自由受到影响，甲构成胁迫。 但我还是有疑问，这种情况完全可以通过公力救济去保护。

老师：对"违法性"的理解不应那么狭隘。 比如，在侵权法上，甲侵害了乙的房屋所有权，此时就具备了违法性，不是说必须存在某一条具体的法律规则说"任何人不得侵害他人所有权"才能构成违法。 只要某一行为侵害了别人的权利或者违反了某一项义务，不管是法定义务还是约定义务，就都具有违法性，足以构成违法胁迫。

胡逸群：那么，在违约的情况下相当于是侵害了债权，所以认为具有违法性。

老师：是的，可以说是债务人侵害了债权人的债权，也可以说是债务人违反了自身的义务，从中都可以推导出违法性。

第五章
法律行为的成立与生效

- 第一节 法律行为的成立
- 第二节 法律行为的生效

第一节　法律行为的成立

问题一:"一方请求履行而另一方提出履行时"可否作为意定要式履行治愈的时点

胡逸群: 老师,我有一个想法,不知是否可行。在第 360 页,之前讨论过,在意定要式中,若表意人未以约定的形式作出意思表示,可能会被认为其意思表示欠缺法律拘束意思从而不成立,此时意思表示的一般成立要件欠缺。而在法定要式中,即便该要式欠缺,依然会被认为合意是存在的。举例而言,双方当事人所订立的合同欠缺要式,而事后一方当事人提出履行,对方接受的,那么,因所欠缺的要式系法定或者意定的不同,对"履行治愈"所采用的构造也有所不同。对于意定要式而言,从一方提出履行这个事实中,可以解释出提出履行方愿意订立合同的意思表示(要约);从另一方接受履行这个事实中,可以解释出接受履行方愿意订立合同的意思表示(承诺)。而对于法定要式而言,合意此前已经存在了,"一方提出履行而对方接受"就只是在补正法律行为所欠缺的要式。进一步可以得出的结论是,如果在欠缺意定要式的情形中,事后一方当事人请求对方当事人履行,那么,在对方当事人接受履行时,合意就已经达成,又因为此时双方各自的意思表示都是慎重、认真的,要式的目的已经实现,故合同成立并生效。

老师: 在这个案例中,要式的目的真的实现了吗?

李兆鑫: 我认为当事人请求履行的事实能否表明其意思表示是慎重、认真的,或许有待商榷。毕竟"请求履行"与"接受履行"还是存在一定差距的。

闫俊奇: 如果认为合意此前已经存在,在债权人接受履行时债权才归于消灭,那么,债的发生与消灭之间存在一定的时间差。如果认为在接受履行之时,合同才因承诺而成立并生效,那么,债之关系在逻辑上的一秒钟发生、存续而后消灭。

问题二：关于要式应作为意思表示的构成要件还是法律行为的构成要件的争论

王小亮： 老师，我有一个问题。第360页，我认为在理论层面，应当把意定要式与法定要式都作为意思表示的特别成立要件，而非法律行为的特别成立要件。但在我国实证法中，法定要式被规定为法律行为的成立要件而非意思表示的成立要件。

老师： 你的意思是，在应然层面上，要式是意思表示的成立要件，但在实然层面上，法定要式被规定为法律行为的成立要件？

王小亮： 是的。

老师： 在实证法的规范下，是否有可能按照你的观点进行解释？

王小亮： 可能比较困难，从《民法典》第490条看，其用语均为"合同成立"。

老师： "合同成立"在这里存在多种解释的可能性。其一，"合同成立"可以指合意已经存在，合同因符合特别成立要件而成立。其二，也可以指双方意思表示都已经构成，意思表示合致，进而成立合同。

王小亮： 有一个支撑"应当将要式作为意思表示的成立要件"的理由是，如果认为要式是法律行为的成立要件，那么，双方当事人均应当依此要式为法律行为或者意思表示；但如果认为要式是意思表示的成立要件，如下情形在逻辑上即是自洽的：可以只要求一方以特定要式为意思表示，而对方不必以特定要式为意思表示。

郑哲峰： 比如，存在某种情形，仅对一方有较高的警示意义，而对另一方则没有。

老师： 我国实证法中是否存在单方要式这一情形？

胡逸群： 保证中的书面要式主要是针对保证人这一方而言的。①

王小亮： 是的。从抽象层面来看，要式的警示功能是要求当事人在作出意思表示时是谨慎的，故其应当直接作为意思表示的成立要件。虽然在现实生活中，要式可能体现为合同书或者其他书面文本，此时双方当事人因为共用同一要式，容易让人觉得要式是针对法律行为而言的，但其中毕竟包含了双方当事人的意思表示，所以要式依然是针对意思表示而言的。而且，单方要式的情

---

① 参见王蒙：《论保证的书面形式》，载《清华法学》2021年第5期，第44页。

形也是可能存在的。

老师： 你这种观点是否存在弊端？

胡逸群： 这样的解释路径是否使得当事人也可以合意废除法定要式？

王小亮： 在价值判断上，法定要式是不应被废除的，对此，应该不会因为解释路径的不同而有所变化。

老师： 法定要式无论是作为法律行为的特别成立要件还是作为其中的意思表示的特别成立要件，都体现了法律上的一种强制性，这种强制性不得通过双方当事人的合意被废除。所以，这应该不是这种解释路径的负面效应，即便它有负面效应，也不应体现在这里。

曹沛地： 逸群师弟的意思是不是说，若将法定要式作为意思表示的特别成立要件，那么，不具相应形式的意思表示被实证法外在强制性消除了表示价值，有悖意思自治原则？

胡逸群： 是的，我认为还是不要把法定要式作为意思表示的特别成立要件为好，这样更有利于意思自治。

王小亮： 我的观点是，要式的问题还是应当在意思表示阶段解决，因为要式本身不是针对法律行为而言，法律行为最终所要指向的是客观法效果的实现，而意思表示更多的是观察当事人的意思之形成与表达。要式的警示功能表明"表意人在作出这个意思表示的时候，应当是谨慎的"，这说明要式本来就是针对意思表示而言的。对此，我大体上区分两个阶段，分别对应意思表示与法律行为。如果一个问题本应属于意思表示这个阶段，那么，还是让它在意思表示中得到解决比较好，不要再到法律行为这一阶段去处理。比如，保证中的要式，实际上是保证人单方意思表示的要式。实证法的规则虽然是针对法律行为而言的，但在应然层面上，或许更适合针对意思表示进行规定。

老师： 你的观点不失为一种解释路径，有一定道理，可以试着再往前走一步。但这并不意味着我采纳了你的观点，这个观点毕竟不是通说，还需要更细致的论证和推敲。不过，可以提出一种与通说不一样的观点，哪怕目前只是一种个别说、少数说，也是勇气可嘉的。况且还能进行简要的论证，这个论证初步听起来也不太好辩驳，这很不容易。做学术有时也需要有这样的意识与勇气去做这样的尝试，但不是为了标新立异，而是在学习、思考的过程中发现另外一种解释的可能性。

问题三：履行治愈中的义务原则上不包含从给付义务

李兆鑫：老师，我有一个问题。在第 361 页，此处提到已经履行的义务必须是"主给付义务"，但有些时候是否也需要包括"从给付义务"？举例而言，双方当事人想要买卖一匹名马，约定负担行为应当为要式，但是双方当事人并未以特定要式订立买卖合同，如果血统证明书对于这一交易而言非常重要，那么，卖方仅向买方交付马匹而买方接受，却并未交付血统证明书的，似乎不宜认为形式瑕疵已经因履行而治愈。

老师：为什么呢？

李兆鑫：在从给付义务对于合同目的十分重要的情形中，与其使合同成立，让买受人去行使各种权利，或者是请求履行，或者是解除，不如在合同成立阶段就直接敲下定论，认定该合同尚未成立。

老师：若马匹都已经交付了，只差一个证书，难道不应继续交付证书吗？此时，买方的要求过分吗？

邓继圣：主给付义务与从给付义务在理论上的区分本身就有争议，有模糊地带，有时从给付义务也会被约定为主给付义务。那么，就不一定要指明该义务为主给付义务，只要所履行的义务能够表明其已经发挥了与要式类似的警示功能就可以了。

胡逸群：我认为在这里主给付义务作为一种原则性的判断标准，是没有问题的。

曹沛地：所谓要式警示，对当事人的警示是，其将要负担债权合同的实质拘束力了，应慎重考虑。主要是对负担债务一方的警示，如保证合同，对保证债权人不用警示，仅警示保证人。在双务合同中，以兆鑫所举买卖马匹案为例，暂不考虑"默示废止形式约款"，仅讨论"履行治愈瑕疵"如何判断。交付马匹与交付马匹血统证明，对于出卖人而言，何者可起到警示作用？似乎是交付马匹本身可以警示出卖人。马匹交付后，才可认为出卖人已对此次买卖慎重考虑，只有对债务人而言最为重要的义务之履行才能说已经发挥了类似书面要式的功能。第 361 页将《民法典》第 490 条第 2 款"履行主要义务"解释为"主给付义务"是妥当的。警示功能与主、从义务之履行对债权人的重要性，即债权人的合同目的是否已经实现，似乎关系不大。重点考察的应是债务人对何者的履行，可认定为债务人已对该交易慎重考虑。因此，仅一方履行的，所履行的应是全部主给付义务；双方均履行了部分义务的，须履行大部分主给付义务。

老师：主、从给付义务之间有模糊区域，这是例外。但不能因为这个例外，就把这一概念体系弃之不用，否则无异于因噎废食。如果所有的问题都用合同目的这样抽象的概念去解决，就变成纯粹凭法感进行判断了。

问题四：履行治愈的标准量化

李兆鑫：老师，我有一个问题。在第 361 页，"首先……""其次……"这两段，为什么作者只提到了一方当事人履行义务，却没有提到"对方接受"？

老师：这里是在解释《民法典》第 490 条第 2 款，由于条文本身已经指明"对方接受"，我此处未作反对，自然隐含了"对方已经接受"的意思。

李兆鑫：此处提出，一方当事人履行义务的，必须全部履行主给付义务，而双方当事人履行义务的。只需要履行大部分主给付义务。为什么会有"全部履行"与"不需要全部履行"的不同？

老师：接受意愿的载体可以是受领给付，也可以是自己作出给付。这两者之间存在重叠区域，可以将其量化，估算每种情形中接受意愿的"总和"是多少。在上述两种情形中，接受意愿的载体数量不一样，第一种情形只包含一个接受，而第二种情形包含了两个接受（其中一个接受是通过当事人一方的履行推断出来的），"接受"的载体数量多，相应地就可以将主给付义务的履行程度降低一些。这里存在一个比例关系。

问题五：继续性合同履行治愈的效力范围

蔡淳钰：老师，我有一个问题。在第 363 页，书中提到：就第二类继续性合同而言，如果已经支付部分对价或者占有标的物的当事人，已经对约定的期限发生信赖并且投入了安排，此时就不是按照一般原理处理（将补正的效力限定在实际履行所对应的期间），而是要作特殊处理，让合同按照约定的期限完整地发生效力。那么，这一特殊处理是基于怎样的考量？如果仅仅是保护一方的信赖，理由似乎并不充分，因为这只是从单方视角考虑的。可能在房屋租赁合同中，以居住为目的的承租人确有保护的必要。但在借款合同、地役权合同、土地承包合同中，很可能双方都是商事主体，他们对于没有采用法定形式或者意定形式签订合同的后果，存在一定的认知能力，却依然选择了只支付部分对价或者履行部分义务，此时似乎没有必要给予其完整保护。

老师：书中提到的正当性基础是信赖保护。信赖保护问题应当表述为这个信赖是不是对方引起的，即对方对于信赖的产生有无可归责性。若甲方的某种可归责因素引发了乙方的信赖，那么，为了保护乙方的信赖，使得合同发生效力的期限比一般情形更长，也未尝不可。

问题六：履行治愈与默示废除形式约款的交叉

胡逸群：老师，我有一个问题。在第364页，关于履行治愈和默示废除形式约款的交叉问题，会不会因为默示废除形式约款的标准与履行治愈的标准不一样，在意定要式中，导致要求比较低的"默示废除形式约款"几乎架空"履行治愈"规则？

老师：举个例子，有一桩交易，双方想要买卖10吨货物，且该买卖合同以具备某种形式为成立要件，假设现在双方当事人没有以该形式达成合意。按照履行治愈规则，应当是卖方交付了全部的10吨货物，对方接受，则关于这10吨货物的买卖合同成立。但假设现在卖方只交付了1吨货物，对方也仅就这1吨货物接受履行，此时合同的形式约款即被废除。但具体双方当事人间的合意指向的是全部10吨货物还是已经履行的1吨货物，还需要再进行解释。

曹沛地：假设只交付了1吨货物，也是指向之前10吨的买卖合意，除非在交付该1吨货物时，当事人另有变更10吨买卖为1吨买卖的合意。如果当事人间无此合意，将出卖人交付1吨货物解释为当事人间成立1吨货物的买卖合同，会使出卖人单方变更合意内容，双方之前买卖10吨且有要式要求的约定被架空。其后，若买受人主张出卖人交付剩余9吨货物，因10吨货物买卖合同欠缺要式而未成立，买受人无请求权基础。出卖人借此将1吨货物出卖给了买受人，而买受人不见得愿意就1吨货物与出卖人达成买卖合意。相反，买受人受领此1吨货物是因为之前双方已经存在买卖10吨的合意。从买受人视角出发，出卖人为1吨货物给付之目的，也是为清偿将来其大概率要负担的对10吨货物交付与移转所有权的债务。至于仅给付且受领部分货物，是"废除形式约款"或者"履行补正形式瑕疵"，可能需要依个案是否履行了主给付义务等案件事实而断。

闫俊奇：可以把案情再具体化一些。首先，存在一个特别约定，双方一切交易都应以书面形式进行，此后双方达成了一个口头的买卖合意，买卖10吨货物。几天后，卖方交付了十分之一的货物，买方受领，似乎可以认为，此次买卖交易中，此前的形式约款被废除了。

老师：在这种情况下，双方就10吨货物的买卖合同确实已经成立了。水流从"默示废除形式约款"这条海拔较低的水渠流走了,"履行治愈"那条海拔比较高的水渠,看起来就没有什么意义了。所以,有可能存在这么一种现象:对于意定要式合同而言,通过可推断的行为废除形式约款,就大概率排除了"履行治愈"。

问题七:买受人付款后出卖人出具的收据不构成书面变更

闫俊奇:老师,我有一个问题。在第365页,关于合同变更的案例,能否理解为已经构成书面变更?

老师:你的观点是否建立在如下基础之上,即"将收据理解为后续所签订的一个合同,该合同如同一个补充协议"?

闫俊奇:是的。

老师:从我书中的表述来看,应当并非如此。

问题八:未意识到行为正在背离形式约款且无可归责性的,不成立默示废除的意思表示

李思蝶:老师,我有一个问题。在第365页,书中提到,当事人在作出意思表示时如果没有意识到形式约款的存在,或者没有意识到自己在背离形式约款,此时意思表示不成立。那么,没有意识到形式约款的存在,是属于欠缺表示意识还是其他的意思瑕疵类型?这里的观点是认为意思表示不成立,而按照我们之前的观点,欠缺表示意识,在表意人具备可归责性时,仍然成立意思表示。

老师:是的。这个地方应当补充说明一下,应当衔接到书中第三章第一节意思表示构成要件的相应部分。

问题九:"撤回"法律行为的术语使用

李兆鑫:老师,我有一个问题。在第366页,关于法律行为的约束力,在此处使用撤回这个术语是否不太恰当,因为此时法律行为已经成立了。

老师:这里的撤回与消费者撤回权有关联。按照德国法的用语,称为消费者撤回权,我国则笼统地称为退货权。二者含义相同,都不是意思表示理论中一般意义上的撤回(意思表示生效之前的撤回)。

问题十:"物权合意在交付前不具有约束力"的观点几乎不具有实践意义

胡逸群: 老师,我有一个问题。在第367页,这里提到了动产物权变动中的物权合意在交付前不具有约束力。在德国法上,这是因为《德国民法典》第929条使用了"einig sind"。我的疑问是,从"einig sind"中如何推导出该结论? 在我国法上,假如承认物权行为的独立性,应否继受该观点?

老师: 这一观点的实践意义不大,主要具有教学意义。物权合意不会使双方当事人之间产生债权债务关系,即便合意有约束力,也不会从中产生违约责任。一方当事人不能根据这个所谓的"有约束力"的物权合意去请求对方交付标的物。

第二节　法律行为的生效

问题一：莱嫩的三分法的意义

闫俊奇：老师，我有一个问题。在第368页，关于莱嫩教授的三分法，结合后面的法律行为一般生效要件与特别生效要件来看，核心观点在于有效性是法秩序整体上对法律行为的评价。进一步讲，就是把效果与效力分开看待。如果这么看，我们在理论上又认为行为能力应当作为法律行为的成立要件，那么，生效要件就只剩下意思表示健全与法律行为内容不违反禁止性法律规定这两者。是否可以把他的这种观点理解为，有效性等于对这个法律行为是否违反公序良俗与禁止性法律规定的判断，不涉及其他？

老师：无论这里涉及的是什么，任何民法理论设计都是为了解决实践问题，如果不能更好地解决问题，就没有如此设计的必要。

问题二：《民法典》第143条的规范价值

李兆鑫：老师，我有一个问题。关于第371页的内容，《民法典》第143条从正面规定了法律行为生效的三个要件，我认为仅从反面规定法律行为的效力障碍事由即可，正面规定有一定的负面作用。一方面，除有法律规定的效力障碍事由外，法律直接推定法律行为成立即可，无须作正面的专门判断。另一方面，我认为第143条有一定误导性：首先，若不符合以上三个要件，法效果并不必然是无效的，还应考虑相对人的信赖保护；其次，正面规定也可能会在举证责任分配层面产生误解，使诉讼中主张法律行为生效的当事人误以为自己需要承担证明满足全部生效要件的责任，而本条实际上不是一个义务性规范，仅具有宣示作用。

老师：《民法典》第143条除宣示作用外还有没有其他正面作用？这些正面作用有没有实践意义？

闫俊奇：我认为第143条规定的是底线。《民法典》规定了这三个要件，表明原则上必须满足这三个要件才构成有效法律行为，反面规定是从否定的角度出发，没有设定底线的效果。就实践意义而言，从立法角度看正面规定可以节约立法资源。以第一个要件为例，若从反面（否定）角度规定，则需要两个法律条文，即第144、145条。

李兆鑫：反过来看，第144、145条的存在也可以证明无须正面规定生效要件，就可以据此判断法律行为的效力，正面规定显得多此一举。

老师：所以，《民法典》第143条是否存在，对法律行为效力的判断没有实质影响。

问题三：无权代理的成立待定理论价值

闫俊奇：老师，我有一个问题。在第372页，我国实证法规定无权代理是效力待定的法律行为，您这里从主体错位的角度论证了无权代理本应是成立待定的法律行为。代理制度作为归属规范，在意定代理中代理权的授予是授权性意思表示，但法律行为最终是否归属于被代理人仍取决于法律评价，从这个角度考虑，我认为采用实证法文义上的效力待定模式也未尝不可。无论是在狭义无权代理中还是表见代理中，如果我们一般性地承认合同在被代理人与相对人之间成立，然后在法律评价阶段对是否存在值得保护的信赖以及被代理人是否可归责进行判断，进而将其导向有效或者无效，这种构造也符合法条文义。

老师：如果把你在法秩序评价阶段的有效或者无效替换为成立或者不成立，是否也可以？

王小亮：成立待定还有一个区分实益，就是已成立的法律行为已然具有形式拘束力，使无权代理的法律行为成立待定，更有利于保护私法主体的意思自治。

胡逸群：老师，我想进一步提问：对于被代理人而言，无权代理人以被代理人名义与相对人缔约，其内心意愿是合同在被代理人与相对人之间成立；对于相对人而言，代理人已显名，相对人会认为合同在其与被代理人之间成立，那么，从意思表示解释的角度看，合意是在被代理人与相对人之间达成的。成立待定说究竟是基于不能为第三人缔约、维护私法自治的原则，进而导致合意不达成，还是认可合意达成，但将代理权作为特别成立要件？也就是说，此种情形中代理权究竟是法律行为的一般成立要件还是特别成立要件？

老师：按照我的理论，代理权应当是法律行为的特别成立要件。

胡逸群：那究竟是满足一般成立要件即产生形式约束力，还是需要也满足特别成立要件才产生形式约束力呢？

老师：一般成立要件与特别成立要件要全部满足。满足特别成立要件后，法律行为才成立，成立后才可以在被代理人与相对人之间产生形式约束力。被代理人有追认权，若不追认，即便存在形式约束力，这个约束力对被代理人也没有意义，顶多只有相对人受到形式约束。

王小亮：老师的结论我赞同，但我认为还要思考代理人与相对人之间的关系。在特别成立要件符合之前，也存在形式约束力，这个约束力约束代理人与相对人，使代理人不能随意撤销其意思表示。

老师：若采取理论上的成立待定构造，欠缺代理权则法律行为不成立，相对人不受形式约束。这里首先需要讨论的是按照实证法规定的把代理权作为一个特别生效要件的效力待定构造。据此，欠缺代理权的法律行为已经成立并产生形式约束力，这种情况下被代理人因享有追认权而不受法律行为约束，善意相对人也因享有撤销权而不受约束，仅恶意相对人在效力待定的立法模式下受到形式约束。那么，这个形式拘束力是否正当或者必要？如果答案是否定的，那么，形式约束力问题就不能成为成立待定模式的理论障碍了。如果答案是肯定的，那么，需要思考恶意相对人受到约束是否另有理论基础，即"法律行为成立"之外的理论基础。

胡逸群：老师，在成立待定模式下，因为恶意相对人明知无权代理却依旧作出意思表示，可不可以认为恶意相对人的反悔行为违反诚实信用原则？这样就可以得出与效力待定模式一样的结论。

闫俊奇：老师，可以参考您去年发表在《南京社会科学》上的《〈民法典〉无权代理人责任制度的解释论》，文章中提到《全国法院民商事审判工作会议纪要》第20条传达了如下精神：在越权行为情形中，相对人明知道行为人越权的，应自行承担不利后果，无权请求损害赔偿。尽管这是针对越权代表情形中的被代表人责任，但越权代表与无权代理在利益状况上并无实质区别，所以上述精神也可以适用于无权代理人责任。故在无权代理中恶意相对人自陷风险，使其承受形式约束力具有正当性。①

老师：所以，此种情形中逻辑推演的结论与价值判断的结论出现不一致。纯粹的逻辑推演就是书中所论证的成立待定模式：欠缺代理权时，法律行为不

---

① 参见杨代雄：《〈民法典〉无权代理人责任制度的解释论》，载《南京社会科学》2021年第6期。

成立，不产生形式约束力；价值判断的结论则是在无权代理中应当让恶意相对人受到约束。为了得到价值判断的结论，就应当将欠缺代理权视为法律行为的特别生效要件，使法律行为在本人与相对人之间成立，对恶意相对人产生形式约束力。那么，请大家继续思考，为什么逻辑推演的结论与价值判断的结论不一样？

闫俊奇：我认为是无权代理涉及三方关系导致了这一差异。代理人代理被代理人与相对人进行磋商，虽然有主体错位，但单纯从行为归属来看体现不出这一点。具体来说，是否授予代理权是当事人之间关于授权的意思表示，若无，则代理人欠缺代理权，无法将行为归属于被代理人，但这并不意味着代理人的意思表示就不存在，若恶意相对人作出承诺，似乎也应当承认当事人达成合意并产生形式约束力。

老师：法律行为理论的最小单元是意思表示，任何讨论都必须从意思表示出发，这句话你们要牢记终生！涉及法律行为的问题都必须从意思表示出发，不能直接从法律行为出发。具体而言，要依次作如下考察：一方的意思表示怎么样？另一方的意思表示怎么样？双方的意思表示合起来怎么样？意思表示合致之后是法律行为成立，法律行为成立之后是法律行为生效，需要一步一步考察，不能跳步。你们现在从意思表示出发，分析一下刚才提出的问题。

闫俊奇：代理人以本人（被代理人）名义向相对人作出一个意思表示，相对人作出一个指向本人的意思表示。问题出在代理人以本人名义向相对人作出的意思表示，此时因为无代理权，意思表示不能归属于本人。

王小亮：老师，我认为将代理权放在意思表示层面讨论更为妥当。假设甲授予乙代理权，其效果不仅在于最终法律行为的归属，还包括乙能够以甲的名义作出意思表示，即在意思表示的归属阶段代理权已经发生作用。

老师：我们经常忽略意思表示归属这一说法而直接讨论法律行为归属，其实是简化了步骤，因为这一步的简化通常没有负面效应，同时讨论意思表示与法律行为的归属过于复杂。当然，个别情况下有可能体现出简化步骤的不利后果。

闫俊奇：老师，按照不成立的模式构造：如果本人行使追认权，本人的追认行为并没有追认客体，因为此时不存在合意。

老师：本人追认的效果是补全先前欠缺的代理权，后续就与有权代理一样：代理人能够以本人名义作出归属于本人的意思表示，代理人作出的意思表示与相对人的意思表示因内容一致达成合意。现在需要讨论的还是刚才那个问题：纯粹逻辑推演中相对人不受形式约束的结论，从价值评判的角度看是否妥当？既然认为相对人作出一个可以归属于自己的意思表示，为什么相对人可以不受约束？尤其在相对人为恶意的情况下，为什么不让其受到约束？

李思蝶：老师，若采用成立待定构造，我认为效果上与效力待定构造没有太大差别。成立待定构造中当事人既然不可能受法律行为的形式约束（因为法律行为尚未成立！），就应回到意思表示层面：我国《民法典》仅明确规定要约原则上可撤销，却未规定承诺可撤销，这就意味着当事人仍然应当受承诺意思表示的约束。

老师：从法规范隐藏的法秩序的价值决定来看，既然实证法承认要约意思表示原则上可撤销，在还未达成合意的情况下，为什么不承认承诺意思表示原则上可撤销？

王小亮：我认为应当规定承诺原则上可撤销。形式约束力分为意思表示的形式约束力与法律行为的形式约束力。通常情况下我们只讨论要约的形式约束力而不讨论承诺的形式约束力，因为我们的思想中暗含一个假设，即承诺发出、到达之后法律行为便成立，而后便上升到法律行为的层面进行讨论。在承诺已经到达但法律行为没有成立的特殊情况下，要约可能是从甲发往乙，也有可能是从乙发往甲，没有理由不将这两种情形作统一对待。

老师：顺序是偶然的，偶然因素不应影响价值判断，也不应导致评价上的区别对待。所以采用特别成立要件说，不让恶意相对人受到形式约束似乎并无不妥之处，可以这么说吗？

王小亮：《民法典》第171条第2款第3句规定："行为人实施的行为被追认前，善意相对人有撤销的权利。"这里可不可以作反面解释，认为恶意相对人没有撤销的权利？

老师：可以作反面解释，这是实证法作出的规定，刚才我们只是在理论层面进行讨论。关于这个问题，或许我们可以认为，采用特别成立要件说，在本人追认之前，无权代理的法律行为虽未成立，从而无法产生法律行为的形式约束力，但相对人的意思表示毕竟已经生效，在法价值层面上，考虑到恶意相对人对于无权代理的发生具有可归责性，所以例外地使其意思表示具有形式约束力，无论该意思表示是否属于要约以及是否符合要约产生形式约束力的要件。实际上，实证法规定本人享有追认权，从而使法律行为处于"待定"状态，本身就意味着相对人承受了一种负担。只不过法律上照顾善意相对人，赋予其撤销权，借此减轻其负担。而恶意相对人因为具有可归责性，所以不应享受这种优待，没有撤销权，结果就是受到形式约束。由于此时法律行为尚未成立，所以这种形式约束不可能源于法律行为，只能源于相对人的意思表示。如此，则关于恶意相对人受形式约束之问题，逻辑与价值复归于一致。

第六章
法律行为的效力障碍

- 第一节　法律行为无效
- 第二节　法律行为效力待定
- 第三节　法律行为可撤销
- 第四节　法律行为附条件与附期限

第一节　法律行为无效

问题一：是否有必要承认法律行为部分成立

王小亮：老师，我有一个问题。在第377页，判断部分无效或者全部无效的前提是系争法律行为已经成立，我的疑问是，在某些特殊情况下是否可以考虑区分部分成立与全部成立？

老师：请你举个例子来说明，在特定情况下有必要承认部分成立。

王小亮：比如，有两个海鲜商，一个是批发商，一个是零售商。批发商的要约内容为向零售商出售螃蟹、龙虾与海鱼，零售商承诺的内容仅包含螃蟹与龙虾。双方在合意层面就螃蟹与龙虾达成一致，但对海鱼买卖没有达成一致，这里是否可以将整个交易视为一个法律行为，认为部分成立？当然也有另一种视角，就是将交易看作数个法律行为。

老师：既然有可能解释为数个法律行为，那就有可能认定两个法律行为成立而第三个法律行为不成立。所以你举的这个例子不够纯粹。换一个例子，甲公司向乙公司发出要约，愿意向乙公司出售100吨某种货物，但是乙公司回复只愿意购买80吨。对于这种情况，有两种构造方案。一是认为甲、乙公司之间构成要约与承诺，成立内容为80吨的买卖合同；二是认为乙公司的回复构成新要约，买卖合同未成立。实证法采取构成新要约的方案，不承认部分成立。请大家思考，为什么实证法不承认部分成立的方案？这种方案有什么缺点？

李兆鑫：就本案案情来看，可能是运输成本等其他原因，导致仅出售80吨货物严重违反甲公司的真意。

老师：那么，在生效层面为什么就可以承认部分有效？

胡逸群：我认为部分成立本身还是意思表示解释的问题，在解释的时候就要确定完整明确的意思表示内容。

老师：承认法律行为部分有效或者部分无效，在某些情况下也是因为符合假定的当事人意思，同样的道理，在成立环节是否也可以考虑假定的当事人意思？

闫俊奇：在老师所举的例子中，构成实质性变更的情况认定为形成新要约，给当事人重新缔约的机会，实际上是保护当事人的意思自治。即便构成新要约后原要约方拒绝承诺，也是符合常理的，因为新要约实质性地变更了原要约的内容。

老师：你说的实质性变更，其实就以假定的当事人意思为前提。

王小亮：如果承认部分成立与部分不成立，那么，我认为重点不在于拒绝了对方的意思表示，而在于没有形成合意。比如，刚才我举的例子，零售商作出回应，仅购买螃蟹与龙虾，如果不承认部分成立，则要约中关于海鱼的部分零售商就不能再作出承诺；如果承认部分成立，则零售商就可以在事后再作出一个承诺。

老师：还是回到我原来的问题，我举的例子中的两种方案，与实证法不同的方案为什么不可行？

曹沛地：如果承认法律行为可部分成立，则针对甲公司明确的 100 吨货物的要约内容，乙公司便可单方决定合同内容，凭一方之意志完成本应由两方共同决定的法律行为内容，有悖意思自治原则。

老师：如果按照行业交易习惯，本案中买方少买 20 吨对卖方并无较大不利呢？

曹沛地：此种情形中，假设认为买受人只购买 80 吨货物之表示不构成对出卖人 100 吨货物之表示的实质性变更，可成立 80 吨货物的买卖合同，即部分成立，这好像有点异常，出卖人作出表示出卖 100 吨货物，似乎是按照交易习惯被解释后，认为出卖人愿意出卖 80 吨货物，问题转化为了出卖人甲公司可否主张构成错误，撤销该买卖合同。即使出卖人甲公司可主张错误撤销，亦为其增加了交易成本，而且本案中出卖人甲公司并无可归责事由，完全因为买受人乙公司作出一个内容不同的表示，使得出卖人甲公司处于不利之法律地位。所造成的行为导向可能是，无人愿意发出要约，因为谁发出要约，谁就会被他决。对比而言，买受人乙公司作出购买 80 吨货物的表示后，出卖人再次作出同意或者拒绝的表示，成本极低，而且能直接保障双方当事人对法律行为内容得以由双方决定。

老师：看来，合同法要约承诺制度中的"实质性变更"规则已经足以解决此类问题。一旦承诺中的标的物数量与要约中的数量存在差别且应被认定为实质性变更，就应当将承诺认定为新要约，而不是按照"法律行为部分成立"处理。仅在不应被认定为实质性变更的情况下，才能按照承诺中的数量认定法律行为成立。在这方面，法律行为"可否部分成立"与"可否部分有效"并非完全相同的问题。成立与否的认定，重在判断是否达成合意，更为注重维护意思自治。有效与否的认定，则是针对已经达成合意从而成立的法律行为，在处理结果与当事人意思的吻合度方面的要求略低于成立环节的要求。毕竟在法律行为已经成立的情况下，当事人可能已经为此项交易的执行投入了一定的资源，如果认定法律行为部分有效，就可以避免此种资源投入落空。

问题二：部分无效模式或者全部无效模式在《民法典》第156条中的适用

胡逸群：老师，我有一个问题。在第377页的脚注中，作者注明瑞士法的规范模式起源于罗马法与欧洲普通法上的"有效之部分不因无效之部分而受影响"的原则。无论是瑞士法的部分无效原则还是德国法的全部无效原则，可能都起源于上述罗马法的"有效之部分不因无效之部分而受影响"原则。罗马法上这条规则最初是一条确定规则，而不是推定规则（presumption）。作为一条确定规则，在某些案件中会得出不合理的结论，于是罗马法上逐渐出现一些相反的判例，以至于这条规则后来演变成一条推定规则。可能瑞士法的继受就停留在此处，而德国法则更进一步，将推定的方向扭转，变为全部无效原则。此外，也有观点认为罗马法的"有效之部分不因无效之部分而受影响"原则其实是一个法律继受上的误解：最早在乌尔比安的论述中，部分无效其实是针对一个违反问答一致性（unitas actus）要件的要式口约（stipulatio）的个案（hunc）而言，乌尔比安是在就事论事，而不是提出一个普遍原则——事实上罗马法学家对于部分无效的问题都是在针对个案进行处理。但是从后世的注释法学派到潘德克顿学派，罗马法的这句论述无意中成了原则（此时表述中没有hunc）。我国学说在讨论《民法典》第156条究竟是采部分无效原则还是全部无效原则时，总是以罗马法为论据，认为罗马法采部分无效原则，我国也应采部分无效原则。但似乎罗马法上并不存在一个所谓的原则，而是通过个案判断来确定是否可以采用部分无效原则。所以我认为关于部分无效或者全部无效，从法史的角度去证成我国法应当采用何种模式，似乎也走不通。

邓继圣：老师，在第377页中，作者以德国法、瑞士法作为全部无效与部分无效的两个立法例，认为两种规范模式的区别没有想象的那么大。我看到有学者对该观点以及相似的观点提出不同看法，除了刚才提到的在罗马法继受中就存在的误解，还有两个理由。 第一个理由认为，在当事人举证责任分配上两种立法模式有区别：对于主张部分有效这一积极事实，显然比主张全部无效这一消极事实更加困难。 第二个理由从意思自治的角度出发，认为当事人在进行交易、达成合同的过程中，更多是进行整体性考量，一般不会考虑合同是否可分的问题。 而对于可分的合同，可以通过交易过程中的磋商，或者条款的达成以及案件相关的事实证据来证明合同是可分的。 如果采用推定部分有效的原则，可能会过度干涉当事人的意思自治，在没有证据表明当事人接受合同可分的情况下，当事人或许更希望整体交易不存在。 以上是我看到的认为两个立法模式有显著差别的理由。

老师： 证明责任部分有一定道理，至于意思自治部分具体如何体现？

邓继圣： 主要还是在于难以判断的情形。 一般情况下，当事人在达成整体交易时，确实不会考虑合同是否可分。 如果事实上当事人之间就是整体考量的，但在存疑的情况下，由于证据不足被法官判定为部分无效，当事人最初构想预设的交易模式就被否定，当事人的意思自治被破坏。 另外我还有一个问题，对于《民法典》第156条，能否依反面解释得出"存疑时认定为全部无效"的解释结论？ 因为第156条的表述为"不影响其他部分效力的，其他部分仍然有效"，其中"不影响"的反面就是影响或者存疑，那么，在存疑的情况下，能否将其认定为全部无效？

胡逸群： 我认为《民法典》第156条的反面推论只是影响其他部分效力的全部无效，也有观点认为第156条存在法律漏洞，没有规定存疑时的效力。

老师： 我认为《民法典》第156条没有太大争议，两种规范模式除了在证明责任分配方面有差异，在其他方面没有太大差异。

问题三：法律行为统一体能否适用部分无效规则

胡逸群： 老师，我有一个问题。 在第377页，提到系争法律行为无论如何必须是一个法律行为，不能是数个独立的法律行为的组合。 我以前也认为这是理所当然的，但德国法上似乎认为多个本身独立的法律行为组合而成的法律行为统一体也可以适用《德国民法典》第139条的全部无效规则。

老师： 德国物权行为理论中也有类似观点，即把债权行为与物权行为视为一个法律行为，然后适用部分无效规则。 在德国法文献中确实有比较多的案例与讨论，某些类似情形中也有相似的观点，我在《法律行为论》里没有对此展开讨论，我国《民法典》第156条能否处理多个法律行为之间的效力关系也还有待斟酌。在德国法文献中，某些情况下承认数个法律行为在效力判断上也适用部分无效规则，可能有德国法律体系中特殊的原因，也可能没有特殊的原因。如果有特殊原因，那么，这个规定当然不值得我国借鉴。但即便假设德国法上没有特殊原因，从理论上也可以推广到别的国家，这种构造对其他国家的学者与学生而言依然不符合逻辑。既然承认存在数个法律行为，又怎能以一个法律行为的规则来处理？难道就没有其他更符合逻辑的路径吗？贸然引进德国法文献中的这个理论，可能会干扰我们对比较清晰的法律行为理论体系的掌握，所以，我虽然了解到相关学说，但并没有在书中予以介绍。就目前我国民法学所处的发展阶段而论，没有必要贸然引进该理论，否则就像是搞出个"大杂烩"，容易造成消化不良。

问题四：量的可分性具体应用问题

闫俊奇：老师，对于第378页关于量的可分性的论述，我有疑问。作者举的例子都属于当事人达成约定，有一部分约定因违反法律法规而无效的情形。《民法典》第1141条规定了特留份，这种情形较为特殊，属于法律规定当事人应当进行意定安排。例如，老人有一个大儿子与一个小儿子，大儿子完全丧失劳动能力且无生活来源，老人通过遗嘱将其全部遗产分配给小儿子，如果这里采用部分无效、量的可分的观点，下一步就要探讨特留份的份额应当如何认定。我认为将遗嘱认定为不可分更有利于保护完全丧失劳动能力且无生活来源的人，法官从补充性解释的路径难以构造出符合当事人意思的意思表示。

李同学：如果使遗嘱全部无效而按照法定继承处理，则更加违反真意。我认为可分模式更能保护当事人的真意，法官只需要为被保护人留出必要份额，剩余的财产按照被继承人意定的比例继续通过遗嘱继承即可。

老师：你的主要问题还是认为这种情况下标准不好掌握，对于实践中法官的裁量标准与处理结果是否值得信赖存在疑问，是吗？

闫俊奇：因为我关注到，有观点批评法官以假定当事人的意思进行解释，认为法官裁判中的假定当事人意思实际上就是法官的意思，所以是否应当尽量避免假定当事人意思的适用？

老师：这是没办法避免的，包括所谓的规范性解释其实也是由法官进行的解释，诉讼本身决定了个案中许多事情都必须由法官进行裁量。

问题五：特留份可分的概念含义

王小亮：老师，在第378页，关于特留份我有一个问题，即特留份可分的是什么？我认为肯定不是某个特定物所有权的份额，是否可以参考老师在《民法总论》中提到的"继承共同体"，各自拥有类似于社员权的权利？

郑哲峰： 我记得孙维飞老师讲过，根据原《继承法》（已废止）的规定，继承纠纷诉讼可以把所有遗产视为以被继承人死亡时为限的集合，集合里面包含各个财产。也可以把遗产想象成一个人，向遗产主张财产权利。

曹沛地： 虽然是一个集合体，但集合体里的每一个财产都是一个独立的财产，所有继承人对每一个财产都是共同共有。

老师： 这就是我在《民法总论》第234页"一般财产与特别财产"里举的例子，涉及尚未分割的遗产，认为是各种权利的集合体。作为特别财产，遗产未分割前，所有继承人构成一个共同共有体。

问题六：主给付义务的合同条款无效对合同整体效力的影响问题

闫俊奇： 老师，我有一个问题。在第382页，关于"涉及主给付义务的合同条款无效时，合同全部无效"所举的第二个案例，我在论证上有疑问。从可分的角度来看，公关费、招待费、礼品费因违反禁止性规定而无效，而填表等行为虽然合法，但却建立在行贿的基础之上。既然均建立在行贿的基础之上，我认为直接使其全部无效即可，无须进行关于二者关联性的讨论。

李兆鑫： 本案是甲公司委托乙公司协助办理行贿事务，如果甲公司直接进行行贿，我认为肯定是全部无效，但既然有乙公司介入，通过委托合同间接进行行贿，就应当进行关联性讨论。

老师： 委托合同中，乙公司的主给付义务包括合法的程序性工作与违法的行贿行为，但关键在于二者相互配合才能完成目标，不可分割。关于受托人主给付义务的条款无效，进而会导致整个委托合同无效。

问题七：主给付义务可分是否影响合同无效

李思蝶： 老师，我有一个问题。在第382页，关于"涉及主给付义务的合同条款无效时，合同全部无效"，是否应当考虑主给付义务的可分性？若主给付义务可分，主给付义务部分无效是否会导致合同全部无效？

老师： 两个规则都应当考虑，第一个规则是"部分无效原则上不导致全部无效"，第二个规则是"涉及主给付义务的合同条款无效时，合同全部无效"。在讨论第二个规则时同样适用第一个规则，两个规则相互结合：若主给付义务具有量的可分性，即可适用第一个规则。

问题八：婚姻被撤销后发现尚未分割的财产是否为夫妻共同财产

闫俊奇： 老师，我有一个问题。在第385页，《民法典》第1054条规定无效或者被撤销的婚姻自始没有效力，假设甲与乙的婚姻被撤销并进行财产分割后，发现有尚未分割的财产，此时因婚姻溯及无效，尚未分割的财产是否为共同财产呢？

老师： 在婚姻溯及无效的情况下，理论上不是共同共有财产。

李兆鑫： 我认为应当按照同居关系处理。

老师： 按照同居关系处理是否有具体的法律依据？

李兆鑫： 有，即《最高人民法院关于人民法院审理未办结婚登记而以夫妻名义同居生活案件的若干意见》，但已经失效。我了解到学界有部分学者对无效或者被撤销婚姻溯及无效的规定提出了批评，如李永军教授认为该规定有两点不足：第一，将婚姻类比继续性合同，无效或者被撤销的婚姻无法恢复原状，同居关系期间所得财产的处理方式也不够清晰，若采取非溯及无效的路径，即可按照共同共有财产处理，规则相对明确；第二，从社会效果看，婚姻关系溯及无效无法妥善保护善意相对人与子女的利益，从婚生子女转变为非婚生子女，虽然法律上的权利义务关系无变化，但从社会文化环境的角度看并不利于子女健康成长。①

老师： 司法解释是否规定婚姻溯及无效时，同居期间所得财产如何处理？

王小亮：《最高人民法院关于适用〈中华人民共和国民法典〉婚姻家庭编的解释（一）》[以下简称《婚姻家庭编司法解释（一）》] 第22条规定："被确认无效或者被撤销的婚姻，当事人同居期间所得的财产，除有证据证明为当事人一方所有的以外，按共同共有处理。"

老师： 司法解释是否规定同居期间所负担的债务应如何处理？

王小亮： 没有找到相关规定。

闫俊奇： 是否可以将财产解释为广义的财产？财产包括消极财产，即债务。

老师： 我国《民法典》及其司法解释对夫妻关系中的财产与债务区分得很清

---

① 参见李永军：《论〈民法典〉婚姻家庭编中损害赔偿的请求权基础》，载《法学家》2022年第6期。

楚,实证法上不存在广义解释的可能性。 请大家思考,能否从《婚姻家庭编司法解释(一)》第22条推导出婚姻无效或者被撤销在财产方面例外地没有溯及力? 采取无溯及力的规则是否妥当?

王小亮:我认为可以从司法解释的目的出发进行探究:既然婚姻已经无效或者被撤销,为什么司法解释使其财产关系上为共同共有? 为什么是共同共有而不是按份共有? 我能想到的理由是共同共有无份额以及共同共有无法任意转让份额,从而使共同共有人紧密绑定。

老师:无效的婚姻关系期间类似于合伙关系,二人是生活上的合伙,形象地说,无效的婚姻关系期间二人相当于搭伙过日子。 不能理所当然地从《婚姻家庭编司法解释(一)》第22条的规定中推导出在财产关系领域,婚姻无效或者被撤销不具有溯及力,因为对此既可以用非溯及无效之理论来解释,也可以用合伙理论来解释。

曹沛地:《民法典》第1054条第1款第1句规定"无效的或者被撤销的婚姻自始没有法律约束力,当事人不具有夫妻的权利和义务",此处是否仅指身份关系?

老师:从文义的角度看,婚姻应当包含身份关系与财产关系。 你的解释路径对《民法典》第1054条第1款第1句进行了目的论限缩,是一种隐藏的漏洞填补行为。 通过目的论限缩使《民法典》第1054条产生一个法律漏洞,再通过司法解释进行漏洞填补,这种解释路径很独特。

李思蝶:老师,《民法典》第308条规定"除共有人具有家庭关系等外,视为按份共有",是否可以从"等"字解释出同居关系的情形?

老师:有这种解释的可能性。

曹沛地:此种解释似乎是认为"同居关系"与"家庭关系"是平行概念,从而将同居期间的财产解释为了共同共有。

老师:那么,无效或者被撤销的婚姻期间的债务该如何处理?

王小亮:我认为可以运用合伙理论解释,债务问题可以类推合伙的相关规定。

老师:合伙债务与夫妻共同债务在实证法具体规则上不尽相同,用合伙理论解释同居期间所产生的债务过于勉强。 所以从共有关系与债务关系来看,在财产关系层面上将婚姻无效或者被撤销认定为不具有溯及力更为妥当。

问题九：意思表示错误的法律行为能否被认定为相对无效

闫俊奇： 老师，我有一个问题。在第386页，关于"意思表示错误的法律行为也曾被认为是相对无效"，假如某商家对其在网店销售的某款商品标价错误，我认为，若把意思表示错误理解为相对无效，从形成之诉转变为确认之诉，一定程度上可以解决撤销权受除斥期间约束的问题。

老师： 不能看到标价错误就直接跨越到意思表示错误，基于"解释先于错误"原则，必须先对意思表示进行解释：在意思表示成立的前提下，首先通过意思表示解释得出卖方意思表示的内容，其次与卖方真实意思进行比较，方可得出意思表示是否存在错误的结论，最后才可以讨论其效力。在案例分析中，不可先入为主地认为意思表示存在错误。

问题十：相对无效的"相对"应如何理解

王小亮： 老师，我有一个问题。在第386页，关于本章的论述我从两个角度去理解。书中列举的各国立法中的相对无效规则，其所谓的"相对"可以分为两个方向：其一，是"某人可主张无效"，其二，是"可对某人主张无效"。从第一个方向看，若所有人均可主张无效，则其对应的是对所有人均无效；若特定人可主张无效，则存在两种可能性，即该无效仅对其自身发生效力，或者该无效对所有人发生效力。从第二个方向看，相对无效一方面对某部分人是有效的，另一方面又对某部分人是无效的。这种现象似乎是矛盾的，如何调和该矛盾？我的想法是从形成权与抗辩权的角度出发，相对无效可以通过形成权或者抗辩权处理。

老师： 前面的论述符合逻辑，需要具体论证关于相对无效与形成权、抗辩权的关系这一部分。相对无效以"相对"二字缓冲，如何体现矛盾性？以被查封物为例，在一个债权债务关系中，甲为债务人，乙为债权人，因甲不履行债务，乙向法院申请查封甲的财产。法院查封后，甲将查封物处分给第三人丙，按照书中的理论，此种情形即可适用相对无效的规定，按照你提出的观点，此种情形应当如何处理？

王小亮： 以相对效力说为基础，甲将查封物处分给丙，除乙以外其他所有人的视角下，该处分均为有效。既然绝大多数人视角下为有效，只在乙一人视角下为无效，不妨承认处分行为有效，而赋予乙抗辩权以救济其债权：因甲处分查封物而丧失查封物所有权，致使乙请求甲履行债务时，甲拥有在法律上履行不能的抗辩，为对抗甲的抗辩，法律应赋予乙针对甲履行不能抗辩的抗辩权。

老师： 这种路径会把简单问题复杂化。债权人应当是进攻性的，无须防御性的抗辩权。

问题十一："只有特定人才可以主张的"相对无效的适用空间问题

王钦： 老师，我有一个问题。在第387页，书中观点认为，"只有特定人才可以主张的"相对无效类似于可撤销，在民法已经于较大范围内规定可撤销法律行为的情况下，是否有必要进一步承认与之功能接近的"只有特定人才可以主张的"相对无效还有待斟酌。我认为，"只有特定人才可以主张的"相对无效在特定当事人的保护上可能更具优势，因为相比于法律行为可撤销，法律行为的相对无效不受除斥期间的限制，可随时主张。此外，"只有特定人才可以主张的"相对无效相较于我国《民法典》的其他规定也存在优势，比如在卵子交易中，卵子购买方与卵子出卖方（提供卵子的女性）签订合同，约定以40万元购买其卵子，支付方式为卵子摘除前支付5万元，卵子摘除后支付剩余款项。购买方在卵子摘除并取得卵子后拒绝支付尾款。根据《民法典》，卵子买卖合同因违背公序良俗而无效，此时的法效果对提供卵子的女性并非保护得当，若采取"只有特定人才可以主张的"相对无效的规范模式，给予提供卵子的女性一个选择的权利，可以更好地保护其权益。

老师： 此种情形属于第386页中"违背基本权保护型公序良俗的法律行为"，实践中"只有特定人才可以主张的"相对无效确实有适用的空间。

闫俊奇： 老师，我认为案例中采取"只有特定人才可以主张的"相对无效的构造与《民法典》第153条第2款，即违背公序良俗的法律行为无效，存在体系上的冲突。

老师： 从字面上看，《民法典》第153条第2款并没有写明是绝对无效或者相对无效。

闫俊奇： 从目的论角度出发，《民法典》第153条第2款是为了使违背公序良俗的法律行为不发生效力，如果允许相对无效存在，《民法典》第153条第2款的目的就会被架空。

王钦： 我认为可以对无效情形进行区分。若涉及国家利益与社会公共利益，则其效力为绝对无效；若涉及个人利益，则允许其效力具有相对性。

闫俊奇：假设涉及个人利益的法律行为相对无效，我认为一定程度上法律是在变相允许该行为的发生。

李思蝶：相对无效模式下，如果提供卵子的女性不积极主张无效，则该法律行为依然有效，也有违法律的价值与目的。

老师：你们说的都有道理，所以我在书中也指出，"只有特定人才可以主张的"相对无效还有待斟酌。这是一个值得深入研究的问题。

王小亮：理论上的限制处分特约是否也可以在这里讨论？实证法上的限制处分特约包括《民法典》第545条以及《最高人民法院关于适用〈中华人民共和国民法典〉有关担保制度的解释》第43条等。

老师：这些也属于相对无效，即处分行为相对无效。若特约可以对抗第三人，则也会产生同样的结果。

李兆鑫：老师，在上述讨论的基础之上，我对《民法典》第696条有疑问，该条第2款规定："保证人与债权人约定禁止债权转让，债权人未经保证人书面同意转让债权的，保证人对受让人不再承担保证责任。""不再承担"的表述赋予了保证人和原债权人之间绝对无效的效力，但是债权让与对保证人所信赖的债务人的履行能力并无影响，此种规定可能会影响债权流通的价值，所以，我认为应当类推适用《民法典》第545条债权让与的相关规定。

老师：《民法典》第696条第2款确实不妥当，其对有保证的债权人转让债权的限制过于严格。

李兆鑫：老师，关于债权让与我还有一个问题。债权让与中，让与人负有保持债权价值的义务，对此，《民法典》第765条规定："应收账款债务人接到应收账款转让通知后，应收账款债权人与债务人无正当理由协商变更或者终止基础交易合同，对保理人产生不利影响的，对保理人不发生效力。"此种情形是否也属于相对无效？

老师：此种情形属于相对无效。

李兆鑫：这种情况下能否采用绝对无效的模式？

老师：采用相对无效模式的原因在于此种情形可能涉及某些抗辩：虽然价款债权发生转让，但基础交易合同的内容仍有可能发生变更，可能会产生对抗价款债权的抗辩，从而对价款债权的受让人产生不利影响，这是《民法典》第765条想解决的问题。

李兆鑫：按照《民法典》第765条，应收账款债权人与债务人协商变更或者终止基础交易合同，对保理人无不利影响的，即可对其发生效力。是否可以将此条款类推适用至其他债权让与场合？

老师：对此，需要推敲一下。合同债权转让之后，原债权人仍是基础合同的当事人，依据私法自治原则，可以与合同的另一方当事人即债务人达成合同变更或者终止合意，此种合意可能导致受让人丧失债权或者债权的实现受到妨碍，合同当事人的自治与债权受让人的利益发生冲突。从让与人角度看，其既然已经将债权转让给他人，就不应与债务人达成有害于债权存续或者实现的合意。但从债务人角度看，因为债权让与并未获得其同意，所以债权让与不应给其带来不利益，包括不应剥夺其通过自愿协商与让与人达成合同变更或者终止合意的机会，否则就等于将让与人的法律负担扩及于并非债权让与合意之当事人的债务人，违背合同相对性原则。《民法典》第765条是对保理人的倾斜保护，对于其是否具有充分的正当性，尚有疑问。因此，我认为不应贸然将其类推适用于一般情形中的债权让与。

问题十二：欠缺必备条款是否导致合同无效

李思蝶：老师，我有一个问题。在第391页，书中认为强行性规范的下位概念可以分为强制性规范与禁止性规范，并把《民法典》第153条第1款解释为禁止性规范，因为一般而言强制性规范不导致合同无效。但《劳动法》关于劳动合同必备条款的规定应当属于强制性规范，欠缺必备条款却导致合同无效，这是基于何种考量？

老师：这种情形与违反物权法上的强制性规定类似。若贯彻物权法定原则，则《民法典》物权编中关于物权内容、效力的规定即属于强制性规定。实践中双方当事人签订合同旨在创设某种物权，若此种物权的内容与法定物权的内容不一样，那么，该约定在物权法层面因违反强制性规定而不发生效力，但这是另一种意义上的强制性规定。书中所援引的金可可老师发表在《中德私法研究》上的《强制规定与禁止规定》一文专门探讨了这个问题。① 这种意义上的强制性法律规定与《民法典》第153条第1款中的强制性法律规定有所区别，对于违反前者的法律行为，直接依据法定原则认定为无效即可，无须援引《民法典》第153条第1款。

---

① 参见金可可：《强行规定与禁止规定——论〈合同法〉第52条第5项之适用范围》，载王洪亮等主编：《中德私法研究(13)：合同因违法而无效》，北京大学出版社2016年版。

问题十三：法律与行政法规的范围内是否需要考虑公序良俗因素

李兆鑫： 老师，我有一个问题。在第393—394页，书中提到将行政规章与地方性法规纳入公序良俗的标准，从而影响法律行为的效力。我有疑问的是，在法律与行政法规的范围内是否需要考虑公序良俗因素，如需要考虑，公序良俗应当排在考量因素中的哪个位置？

闫俊奇： 你的意思是《民法典》第153条第1款与第2款应当协同考量，在依第1款判断的同时也应当考量公序良俗？

李兆鑫： 一方面是是否应当同时考量，另一方面是如何考量。我查阅到有两种不同的路径：传统大陆法系在区分法律与行政法规的性质时将其分为明定无效型强制性规定与违反公序型强制性规定；在英美法系中则类似于一元论，未明确区分两种类型的强制性规定，并且将公共政策（类似于大陆法系中的公序良俗）置于考察的首要位置。

闫俊奇： 我认为法律、行政法规与公序良俗是分不开的。法律行为无效本质上是其规范目的与类型化导致的，而规范目的与类型化无法完全与公序良俗分开，因为规范目的可能就是公序良俗。

老师： 《民法典》第153条第1款中的法律与行政法规的强制性规定归根结底是把公序良俗法律化、规则化。易言之，公序良俗是原则，法律、行政法规是具体规则，这些具体规则旨在维护公序良俗。

闫俊奇： 有观点认为，上位原则与下位规则是交互澄清的关系，对下位规则的客观目的论解释同时也是解释上位原则的过程。《民法典》第153条第1款实际上通过否定法律行为的效力解释了什么是违背公序良俗的法律行为。

老师： 是这个道理。

问题十四：《民法典》第153条第1款但书的适用问题

曹沛地： 在书中第399页，作者认为我国《民法典》第153条第1款但书与《德国民法典》第134条的"除基于法律发生其他效果外"差不多，而《德国民法典》第134条的立法初衷是贯彻刑法的实施。在现代社会，各种管制规范层出不穷，显然已经超出此种立法初衷太远。那么，对于我国《民法典》第153条第1款但书，将其视为"解释规则"是否可行？在管制规范本身未对私法效果作出规定时，本条但书授权裁判者对案涉管制规范进行解释，依利益衡量之方式对个案中的法律行为效力进行判断，也就是认定该案中法律行为违背某管制规范后，裁判者要进行论证其为何是无效的。

王小亮：是不是可以放到诉讼法的层面讨论？如果采用师兄观点，就要先看是什么类型的诉，再看应由哪一方当事人举证证明这个强制性规定究竟属于哪一种类型。

曹沛地：可能是裁判者如何评价的问题。

老师：不是举证问题，是谁负担论证义务的问题，与证明责任有相似的地方，但不尽相同。我前面也想到了这个问题，其实就是这个条款到底是解释规则还是引致规则，论证义务到底由谁负担的问题。这与效力性、非效力性的辨别其实是一个问题。你是这个意思吗？

曹沛地：我是从第399页的论述想到对本条但书的解释可能存在另一种路径。

胡逸群：我觉得这两个问题其实有交叉。解释《德国民法典》第134条的问题其实也是承认效力性与非效力性强制规范之区分的一个前提，但这里的引致条款说与解释条款说的区别在于有疑义时该如何处理，弗卢梅没有回答这个问题，他只是认为需要具体判断，卡纳里斯认为有疑义时法律行为应当是无效的。

老师：有疑义时认定为无效，就说明法律行为所违反的这个条款是效力性强制规范，你是这个意思吗？

曹沛地：是的，如果采用这种观点，裁判者只需引致管制规范就可以了。比如我与逸群之间有个合同，若法官直接适用《民法典》第153条，引致某条管制规范判定合同无效，没有论证为什么依据该条管制规范该合同是无效的，当事人就会很"蒙圈"，觉得裁判者有点不讲道理。

老师：也不能说不讲道理，这个合同确实违反了法官所引致的这条禁止性法律规定，据此判定合同无效亦无不可。

曹沛地：违反了禁令是一种简单的判断，对于违反应导致合同无效，裁判者是否有论证义务？

胡逸群：第一个判断是法律行为是否违反禁令，第二个判断则是这个禁令本身是否会导致法律行为无效。关于第一个判断，我觉得两种学说没有差别，都认为法律行为违反了禁止性规范。但卡纳里斯认为，既然违反了禁止性规范，原则上法官就会认为法律行为是无效的，而弗卢梅则认为，在违反了禁止性规范的情况下，仍然要具体探究这个法律行为到底应否有效。我觉得他们观点的差异主要在第二个问题上。

闫俊奇：对的，不能说因为违反了引致的禁令，就认为违反禁令必然导致法律行为无效，法官在作出效力判断的时候就已经对引致条款是何种类型的强制性规范有了判断，需要在裁判文书中对这种判断进行论证。

王小亮：我觉得这个地方其实不会涉及法官主动适用的问题，一个法官在实践中如果适用这个规定，肯定是因为一方当事人提出了相应的主张。

闫俊奇：不一定是法官不敢适用。一方当事人想要诉请履行，肯定主张合同有效，所以法官肯定要先审查合同效力，这个就是法官主动适用。这里还有一个问题，在一般合同里，私法自治没有问题，包括《全国法院民商事审判工作会议纪要》也规定应当向着合同有效的方向去处理，但在究竟属于何种类型的强制性规定尚不明朗的情形中，我觉得一般原则是要让步的，不能再一味贯彻私法自治原则了。

郑哲峰：仅在不违反规范目的的情况下，才会适用私法自治原则，认定合同有效。

老师：你们有这个疑问，可能是因为考虑到中国的特殊情况。中国的强制性法律规范太多了，所以合同触犯强制性规范的概率很高。如果在合同触犯强制性规范的情况下，一律要求主张合同有效的当事人去论证合同为何有效，那么，当事人的负担就太重了。但法官不是随便抓过来一个强制性规范就能用于认定合同无效，这不是拍脑袋就能做的事情，法官也需要论证合同与这个强制性规范之间确实存在关联性且二者确实相抵触，才能认定合同无效。此时，一方当事人通常比较着急，他需要去陈述、说明，尽管合同违反了这条强制性规范，但按照这条规范的目的，合同不应认定无效，而应认定有效，当事人其实只要作适当的说明就会引起法官的重视。

问题十五：《德国民法典》第134条是否为纯粹的引致条款

胡逸群：老师，我有一个问题。在第400页，关于《德国民法典》第134条是否为纯粹的引致条款，我比较倾向于弗卢梅的观点，他认为第134条其实"什么都没说"，更多的是要根据具体的禁止性法律规定来判断应否导致法律行为无效的后果。我不赞同"什么都没说"这个观点，但我对多数学者主张的这个推定规则存在疑问。我觉得，既然立法者制定强制性规范，就有义务也有能力把这个强制性规范写得清楚明白，当不能解释出强制性规范会导致法律行为无效时，为什么不能从私法自治的角度推定系争法律行为是有效的呢？

老师：你认为不应推定为无效，而应推定为有效，是吗？这个法条是如何规定的？

胡逸群：是的。《德国民法典》第134条规定的内容是："除基于法律发生其他效果外，违反法律禁止规定的法律行为无效。"我认为，单从法条来看，多数学者的观点可以得到支持，但我的疑问是，这样推定的正当性何在？是不是维护私法自治更合理一点呢？

老师：但系争法律行为是与禁止性法律规定相抵触的，这种情况下还能理直气壮地说私法自治吗？

胡逸群：通常认为，在无法判断一个规范是任意性规范还是强制性规范的时候，应当推定为任意性规范。那么，在这里可否类比一下，在无法判断应当有效抑或无效时，推定为有效呢？

老师：现在的问题是，禁止性法律规范的存在基本上指向合同无效的后果。法官想判定一个合同无效，只要找出一条禁止性法律规范并且说明本合同违反了本条禁止性法律规范即可，剩下的事情应当由当事人去论证，如主张合同有效的当事人应当论证，尽管本合同违反了本条禁止性法律规范，但本合同仍然应当有效，基本逻辑应当是这样的。私法自治是原则，双方自愿签订了合同，原则上有效。有一个例外就是该合同如果违反了禁止性法律规范，则是无效的。还有一个例外的例外就是尽管合同违反了禁止性法律规范，但是例外情况下仍然是有效的。这个结构没有问题，私法自治已经体现在原则那里，那么，在例外之例外中要再次体现私法自治，这个体现的程度跟前面的原则肯定不尽相同。

问题十六：违反禁止性法律规范的法律行为应否由裁判者承受论证负担

曹沛地：我举一个实务案例。甲为某村村委会，乙为采砂公司。十年前，二者签订土地让与协议，协议时间是十年。采砂公司将荒滩上的植被全部铲平后，并未采砂，也始终没支付价款。诉讼中裁判者以该协议违反耕地所有权不得流转的规定，确认合同无效。

老师：这个合同的内容其实是土地使用权流转，是发包吗？

曹沛地：我觉得解释为发包或者租赁都可以。

老师：这个案件法官认为违反了农村土地承包法吗？这块土地是荒地还是

耕地呢？

曹沛地：是荒滩。

老师：也就是荒地，这样的话，村集体本来就可以发包给外面的公司，只要程序合法即可。这个案件应当是法律适用错误，它并不涉及耕地所有权不得流转这条禁止性法律规范。你的例子恰恰说明了前面我们说的法官并非没有论证负担，他需要论证系争合同确实违反了某一条禁止性法律规范。就此而论，这个案件中法官的论证负担没有完成。

李思蝶：老师，法官在判断一个合同是否违反禁令的时候，是不是已经涉及了规范目的的判断呢？

胡逸群：我觉得在构成要件里，首先要判断是否符合这个法条的构成要件，然后再去讨论这个法条的法效果到底是有效还是无效。

老师：按照第400页的内容，应当是第一步先判断系争合同有没有违反某一条禁止性法律规范，第二步再来辨别按照这条禁止性法律规范的目的，这份合同到底是否有效，是分两步的。第一步的论证负担在法官，第二步的论证负担在主张有效的当事人这边。

问题十七：违反禁止性法律规范的法律行为应否由主张有效者承受论证负担

王小亮：老师，我有一个问题。在第400页，我对"主张法律行为虽违反禁止性法律规定但仍然有效者对此须负担论证义务，而主张法律行为无效者则无须积极地寻求规范目的支撑"这句话有疑问。按照纯粹的形式标准分配论证负担，感觉不太妥当。

老师：对，这句话是在援引德国学者的观点。其实论证负担的分配没那么简单，甚至诉讼法中证明责任的分配也不是那么简单，不能仅依据语言表述的形式去分配。相较之下，论证负担比证明责任的分配应当有更高的灵活度，因为它毕竟是纯理论层面的东西，不像证明责任那样有民事诉讼法与司法解释中的若干实证法规则框架，论证负担的分配没有任何实证法规则。你们认为论证负担都在当事人身上不合理，但是都在法官身上也是不合理的，应当在两个极端之间寻求一个平衡点。

问题十八：违反禁止性法律规范的法律行为当事人论证负担的轻重

李思蝶：老师，我有一个问题。第400页第1段倒数第1句"有效并不明显违背相关强制性（禁止性）法律规定"与该页中间"只要不能确定无效之后果违背规范目的，就应判定法律行为无效"这句话，两者对于当事人的论证负担是不是有点不太一样？ 似乎后面的标准相对来说更宽松一点，因为依据前面那句话，当事人必须证明法律行为违背了规范目的，而依据后面这句话，须证明无效的后果与规范目的相抵触，感觉还是有点差别。

胡逸群：这里的意思是无效抵触、有效不抵触。

老师：我觉得差别不在于有效、无效，而在于该页第1段倒数第1句话有"明显"两个字，中间那句话则没有。 加上"明显"两个字不对吗？

李思蝶："明显"就更倾向于认定合同有效。

老师：是的，如果没有明显违背规范目的，那就应当是有效的，这样就更容易使合同例外地有效。 中间那句话没有"明显"，使合同例外有效的难度加大。"明显"两个字照顾了中国国情，已经在一定程度上降低了合同有效的论证负担。

问题十九：《民法典》第153条类型化适用问题

李兆鑫：老师，我有一个问题。 在第400页，《民法典》第153条违法与违背公序良俗这两款规定是不是都需要在司法实践中予以类型化，才能真正地解决问题呢？

老师：是的，进一步类型化更有助于指导实践，而那种比较宏观、粗放的二分法或者三分法其实不利于指导实践，顶多是写教科书或者讲课的时候弄出这么一个比较一般化的、有助于记忆的概念，在辅助学习方面有效果，而在指导司法实践方面未必有效果。 法官需要的是直接拿过来就能用的、更加具体的东西，与学生的需求不一样。 学生可能需要一个概念金字塔，从宏观到微观，从抽象到具体，这样掌握起来比较容易一些。

闫俊奇：我感觉这个问题或许是大陆法系的一个观点。 大陆法系从规范的角度观察行为，所以需要先入为主地判断具体行为是否违反了强制性规范抑或公序良俗等。 可能英美法系国家在处理这种问题时更有优越性，在个案中，从当事人的行为中推导出其违反了哪些要素，这是从行为出发而不是从规范出发的。 一个是从上到下，一个是从下到上，方向不同。

老师：思维方式不一样。 英美法也不是没有规则，他们从个别的判例中提炼出一般规则，法官在判案过程中，这种实践性规则也是发挥重要作用的。 大陆法系是先制定一般规则，然后再适用于个案。当然，在适用过程中也会根据具体情况对一般规则作出调整，重新理解，就像拉伦茨在《法学方法论》中所说的那样，在抽象与具体之间不断往返。

问题二十：法律行为的履行行为违法与内容违法之区分

李兆鑫： 老师，我有一个想法。在第402页，"甲公司采矿案"被放在法律行为的履行行为违反强制性规定这里，我觉得放在上面内容违法的部分可能更好。因为这个案例中的合同内容本身就是违法无效的。

老师： 与前面内容违法的案例中的合同相比较，前面是毒品买卖、人体器官买卖，这类交易本身就是违法的，再回到这个采矿案，合作勘察探矿合同这种类型的交易本身不是违法的，它与履行地点这个特别因素相结合才有可能违法。

李兆鑫： 合同约定在A区域探矿，A区域本身就是自然保护区，已经确定的履行地点违法了，也算内容上本身违法吧？

胡逸群： 争议焦点就是，该案例属于内容本身违法还是法律行为的履行行为违法。

李兆鑫： 这个案例中的法律也是禁止性规定，我觉得还是有一定参考性的。

老师： 你仔细比较一下探矿合同与前面的内容违法合同，二者还是不一样的。前面这些合同的给付义务与对待给付义务相结合是被法律所禁止的，这个"相结合"就是交易本身。与此不同，就探矿合同而言，不能说"在野生动物自然保护区开采矿石的给付义务与对方的给付义务相结合"是违法的，而是一方当事人为了履行合同中的给付义务，需要在野生动物自然保护区开采矿石，一方的这种行为被法律所禁止，而不是双方的行为相结合被法律所禁止。换个角度，内容违法的合同的履行行为也一定违法了，但是反过来就不一定了。

问题二十一：欺诈行为能否导致法律行为无效

李思蝶： 老师，我有一个问题。在第411页，违背公序良俗最下面这一段，关于欺诈，举例来说，比如甲与乙签订一个合同，甲给乙10万元，让乙帮忙投资，但是乙实际上没有想帮甲投资的意愿，只是想窃取这笔钱，这个时候实际上构成诈骗罪了，怎么认定法律行为的效力呢？

老师： 你的观点是什么呢？

李思蝶： 我觉得这种情况下乙自始就欠缺订立合同的意愿，跟那种隐瞒标的物瑕疵进行交易的情况是不一样的。 这种情况就是纯粹为了骗取当事人的财物，如果还要让受欺诈方主张撤销权并且受除斥期间限制，感觉不太公平。

老师：书中的观点始终认为欺诈的合同是可撤销的，你觉得这样可以认定为背俗无效，有什么理由吗？

李思蝶：感觉这种情况与一般的欺诈是不太一样的，一般的欺诈比如说隐瞒标的物瑕疵订立合同，欺诈方还是希望通过合同来实现自身利益的，而不是为了骗取另一方财物。 二者应当区别对待。

老师：你这个一般情况是怎么得出的？

李思蝶：我刚才说的一般欺诈是当事人为了从合同本身得到对自己有利的因素，这个有利因素需要通过履行合同得到。 但在骗取财物的例子里，他就没有想要履行合同。

闫俊奇：这好像符合真意保留的要件。

李思蝶：是的，但如果是真意保留，在另一方当事人不知道的情况下，法律行为是有效的。

老师：你刚才说的两种欺诈确实有区别，但区别没有那么大，区别对待似乎没有充分理由。 标的物瑕疵欺诈也好，当事人资质欺诈也罢，本质上都是行为方式背俗，不是内容背俗，在这方面是一样的。 况且欺诈撤销权的除斥期间本来就比较长，起算点也可以灵活掌握，已经可以起到充分保护当事人的目的了。

问题二十二：公共利益与公序良俗的关系

闫俊奇：老师，我有一个问题。 在第403页，书中涉及了不少关于国有资产的案例。 有疑问的是，国有资产流动问题是否应一律认定为关乎公共利益？ 我国法律承认所有权、继承制度等，存在私有制色彩，似乎不能将公共利益与国有资产等同。 在书中的第三个案例，即（2011）民二终字第98号案例中，抗辩理由在于低价出售债权会对职工就业产生影响，涉及公共利益。 相较于其余两个案例，我认为影响公共利益不在于出售国有资产，而在于影响就业等问题。

曹沛地：赞同。 损害公共利益未必等于违背公序良俗。 书中第419—420页的"如果法律行为的生效及履行显然有损于社会公共利益，则应认定其违反公序良俗，无效"，此处作者的意思是裁判者承担论证义务吗？

老师：此处"显然"强调的是确定无疑，而非违法的程度问题。 二者的关系应当是，确定（没有争议）损害公共利益的，可以评价为违背公序良俗。

曹沛地：公共利益与公序良俗可能是交叉关系。

老师：我认为是包含关系，公共利益就是公序良俗的一部分。公共利益加上善良风俗，大概等于公序良俗。

问题二十三：法律行为无效的主观要件的必要性及双方背俗情形中的不当得利返还请求权

闫俊奇：老师，我有一个问题。在第412页，此处多数说仍区分了事实与评价：当事人需要认识事实，而价值判断交由法规范。若按照多数说，因给付与对待给付的交换关系构成了合同原因，前例包养协议中行为人没有认识到存在交换关系，则合同由于欠缺原因而不成立，不涉及效力问题。

老师：你提及的似乎是罗马法上的原因。这是主观的原因还是客观的原因？

闫俊奇：是的。最初的客观原因说演绎成了主观原因说，德国法又演绎成了交换关系说。若交换关系作为原因，而行为人没有认识到交换关系的存在，则对待给付没有形成，合同可能不成立。

老师：德国法中，原因的作用已经被约束意思取代了。

闫俊奇：若认为需要主观要件才能使法律行为无效，则相关法律行为归于无效的门槛提高了，在一定程度上架空了背俗无效这一制度，法律行为的效力与当事人主观意志相联系，也有些难以接受。

老师：是的，因此我不赞同多数说。细化书中"包养协议案"，如男方给付女方包养金钱，女方以为是纯粹赠与，未意识到有同居义务，此时应否认定二者达成的协议违背公序良俗？

闫俊奇：此时按照多数说，赠与协议是有效的。而按照书中采用的客观说，因达成了交换关系，包养协议被评价为无效。

胡逸群：此类情形能否放在"当事人知道或者因重大过失不知道导致法律行为背俗的事实"中评价呢？

闫俊奇：价值较低的礼物赠与，如赠与项链，可能无法归入。

李思蝶：一般生活物品的赠与，是否也不能认定为存在明确的交换关系？

老师：你的理解是，应解释为赠与而非包养协议，是吗？

李思蝶：是的。

胡逸群：那么，此处的交换关系是否应理解为双务合同的交换关系？ 例如，行为人赠与金钱，目的为增加同居的可能性，此时可能不构成双务合同意义上的交换关系。 毕竟赠与总是基于一定的原因。

老师：即便将该协议解释为金钱赠与，赠与合同也可能因为赠与方的特殊动机而被否定效力。 而受赠方即使没有理解为交换关系，但知晓此种特殊动机，二者之间的此种约定，本身就是违背公序良俗的，无须纠结是否为双务合同的交换关系。

闫俊奇：评价该合同无效之后，我国民法没有关于双方不法行为无效后返还的规定。 按照德国法的法理，给付方的违法背俗导致法律不干预当事人的自我约定，维持当事人的利益安排，这是否不合理？

老师：在德国法中，此类合同双方背俗，排除给付方不当得利返还请求权，但该排除本身存在正当与否的争议。

闫俊奇：理论上欺诈也属于背俗行为的一种，那么，欺诈无效后的返还请求权此时是否也被排除？

老师：如果仅给付方背俗也可以排除不当得利返还请求权，则相较于《德国民法典》第817条第2款的规定，更为激进。 而对《德国民法典》第817条第2款的规定本身作目的论限缩，可能更为合理。 不考虑德国法的规定，在"包养案"中，包养方给了被包养方金钱后，可以分为两种情况：一种是被包养方已经履行义务，一种是并未履行义务。 在被包养方已经履行义务时，排除不当得利返还请求权可能具有正当性；在被包养方未履行义务时，排除不当得利返还请求权并不妥当，被包养方什么也没做，获得利益显然欠缺正当性。

王小亮：是的，应当惩罚双方，而非仅仅惩罚一方。 不当得利制度在于消除不当的财产增加。 在包养协议双方都已履行义务的情形中，一个可能不完全合理的解释是，包养方的得利在于服务费用的节省，但此种结论是难以接受的。 这个问题不如交给公法与道德去处理，民法似乎难以妥善解决。

曹沛地："包养协议"往往隐含了物质财产与长期性服务之间的交换，与"嫖娼协议"相比，此种交换关系长期且固定，几乎不会对社会公共秩序带来隐患，故而公权力机关不会对"包养行为"予以行政处罚。 当然，如果符合重婚罪的罪状，则另当别论。 那么，为什么"包养"在法情感上难以被接受呢？ 可能是被包养方成了客体，成为另一方的工具，丧失了主体性，或者是传统文化让我们倾向于认为此种交易不能被接受。 无论如何，此种合同的效力在民法上遭受否定性评价，而否定此种合同效力正是基于法秩序的外部矫正，因此，当事人是否知悉背俗，抑或明知背俗但双方你情我愿，并不为外部矫正所关注。法秩序对违法、背俗法律行为的外部矫正只关注外部社会利益，显然不关注当事人的内心意愿。否定包养协议效力后，因被包养方之给付依其性质难以返还，民法对其矫正似乎只能是破坏对价关系，去除财物给付，即被包养方返还其所获取的财物。若非如此，包养协议的法律效力被否定后，仍存在事实上的对价关系，外部矫正就没有实现背俗无效之规范目的。至于被包养方所受损失，可主张损害赔偿。那么，请求权基础可否为《民法典》第157条？

老师：《民法典》第157条为综合性条款，可以解决部分问题。"包养案"中双方都有过错，返还之后，双方各自赔偿。但对于被包养方所理解的损失，仅可以部分填补，如填补精神利益损失。在合同有效时，被包养方作出的损害人格尊严的行为可以得到金钱补偿；无效时，被包养方因为缔结契约而受损，其损害仍然是存在的。

问题二十四：限制离婚自由协议的法律效力

郑哲峰：老师，我有一个问题。在第415页，这种无效的高额赔偿金合同，可以通过无效法律行为转换规则，转换为提前约定的离婚财产分割协议吗？

老师：二者结果是一样的，都是为离婚自由设定重大障碍，具有背俗性，效力上均应否定。

李思蝶：若此种协议是结合过错约定的赔偿金，效力上应当作不同认定。

老师：是的，若约定的内容与法律规定差异不大，不会构成对离婚自由的重大障碍，则另当别论。

问题二十五：限制继承人婚姻自由协议的法律效力

王钦：老师，我有一个问题。在第417页的"遗嘱案"中，书中认为所附条件因限制继承人婚姻自由而无效，那么，该遗嘱本身的效力及内容如何？

老师：对此，不妨结合书中"附条件法律行为"部分（第469—473页）思考可以得出什么结论。该案例中所附条件是否属于"法律行为视为未附条件或者期限而发生效力"的例外情形？如果是，则由此得出结论是，附条件约款无效，但遗嘱整体上有效，即便妻子再婚，遗产中的不动产仍然由妻子继承，而非改由侄子继承。此项结论是否不妥？

胡逸群：是否还要假设当事人意思，即其在得知妻子再婚后，是否还会将不动产给妻子继承?

王小亮：遗嘱作出的意思表示，作为无相对人的意思表示，其解释不需要考虑妻子一方的意思。当事人既然给妻子继承附加条件，则在条件无效时，其并不会将遗产留给妻子。此时应思考的是，该不动产是采取法定继承，还是由侄子继承?

李思碟：此处解除条件其实仅针对遗嘱的不动产部分，严格来说，是部分附解除条件的遗嘱。

闫俊奇：此时走法定继承路径也未必符合当事人的意思，因为法定继承人不包括侄子。

老师：目前可以确定的是，不动产部分由妻子继承不符合当事人的意思。至于是否转而适用法定继承，则难以确定，也非此处关注的重点。

问题二十六：诈骗订立的合同的法律效力

李兆鑫：老师，我有一个问题。在第416页的"冒充古董案"中，对违法行为或者犯罪行为起促进作用的法律行为，可能因违背公序良俗无效。与第407页"如果强制性（禁止性）法律规定针对的是法律行为的后续行为，则后续行为违反该规定通常并不导致法律行为本身无效"这句话对比，促进作用并不像后续行为的帮助性这么高。在"冒充古董案"中，若假想的受害人嗣后死亡或者失踪，导致诈骗无法实施，则是犯罪未遂而非中止，依然认定合同无效，是否反而保护了行为人甲，使其可以取回诈骗的投入?

廖皓：可以用诚信原则规制甲，因为其是明知合同无效而签订并履行合同的。

老师：如果甲因该无效合同确实遭受损失，则其可以考虑依据《民法典》第157条向乙主张适当赔偿。对此，需要考量双方的过错程度与损失大小。

李思蝶：若此处行为不构成诈骗，而仅为民事欺诈，是否对合同仍作无效处理?

闫俊奇：从德国实证法上看，背俗无效与欺诈是分开规定的，欺诈与诈骗在强度上有所不同。①

老师：即便甲购买假古董仅为了对第三人实施民事欺诈，在乙明知道的情况下，双方之间的买卖合同仍然是服务于违法行为的合同，应为无效。民事欺诈虽非

---

① BGH NJW 1960, 237; 1962, 1196(1198).

犯罪行为，但亦为违法行为。此类服务于违法犯罪行为的合同，构成情势背俗。

问题二十七：赃物礼品回收问题的处理路径

闫俊奇：老师，我有一个问题。第416页，在实践中，如果礼品回收商知晓礼品为赃物，但对于具体来路并不清晰，且该礼品回收商日常既有正常交易，也有不正常交易，其主观认识处于混合状态，那么，是否不能一概否定买卖合同的效力？

王小亮：首先要思考的问题是，受贿的合同应当无效，受贿官员转让礼物，属于无权处分，这是逻辑前提。

老师：此时有两种路径。要么依无权处分规则解决，要么若符合刑法上销赃行为的要件，投射到民法中，即礼品买卖合同因违反禁止性法律规定而无效。

问题二十八：处分行为违背公序良俗问题

胡逸群：老师，我有一个问题。在第421页，探讨了处分行为是否违背公序良俗的问题。在我国法框架下，首先承认物权行为独立性，再根据《最高人民法院关于适用〈中华人民共和国民法典〉物权编的解释（一）》第2条，实证法倾向于物权行为有因性。我认为，我国法下处分行为违背公序良俗的实际意义比较小，仅在负担行为违背公序良俗、处分行为不违背公序良俗的情形中，才有讨论公序良俗的意义。在同样采取有因性原则的瑞士法中，公序良俗规定于《瑞士债法典》中，又通过《瑞士民法典》第7条将债法规定适用于所有民事关系。在瑞士法上，处分行为违背公序良俗似乎有法律依据，但观察其主流评注，似乎也并不关注这个问题。

老师：该问题应是德国法特有的问题，在我国法上似乎意义不大。

王小亮：我认为，该问题在我国法存在的一点意义是，我国实际上不承认的是外部无因，而非内部无因。在流押的场合，一般认为，一个抵押合同可以解释为一个负担行为与一个处分行为；但有些场合，当事人希望排除负担约束，不想使对方对其享有变价清偿请求权，仅想要设立抵押权，此时只有处分行为。

胡逸群：类似的例子是抛弃行为是否违背公序良俗的问题。

老师：是的，该问题在少数仅有处分行为的情形中有意义。

问题二十九：违反物权法定原则是否违背公序良俗的问题

王小亮：老师，我有一个问题。在第421页，按照前述观点，违法在本质上也是违背公序良俗,由此延伸的一个问题是:违反物权法定原则,是否也违背公序良俗?

老师: 从理论上看,此种类型不需要援引《民法典》第153条第2款,只需要援引物权法定原则即可。这几年司法解释在一定程度上也有缓和物权法定原则的趋向,所以在依据物权法定原则认定法律行为无效时,应当慎重。

闫俊奇: 无论是非典型担保还是让与担保,都是在既有担保体系下扩张,似乎无法推导出新的物权来。谢在全老师引用了日本学说,①认为非典型担保区别于创设新物权,考量因素主要在于社会经济上的必要性以及无损于以所有权为中心的权利归属秩序;后者着眼于公示方法与类型内容的确定,以及其作为民法上财货归属秩序的物权法制度是否合适。②

老师: 对既有物权类型进行改造与创设一种新物权,二者对于物权法定原则的突破方式与程度不尽相同。就让与担保而言,当事人约定的是转让所有权,若严格遵循物权法定原则,则受让人取得的是一个完整的所有权,但考虑到担保目的,受让人取得的却只是一个担保性的所有权。这种担保性的所有权,是受担保目的制约的,导致其权能不完整。此种所有权,与物权法上明确规定的所有权不一样,是对典型所有权的改造。实际上,司法解释承认了一种不同于物权法规定的典型所有权的担保性所有权,仍是对物权法定原则的突破,只是突破程度比不上创设一种新物权而已。

王小亮: 我试着总结一下,最起码在流质或者流押的场合,因流质、流押一般被认为构成暴利行为,可谓违背公序良俗。这个例子已经证明,关于处分行为不可能违背公序良俗的传统观点在逻辑上难以自洽:包含流质或者流押条款的担保物权设立合同属于处分行为,而该处分行为却违背流质、流押禁止规则所体现的公序良俗。

问题三十:《商品房买卖合同司法解释》第7条的适用范围

曹沛地: 老师,我有一个问题。根据第428页,我对《最高人民法院关于审理商品房买卖合同纠纷案件适用法律若干问题的解释》(以下简称《商品房买卖合同司法解释》)第7条有一些疑问。法律已经对在先买受人的权利提供了很多保障,比如《民法典》中的预告登记制度,买受人没有进行预告登记,则出

---

① 参见〔日〕北川善太郎:《物权》,有斐阁2004年版,第14页,转引自谢在全:《民法物权论(上册)》,中国政法大学出版社2011年版,第38页。
② 参见谢在全:《民法物权论(下册)》,中国政法大学出版社2011年版,第1106—1111页。

卖人依处分自由，可以随意处分。若第二买受人与出卖人恶意串通，第一买受人向第二买受人主张侵权责任之恢复原状，或者主张剥夺出卖人的获利等，好像没必要否定出卖人与第二买受人之间的买卖合同效力。

老师： 认定无效的前提是构成恶意串通，按照书中观点，就是构成违背公序良俗意义上的恶意串通，需要符合《民法典》第153条第2款的适用前提。因此，对于《商品房买卖合同司法解释》第7条，应当谨慎适用。

问题三十一：无效法律行为效力转换中替代行为的瑕疵程度

李兆鑫： 老师，我有一个问题。在第430页，关于转换的概念，书中提到之所以可以转换，是因为导致第一项法律行为无效的恰恰是超出替代行为的那部分预期效果，"恰恰是"这一表述给人一种"替代行为必须有效"的感觉。但是，德国法上认为，替代行为的瑕疵程度只要比无效更轻即可，它也可以是效力待定的。

老师： 是的，但我这里的表述并不想传达出替代行为必须有效的意思，仅在表明是超出替代行为的那部分效果导致第一项法律行为无效。

问题三十二：无效法律行为转换中"缩减"之理解

李兆鑫： 老师，我有一个问题。在第430页，提到将第一项法律行为缩减为替代行为，"缩减"一词似乎不太恰当。它容易让人联想到德国法上的效力维持缩减，这是在量的可分性中讨论的问题。比如，甲、乙订立30年期限的啤酒运送合同，由于30年期限过长而被认定为违背公序良俗，期限缩减为15年。无限期的竞业禁止也是如此。

老师： 第253页中有关于效力维持限缩的论述，你上面举的两个例子其实都可以通过部分无效规则解决。实际上，效力维持限缩没有太大的存在必要。这种否定说也是德国法的通说。①

闫俊奇： 我认为这两个地方的缩减确实不太一样，效力维持限缩是直接对内容进行量的缩减，而转换中的缩减是抽象地将一个无效法律行为缩减回有效的框架之内。

老师： 是的，无效法律行为转换中的"缩减"并非对两种效果的完全量化的比较，二者是存在区别的。

---

① Vgl. Reinhard Singer, in: Staudinger Kommentar BGB, 2017, § 133 Rn. 62.

问题三十三：效力维持限缩可否作用于单个的意思表示

王小亮：老师，我有一个问题。在第 430 页，效力维持限缩可否作用于单个的意思表示？比如，甲表示要以流押的方式为乙设立动产抵押权，而乙表示只想设立一般的抵押权，此时能否通过效力维持限缩，在意思表示层面把甲的表示拉回到一般抵押权的框架之内，从而与乙的表示达成一致？另一个类似的例子是，甲向乙发出买卖 200 斤苹果的要约，乙表示只购买 100 斤，通常而言，我们并不认为甲、乙之间可以直接就 100 斤成立合同。

老师：书中第 253 页提到，"效力维持限缩"属于补充性意思表示解释，也需要通过假定的当事人意思进行审查。在第二个例子中，甲可能认为 100 斤未达到交易的必要数量，因而对表示进行限缩不符合其假定意思。

闫俊奇：第一个例子我认为是符合的，从担保人甲的角度来看，既然愿意设立流押，就必然愿意设立一般的抵押权。

老师：应当是符合的，后者的担保责任更轻。

问题三十四：无效法律行为的转换是否包括欠缺法定形式

胡逸群：老师，我有一个问题。在第 431 页，关于转换的第一个前提，这里提到系争法律行为无效中的"无效"包括欠缺法定形式，我认为这里的"无效"不能笼统地理解为包括不成立。德国法通常认为，对于通谋虚伪表示与不合意，不存在转换的问题。因为此时并不存在合意，无法解释出假定的意思，故而不可能适用转换规则。但是对于要式行为，德国法上认为欠缺要式的法律后果是无效，并认为该情形可以适用转换规则，而按照书中的观点，我国法上欠缺要式的法律后果是不成立，如果认为仍然可以适用转换规则，则应当如何构造？

老师：我在写这一部分的时候可能误带入了德国法的无效模式，为了与前文的观点（欠缺法定形式的法律行为是不成立而非无效）保持一致，应当把第 431 页最后一段中的"欠缺法定形式"以及第 436 页脚注 1 的最后一句删除。

问题三十五：无效法律行为转换规则是否适用于单个意思表示

王小亮：老师，我有一个问题。在第 430 页，关于转换规则的适用，能否更进一步，适用到单个意思表示上？

老师： 对于双方法律行为，转换合意的内容必然要涉及两个意思表示，如果仅对其中一个意思表示进行转换，那么，转换后就不存在合意了。

问题三十六：行使法定解除权可否转换为行使意定解除权

曹沛地： 老师，我有一个问题。在第430页，关于解除行为的转换，如果合同中约定，迟延履行达到一定时间的，对方即可解除合同。其后，守约方在解除时，表示内容为："依《民法典》第563条第1款第3项解除"，事实上却未予催告。此时，能否将行使法定解除权的意思表示转换为行使意定解除权的意思表示，这样的转换又是否会影响当事人的异议权（《民法典》第565条）？

老师： 此时是否符合转换的概念？

曹沛地： 符合，解除表示的核心效果意思是终局性退出合同。唯一的障碍就在于相对人的异议权，因为这涉及两种不同的异议事由。

老师： 如果符合转换前提，那么，把先前作出的表示按照仿佛是在行使意定解除权来处理即可，相对人并没有什么值得保护的利益。对于解除异议，其实守约方在解除时只需要笼统地表示解除合同就可以了，并不需要指明具体行使的是何种解除权。

问题三十七：未经抵押登记的抵押合同不能转换为连带保证合同

王小亮： 老师，我有一个问题。在第432页，关于最高人民法院"将未经抵押登记的抵押合同转换为连带保证合同"的例子，如果作更细致的分析，其实并不符合转换的第一个前提。对于不动产抵押，一般认为抵押合同只是负担行为，我认为其实可以从中解释出负担行为与处分行为。如果采前者，那么未经登记的抵押合同并非无效；如果采后者，则登记是否为处分行为的成立或者生效要件本就存在争议，目前主流观点认为登记只是一个独立的法律事实。[①] 据此，无论负担行为还是处分行为，都不会因未登记而无效。

老师： 所以我这里说抵押合同并非确定无效，而且即便忽略这一点，也不符合转换的第二个前提。

问题三十八：效力待定情形不适用转换的一般规则

郑哲峰： 老师，我有一个问题。在第433页，关于转换的第三个前提，假

---

① Vgl. Klinck, in: BeckOGK BGB, 01.09.2024, § 930 Rn. 144.

定的当事人意思中要求当事人必须愿意使替代行为发生效力。但如果替代行为可以是效力待定的，那么，这里关于假定意思的要求是否就要适当弱化，只需不排斥行为的生效即可，而无须是确定的使其生效的意思？

老师：这里转换的三个前提都是围绕一般情形提出的，并未就效力待定这种特殊情况展开论述。

问题三十九：动机背俗的法律行为无法适用转换规则

李思蝶：老师，我有一个问题。在第433页，关于背俗法律行为能否转换的问题，是否只有在内容背俗的情况下才有转换的可能，而动机背俗导致的无效客观上是无法适用转换规则的？比如，第416页所举的"赌场借贷合同"的例子（借贷的动机是用于赌博）。动机作为当事人过去的一种主观状态，不可能通过转换去消除，否则就等于创造了一个全新的法律行为。

胡逸群：或者说动机一直都在，所以转换后的替代行为也会无效。

老师：应当是这样的，如果转换后背离了此前的动机，那也就不符合当事人的假定意思了。

问题四十：背俗行为适用转换规则的道德风险

李兆鑫：老师，我有一个问题。在第433页，此处认为背俗行为可以适用转换规则，这是否会诱发道德风险？当合同的背俗性未被发现时，一方可以从履行中获利，而被认定背俗后仍然可以通过适用转换规则变为有效，如此一来就会助长当事人的投机心理，引诱违背公序良俗条款的产生。

廖皓：这种情况不仅存在于背俗行为，所有的无效合同都存在这种投机的可能性。

老师：是的，整个无效规则都会面临此种道德风险。在有些情况下，道德风险是不可避免的，不能因此就否定转换规则的适用。

问题四十一：关于解释与转换之界限的论证

闫俊奇：老师，我有一个问题。在第435页，关于解释与转换的界限，"二是个别情况下"这里，作者提到在确定假定的当事人意思时，需要考察当事人之间是否存在不得转换的声明。从论证意义上讲，作者是借此对"假定意思的查明"进行补强，证明其不仅仅是价值衡量，也涉及狭义的意思表示解释。

但这一部分放到第434页的"首先"下面论述，在逻辑上似乎更加连贯。"首先"这里说的是，在适用转换规则之前，须考察当事人之间是否存在意定的转换安排，而第435页中的不得转换的声明也属于当事人的意定安排，只是一个指向转换，一个指向不转换。如果通过对此种意定安排进行狭义的意思表示解释，已经排除了启动法定转换的可能（前者无须适用，后者不得适用），那么，就无须进入后一步的假定意思的查明阶段。所以，用这一部分去证成假定意思的查明还涉及狭义的意思表示解释，有些不太恰当。

老师：把这一部分放到假定意思的查明中论述，有着特殊的论证目的。与你所说的放到"首先"中作为意定安排进行论述，发挥的作用是不同的。这里的论证逻辑是，先看合同中是否存在有关转换的特殊安排，若没有，则再去判断是否符合法定转换的前提，考察假定的当事人意思。"首先"这段内容整体都在讲意定转换，"其次"则在讲法定转换。把不得转换的声明放到"其次"中论述，是为了证明假定意思的查明也会涉及狭义的意思表示解释，以反驳拉伦茨的纯粹价值衡量说。

问题四十二：对司法解释进行类推的可行性

胡逸群：老师，我有一个问题。作者在第436、437页中提到，可以通过扩大意思表示解释的空间以及借助部分无效规则承担起部分转换的功能。而第431页中也提到，已经有部分司法解释的规定体现出无效法律行为转换的法理。那么，为何不能对这部分司法解释进行整体类推，或者认为存在风险的话，仅个别类推某些司法解释以扩大转换规则的适用？还是说相比于其他方案，类推所面临的障碍更大？

老师：司法解释的规定，一是规范层级较低，二是规范的事项比较特殊，所以对一部分转换问题，不宜贸然通过类推司法解释来解决，还是借助意思表示解释或者部分无效规则来解决更为合适。

问题四十三：明知合同无效而给付与《民法典》第985条第3项的区分

闫俊奇：老师，我有一个问题。在第439页，关于不当得利返还请求权，对于"明知合同无效而仍为给付"的情形能否被评价为《民法典》第985条第3项的"明知无给付义务而进行的债务清偿"，排除其返还请求权？

老师：《民法典》第985条第3项的规定旨在解决一些特殊问题，应当结合它的理论背景进行谨慎解释，与合同无效之间没有直接关联。比如，A欠B 10

万元，在向 B 归还全部借款后，A 又向 B 支付了 10 万元，声称是偿还借款，且 A 并非误以为借款尚未还清。这时的偿还其实已经包含了赠与目的，赠与物已经交付，如果再承认 A 享有非债清偿的不当得利返还请求权，不太合理。这种情况与明知合同无效时的给付有着显著区别。

问题四十四：《民法典》第 157 条与第 500 条的关系

闫俊奇：老师，我有一个问题。在第 440 页，关于缔约过失责任，这里提到《民法典》第 157 条与第 500 条是特别法与一般法的关系。我认为第 157 条更接近于耶林提出的缔约过失理论，而《民法典》第 500 条与耶林的缔约过失责任并不是同一意义上的，它其实是侵权责任的特别规定。因为《民法典》第 500 条针对的是恶意欺诈等情形，其中包含了过错判断，在我国大侵权的框架之下，《民法典》第 500 条涉及的客体无法具象为第 1165 条中的某项民事权益，所以在此处予以特别规定。

老师：从《民法典》第 157 条更接近耶林提出的缔约过失责任，就推导出第 500 条是侵权责任的特别规定，思维跨度有点大。虽然耶林最初讨论的缔约过失责任是合同无效情形中的责任，但那只是缔约过失理论的起点，后来随着理论的发展，缔约过失所涉及的情形也在不断扩展。原《合同法》（已废止）第 42 条（即《民法典》第 500 条）的立法本意就是缔约过失责任，只是并非限于耶林所提出的狭义的缔约过失责任，而是后耶林时代经过发展的缔约过失责任。

闫俊奇：如此就可能面临缔约过失与侵权的衡平问题。比如，甲在卖毒蛇时没有告诉乙，该蛇有剧毒。虽然因为没有发生损害，甲的行为无法被评价为侵权，但是由于在订立合同阶段存在先合同义务的违反，构成缔约过失。此时似乎只是给侵权换了个名字，实际承担的仍然是侵权责任。

老师：如果我国在侵权责任上完全采用法国法模式，缔约过失责任确实意义不大，可以被侵权责任吸收，除非找到无法为侵权责任所涵盖的反例。但是，目前学界在这个问题上仍然争议很大，更多德国法背景的学者还是坚持应当部分借鉴德国法上严格的侵权责任三件套模式。理论的发展需要一定的科学性，德国法严谨的逻辑正是科学性的一种体现。

王小亮：即使缔约过失责任与侵权责任有相似性，也不代表《民法典》第 500 条就应当被废除，它代表的是债务与一般义务的区分。在加害给付中也涉及同样的问题，如果质疑《民法典》第 500 条，那么，《民法典》第 186 条也要受到类似的质疑。如此，就会对既有理论体系产生过大的冲击。

问题四十五：《民法典》第 157 条的损害赔偿责任要求过错要件

胡逸群：老师，我有一个问题。在第 440 页，关于《民法典》第 157 条的损害赔偿责任，有观点认为不应以过错为要件。理由在于，《民法典》第 157 条不能作反面解释，因为表意人在作出行为时并不承担不出错的义务，因而不存在过错的问题。① 亦有观点认为，对《民法典》第 157 条的适用范围应当作限缩解释，排除重大误解场合中的过错要件，在双方均无过错时，适用风险分配原则。② 我认为这在解释论上很牵强，因为上述两种观点都是在对重大误解这一种情形进行限制，逻辑上并不符合反面解释的原理。而且，在重大误解的场合，表意人一般都存在过错，因而无过错责任的实践意义也不大。

老师：是的，无过错责任的解释结论在方法论上欠缺依据，而且没有这个必要。

问题四十六：缔约过失责任的损害赔偿范围

王小亮：老师，我有一个问题。在第 440 页，关于缔约过失责任中应赔偿的损失，有些观点认为不应仅限于信赖利益，必要时也可以赔偿履行利益，或者认为信赖利益的赔偿无须以履行利益为限。这种观点是否妥当呢？

老师：赔偿履行利益的观点需要找到特殊的案型作支撑，如果能够证明在某些情况下仅赔偿信赖利益会产生极不合理的结果，那么，就可以对传统观点进行修正。

闫俊奇：我尝试举一个例子，甲以 700 元的优惠价格订得乙酒店的套房，假定存在错误撤销，导致合同无效，酒店原本可以以 900 元的价格订给他人，此时，因丧失其他缔约机会而发生的信赖利益损失就会超过原本交易的履行利益。如果这种现象在交易中较为常见，那么，损害赔偿是否就不应以履行利益为限了？

老师：在实证法上，不超过履行利益的限制仅出现在某些特别条款中，比如无权代理人责任条款，而合同无效后的损害赔偿责任并没有作此限定。

胡逸群：德国法上认为《德国民法典》第 122 条的赔偿应以履行利益为

---

① 参见翟远见：《重大误解的制度体系与规范适用》，载《比较法研究》2022 年第 4 期。
② 参见王天凡：《重大误解中的过错要素：意思自治与信赖保护之平衡》，载《中外法学》2023 年第 2 期。

限,但是有过错要件的缔约过失责任不以履行利益为限。 在某些情况下赔偿履行利益是正当的。①

尹爱龙：还有一个例子,A 的父亲发烧,让无民事行为能力人 A 去买退烧药,A 错买成冰袋。 冰袋卖价为 45 元,因药店老板与 A 一家熟识,仅向 A 收取 30 元。 后 A 的父亲主张合同无效,而冰袋已经毁损,无法返还,请问药店能否请求赔偿 45 元?

老师：这个问题在损害赔偿的计算上就可以解决,不需要借助履行利益的概念。 本案中药店的损害,应以冰袋的客观市场价 45 元为准。 这个例子涉及的其实是所有人—占有人关系中的损害赔偿责任,应该不是缔约过失责任。

问题四十七：缔约过失责任赔偿范围包括落空费用

曹沛地：老师,我有一个问题。 在第 440 页,关于缔约过失责任的赔偿范围,这里提到包含缔约费用、履约费用,是否还要考虑落空费用?

老师：落空费用是包含在内的,此处只是没有列举出来而已。 应当在"履约费用"后再加个"等"字。

---

① 参见〔德〕迪尔克·罗歇尔德斯:《德国债法总论(第 7 版)》,沈小军,张金海译,中国人民大学出版社 2014 年版,第 244 页。

第二节 法律行为效力待定

问题一：无权代理之权利配置规则可在何种程度上类推于无权处分

胡逸群：老师，我有一个问题。在第 441 页，脚注 2 提及可以类推《民法典》第 171 条关于无权代理的规定，我的疑问是，如果类推《民法典》第 171 条，催告权与撤销权是否也需类推？从比较法上看，德国法、我国台湾地区民法在无权处分中仅提及追认，没有提及催告权与撤销权。对于催告权而言，如果可以类推，那么，怎么理解免责债务承担（《民法典》第 551 条）的规定？免责债务承担可能会作为无权处分的一种特别规定。首先，债务人与第三人都可以催告；其次，法条的表述是合理期间，合理期间要不要解释为 30 天？或者说，就无权处分中相对人的催告权，是否应类推 30 天的法定期间？在这一点上，我国法与德国法的立场比较接近，从法条表述上看，限制行为能力人实施的法律行为的效力与无权代理在权利配置上（不包括损害赔偿等）基本上是一样的，尤其是催告后的 30 天期间。但是在我国台湾地区民法中，无权代理情形中是"相当期限"，限制行为能力人实施法律行为情形中则是 1 个月。那么，在我国法上，是不是为了实现效力待定法律行为权利配置的统一性，应当认为，假设无权处分中相对人可以催告的话，催告后的法定期间也是 30 天？就善意相对人的撤销权而言，结合后文对善意的论述，善意首先是指不知道；其次，若构成善意取得，不适用无权处分的规定，故结合《最高人民法院关于适用〈中华人民共和国民法典〉物权编的解释（一）》第 14 条，这里的"善意"可能更多指的是因重大过失不知无权处分，此时是否有必要赋予善意相对人撤销权？

老师：先讨论催告问题。无权处分跟无权代理相比较，有没有催告的必要性？这需要从两个方面考虑。一方面，是否会因此给相对人增加一些负担？目前看来是没有增加负担的。另一方面，相对人有无利益保护需求？

举例而言，若三个当事人都是本校学生，寻找权利人并无难处，此时有无必要赋予善意相对人一个催告权？如果本人没有在合理期限内表态，这对于相对人而言有何不利？假设相对人长期占有某物，并不知道本人是否追认。如果追认，则该物不需要返还；如果不追认，则需要返还。若本人不表态，相对人占有该物达 3 个月、5 个月，甚至 1 年之久，这对于相对人有何不利？

胡逸群：不利在于，无法确定是否取得所有权的话，就无法开展进一步的交易。

老师：这是其一。其二在于保管风险。万一该物在相对人占有下丢失，涉及损害赔偿问题。甚至相对人若为恶意占有人，其责任会加重。从这个角度看，相对人有催告的需求。

胡逸群：进一步的问题就是，催告之后的期限长短，是采取法定期间的 30 天，还是按照免责的债务承担为合理期限？如果无权处分类推无权代理规则，然后把催告之后的期间认定为 30 天。为了保持体系上的一致，是不是免责的债务承担中的合理期间也应当解释为 30 天，还是说把免责的债务承担理解为无权处分的一种特殊规定？

老师：我认为《民法典》第 171 条无权代理规则的权利配置规定得比较全面。那么，无权处分类推无权代理规则，还有没有其他（除了这 30 天期限与免责债务承担规则的规定不一样）不妥之处？

胡逸群：还涉及善意相对人的撤销权问题。

老师：接下来讨论撤销权问题。动产无权处分，相对人不满足善意取得的善意要件时，其是否应当享有撤销权？撤销有什么好处？

闫俊奇：可以迅速摆脱不确定的状态。

老师：在不符合善意取得的要件从而不能变动所有权的情况下，尽快撤销并返还动产，对相对人来说是有好处的，所以允许这种意义上的相对人撤销权，并无不妥，对真实的所有权人亦无害处。此种善意撤销权，在免责的债务承担规则中没有规定。相较而言，无权代理规则比免责的债务承担规则在权利义务配置上更全面一些。在免责债务承担中，相对人是否有行使撤销权的必要，免责的债务承担对相对人是否发生效力，也是不确定状态，这种不确定状态的长期持续对债务承担相对人有何不利？

王小亮：这个地方是不是可以作统一解释，免责的债务承担、并存的债务承担以及债务免除，三者实际上都是处分行为，是否应当统一放在无权处分的问题上一体把握？

老师：问题是，应统一到无权代理规则，还是统一到免责的债务承担规则中处理？我刚才引导你们进行讨论，对《民法典》第551条进行了诊断。在原理上，它也属于无权处分的一种情形，该条款对无权处分的特殊情形作了一个规定，我们需要考察这个规定是否完备。如果是完备的，它就可以作为所有无权处分的统一规范；如果是不完备的，它是否具有作为统一规范的资格并不明确，采取类推到无权代理规则的方式可能更为合理。甚至我们最后可能会得出一个结论，《民法典》第551条本身是残缺的，它所残缺的部分也应当回到《民法典》第171条予以填补。其实，我们可以集中讨论这样一个撤销权是否有必要存在。

邓继圣：免责的债务承担赋予相对人（债务承担人）撤销权的话，可能存在这样的情况：相对人可能为债务履行作好了准备，例如存在必要费用的支出，若不赋予其撤销权，其后来向债权人进行清偿时，得知事实上债权人根本没有同意，将产生一个追索的问题。如此一来，提前赋予撤销权是有意义的。相对人若知道真相，可以行使撤销权，则不会产生必要费用清偿、追偿的问题，不需要通过此后较为复杂的方式进行清结，从这个角度来看，赋予其撤销权是有必要的。

老师：如果说债务承担是有效的，相对人可能会为了履行落到自己头上的债务作准备，筹集资金，可能是自有的资金，也可能是从银行贷款。不管是自有的资金，还是进行融资，都是有成本的，而且时间持续越长成本越高，会产生利息损失。为了尽早结束不确定状态，赋予其一个撤销权，有利于使其避免遭受这种资金损失。从这个角度来看，撤销权是有必要的。在原债务人伪造了债权人同意的文书的情况下，构成欺诈，其实相对人可以行使欺诈撤销权，但相对而言举证难度更大，所以这个善意撤销权仍有独特作用。就此而论，《民法典》第551条对于免责债务承担的权利义务配置是不完备的。

胡逸群：总结而言，在撤销权的问题上，《民法典》第551条仍有必要去类推适用《民法典》第171条，赋予善意相对人一个撤销权。

老师：在立法的时候，立法者可能会忽视一个问题，即免责债务承担也是一种无权处分。也许部分学者会注意到该问题，但从事立法工作的人可能注意不到，不但我们国家的立法工作者没有注意到，国外的立法工作者可能也注意不到。在立法时忽视的问题，在事后通过理论研究进行教义学构造的时候，才会获得充分的关注。因此，现在问题应当上升一个层面，探究这些形形色色的特殊问题到底是应当统一到《民法典》第551条，还是应当统一到以《民法典》第171条为原型的效力待定一般规范？我认为，将其统一到效力待定一般规范并无不可，甚至更为合适。

王小亮：这个问题我其实也考虑过，但我认为它们之间多少有些不同。无权处分有一个最大的特点，即事后补正的可能性更强。例如，一个无权处分的出卖人，没有处分权限，但若事后取得标的物的所有权，则处分行为得到补正。不过，如果观察效力待定的其他情形，如限制行为能力人实施法律行为，即便其之后成年，或者其认知能力恢复了，也不能认为其之前所实施的法律行为必然是有效的。所以，我认为这些效力待定的法律行为表面上并无区别，但它们内部或多或少是存在差异的。

胡逸群：我认为，这个差异可能不足以导致我们要对它们予以区别对待。

老师：差异是存在的，至于是否因此而区别对待，仍需斟酌。

问题二：无权处分、无权代理与行为能力欠缺之区别

胡逸群：老师，我还有一个延伸问题。此处我们讨论无权处分问题时，包括之前我们在讨论使者故意误传、脱手意思表示问题时，不乏学者认为应当类推无权代理规则。我的疑问是，为什么不类推行为能力欠缺规则，而是类推无权代理规则？我认为，一个可能的理由是，在无权代理规则中，无权代理人处置了本人的事务，但是在限制行为能力人规则中，这个事务是限制行为能力人自己的事务，只是其不能单独完成而已。据此，在法律行为需要第三人事先同意的情况下，我认为可以区分两种类型。第一种类型是无权代理与无权处分，二者都涉及行为人处置了本人的事务。第二种类型是行为能力欠缺，在该情形中，行为人处理的是自己的事务。考虑到两种类型存在重大差别，行为能力欠缺规则不适宜作为类推适用的基础。在使者故意误传与脱手意思表示的情形中，有些学者认为应当类推适用无权代理规则，而不是行为能力欠缺规则，这可能也是因为在这两种情形中，涉及的是第三人处置了本人的事务。

王小亮：这个问题其实我也考虑过，但我认为可以简化一下，直接区分意思表示与法律行为即可解决问题。我们谈论限制民事行为能力人，是针对意思表示而言的，在作出意思表示的那一瞬间，法律上要求其处于一个理智的状态，因此，事后即便其取得了民事行为能力，也不可能补正事先的判断能力。从这个意义上说，所谓限制民事行为能力人实施的法律行为效力待定，其实更深层次而言是意思表示效力待定，这个效力判断本质上是围绕意思表示展开的。反之，无权处分、无权代理情形中的效力待定实际上是针对法律行为层面展开的，意思表示本身并无太大问题。

老师： 我很疑惑，你为什么会想到类推适用限制行为能力规则？

胡逸群： 是因为这两条权利配置完全一样，进而我想追问，既然配置一样，为什么不能去类推限制行为能力规则？

老师： 从当事人关系的结构来看，无权处分当然离无权代理更近，没必要舍近求远。

胡逸群： 在我国大陆地区法律上二者是完全一样的，但在比较法上，比如我国台湾地区民法中，限制行为能力与无权代理规则还是有点小差异的，我认为究竟类推哪一个规则，可能会存在一些问题。

老师： 我国大陆地区法律中没有这个差异，所以不应产生这个疑问。实际上，无权处分类推无权代理规则与类推限制行为能力规则，无论结果是否有别，考虑到无权处分与无权代理在关系结构上更为接近，类推无权代理规则皆为首选。

问题三：追认的溯及力与第三人保护

胡逸群： 老师，我有一个问题。第446页提到，溯及力不应损害第三人的利益。对此，我举一个例子，比如甲将动产寄存在乙处，被乙卖给丙并交付，此时丙为恶意，然后甲在自己的动产上又为丁设定了动产抵押权并登记，事后甲知道了乙的无权处分并进行追认。在这个案例中，如果追认有溯及力，溯及至交付的时候，甲就丧失了处分权，所以给丁设立动产抵押权的行为是无权处分。对此，按照作者的观点，应限制追认的这种溯及力，因而设立动产抵押权属于有权处分，相当于保护了抵押权人。不过，还可以有另外一种构造：仍然一般性地认为追认有溯及力，但借助动产抵押权的善意取得制度去保护当事人。

如果我们要支持原则上有溯及力，那么在例外情况下，涉及第三人利益的时候，就应当限制溯及力，其理由在于动产抵押权善意取得的架构难度比较大，因为即便去办了动产抵押权登记，可能也没法给予抵押权人信赖的正当性。如果我们要支持用动产抵押权的善意取得去解决这种案件，其理由在于：如果例外地限制追认的溯及力，那么，障碍是我国法上根本没有就此问题进行规定；而按照动产抵押权的善意取得处理，已经有《民法典》第311条第3款的参照条款进行背书了，在体系上更为协调一点。

闫俊奇： 我觉得应当从事实本身出发。保管人在实施处分行为的时候，是有处分权的。善意取得主要解决处分权欠缺的问题，上述案例中，当事人在事实上作处分的时候有处分权，此后之所以会丧失处分权，是因为后面的溯及力问题，所以一个是法律拟制，一个是事实上的问题。我觉得还是应当遵从事实（事实上有处分权），选择限制溯及力的构造。

曹沛地：我赞同俊奇的观点。权利人追认无权处分之行为的前提条件是在追认时他有处分权，若追认时已经丧失处分权，比如已经进行中间处分，此后的追认是无权追认，当然不能发生追认的效果。前述案例中，甲给丁设立动产抵押权后的追认，其效果只能是丙取得已被设定抵押权的该动产的所有权。

老师：这个理由特别充分、无可辩驳吗？假设有一个学者坚持这种观点，用善意取得制度去保护当事人，不需要借鉴德国法的规定对追认的溯及力进行限制，你们如何进行反驳？

闫俊奇：我认为，最好的办法就是找一个善意取得无法解决但追认溯及力能解决问题的情形。

老师：追认效力待定的法律行为涉及很多情形，为什么非得把思考与讨论局限在无权处分效力待定情形中呢？

邓继圣：现在我们的立场是反驳善意取得的观点。丁如果主张取得标的物所有权，在善意取得的进路下，其在诉讼中需要承担举证责任，举证难度会大一些。

老师：你说得很清楚。这说明善意取得这种模式对丁的保护力度不够，限制溯及力的模式对丁的保护力度更大。不过，持其他观点的学者也可以反驳：丁本来就只应当享受善意取得这种力度的保护，凭什么享受这种溯及力受限制的保护模式？如何应对这种反驳？

王小亮：举个例子，一个同学17周岁，他爷爷送给他一辆汽车。他在17周岁的时候给甲设立了抵押权A，18周岁的时候又给乙设立了抵押权B。

老师：为什么总是举抵押权的例子呢？动产抵押权很特殊，其物权变动效果具有较大的不确定性，不适合作为推导的基础。

王小亮：那就换一个例子。一个同学17周岁的时候获赠一辆汽车，在18周岁生日的前一天，他将该汽车赠与女友并交付，但生日之后他又以该汽车为第三人设立一个担保物权，事后该同学追认了自己对女友的处分行为。

老师：如果追认具有溯及力，则在追认后，该同学与女友之间的汽车所有权让与行为发生效力，自交付时起，女友取得汽车所有权。由此导致该同学与第三人之间的汽车担保物权设立行为成为无权处分。如果需要保护该第三人，则仍应求助于善意取得规则。

邓继圣：可以对上述案例稍微改造一下，对当事人本身成年之后自己去追认的案情进行改造，案件变为：有一限制行为能力人，其先就一个动产实施了处分行为，并以占有改定的方式完成交付，该动产此时依然被其自己或者其法定代理人所占有；此后，其法定代理人又与第三人就同一动产实施了一个处分行为；又过了一段时间，法定代理人对限制行为能力人之前实施的第一个处分行为进行了追认。

老师：结论是一样的。这表明，如果不限制追认的溯及力，就要借助善意取得规则来保护后续处分行为中的第三人。在制度设计上，只能在限制追认溯及力与适用善意取得之间进行选择。善意取得需要符合比较严格的构成要件，且仅适用于绝对权的无权处分，不适用于效力待定期间当事人实施的其他财产行为，如债权处分、出租（包含占有转让）等，所以，其对第三人的保护力度比不上限制追认溯及力模式。这种情况与应否采用通谋虚伪表示无效不得对抗第三人的规范模式类似，后者也面临与善意取得保护模式的选择问题。比较而言，这个例子是恰当的。限制行为能力人实施了一个处分行为，处分行为效力待定，等其成年之后，本身享有追认权。其在追认之前又与第三人实施了一个处分行为，这个处分行为是有权处分（在追认前不发生所有权移转！），不是无权处分，没有善意取得规则适用的余地。因此，这个时候保护第三人就不能采用善意取得构造，只能采用限制追认之溯及力的构造。

问题四：催告权的法律效果

胡逸群：作者在书中第447—448页提到，《德国民法典》第108条中还规定了催告将产生的第三个法律效果，即相对人催告导致法定代理人在催告前向未成年人作出的追认或者拒绝追认之表示丧失效力，法定代理人需要重新向相对人作出追认或者拒绝追认之表示。我国《民法典》无类似规定，在解释上是否应借鉴德国法的前述规定，不无疑问。我认为借鉴上述规定并无不妥。反对借鉴德国法的理由主要有二：

其一，既然追认既可以向无权代理人作出，也可以向相对人作出，那么，一旦追认或者拒绝追认，法律行为的效力即确定，不应再发生变动。

对此，我认为在代理授权中，外部授权、内部撤回（或者内部授权+对外通知+内部撤回）往往会出现表见代理的问题，这说明，因为无权代理人、本人与相对人之间往往存在信息不对称，所以本人有必要将授权的真实状态及时分享给相对人，否则就要保护相对人的信赖。 易言之，本人与无权代理人之间的关系不得对抗相对人。 如果没有分享信息，则本人可能须承担不利后果。

在是否追认的问题上，基于相同的考虑（信息不对称），相对人有这样一种受保护的需要，即本人应直接将信息（追认或者不追认）分享给相对人。 易言之，相对人需要本人直接告知其信息，本人与无权代理人之间的关系不得对抗相对人。

由此可以得出的中间结论是，虽然因为本人与无权代理人之间可能已经发生了追认或者不追认，导致法律行为看上去已经终局生效或者不生效了，但此时相对人有信赖保护的需要，需要特别保护。 从这个角度看，仅仅以法律行为效力已经终局确定为由，反驳在催告之后此前的追认或者拒绝追认应为无效之观点，论据并不充分。

其二，在某些案型中，否定观点认为催告之后，此前的追认或者拒绝追认无效会给追认权人带来投机的可能性。 例如，甲无权代理乙出卖梅瓶给丙，买卖合同订立的时点（T1），梅瓶市价为 10 万元，合同约定价为 10 万元，T2 时，梅瓶市价升为 12 万元，因此，该合同对出卖人不利，甲向乙表示拒绝追认。 但该合同对买受人有利，所以买受人迫切想确定法律行为的效力状态。 于是，丙发出催告。 在 30 天期间起算后的第 5 天（T3），梅瓶市价降为 9 万元，该合同对出卖人有利，因此，甲表示追认。

对此，我认为在买卖合同中，由于买受人与出卖人是利益对立的关系，当一个合同对出卖人更有利时，比如，合同约定价远高于市价，当然意味着对买受人更不利，投机可能性的问题实际上涉及合同相对方的利益保护。 换句话说，如果一方面允许追认权人投机，另一方面又赋予相对人一种自我保护的手段，则允许追认权人投机也未尝不可。 就相对人而言，在上述案型中，善意相对人可以通过撤销权进行保护。 比如催告后，梅瓶市价降低，并且低于原定合同约定价，买受人（相对人）肯定吃亏，此时善意相对人可以行使撤销权来维护自己的利益，同时也阻断了本人投机的可能性。 若是恶意相对人，则因为其恶意，本来就应承担市价波动的风险，让其承受不利是正当的。

我认为，支持借鉴德国法的实质理由为：使追认权人享有一个类似再决定的权利，不会有太大的负面影响。 即便认为法定代理人或者本人不能享有再决定的权利，换言之，曾经作出的追认或者拒绝追认不能更改了，但在有些情形中，本人与无权代理人、法定代理人与限制行为能力人之间却很容易伪造曾经的追认或者拒绝追认。

老师：如果在相对人催告前，法定代理人已向未成年人作出追认表示，该表示已经补足未成年人意思能力之不足，则未成年人之无瑕疵的意思表示与相对人的意思表示达成一致，形成了一个没有瑕疵的合意，那么，逻辑上如何解释法律行为随后又因相对人催告而重归于效力待定的状态呢？

胡逸群：法律行为如依上述逻辑生效，则可能不利于相对人的信赖保护，因为相对人无法获知法定代理人内部向限制行为能力人进行追认，此时相对人可能在不知情的状态下陷入履行障碍。但是，我觉得单纯从相对人的信赖保护需要出发，可能无法得出法定代理人可以再次决定是否追认的结论。

老师：为了避免相对人在不知情时陷入莫名其妙的违约状态，在相对人催告时，法定代理人须重新向相对人作出表示。而要求法定代理人必须作出与此前内部追认相同或者相反的意思表示是不合适的，因此，法定代理人必然会获得一个重新表示的机会。如何论证其正当性是一个难点。除《德国民法典》第108条外，是否有其他方式既可以保护相对人的信赖，又可以避免赋予法定代理人一个重新选择的机会？

胡逸群：我设想的替代方案是使法定代理人在内部追认后，对相对人负有告知义务。但可能存在的问题在于，法定代理人完成内部追认后可能伪造追认事实，将不真实的情况告知相对人，而相对人对此难以证明。基于前述可能，不如直接赋予法定代理人以再次选择的权利。

老师：若规定法定代理人具有告知义务，则可能出现两种情形：一则法定代理人履行了告知义务，二则其不履行告知义务，长期保持沉默。在法定代理人履行了告知义务的情况下，如果法定代理人如实告知相对人其此前已内部追认或者拒绝追认，就不存在问题。

胡逸群：是的。在法定代理人虽履行告知义务但撒谎的场合，由于行为能力制度的特殊性，限制行为能力人可能听从法定代理人的指示，而且限制行为能力人无须承担无权代理人责任，故限制行为能力人缺乏动力对真实情况进行证明。因此，相对人很难证明法定代理人存在撒谎的情况。而在法定代理人不履行告知义务的情形下，相对人可以行使催告权以结束法律行为效力待定的状态。

老师：法定代理人是否已经内部追认，相对人无从得知。在相对人催告后，如将法定代理人不履行告知义务视为追认，则与现行法将法定代理人经催告仍保持沉默视为拒绝追认的规则产生评价矛盾。

郑哲峰：我认为催告权旨在追求法律关系上的清晰性，一方面是法律实体上权利义务关系的清晰性，另一方面是相对人在认识上的清晰性。例如，第447页所述第二个法律效果是，在相对人催告之后，法定代理人只能向相对人作出追认或者拒绝追认的意思表示，即为强调相对人认识的清晰性。假如限制行为能力人与相对人订立一个合同，相对人认为法定代理人大概率会予以追认，则法定代理人追认不会影响相对人的信赖；但如果法定代理人拒绝追认，与相对人的信赖不符，则为了保护相对人认识上的清晰性，需要赋予法定代理人以通知义务。此时相对人催告其实是在表示其主观上并不知道法律关系是否清晰，故为了保护相对人的信赖，此前的内部追认应归于无效，法定代理人只有向相对人进行追认才能产生追认的法律效力。我认为，《德国民法典》第108条可能正是基于这种价值判断，把对于相对人主观清晰性的保护放在了实体权利义务关系的清晰性之上。当相对人的认识与实体上的信息不一致时，可能会倾向于推翻实体上的清晰性来保护相对人的信赖。易言之，如果实体权利义务关系的清晰性是通过内部追认达成的，与外部相对人信赖的清晰性不一致，那么就要否定此前的内部追认，而要求法定代表人重新作出能够保护相对人信赖的外部追认以确定法律行为最终的效力，使得该法律行为兼具法律实体上权利义务关系的清晰性以及相对人在认识上的清晰性。

老师：是的，这应该是《德国民法典》第108条第2款的主要规范目的。

问题五：撤销权的功能问题

王小亮：老师，我认为撤销权的功能可能会与催告权发生重叠。书中第449页第2段第5行提到撤销权的功能有二。其一在于使善意相对人提前结束不确定的状态，而催告权本身也有这样的功能。其二在于赋予善意相对人一个重新选择是否与对方当事人缔约的机会，但这一机会可能导致善意相对人进行投机，通过行使撤销权来规避市价波动等因素导致的不利益，其正当性有待商榷。况且追认已经可以补足行为能力或者代理权之缺失，似无必要再赋予善意相对人以重新选择的机会。

老师：如果交易伙伴欠缺行为能力，那么，在后续的履行阶段可能会遇到麻烦，与缔约时相对人所预想的交易情况不一致。假如缔约时相对人知悉其交易伙伴面临特殊情况，则可能选择不缔约，所以此处基于假定的相对人意思赋予相对人以撤销权。

王小亮：那么，善意相对人的撤销权是否会与重大误解或者欺诈、胁迫之撤销权发生功能上的重叠？

老师： 善意相对人的撤销权相较其他撤销权而言，无须通过诉讼的方式行使，可以节约成本，较为便捷。

问题六：关于诈术条款的讨论

胡逸群： 老师，关于诈术条款的问题，我认为借鉴德国模式更合理。从解释论的角度来看，强制有效模式显然站不住脚，因为涉及行为能力的条款被归结为严法规范（ius strictum）（比较刚性），如果认为使用诈术时强制有效，方法论上可能要对《民法典》第145条进行目的论限缩，这一操作的困难比较大。因此，方法论上唯一的选择就是借鉴德国模式。

从立法论的角度看，到底是强制有效模式更优还是德国模式更优，则与社会一般观念或者说普通民众的法感有关。这里并非不保护限制行为能力人，只是在以保护限制行为能力人为原则的前提下创设了一个例外。

从我国台湾地区"民法"第83条规定的诈术条款的立法史来看，该条实际上继受了《大清民律草案》第35条与《民国民律草案》第110条。在这两部草案的编纂过程中，政府特别重视民事习惯的调查。从这个角度考察，存在两种可能性。第一种可能性是，限制行为能力人使用诈术时，法律行为强制有效的模式源于中国传统社会的一般风俗，可能包含一种惩戒的价值观，这体现在了民国时期的法典编纂中。第二种可能性是，《大清民律草案》总则编是由松冈义正负责起草的，认为限制行为能力人使用诈术则法律行为有效的立场或许源于日本法，但也影响了我国社会风俗，导致如今我国台湾地区"民法"仍然保持了这一立场。换言之，认为限制行为能力人使用诈术就不受保护，法律行为应当有效，可能比较符合东亚人的价值观。

老师： 法史角度的理由不能仅停留在"可能性"的层面，需要进行确切的考证，才有足够的说服力。

第三节　法律行为可撤销

问题一：显失公平的功能问题

曹沛地：显失公平制度是倾向于维护管制交易内容的公平性，还是倾向于维护表意人的意思自治？

老师：从主客观相结合的角度出发，客观要件肯定是着眼于交易内容的公平性，而主观要件要求利用对方的危困状态或者缺乏判断能力，这些状态都将导致交易动摇或者丧失意思自治的基础，故用显失公平可撤销的规则来矫正，因此，该规则在一定程度上也维护了表意人的意思自治。

一方当事人利用对方处于危困状态、缺乏判断能力等订立对价显著失衡的法律行为，也是与善良风俗相抵触的。但显失公平与一般背俗行为有所不同，一般背俗行为的法效果为无效，而显失公平与善良风俗相抵触的程度没那么高，且仅有一方当事人背俗，所以救济的手段也相对要温和一些，不是确定无效，而是可撤销。

曹沛地：所以作者在第452页提到"显失公平规则旨在维护契约正义"，此处的契约正义既包括意思自治，又包括内容管制，是吗？

老师：通常所谓的契约正义系指实质正义，即契约内容上的公平性。显失公平除了维护契约内容的公平性，也维护表意人的意思自治，因为显失公平法律行为受不利益的一方从表面上看虽作出了意思表示，但其意思表示在形成阶段的自由度受到了影响。相较于胁迫，显失公平情形中的意思形成自由受影响程度更低一些，因此，法律上要求显失公平须具备对价显著失衡的客观要件，而对胁迫则无此要求。

问题二：显失公平规则可否适用于附负担的赠与

王小亮：老师，我有一个问题。在第454页，作者认为显失公平规则仅适用于有偿法律行为，不适用于诸如赠与合同之类的无偿法律行为。那么，对于附负担的赠与行为而言，从经济角度看，其属于有偿合同，但并非双务合同，是否也可以适用显失公平规则呢？

胡逸群： 有观点认为附负担的赠与合同是有偿合同。

老师： 这种观点并非主流观点，附负担的赠与应当是无偿合同。例如，我赠与你一栋房屋，并要求你允许我的一个亲戚每年来该房屋居住3个月。此处容忍他人居住之义务的履行系以受赠人所获得的赠与物为基础，与给付房屋之义务无法形成交换关系。

王小亮： 如果甲赠与乙一辆车，要求乙替甲找工作，这属于附负担的赠与行为吗？

老师： 找工作之给付义务与赠与物无关，而附负担赠与，其所附负担应以赠与物为基础。故此例在传统民法理论中并非真正意义上的附负担赠与，而是一种存在交换关系的合同，可能是雇佣合同，也可能是无名合同。

问题三：显失公平规则可否适用于赠与合同

王小亮： 老师，我有一个问题。在第454页，显失公平的客观要件是否可以扩张，使其也包括利用对方的危困状态或者判断能力缺乏而订立赠与合同的情形？德国法所使用的术语本意为对价不成比例，故对应对价显著失衡的情形，但我国法采用的术语为"显失公平"，语义范围似乎更广，并不一定包含给付对价关系。

老师： 单务合同天然不具备形式意义上的公平性，客观上其权利义务配置并不公平，并未兼顾主观上当事人是否处于不利地位。如果赠与人之意思表示并无瑕疵，那么，可以通过合同法规则对其予以特殊保护，如赋予赠与人以任意撤销权，无须在显失公平规则下额外保护赠与人。

王小亮： 但是任意撤销权的行使受到一定限制（《民法典》第658条）。例如，甲趁乙醉酒时要求乙将其手表赠与甲，并即刻履行完毕，则乙无法再主张任意撤销权。

老师： 此例有别的救济手段。例如在德国法中，严重醉酒可能属于暂时无意识状态，等同于没有行为能力，也可能缺乏行为意思或者表示意识，抑或是受对方欺诈陷入动机错误等。

问题四：显失公平的主观要件

李兆鑫： 老师，我有一个问题。在第458页，我认为显失公平的主观要件是根植于客观要件的，亦即主观要件需要从客观行为中推断出来，似乎不足以单独构成一个要件，对吗？ 危困状态是一种客观状态，而行为人是否有利用危困状态的故意，在司法实践中难以证明，需要根据客观状态进行推断。

老师：从认识论的角度看，确实只能通过这种方式来判断行为人是否故意。其判断基础不仅限于表意人的危困状态，还有行为人所处的身份状况以及双方的社会关系等。

问题五：显失公平案例讨论

李兆鑫：老师，我有一个问题。 在第 458 页，关于维护名誉，举个例子，甲打伤乙，乙损失医疗费等费用 10 万元，后甲出于名誉考虑与乙达成和解，约定甲赔偿乙 209 万元，甲是否可以主张构成显失公平？

老师：如原本法官认定仅需赔偿 10 万元，但最后却赔偿了 209 万元，则客观上存在显著的对价失衡。 此例的关键在于是否符合显失公平的主观要件。甲是为了摆脱名誉危机才与乙达成和解协议的，未必存在乙利用甲之危困状态的情形。 实践中，裁判者很可能会认为甲并未到达山穷水尽的地步，并非处于危困状态，而是基于自己的考量自愿达成和解协议，不满足显失公平的主观要件。

问题六：撤销权定性为形成诉权的正当性

闫俊奇：老师，我有一个问题。 在第 463 页，与解除权相比较，把撤销权构造成形成诉权有何正当性？ 我的理解是，在错误的情形中，表意人自身存在错误时，法院作出居中裁判，可以让法律关系尽快确定，而解除则是守约方行使法定解除权，二者利益状况有所不同。 但是当撤销事由为胁迫时，看起来更接近于守约方解除的利益状况，此时仍将撤销权构造为形成诉权似乎缺乏充分的正当性。

老师：有一种观点认为，撤销是让已经发生效力的法律行为溯及地丧失效力，对双方利益可能造成重大影响，如果仅要求当事人作出意思表示即可撤销，则太过随意，所以应当交由法官通过司法程序判断撤销权的要件是否满足。 当然，你的观点不无道理。 解除权可以通过单方意思表示行使，撤销权却不行，这显然存在评价矛盾。 在比较法上，撤销权普遍是一般形成权而非形成诉权。 我国民法之所以将撤销权规定为形成诉权，可能也存在一定的历史原因，感兴趣的话可以查阅何勤华老师的《新中国民法典草案总览》，考证这一规定是否受到苏俄民法的影响,从而形成了这一制度传统,并延续到《民法典》中。①

问题七：部分撤销的考量因素

郑哲峰：老师,我有一个问题。在第464页,作者提到"部分撤销",那么,在部分撤销情形中,除法律行为的可分性之外,是否也应将当事人的意愿作为能否部分撤销的考量因素? 举一个例子,甲向批发商乙以100万元的价格购买100吨大米,随后甲发现自己存在意思表示错误,其真实意思是以1万元的价格购买1吨大米。那么,根据甲的意愿,其可以撤销99%,仅保留剩下的1%。但是从批发商的角度看,这一价格本就属于批发价,以这一价格进行少量交易显然有违其意愿。其实,在不同情形中,部分撤销面临的问题不尽相同,如果不是甲发生意思表示错误,而是乙利用了甲的危困状态,构成显失公平,则允许甲撤销99%似乎无可厚非。

老师：在这个例子中,批发商乙存在大宗买卖的交易习惯。如果其事先知道甲仅欲购买1吨大米,就不会与之交易。因此,根据假定的当事人意思,该错误意思表示应当全部撤销。第464页中"《民法典》第156条规定的法律行为部分无效可以解释为既包括狭义无效中的部分无效,也包括因部分撤销导致的部分无效"。这句话就可以涵盖你刚才说的情形,因为这条规定不仅涉及部分无效的效果,也涉及部分无效与全部无效的区分。在解释时,可以依据《民法典》第156条,把假定的当事人意思适用于部分撤销的情形。

问题八：放弃撤销权的意思表示

胡逸群：老师,第467页提到"放弃意思表示须在撤销权人知道撤销事由之后作出",脚注②里提到了德国法判例及学界的部分争议。老师在书中的观点更接近于少数说的观点。总结可知,对此存在两种观点。观点一认为,知道撤销事由即可;观点二认为,须知道享有撤销权,或者至少知道意思表示是有可

---

① 经查证,撤销权被我国民法规定为形成诉权,始于《中华人民共和国民法草案(第三稿)》(1981年7月31日),这种规范模式后来被《民法通则》(已废止)采用,此前撤销权无须经诉讼行使。另查证,1964年《苏俄民法典》对于误解、欺诈、强迫、威胁等均采取的是"起诉宣布无效"的模式。在这个问题上,中、苏两国民法确实都强调"起诉"。参见何勤华、李秀清、陈颐编：《新中国民法典草案总览(增订本)(中卷)》,北京大学出版社2017年版,第1206、1258页；中国社会科学院法学研究所民法研究室编：《苏俄民法典》,中国社会科学出版社1980年版,第21—22页。

能撤销的。我觉得,对该问题的回答与表示意识欠缺之处理具有体系上的一致性。如果认为表示意识欠缺不影响意思表示的成立,应采观点一;反之,则应采观点二。作者此处的观点与书中的体系是一致的。

老师:是的。一个学者在某一个理论板块终究应有一个基本立场或者基本倾向,我的基本倾向就是淡化表示意识这一主观因素的作用,体现在这里就是"放弃撤销权的意思表示除撤销权人知道撤销事由之外无须再具备表示意识"。

问题九:撤销权的放弃是否为需受领的意思表示

王小亮:老师,第468页提到"关于放弃意思表示是否需受领意思表示,存在争议",但之前第452页提到效力待定法律行为下善意相对人行使撤销权所作的是需受领意思表示。我认为,撤销权的行使与放弃在本质上都是使法律行为的效力状态归于确定,因此均应要求撤销权人作出的意思表示使相对人知悉。那么,撤销权的放弃意思表示是否也应规定为需受领的意思表示?

老师:你可以比较一下行使撤销权与不行使撤销权、放弃撤销权与不放弃撤销权这两种情况对法律行为的效力状态以及当事人的利益状况的影响。

王小亮:我想到了两种情形。其一是可推断之行为客观上无法到达相对人,比如撤销权人向第三人转让基于可撤销法律行为取得的标的物,虽未向相对人表示,但该行为足以表明撤销权人已经认真地放弃了撤销权,在此种情形中就无法把放弃表示构造为需受领的意思表示。其二是撤销权人将放弃撤销权的意思告知相对人之外的第三人,在此种情形中就应当将撤销权人作出放弃撤销权的意思表示定性为需受领的意思表示。

老师:你所提到的第二种情形其实就与第468页下方提到的"自言自语式的表示"相类似。书中所说的"关键不在于撤销权的放弃表示是否到达相对人,而在于可否确定此项表示是否包含约束意义"这句话就足以解释这一问题。

问题十:撤销权消灭的法律效果

李思蝶:老师,第469页提到撤销权因除斥期间届满而消灭时,当事人还可以以缔约过失责任为由,依据《民法典》第179条中的"恢复原状"主张合同废止请求权。但如果撤销权人是主动放弃撤销权的,那么,依据诚实信用原则,是不是就不应允许其再行主张合同废止请求权了?

老师： 对的，否则就会出现自相矛盾的情况。 但在进行教义学构造时，仅依据诚实信用原则会显得说服力不足，还要在解释论上更进一步予以推导。

李思蝶： 可以理解为当事人作出放弃意思表示时，就表明其愿意终局地维持合同效力，因此也包含着放弃恢复原状请求权的意思，是吗?

老师： 是的，可以这样理解。

第四节　法律行为附条件与附期限

问题一：预先达成所有权让与合意与附条件法律行为

闫俊奇： 老师，我有一个问题。在第471页，我之前看到帮买型行纪合同中当事人达成预先的物权让与合意，这是否也是一种附条件法律行为，也就是以委托人购买到标的物为条件达成物权让与合意？

老师： 在这种情形中，双方当事人预先达成所有权让与合意与预先的占有改定，这样也可以看作是附条件法律行为。

闫俊奇： 更进一步思考的话，是否也会存在预先的抵销合意？举例而言，借款人向银行贷款时约定，只要借款人欠付银行借款，银行就可以从借款人的其他账户中予以抵扣，这样是否也可以理解为，以借款人欠款为条件，只要该条件发生，双方合意抵销即发生效力？

老师： 这种情况下要区分借款人与银行达成的合意是预先创设约定抵销权还是预先达成的合意抵销。如果仅是产生约定抵销权，其后还需要当事人行使该形成权方可发生抵销的效果。对此，需要描述得更为精确一些。

问题二：物权变动与附条件或者附期限法律行为

王小亮： 老师，第471页提到"财产法上的某些法律行为也不得附条件或者附期限，如不动产所有权的处分行为，为确保不动产登记簿记载内容的清晰度以及不动产物权关系的确定性，不允许附条件或者附期限"，我的疑问是，物权处分合意与登记移转事实上是两个不同的行为，当事人仅就物权处分合意附条件或者期限，似乎并不会影响不动产登记簿记载内容的清晰度。例如，一方当事人为确保其债权的实现，要求对方将不动产过户到自己名下，但并未达成物权让与合意，其目的仅是通过限制债务人售卖名下房屋来督促债务人偿还债务，并无以该不动产优先受偿的意愿。在这一情形中，登记移转与物权转让合意就是可以拆分的两个不同事实，并无关联，不动产物权的确定性与登记簿的清晰度并无实质上的关系。既然不动产物权关系与不动产登记簿记载内容可以存在不一致,根据"举重以明轻"原则,物权变动合意不存在时,法律尚且允许不动产登记簿发生变动,那么,物权变动合意仅仅附条件或者附期限时,不是更应当允许不动产登记簿内容发生变动吗?

老师:你举的例子比较极端,类似于债权人扣留不动产权证,这个行为并无实际法律意义,仅仅构成心理上的担保。当然,这种情形也是可能存在的。但如何又能推导出两种情形的轻与重之关系呢?

闫俊奇:所举的例子似乎属于极端情况,当事人之间无物权合意但不动产登记变动,此时,如果登记簿所记载所有权人处分该不动产,善意第三人尚且可以主张善意取得,因为不动产登记是存在公示效力的,善意第三人基于登记簿内容而产生信赖。但如果允许不动产物权转让合意附条件或者附期限,实际上就等同于承认不动产登记簿内容与实际的不动产权利状况很多时候都是不一致的,这就推翻了不动产登记的公示效力,善意第三人也就无法主张其根据登记簿产生信赖了。

老师:此种情形中,"举重以明轻"的说法本就是不合适的,在不动产登记机关申请登记时仍需要当事人提供合同或者填写合同,这里所谓的"无物权让与合意、仅有登记变动"只不过是双方当事人执意而为的通谋虚伪表示,不应将其理解为法律允许此种行为,因而也就无法以此作为更"重"的情况来"举重以明轻"了。

问题三:对所附条件发生认识错误后撤销的效力

王小亮:老师,我有一个问题。在第473页,如果当事人对法律行为所附条件是否发生产生了认识错误,亦即在法律行为成立时所附条件就已经发生或者确定的不发生,而双方或者其中一方当事人发生了认识错误,在此情况下其主张撤销,那么,撤销的究竟是关于条件部分的合意还是整个法律行为,抑或是由于撤销了部分合意进而整个法律行为不发生效力?

老师:对于这个问题,首先要辨明该错误是何种类型的错误。

王小亮:我认为应当是内容错误。

老师:条件本身确实是法律行为的内容,但"条件是否成就"这一事实与条件本身是两个不同的概念。举一个例子,甲与乙约定将一辆汽车出售给乙,然而成立买卖合同之时,这辆车已被甲雇佣的司机丙肇事撞毁,车辆灭失,甲对此并不知情。那么,订立买卖合同时甲、乙存在的应当是动机错误,因为当事人的意思与表示并无不一致,仅仅是作出意思表示的理由方面存在错误。把这一例子改变一下，车辆并未灭失，但司机丙死亡，甲对司机丙死亡这一事实并不知情，其是基于对丙的信任而经营货车，一旦丙由于辞职或者死亡而无法担任司机时，甲便再无经营该货车的意愿。假如，甲与乙订立买卖合同附有停止条件，条件内容为"一旦司机丙辞职或者死亡，该买卖合同生效"。从上述案情来看，这一条件应当是在合同订立时就已经成就的。此时，是否应允许当事人撤销呢？

王小亮： 这种情形仍属于双方动机错误，错误的发生并非当事人故意所致，且错误对于法律行为而言具有显著性，以至于表意人若知道真实情况就不会作出该表示。在刚才的例子中，表意人知道丙死亡这一事实后就不会再附这一条件，但根据其意愿，其仍然会达成该交易。因此，不应允许其撤销该买卖合同。

老师： 是的，这样推导来看，其实这一双方动机错误对于该法律行为整体而言是无关紧要的。

问题四："背靠背条款"的法律性质

曹沛地： 老师，我有一个问题。在第 479 页，实务中一个比较常见的情形是，甲、乙、丙三人订立设立公司的出资协议，协议约定乙的出资义务在丁向乙还款时履行，有观点认为这是履行行为附条件或者附期限，也有观点认为是法律行为本身附条件，此种交易结构如何定性更为妥当？

老师： 这就是实务中常见的"背靠背条款"，你说的这种情形称之为法律行为附条件是不准确的，应当仅是履行行为附条件，因为乙的出资义务一直存在，仅是这一义务的履行被附上了一个条件。对于类似的"背靠背条款"，应当区别对待，运用意思表示解释方法，考量各方当事人之间的风险分配，据此确定条款的具体内容与效力。要谨慎考虑风险分配的问题。"背靠背条款"拟分配的风险有大有小，大者为次债务人破产之风险，小者为延期付款之风险。在你举的例子中，如果合资协议中另立一个特别条款，约定当乙的债务人无法偿还债务时，由甲与丙分担其出资义务，那么，就是在合同中分配了大风险。

问题五：溯及力特约的债权效力说

王小亮： 老师，我有一个问题。在第 481 页，关于溯及力特约的债权效力说，这一用语是否有问题？在第 481 页最后一段的例子中，按照债权效力说，乙不能直接取得小牛这一孳息，其只是对甲享有一项请求权。但是这项请求权是否产生，与溯及力特约并无关系，因为溯及力特约只是针对处分行为所附的条件而言的，至多只会影响到处分行为的效力。如此，所谓的物权效力说应当称为"发生（溯及）效力说"，债权效力说应当称为"不生（溯及）效力说"。用语上采取物权效力说与债权效力说，会给读者——尤其是初学者——带来困扰。

老师：你的意思是，你对此处所介绍的观点的内容没有问题，只是质疑用语？

王小亮：是的，老师。

老师：溯及力特约仅具有债权效力也是德国法上的观点，对吗？

王小亮：《德国民法典》第99条规定了孳息（Früchte），第100条规定了用益（Nutzungen）。用益包括孳息。在买卖的场合，《德国民法典》第446条第2句规定了自交付时起买受人取得标的物之用益，这也就意味着买受人取得孳息。但是，依据《德国民法典》第953条，出产物（Erzeugnissen）与其他成分（sonstige Bestandteile）的所有权依然归属于原物所有权人。在前述例子中，处分行为附有停止条件，在条件成就前所有权人仍为出卖人甲。那么，依据《德国民法典》第953条，孳息归属于甲。但此时若依据《德国民法典》第446条第2句，因为奶牛已经交付（发言同学注：书中并未明确提及奶牛已经交付，但是保留所有权买卖一般是已完成交付的，故作此表述），则孳息应当归属于买受人乙。这样似乎会出现矛盾的结论。为调和这种矛盾，我认为应当作如下解释：《德国民法典》第953条是在物权法的意义上判断孳息归属，即判断现在谁是小牛的所有权人；第446条第2句是在债法的意义上判断孳息归属，即判断谁应当取得小牛的所有权。这样处理，既维持了《德国民法典》第446条第2句"利益与风险一致"的规范目的，也消解了二者之间的冲突。并且，《德国民法典》第446条第2句仅具备债法效力的正当性在于，此处的风险与利益只是在出卖人与买受人之间进行分配，与第三人无涉。赋予《德国民法典》第446条第2句以债法效力，是恰如其分的。如此，即使条件成就不发生溯及效力，乙也可以依据《德国民法典》第446条第2句向甲请求移转小牛的所有权。那么，"债权效力说"这种叫法的缺陷就很明显了。因为此处谁应当取得小牛的所有权、（在条件成就不发生溯及力时）乙对甲所享有的孳息移转请求权，是依据《德国民法典》第446条第2句产生的，而不是由溯及力特约产生的。溯及力特约只是针对处分行为所附之条件，最多只会影响到物权的变动，而不会产生债法上的请求权。

老师：对此，你是否作了比较法上的考证呢？

王小亮：老师，我目前的德语能力还有所欠缺，但我在阅读布洛克斯《德国民法总论》中译本（中国人民大学出版社 2019 年版）第 220 页边码 492 中的例子时，发现作者只是援引了第 953 条对孳息所有权的归属予以判断，并未援引第 446 条第 2 句。这似乎与前述推断相吻合。

老师：这个问题还需要进一步考证。《德国民法典》第 446 条第 2 句与第 953 条究竟是何关系，需要详细考察。

王小亮：以下内容为我对于这一问题的简要考证：德国学者认为《德国民法典》第 446 条第 2 句仅涉及出卖人与买受人间的债之关系①。对于《德国民法典》第 953 条以下诸条，德国学者认为其只对天然孳息的所有权问题进行了规定，而没有规定天然孳息的取得人能否保有孳息。②《德国民法典》第 953 条以下诸条只是暂时地对孳息所有权进行了归属，至于（债法上的）返还请求权与偿还请求权，则应按照一般规则予以确定③。

问题六：条件成就的两种立法模式有无本质差别

李兆鑫：老师，我有一个问题。在第 481 页，条件成就具有溯及力与不具有溯及力的两种立法模式，在具体问题的处理上是否并无本质差别？

老师：按照无溯及力的立法模式，条件成就不具有溯及力并且通说否认溯及力特约的物权效力；而按照有溯及力的立法模式，条件成就具有溯及力。这两种立法模式还是有差别的。

李兆鑫：德国法原则上认为条件成就不具有溯及力，但也存在《德国民法典》第 161 条规定，"条件成否未定期间内的处分不生效力"。反观《意大利民法典》，其虽规定条件成就具有溯及力，但也有条文对于某些合同具有法律关系的性质、对于附解除条件的持续性合同或者对于未决期间管理行为的效力，例外地规定条件成就不具有溯及力。因此，似可认为两种立法模式本质上是相同的，只是表现形式有所差异。

---

① Vgl. Faust, in: BeckOK BGB, 67. Ed., 2023, § 446 Rn. 21; Ingo Saegner, in: HK-BGB, 11. Aufl., 2021, § 446 Rn. 7; P. Westermann, in: Münchener Kommentar zum BGB, 8. Aufl., 2019, § 446 Rn. 12.

② Vgl. Kindl, in: BeckOK BGB, 67. Ed., 2023, § 953 Rn. 1; Hans Josef Wieling, Sachenrecht, 6. Aufl., S. 180；〔德〕鲍尔、〔德〕施蒂尔纳：《德国物权法（下册）》，申卫星、王洪亮译，法律出版社 2006 年版，第 490—491 页。

③ Vgl. Klaus Vieweg/Almuth Werner, Sachenrecht, 8. Aufl., 2018, S. 181.

老师：是否存在你未注意到的差异呢？

闫俊奇：若法律上规定了条件成就具有溯及力，则只要条件成就，法律行为生效时点就应当提前（至法律行为成立时）。若法律持开放态度，即条件成就可以具有溯及力也可不具有溯及力，则可由当事人进行意定安排。这一点在"法律行为的条件"中并未有明显的体现，但是在抵销中会有所体现。比如，在当事人对于违约金约定了不同比率的场合，若不采溯及力观点，即使已经抵销适状，比率低的一方也可能期望相对方迟延一段时间后再为给付，以获得更多的赔偿；而如果法律规定抵销具有溯及力，则无论何时主张抵销，都需要溯及至抵销适状时，这实际上破坏了当事人的意定安排。因此，我感觉溯及力是一个立法选择的问题。

老师：仅就法律行为附条件而言，条件成就具有溯及力是否会给某一方当事人带来不利？是否会给他增加负担？会不会让当事人陷入某种意想不到的责任？

闫俊奇：举一个例子，我的房屋买卖附生效条件，该条件为任意条件，我是买受人。假设国家在征收房产税，但我得知的消息是半年之后就不再征收房产税了，于是我就决定先等一段时间后再去积极地实现这个条件，以便规避此部分房产税。但若让条件成就发生溯及效力，政府是否还可以向我征收房产税？

老师：如果这个案例所附的并非任意条件，而是将"国家不再征收房产税"作为法律行为的生效条件，那么，当事人的本意应是使得法律行为迟延至条件成就时发生效力。如果法律规定条件成就具有溯及力，则似乎违背当事人的本意，妨碍其进行私法自治。

问题七：条件的拟制成就

李兆鑫：老师，我有一个问题。在第 481 页，关于拟制成就，我看到有观点认为不需要当事人的行为与条件成就具备因果关系。这种观点是否失之偏颇呢？

老师：不要求因果关系可能会使某些问题的处理存在不合理之处。比如，当事人主观上想使条件不成就，但是客观上的行为并不会使条件不成就，最终条件因为其他原因不成就，此时不应拟制为条件成就。通常来说，因果关系是归责的最低要求。如果存在一项损害，但是这一损害与当事人的行为并无因果关系，为何要使当事人承担损害赔偿责任？《民法典》对于"公平责任"所作出的调整实际上也反映了这一点。

李兆鑫： 老师，我看到有观点说，在拟制条件中，若一方不正当地促成条件成就或者不成就，一律视为条件不成就或者成就不一定有利于对方当事人。比如，一方当事人不正当促成停止条件的不成就，可能对方当事人此时会认为其人品较差，不适合继续与其进行交易，故而直接视为条件成就不一定有利于对方当事人，毋宁应当使对方当事人有选择的余地，可以视情况使条件成就或者不成就，这样更有利于保护对方当事人。

王小亮： 对于《民法典》第159条，存在两个问题。其一，要解释何为"为自己的利益"，其是否必须具备主观与客观两个方面的要素，亦即客观上是有利于自己的，主观上其也认为有利于自己。其二，即便是"为自己的利益"，难道就不能"为对方的利益"或者"有利于对方"吗？一方当事人促成条件成就，但是这种条件的成就也可能是有利于对方当事人的。对于这里的"为对方利益"，也需要回答是否必须具备主观与客观两个方面的要素。比如，出租人与承租人约定了一个解除条件，条件为"出租人的女朋友归来"。如果承租人以不正当手段阻止出租人的女朋友归来，则应当拟制为条件成就。但可能出租人与其女朋友的关系破裂了，出租人不想再去享受拟制成就对他的保护。此时就应当允许出租人主张该解除条件不成就。如果认为《民法典》第159条不取决于当事人主张，法官可以主动适用，则未免对当事人不利。

曹沛地： 史尚宽先生在其书中提及此为权利滥用的具体规定之一。①

老师： 权利滥用是一种思路，但可以通过对"视为成就或者不成就"进行解释来获得解决方案。初步结论是：不正当促成条件成就或者不成就的一方不得主张此种"视为成就或者不成就"，只有相对方可以主张。相对方不主张时，法官亦不得主动适用《民法典》第159条。

问题八：所有权保留买卖的"中间处分"

王小亮： 老师，我有一个问题。第481页，在所有权保留买卖的场合，出卖人再将标的物处分给第三人的可能性似乎不高。在真正的所有权保留买卖情形中，买受人通常已经取得对动产的占有，所以，出卖人如果欲将该动产再处分给第三人，很难完成交付。可能发生的情形是，出卖人向第三人为"指示交付"（让与返还请求权），借此进行处分。但出卖人就算有返还请求权，也要待到（停止）条件不成就时才会发生。出卖人预先与第三人达成让与返还请求权

---

① 参见史尚宽：《民法总论》，中国政法大学出版社2000年版，第718页。

的合意，如果最终（停止）条件成就了，则根本没有可让与的返还请求权，出卖人也就无法向第三人完成交付。

老师：一般来说，在所有权保留买卖场合，"中间处分"发生的可能性确实不高。 但是，所有权人为第三人设立动产抵押权的可能性还是存在的。

问题九：所有权保留买卖的溯及力特约

李思蝶：老师，我有一个问题。 第 481 页，在所有权保留买卖场合，如果买受人与出卖人达成溯及力特约，并且约定该溯及力特约发生物权效力，这种物权效力是否应被肯定？ 我认为，这种物权效力可以从"条件成否未定期间对权利人的保护"中得到印证。 因为，即便在买受人未达成具有物权效力的溯及力特约的情况下，只要（停止）条件成就，买受人就可以享有损害赔偿请求权与中间处分不发生效力的法律保护。 也就是说，只要条件成就，买受人在条件成否未定期间内就已经具备如同所有权人的地位了。

老师：这里不能简单地套用我在第 485 页中"结果上类似于条件成就的法律效果具有溯及力"的论述。 因为，就条件成就的溯及力特约而言，其关注的问题是效力起点为何，也就是说，买受人从何时起成为所有权人，这与条件成否未定期间内对权利人的保护所考量的因素有所不同。

问题十：租金案例中的期限与清偿期之区别

闫俊奇：老师，我有一个问题。 在第 487 页，关于此处的租金案例，作者的论述是针对"是否需要返还不当得利"，还是针对"能否将此处的未来债权归类于附始期法律行为中的未来债权"？

老师：此处的论述只针对后者，不针对"是否需要返还不当得利"。

李思蝶：作者此处的观点应当是认为法律行为本身已经成立并生效了，只是 4 月份的租金尚未到期。

老师：是的，你的理解正确。

第七章
法律行为的归属

- 第一节　法律行为归属的一般原理
- 第二节　代理的基本概念
- 第三节　代理的法律效果
- 第四节　代理权
- 第五节　无权代理
- 第六节　表见代理
- 第七节　无权代表与表见代表
- 第八节　使用他人名义实施法律行为（借名行为与冒名行为）

第一节　法律行为归属的一般原理

问题一：缔约过失责任、侵权责任与合同责任的关系

闫俊奇： 老师，我有一个问题。在第489页，作者提到了缔约辅助人。从第三人视角看，在缔约过失责任中，当事人为辅助人负责的可能性越高，该责任的强度就越大。对比侵权责任，侵权人为辅助人承担责任的可能性越低，则该责任的强度就越小。从这个角度来看，应当对侵权责任与缔约过失责任进行区分。具体来说，在德国法上，雇主可以通过证明自己没有过失来免除责任，而我国《民法典》第1191、1192条则规定，全部由单位或者雇主承担侵权责任，然后再向存在故意或者重大过失的辅助人追责。书中认为，就缔约辅助人而言，虽然其并非代理人，也并没有参与磋商，被辅助人仍要对其行为负责。由此来看，该责任的强度要大于侵权责任。从责任角度看，是不是可以认为应当区分缔约过失责任与侵权责任？

老师： 你是与德国法上的侵权责任相比较，还是与我国法上的侵权责任相比较？

闫俊奇： 二者都可以。德国法上的免责程度更高，就《德国民法典》第831条而言，雇主只要证明其没有选任过失即可；而在我国则是雇主先承担一般性的责任，再进行追偿。再对比缔约辅助人，在德国法上，即使本人没有过错，也要对缔约辅助人的行为负责。相较于我国《民法典》第1191、1192条，缔约辅助人责任的免责程度就更低，存在明显差别。因此，把缔约过失责任一般性地理解为侵权责任的观点可能存在瑕疵。

老师： 我国法上的缔约过失责任与雇主责任似乎不存在区别，二者都不能通过证明自己尽到选任方面的注意而免责，都排除了免责的可能性。但通过与《德国民法典》第831条的比较，确实可以看出缔约过失责任与雇主责任的差别。

问题二：法律行为在事实层面的归属

闫俊奇： 老师，我有一个问题。在第 489 页的脚注 1 中，作者提到了事实构成层面与法律效果层面。对代理的归属而言，一般性地认为既可以是意思表示的归属，也可以是法律行为效果的归属，作者提出的观点是解释了这两种归属的实质性原因，还是又提出了一个概念即事实构成层面的归属？

老师： 法律行为的归属就是事实构成层面的归属，实际上是将归属往前提了一个阶段。就脚注而言，按照你们的理解，意思表示的归属与法律行为的归属是什么关系？

闫俊奇： 单纯就脚注而言，是将意思表示理解为一个最基本的单元。而事实构成层面的归属是将意思表示这个最基本的单元又进行了区分，即在意思表示归属下新构建了一个层面，称为事实构成层面的归属。有了这个归属，才发生法律效果层面的归属，最后才发生意思表示与法律行为的归属。

曹沛地： 我认为第 489 页的脚注 1 所谓"事实构成层面的归属"，并没有涉及意思表示的归属，它解决的是法律行为在规范世界成立的问题。归属解决的是事实构成，而非效力评价。只有在享有代理权或者符合表见代理构成要件时，代理人以被代理人名义签订的合同才能在被代理人与相对人之间成立，否则该行为不能归属于被代理人，这就是事实构成层面的归属。在狭义无权代理情形中，被代理人未作出意思表示，被代理人与相对人之间成立合同显非其所欲（Gewollt）；亦无可归责性导致的责任归属（Zurechnung），不构成表见代理。凭什么使合同在被代理人与相对人之间成立呢？

老师： 有代理权的法律行为，不论法律行为本身效力状态如何，应当先归属于被代理人，构成被代理人的法律行为。不论法律行为最终是否发生效力，将其先认定为被代理人的法律行为，这样做在实践中有什么好处呢？举一个无权代理的例子：乙未经甲的授权，以甲的名义与丙订立合同，属于无权代理。在丙是限制行为能力人的情况下，如果能将作为一个事实构成的法律行为归属于甲，则丙的法定代理人丁就可以通过向甲表示追认，使该法律行为在丙与甲之间生效。在此，法律行为的归属判断先于效力判断，仅当可以将法律行为归属于某个主体时，才能更进一步，对该法律行为予以效力判断。这就是"事实构成层面的归属"的实践意义。

王小亮： 我补充一个观点，我认为需要进行归属。不进行归属将会带来一个问题，即在无权代理的情形中，如果不将其归属于被代理人，被代理人就不能行使追认权。 只有在事实构成层面上将法律行为归属于被代理人，才会产生追认权。

曹沛地：追认前，狭义无权代理人以被代理人的名义与相对人达成的合意是存在的，但是无处着落，有待归属。 而被代理人的追认表示将该合意引向自己，从而合意更进一步成为法律行为。 我觉得追认权在这里不是问题。 有问题的反而是法律行为因欠缺代理权而不成立，恶意相对人可能不受法律行为成立之拘束。 不过，仔细推敲，似乎也没有障碍，恶意相对人仍然要受其意思表示的拘束，一旦意思表示生效，则其不得反悔或者变更。

老师：在狭义无权代理并且尚未追认的情况下，行为归属的依据是什么？归属依据包括代理权、表见代理规则中的信赖保护、追认。 狭义无权代理情形中欠缺前两个归属依据，所以在尚未追认的情况下，不存在行为归属依据。 因此，在纯理论层面上，狭义无权代理的法律行为是归属待定，而不是效力待定。

问题三：是否可将清偿行为认定为法律行为

谢心童：老师，我有一个问题。 第491页，在债权收据持有人规则中，债务人的清偿行为是一个事实行为还是一个法律行为？ 如果类推表见代理规则，是否意味着清偿行为是一个法律行为？

老师：类推适用表见代理规则并不要求把清偿行为定性为一个法律行为，不是法律行为也可能类推表见代理规则。 关于清偿行为的性质，德国的主流观点认为清偿行为不是法律行为，但是可以适用法律行为的部分规则，其中就包括行为能力规则。 因为清偿行为中包含了清偿的意思，即使该意思不是意思表示中的意思，但让其适用法律行为与意思表示的部分规则并无不可。 德国的主流观点到此为止，足以解决实践问题。 如果把清偿定性为法律行为，那么在甲乙之间一个简单的买卖并履行完毕的情形中，就会存在多达五个法律行为（一个负担行为，两个处分行为以及两个清偿行为），与人们的生活观念的背离程度太大。

问题四：债权准占有人规则与债权收据持有人规则之区别

朱志强：老师，我有一个问题。 在第491页，作者提到民法上的其他归属规范，我不明白为什么债权准占有人规则与债权收据持有人规则是并列的，我认为债权收据持有人规则是债权准占有人规则的特殊情形。 例如，甲卖货给乙，乙通过出具丙银行支票的方式进行付款，后来乙发现甲的货物有问题，想拒绝付款，就向甲表达了拒绝付款的意思，但甲仍然到丙银行兑现了支票。在这个案例中，既可以适用债权准占有人规则，也可以适用债权收据持有人规则。

闫俊奇：债权准占有人规则区别于债权收据持有人规则，在前者中，债务人的信赖内容是"债权准占有人就是债权人，而非债权人委托的人"；在后者中，债务人的信赖内容是"债权收据持有人是债权人委托的人"。

老师：举个例子，甲借给乙 10 万元，如果乙按时还钱，甲为乙开具一张收据，乙拿着收据就可以防止甲重复讨债。在乙尚未还钱的情况下，甲将该收据提前开出来，丙获得该债权收据后，找乙要求还钱，乙看到债权收据时可能会产生信赖，认为丙是受托替甲讨债。这种信赖受到保护的结果是，虽然乙并未向甲清偿，而是向丙清偿，却仍然发生了清偿效果，甲的债权消灭。这就是债权收据持有人规则。

问题五：无权代理中单方法律行为与多方法律行为的效力应否区分

杨帆：老师，我有一个问题。在第 491 页，代理中是否需要区分单方法律行为与多方法律行为？尤其是在无权代理的情形中。从第三人的利益考量，将代理的情形与附条件、附期限的情形作对比，根据第 471 页的观点，介入他人财产关系的单方法律行为通常不得附条件或者附期限，而无权代理的法律行为中的单方法律行为的效力则取决于被代理人，二者相比，后者具有更大的不确定性。《德国民法典》中，在单方法律行为的无权代理情况下，法律行为是无效的，而我国法上并未区分，所以我想问的是，是否有必要区分？

老师：可以讨论一下解除权的行使。甲、乙签订了买卖合同，丙无权代理甲行使了解除权。该单方法律行为究竟应当是确定无效还是效力待定？将其认定为效力待定有什么不好？损害了哪一方的利益？该损害是不可容忍的吗？

曹沛地：比如，解除权人在除斥期间届满后追认，使得解除行为溯及至除斥期间内发生效力，是否妥当？

老师：对比单方法律行为附条件与单方法律行为无权代理，二者对相对人来说都有不确定性，是否存在细微的差别？

胡逸群：在无权代理的情形中，如果相对人的信赖足够充分，则构成表见代理，相对人获得法律保护；而在不构成表见代理时，我认为相对人本来就应当承受不确定性。

老师： 你的观点可以归结为，单方法律行为无权代理的相对人本身就没有值得保护的信赖，所以让其承受不确定性是有正当基础的；而附条件的单方法律行为没有该问题，一概要求其承受不确定性是不妥的。这其实已经隐含了对于相对人具有可归责性的一种判断。

王小亮： 单方法律行为无权代理中，相对人如果知道代理人系无权代理，则可以进行催告，而如果相对人不知道其系无权代理，则等于给了本人一次追认的机会。

老师： 单方法律行为的无权代理效力待定，相对人的催告权可以在很大程度上缓解不确定性。反之，附条件单方法律行为的规则框架内并无催告权，因此，单方法律行为附条件，相对人是完全被动的，这个状况对相对人而言是无法容忍的。由此可见，单方法律行为无权代理与单方法律行为附条件还是存在重大区别的，这个重大区别足以导致对二者区别对待。就此而论，《德国民法典》的做法值得推敲。

第二节　代理的基本概念

问题一：无行为能力人为代理与传达之区别

王钦： 老师，我有一个问题。在书中第 493 页，关于代理人的行为能力，根据弗卢梅的观点，应将无行为能力人所为的代理行为视为传达。这种观点的合理性在于，传达不需要行为人作出意思表示，就不会与无行为能力人所为的法律行为无效这一法律规范相冲突；同时，这也符合被代理人授予无行为能力人代理权的意思。该观点是否妥当？

老师： 把无行为能力人的代理行为视为传达，是否会产生不合理的结果？

闫俊奇： 代理与传达之间还是存在较大差别的。比如代理是由小孩自己作出意思表示，而传达则是本人作出意思表示。如果将小孩的代理行为视为传达，则相当于淡化了代理中的决定自由。

王小亮： 但是决定自由的边界在哪里呢？比如让小孩代理去买水管，是具体到某一型号即可，还是也要具体到水管的数量、合同的履行时间？

老师： 为了解决最初提出的问题，即无行为能力人进行代理能否被视为传达，就不能以极端案例进行论证，必须以典型案例为素材进行分析，才有讨论的价值。

闫俊奇： 如果在小孩自己作出意思表示的情形中被理解为传达，则是以传达之名行代理之实；而如果小孩只是忠实地转述大人的意思，则其行为本身就构成传达。

老师： 那么，初步看来，将无行为能力人的代理行为理解为传达是不可行的。

问题二：主、客观说下代理与传达的意思瑕疵判断

王小亮： 老师，在第 494 页意思表示错误这里，作者提到认定意思瑕疵需要区分代理与传达，但未表明区分代理与传达应采主观说还是客观说。通说认为应采客观说，但如果要证成作者的前述观点，则应采主观说，即以"是谁决定了意思的形成"为准来判断意思瑕疵。区别代理与传达，应考察相对人应有的理解。

胡逸群：这可能跟代理人行为说与共同行为说有关。在代理人行为说这一通说之下，行为是代理人作出的，归属于本人。共同行为说对代理人行为说进行了一些批判与修正，其实现在代理人行为说也在修正完全以代理人意思为准的观点，比如之后会提到的本人特定指示、知情归属等，有时也以本人意思为准。因此，从原则上说，如果以代理人行为说为基础来架构这里的意思瑕疵认定理论，则确实是以代理人的意思为准，但在目前学说发展的背景下，有时也会考虑本人的意思。我觉得在这个问题上，两种学说的区别可能已被弱化。

老师：你提到的这种观点只是认为个别情况下应以本人的意思为准，所以代理与传达的意思瑕疵判断在这种个别情况下才被一致处理，但在其他多数情况下则仍被区别对待。

究竟是传达还是代理，这不是解释的对象。前面的讨论混淆了两个阶段。第一个阶段是通过解释确定法律行为的内容，此时的解释确实要采用客观主义。传达与代理的区分主要涉及意思瑕疵应当以何人为准予以判断，此时已经进入意思瑕疵阶段，所以应重视主观因素。易言之，第一个阶段采用客观主义，通过解释来确定表示内容，而第二个阶段则要判断依客观主义得出的结果与当事人的真实意思之间是何关系、二者是一致还是不一致的。在这个阶段当然要重视当事人的真实意思，因此，以何人为这里所谓的当事人，应采主观主义。

意思表示瑕疵这个阶段解决的本来就是主、客观是否一致的问题，在这个阶段依然采用客观主义，显然不妥。从这一点来看，你介绍的弗卢梅所代表的那种学说恐怕是在错误的场合错误地运用了客观主义。

问题三：被授权人补全空白证书与代理人签署合同之辨析

尚美汐：老师，我有一个问题。在第496页，作者提到，从外观上看，被授权人补全空白证书与代理人签署合同基本相同。我的疑问是，既然二者基本相同，为什么不将二者视为一个概念？二者究竟是相似的还是相同的？

老师：这个问题可以参考第496页中的脚注。在脚注中提到，拉伦茨认为授权人自己已经在空白证书上签名，这使得空白证书区别于代理人签署的合同，被授权人虽然自己形成了意思表示，但是该意思表示仍然是由授权人自己作出而不是由被授权人以代理的方式作出；而卡纳里斯则认为，在公开补全的情形中，空白证书补全与代理十分接近。

书中观点认为，内容形成及递交由谁决定是重要因素，而由谁签章则是次要因素。这样看来，空白证书补全与代理之间的共性显然更多。但是，在德国民法教义学上，大多数学者认为空白证书补全与代理是两个不同的概念。因此，在理论构造上，如果要作此突破，将空白证书补全归入代理的范畴，可能还需要更加充分的理由；而在司法实践中完全可以迈出这一步，法官选择类推适用甚至直接适用代理法的规定，都没有问题。

总而言之，空白证书补全与代理高度接近。例如，意思表示瑕疵也是以被授权人为准，再如，被授权人违反约定或者指示补全空白证书的，类似于代理人超越代理权实施法律行为，可以划入靠近代理法的轨道，类推适用《民法典》第 172 条表见代理的相关规定。

问题四：代理的公开性与代理权的区分

王钦：老师，我有一个问题。在第 497 页，为何代理的公开性是代理的构成要件，而代理权为代理行为对被代理人发生效力的要件？二者是否有必要作如此严格的区分？我觉得二者都是在解决代理是否对被代理人发生效力的问题。

老师：之所以不以代理权为代理的构成要件，是因为要解决如下问题：为何无权代理也是代理？

谢心童：老师，我的理解是，代理的公开性解决的是在何种情形中才会适用代理关系的问题。代理的公开性使相对人知晓自己所涉及的是代理这个三方关系，适用的是代理规则，而代理权的有无则是生效阶段的问题，故二者是成立与生效的关系。

老师：是的，公开性是第一个阶段，目的是让相对人知晓自己进入的是代理关系。在相对人不知道的情形中，让其强行卷入三方关系，是不合适的。这对于代理人来说相当于一个免责声明，即自己所实施的是一个代理行为，会发生涉他归属。

王小亮：我认为，代理的公开性并没有什么实际意义。因为，在分析代理中的意思表示时，会涉及客观构成要件中的法律拘束意义。法律拘束意义不仅仅应当表明行为人是否愿意受到意思表示的拘束，还应当包括谁愿意受到意思表示的拘束。代理的公开性表明的就是，行为人自己不愿意受到意思表示的拘束，而是被代理人受到意思表示的拘束。

老师：你对法律拘束意义作了非常宽泛的解释，将代理的公开性纳入意思表示领域。但是，这样做并无实际意义，意思表示的功能已经足够强大了，没必要将代理的公开性纳入其中。

问题五："显名"要件的必要性及意思表示解释原理在代理中的适用

王小亮：老师，关于代理的公开性，我认为显名要件无独立之必要，因为它本质上是意思表示解释的结果。意思表示的客观构成要件之一是"法律拘束意义"，一般的论述只涉及"愿受何种效果之拘束"，但我认为也应当包括"何人愿受拘束"。这样的话，可以通过意思表示解释的一般原理有效地修正《民法典》第925条的不当表述。对于隐名的间接代理也可以很好地加以解释。

胡逸群：我觉得它们好像并不矛盾。在意思表示效果归属中包含了对本人发生效力这一结果，这并不是对公开性的消解，否则似乎是在说显名原则已经不再重要了。但首先应当承认，在价值判断上公开原则是必要的，因为我们要保护相对人"知道自己在和谁进行交易"的需要，然后在概念体系上给它配套一个措施，即在效果意思中包含"对本人发生效力"的意思。

王小亮：我也不否定它的重要性，我只是说显名原则本质上就是意思表示解释的结果。

老师：你问题的核心在于，代理人作出的意思表示有没有包含约束意思。书中将约束意思作为意思表示的一个构成要件——在客观主义视角下则是约束意义，这里为了表述方便，姑且称为约束意思。约束意思的内容究竟是约束自己（代理人）还是约束他人（被代理人），需要辨别。假如代理人在实施行为时作出一个表示，有约束被代理人的意思，暂且忽略代理权这个因素，意思表示能否归属于被代理人？

王小亮：我觉得这里可以表述得更严谨一些。归属是意思表示解释后的下一步。在考虑归属之前，对于约束意思的解释应当表述为"行为人是否受拘束"，而不是"行为人受拘束还是本人受拘束"。在前者的答案是否定的前提下，接下来这个意思表示才有可能归属于本人。也就是说，约束意思的内容才是确定归属的关键，而非约束意思存在与否。

老师：不论约束意思的内容采用你前面所说的哪一种，它的功能都与显名原则不同。意思表示的归属还是应当取决于行为人是否显名。你的观点是认为应当根据约束意思的内容来决定意思表示归属于谁，这是强行把显名性的功能归入约束意思之中。这种分析框架反而过于迂回，因为要辨别代理人到底是有约束被代理人的意思还是约束自己的意思，还得依赖于显名或者是隐名这两种方式。 这样一来，不如直接用显名性要素来决定代理究竟是约束自己还是约束他人。

王小亮： 即便反对这种观点，但在处理具体问题的时候也应当准用意思表示解释。 因为，像刚才那个例子，需要给它一个合理的解释：为什么是直接代理。 对这个表述上有瑕疵的法条应当作出修正，可能是进行限缩，须准用意思表示解释。

闫俊奇： 我认为用意思表示解释不太好。 如买东西这个例子，按照你的观点，假如老板知道有被代理人，老板是不是还要多考虑一层：到底是面前这个人购买还是被代理人购买？

王小亮： 这种情况下也可以妥善处理。 在日常交易中，因为意思表示解释采取客观说，所以老板无从也无须知道买方的内心真意，这在老板看来不重要。

闫俊奇： 我们把案例改成买卖价值较高的特定物，这时交易对方是谁很重要。 这里需要解释，约束意思到底是约束眼前的这个人，还是约束被代理人。

王小亮： 我认为，在证明责任上，一般而言相对方不会知道行为人的内心真意，所以就应当采用客观解释。 客观解释里没有"为本人购买"之意，所以行为人就应当是为自己购买的。 但是，如果行为人当时主张自己是为本人购买的，就要例外采用主观解释。 此时是否属于应采主观解释的两种例外情形，就要由代理人与本人去证明。

曹沛地： 公开性更多是对相对人的保护。 公开之后，在理性相对人视角下，何人为交易之相对人，才能明确，相对人选择与何人缔结合同的缔约自由才能有所保障。 法拘束意思一般被认为是意思表示的客观构成要件，比如 Leenen 教授就把法拘束意思（Rechtsbingdungswille）放在客观要件中，与主观要件之表示意识（Erklärungsbewusstsein）相对应，即法拘束意思是解释出来的，其内容是在理性相对人视角下，表意人愿不愿意受其表示之拘束。① 在交易中公开代理关系，相对人视角下的交易对象即为被代理人。 经解释后，在相对人视角下，被代理人愿受代理人表示之拘束，意思表示解释工作到此结束，而被代理人与相对人之间可否成立法律行为，尚需考察其他要件事实。 如果代理没有公开性的要求，则可能不太容易单凭意思表示解释去确定另一方当事人并非面前的行为人，而是另有其人，对吧？

---

① Vgl. Detlef Leenen/Martin Haublein, BGB Allgemeiner Teil, 3. Aufl., 2021, S. 83.

老师： 王小亮同学的观点其实也有几分道理。以默示的显名代理为例，判断是否构成默示的显名代理与意思表示解释的原理是相通的，都是从相对人视角来看。但你的前一个问题不具有合理性，会影响大家短时间的观感，形成前见，可能认为第二个问题也不合理。考虑到我们今天的读书会是从代理公开性这个段落谈起的，如果你上来直接提公开性的问题，可能效果会更好。所以，开启问题的时机与方式很重要。如果开启问题的时机不对或者场合不对，效果就会打折扣，甚至产生相反的效果。你的观点相当于一颗明珠，要避免让这颗明珠掉到尘土里被埋没。这是学术沟通交流的一个技巧，需要注意发言场合与表达方式。

闫俊奇： 上一个问题如果把法拘束意思放进来予以构造，好像也能说得通。

老师： 不对，上一个问题不一样。就我前面说的两个阶段而论，第一个阶段通过解释确定表示内容，第二个阶段判断是否构成瑕疵，判断标准就是真实意思，这时主观主义就很重要了。刚才讨论的默示的显名代理还处于第一个阶段，尚未进入第二个阶段，还没讨论到"如果被认定为构成默示的显名代理，则被代理人是否可以主张发生意思与表示的不一致"这个问题。不同阶段的价值基础是不一样的，这就是民法的内部体系，即规则背后的原则体系。不同阶段的内部体系具有不同的样态，对此，须仔细揣摩。

曹沛地： 可否这样说，即前一个阶段解决的是相对人信赖保护，后一个阶段解决的是表意人意思自治？

老师： 是的。这是我们法律行为理论的两条价值主线，它们贯穿始终，在每章、每节都会体现出来。

问题六：显名原则的概念剖析

朱志强： 老师，我有一个问题。在第 497 页，应当如何理解显名？如果放在意思表示解释框架下，则代理人的意思表示作为一个有相对人的意思表示，最初应当讨论的是规范性解释下的结果。比如，在一般理性人应当知道代理关系的情况下，也应发生代理的效果，但《民法典》第 925 条明显没有规制这种情况，只能放到第 926 条给予被代理人介入权。这样处理是否有点不妥？

老师： 对，《民法典》第 925 条确实存在缺陷，遗漏了重要情况，规则不完备。

朱志强： 可否有另一种解释，即《民法典》第 925 条提到"受托人以自己的名义"，是因为第三人以为行为人是为被代理人行事的情形本来就不多见，所以没必要予以规定？《民法典》第 925 条从原《合同法》（已废止）沿袭而来，完全没有变化。原《合同法》的对应条文借鉴了《国际货物销售代理公约》（CAISG）。最奇怪的是，那条本来有关于"应知但未知"情形的规定，但我国法在借鉴过程中把它删除了。对此，最高院给出的理由是为了避免他们所理解的隐名代理（即默示显名代理）情形适用的可能性。

老师：原《合同法》当初借鉴的时候确实把 CAISG 那项规定删除了，所以，正如你刚才指出的那样，《民法典》第 925 条是不周全的。

朱志强：那么，对于这种相对人"应知而未知"的情形，需要对《民法典》第 925 条予以扩张解释吗？

老师：因为规则本身是有瑕疵的，所以，要想扩大其适用范围，就需要作目的论扩张。

问题七：默示的显名代理中事后确定被代理人之情形

谢心童：老师，我有一个问题。在第 498 页，默示的显名代理是指行为当时的相关情事表明代理人以他人名义行事，不要求当时知道被代理人的名字。那么，会不会存在这种情况：在缔约的时候，代理人没有确定被代理人，事后才确定被代理人？例如，甲是乙、丙、丁的代理人，三个人都授权甲代理他们在"闲鱼"上购买一台同型号、同款式的电脑。有一天，甲看到一则电脑出售信息，就以自己的名义缔约，同时也告知了出卖人他是代理别人购买的，但他直到缔约后才决定以乙为被代理人。或者，甲一开始决定替乙购买，但事后又决定变成替丙购买。这种情况下，能否构成默示的显名代理？如果构成，则被代理人是谁？

老师：按照书里援引的德国《慕尼黑民法典评注》中的观点，应当根据事后确定的被代理人的名字，以丙为被代理人。这样处理有什么不妥吗？

谢心童：我认为法律行为实施的时候当事人尚未确定，所以法律行为不够确定。

老师：但后来不是确定了吗？以后来确定的被代理人为准，会产生不合理的结果吗？

谢心童：好像不会产生不合理的结果。

老师：目前尚未发现有什么不好的结果。卖方不介意买方这种模糊的表述，仍然与其订立合同，说明卖方愿意承受不确定性。这并不违反私法自治原则，没什么不妥的。

王小亮：按照我先前提出的构造，买方提出："我不愿受拘束，并且不管谁受拘束，行不行？"卖方称"可以"，此时意思表示成立。那么，这个意思表示应如何归属？虽然同时存在三个代理权，但一个意思表示不可能同时归属于三个被代理人。

老师：代理权只是归属的依据之一，而不是唯一的依据。除此之外，还需要考虑行为人的约束意思。用意思表示的原理来说，关键是代理人想要约束谁；用显名原则来说，关键是代理人显了哪个被代理人的名。根据书中所援引的德国法通说，这是可以事后确定的。

朱志强：我觉得，对于谢心童刚才举的例子，用《民法典》第926条处理更好。比如，让代理人挑出一个被代理人来向相对人披露，在此时点就不构成默示的显名代理，而是事后明确了被代理人的名字。

老师：《民法典》第926条规定的情形是受托人以自己的名义订立合同且第三人不知道代理关系，谢心童同学描述的案例不符合这个前提。第925条虽然也表述为"受托人以自己名义"，但其解释空间很大，可以解决默示显名代理的问题。

尚美汐：如果代理人坚持说"我是替别人买的"，这到底算是明示还是默示？

胡逸群：这是不具名代理，就是明示但不具体说被代理人是谁。

老师：是的，这属于明示的显名代理中的不具名代理。

尚美汐：那么，可否说，明示与默示的根本区别在于是否表示存在代理关系，而非是否表明被代理人的名字？就根本目的而论，显名的作用是让相对人知道自己进入了代理关系。

老师：对的。如果行为人明确表示存在代理关系，就是明示的显名代理；如果未明确表示存在代理关系，则仅可能成立默示的显名代理。用意思表示理论来说，显名意味着行为人不想让这个法律行为约束自己，至于约束的是谁，则要么通过解释，要么通过别的手段来确定。

尚美汐：我在看这个分类的时候也有些疑惑，这样区分的话，似乎会有一个空档没有被归进去。

老师：看来意思表示理论的功能确实挺大，有时挡都挡不住，能够强劲有力地渗透入代理法之中。

问题八：委托人行使介入权或者相对人行使选择权的溯及力问题

王一中：老师，我想问一下，第 498 页中委托人行使介入权或者相对人行使选择权，如果相对人选择与委托人创设法律关系，那么，该法律关系发生的时间是溯及到受托人与相对人订立合同的时点，还是以作出选择的时点为准？

老师：法条规定选择之后合同直接约束委托人与相对人，相对人向委托人主张权利，这表明选择应该是有溯及力的。你能找到没有溯及力的理由吗？

王一中：没有，我只是想问一下在思维上有没有必要作这样的区分。

老师：选择有无溯及力会影响到委托人是否会陷入履行迟延。如果有溯及力，则相对人行使选择权时，委托人可能已经构成履行迟延。这种陷入履行迟延的危险如何解决呢？是通过否定溯及力来解决还是有别的手段？

曹沛地：受托人在委托人的授权范围内订立合同，就委托人而言，与显名代理之情形没有区别，若无履行抗辩权，其陷入履行迟延似乎不算苛求；就相对人而言，相对人签订合同，自订立合同时就知道履行期限，若无履行抗辩权，则亦陷入迟延。

老师：对，这不是一个理论障碍，所以，目前看来没有理由否定选择权行使的溯及力。

问题九：共同行为说的缺陷

朱志强：老师，我有一个问题。在第 500 页，关于共同行为说，书中提到"该说无法解释法定代理，且无法解释为何无权代理行为也构成法律行为"，对这句话该如何理解？

胡逸群："无法解释法定代理"指的是，法定代理属于完全意义上的他主决定，因为在法定代理中，本人无论是对法律效果的创设还是对代理权范围，均无法自己决定而只能被决定。在共同行为说下，可能会认为授权行为与代理行为是一个法律行为，整个代理行为发生效力要求授权意思表示加上代理人自己的意思表示。在法定代理中，因为不存在授权意思表示，所以无法解释清楚法定代理。①

---

① 参见王浩：《论代理的本质：以代理权授予时的意思瑕疵问题为契机》，载《中外法学》2018 年第 3 期，第 616 页。

老师：对，法定代理人的代理权不是通过授权得到的，不存在本人的授权意思表示。

问题十：日常家事代理权与代理的关系

王钦：老师，我有一个问题。在第502页，这里说"夫妻一方以自己名义实施法律行为且相对人知道其处于婚姻关系之中"是默示的显名代理，我想问的是，相对人除了要知道当事人处于婚姻关系中，是否还要知道当事人实施法律行为是为了家庭日常生活？从显名的目的出发，相对人需要知道代理人是为了被代理人而非自己实施法律行为。如果相对人只知道当事人处于婚姻关系中，却不知道其所负债务是为家庭日常所需，则将其认定为默示的显名代理与相对人的主观状态是不一致的。相对人的期待是承担与其订立合同的那个人信用上的风险，而未期待夫妻另一方加入债务中，所以，我认为从信赖保护角度看，不必将其认定为默示的显名代理。

尚美汐：这里需要明确的前提是，该交易本身在日常家事代理权所涉范围内，否则，不论相对人是否知道当事人处在婚姻关系中，都不能认定代理关系。

李思蝶：换言之，事务客观上在日常家事代理范围内，但是相对人在与夫妻一方签订合同时并不知道这笔债在日常家事范围内，是否还要受到保护？

老师：这要通过意思表示解释原理来解决。一个因素是交易标的客观上属于日常生活需要，另一个因素是行为人处于婚姻关系中。两个因素相结合，从相对人视角看，就会顺理成章地理解为行为人既代表自己，也代表婚姻关系中的另一方。

王小亮：我觉得日常家事代理权的情形可能与第498页"为相关人实施法律行为"更接近。"为相关人实施法律行为"即便没有显名也可以约束本人，比如到市场买菜，谁买都可以，只要给钱就行。在日常家事代理的情形中，如果符合"为相关人实施法律行为"的要求，则法律行为同样可以归属于本人。可能存在争议的是价款没有及时结清的情形。

尚美汐：第501页以下对日常家事代理权法律性质的讨论区分了几种情况。其中两种情形都是对《民法典》第1064条第1款"以个人名义"的解释，分别是：其一，一方以自己的名义实施法律行为且相对人不知婚姻关系，此时双方共同承担债务只能以婚姻的一般效力来解释；其二，一方以自己的名义实施法律行为且相对人知道婚姻关系，此种情形可以用默示的显名代理来解释。既然这两种情形都是一方以自己名义实施法律行为，再结合日常家事范围这个前提，为何不统一用婚姻的一般效力来解释？ 这样就可以规避"到底要求相对人知情到何种程度"的争议。 此处的原理可能与第502页他人财产管理人的职务说相似：职务说认为管理人的法律行为归属于财产所有人，是因为法律给予其某种特殊职权，那么，是否也可以将婚姻关系中的所谓家事代理解释为"由婚姻效力而生的特殊权利"？

老师： 你的想法可以归结为，直接采用这种职务说，处理起来更加确定，不要放在代理法中处理，否则还得作区分，容易节外生枝，刚才引发的这个争议就是节外生枝的一个表现。

谢心童： 我认为都认定为代理比较好。 在配偶仅以自己名义实施法律行为且相对人看不出存在婚姻关系时，可以看作显名原则的例外。 因为代理显名原则的目的就是保护相对人，当相对人的利益已经得到保护时，显名原则可以被限制甚至突破。 比如小亮师兄所说的日常生活中的现金交易，双方义务立即得到履行，不需要再用显名原则来保护相对人。 此时行为人是否透露自己存在婚姻关系，无关紧要。 无论是否透露，婚姻法的一般效力都会将另一方拉入到这段法律关系中，所以不管是否显名，交易相对方的利益都不会因此增加或者减损。

尚美汐： 那么，问题可能就在于将其作为例外情形的理由到底有多充分。

闫俊奇： 但是，忽略显名原则的价值何在？

尚美汐： 就像老师提到的对代理说的两条质疑，一条是该说没有强调显名原则，另一条是一方行为双方共担的情况可能与代理的一般特征不太符合。

谢心童： 我觉得可以把所谓的家事代理权理解为一种复合权，即决定权与代理权的复合体，其中一方面有自己决定的因素，另一方面有代理对方的因素。

闫俊奇： 我觉得作者在这里的基本观点是一般性地承认婚姻效力，只不过在中间这一段指出"配偶一方行使钥匙权并非一概不构成代理"。 代理在这里的解释力是有限的，只能约束下面的默示显名代理。 不过，通常而言，夫妻一方对外作出法律行为（如借钱）时，并未采用显名代理的方式，而且一般也无法推导出默示显名。 那么，在隐名的情况下是否构成夫妻共同债务？ 如果采代理说，我觉得这可能是一个用于检验观点的好案例。

老师： 在日常家事范围内采取第三种观点确实更好。 这里阐述的代理虽然能解释部分问题，但在日常家事范围内，其意义没有那么大。 与此不同，对于超出日常家事范围的行为，比如夫妻一方去卖房，这半段论述的意义更大一些。 我当初写这后半段的动机有两个。 一是，钥匙权经常被称为日常家事代理权，我想为这个表述中的代理权作一个背书；二是，用这半段论述来解释夫妻一方签订合同出售房屋的问题。 在写到日常家事代理权的时候，我把之前民法思考与研究中认同的原理挪到这里，但在日常家事范围之内，代理的原理已经被上述第三种观点即家庭法上的特殊权利说所覆盖了。

闫俊奇：老师，这一章是法律行为的归属，那么，是不是可以这么说：代理法是法律行为归属的基本制度，但钥匙权是与代理并行的另一个法律行为归属制度？

老师：对的，日常家事范围内的部分情形与代理存在类似于竞合的现象。 你提出的是比较重要的真问题。

问题十一：消极代理的规则适用问题

胡逸群：书中第501—504页，作者在代理的分类下讨论了法定代理、意定代理、积极代理、消极代理、有权代理、无权代理。 这些概念在民法理论中都被统一纳入代理的概念。 以法定代理与意定代理为例，在实证法的框架下，二者均被纳入代理制度内。 但不可忽视的是，法定代理与意定代理的差异也不小。 比如，二者的规范目的不同，意定代理的规范目的可能在于鼓励社会分工，便利交易，可能是一种"能力之提高"；而法定代理的规范目的主要在于填补本人能力之不足。 从不同的规范目的出发，二者在具体的制度设计上就会产生差异。 但总的来看，法定代理与意定代理在法律构造上还是具有高度相似性的，所以德国立法者将其统一纳入代理的概念中。 我国对此予以继受。 我的问题主要针对消极代理。 不同于《德国民法典》第164条第3款明确规定了消极代理准用（entsprechende Anwendung）积极代理，我国《民法典》第162条是否包括消极代理，则不无疑问。 从文义上看，该条中"实施的民事法律行为"是否包括受领意思表示，存在讨论空间。

所以对于消极代理的法律适用而言，考虑到消极代理与积极代理存在的差异，而我国实证法上目前并未明确承认消极代理，应首先解决的问题是消极代理是否属于代理。 消极代理这一概念要解决的问题能否通过其他法律制度解决？ 若可以，则没有必要将消极代理纳入代理的概念中；若不可以，则需要进一步探究消极代理在构成要件、法律效果上如何适用《民法典》第161条以下的条文。

我想到了一些消极代理适用《民法典》第161条以下条文时可能遇到的问

题。问题一是，消极代理如何做到以被代理人之名义实施行为？问题二是，若行为人并无消极代理权，该代理行为可否适用《民法典》第 171 条无权代理之规定，比如可否被追认，可否发生代理人的债务履行责任？问题三是，若相对人有理由信赖行为人享有消极代理权，是否构成《民法典》第 172 条意义上的表见代理？

对于问题一，从比较法看，德国多数观点认为相对人向代理人发出意思表示时，只要以可识别的形式表明其旨在向本人发出意思表示即可。此时似乎是将相对人而非代理人作为显名原则拘束的对象，与传统代理法上的显名原则存在偏离。

对于问题二，若消极代理人无消极代理权，则可能被当作使者看待。例如，A 向 B 发出意思表示，B 是 C 的消极代理人，A 白天来到 C 的家门口，对 B 说"我想购买 C 的车"。若将 B 认定为表示使者，假设 B 忘了告诉 C 这件事，最后的结论是意思表示未到达，法律行为不成立。此时，如何适用《民法典》第 171 条，对不成立之法律行为予以追认？若将 B 认定为受领使者，由于 A 是白天来的，通常可期待 B 在 C 下班回家时转达，那么，到达时间应认定为晚上 6 点。此时，C 可否追认，使到达时间从晚上 6 点提前至 B 上门之时？从概念体系上看，消极代理适用《民法典》第 171 关于无权代理的规定似乎会产生疑问；从价值判断上看，似乎也没有充分理由为到达时点的提前提供支撑。

对于问题三，似乎有成立消极代理之表见代理的余地。但我觉得，此时起作用的不是表见代理制度本身，而是私法上权利外观的基本原则。即便认为消极代理不属于代理，也可能在类似的条件下，通过类推表见代理，达到类似的法效果。

我自己的初步想法是，消极代理与积极代理的共性并没有法定代理与意定代理那么大，似乎可以考虑在我国法上将消极代理排除于代理概念外。消极代理存在两个特别的法效果：其一，意思表示到达时点提前；其二，更改意思表示解释的"基准人"。对于第一点，可以借助对《民法典》第 137 条的解释来实现。首先，按照《民法典》第 137 条第 2 款第 3 句的规定，对于数据电文形式的意思表示，其生效时间可由当事人另作约定，数据电文形式的意思表示与非数据电文形式的意思表示在这一点上并不存在差异，相同之事物应相同对待，因此，应认为当事人也可以对非数据电文形式的意思表示的到达时点进行约定。那么，为了实现消极代理的构造，可以认为此时当事人约定到达消极代理人或者到达某人时意思表示生效。但对于意思表示解释的"基准人"而言，此时如何在意思自治的框架内实现，则成为问题。易言之，能否约定以消极代理人的通常理解为准？假如我们承认这一点，那么，消极代理之概念似乎可以在意思自治的框架内解决，没必要再纳入代理之概念。

这是我的初步想法，相当于扮演反对说的角色，抛砖引玉，供大家讨论。

老师：你认为消极代理与积极代理的区别大于共性，把消极代理纳入代理概念中适用其一系列规则不合适，所以，应当把消极代理摘除，使之成为一个独立的制度，与积极代理有共性的地方类推适用即可。反过来的做法是将消极代理放在代理概念中，在某些情形中限制代理规则对消极代理的适用。大体上有两种模式，对吧？

胡逸群：对，我觉得最根本的问题在于讨论消极代理这种现象如何适用或者类推代理规则。

老师：常规思维下，还是应就我上面总结的"框架外抑或框架内"的问题先进行讨论。你提出的观点对我们既有的"消极代理也是代理，须适用代理规则"的认识产生了冲击。为了应对这个冲击，我们首先要回答如下问题：放在框架内有什么不好？

胡逸群：就如我刚才说的那样，放在框架内会遇到三个方面的问题：一是怎么显名；二是能不能适用无权代理规则；三是能不能适用表见代理规则。

老师：我注意到在你刚才的论断中，消极代理人会变成使者，为什么？请你展开论证一下。

胡逸群：没有消极代理权的消极代理人可以看作使者，意思表示到达消极代理人时，存在一种类似于到达待定的状态。但我刚才的论证否定了这种状态，就是说，如果没有消极代理权，则消极代理人只能成为一个使者。不过，在逻辑上确实存在另一种构造，即到达消极代理人时，意思表示到达但未生效。

老师：在无权消极代理情形中，意思表示到达的效果归属待定，这种构造可能性是存在的。未必需要直接从"代理人"跳到"使者"，似乎在这个点上你的思维有点跳跃，对此，需要强化论证。还有一点，在能否成立表见代理这个问题上，适用信赖保护的一般规则是不得已而为之的做法，我们不应轻易地向一般规则逃逸。

胡逸群：这样的架构也说得过去，即便是到达无权的消极代理人，也可以认为是到达生效。与积极代理一样，代理权被放在特别成立要件框架中。但我还是认为，消极代理更多是解决意思表示到达、受领的问题，其本身影响的是"意思表示是否到达"这个结果，而这个结果可能主要处于意思表示成立层面。

简言之，在积极代理中，我们把代理权作为特别成立要件。但我觉得在消极代理中，当欠缺代理权时，连一般成立要件都不具备，因为意思表示没有生效。如果一定要适用代理规则，那么，可以拟制为即使没有消极代理权，意思表示也在到达消极代理人时生效。此时因为拟制而满足一般成立要件，然后再在特别成立要件上解决问题。但我觉得这样的解释路径太过迂回。

老师： 这确实是一个好问题，至于采用什么观点还有待研究。消极代理与积极代理确实存在一些区别，而现行法上的代理规则是以积极代理为原型设计的，由此引发了一些法律适用上的问题。

第三节　代理的法律效果

问题一：代理中的缔约过失责任归属

朱志强：老师，我有一个问题。在第505页，书中提到"除了法律行为上的权利义务归属之外，代理对于被代理人的另一个法律效果是缔约过失责任的归属"。老师之前对关于代理究竟是行为归属还是效果归属的问题有所分析。如果这里是权利义务归属，好像不太符合行为归属的结论。接下来的问题是，缔约过失责任的归属到底是不是代理法所发生的效果？缔约过失责任产生的原因是违反先合同义务，那么，先合同义务到底是因为被代理人本身参与缔约活动产生的，还是从代理人的行为归属过来的？一般认为，先合同义务是通过先前的磋商活动或者其他商业上的接触行为产生的，但磋商行为显然不是法律行为，如何能通过代理法规则归属于被代理人？

老师：关于先合同义务，代理人是履行辅助人。这里的归属是代理活动引发的法律效果。

朱志强：但感觉这里并不是代理产生的法律效果，而只是出现了代理的表征，从而归属于被代理人。

老师：代理会牵扯出另外一个对被代理人的效果，这个效果不是代理本身直接产生的法律效果，而是借助履行辅助人的概念与相应规则推导出来的法律效果。

朱志强：但履行辅助人针对的应当只是既存义务的履行，而先合同义务不是既存义务，对吗？

老师：先合同义务也是既存义务，因为代理人实施了代理活动，在代理活动中进入缔约阶段，从而产生先合同义务。一旦产生了，就成为既存义务，可以被本人或者作为其履行辅助人的代理人违反。

闫俊奇：这里的归属依据可能是委托合同授权意思表示，比如让代理人帮忙买东西，那么，买东西的过程就必然涉及磋商行为。但是，法律行为归属与缔约过失责任归属感觉有所不同。

曹沛地：弗卢梅认为："所谓先合同义务主要是照顾和说明义务，被代理人承担责任的原因不是因为代理人是为其完成法律行为，或者其是完成法律行为的代理人，而是因为被代理人在履行其自身所负的照顾和说明义务时使用了代理人。"

闫俊奇：我觉得第 505 页"除了法律行为上的权利义务归属之外"指的是传统意义上的法律行为归属，后面说的是因为代理人介入合同磋商关系而产生的责任，并不是法律行为上的归属。

老师：对。先是缔约行为的归属，缔约行为因代理的媒介归属于被代理人。然后，缔约行为延伸出先合同义务，该先合同义务与缔约行为一并归属于被代理人。被代理人作为先合同义务的义务人，其义务须通过代理人这个履行辅助人来履行，履行辅助人的过错因此归属于被代理人。这就是前面所说的类似于侵权行为的归属。

问题二：代理人欲以本人名义，结果却以自己名义作出意思表示时如何撤销

胡逸群：老师，我有一个问题。在第 507 页，对于代理人欲以本人名义，结果却以自己名义作出意思表示时能否依意思表示错误撤销的问题，作者在这里可能有意地留下讨论空间。我的疑问是，在我国法上，对于《德国民法典》第 164 条第 2 款所涉及之情形，应否允许撤销？

在实证法的框架下，由于我国没有类似的条文，当然适用我国《民法典》第 147 条，可以撤销。若将"A 想以 B 名义行为，结果却以自己名义行为"的案型归结为名义错误（法效果归属错误），在德国法上会延伸出如下三种案型。案型一：A 想以 B 名义行为，结果以自己名义行为（《德国民法典》第 164 条第 2 款）；案型二：A 想以自己名义行为，结果以 B 名义行为；案型三：A 想以 B 名义行为，结果以 C 名义行为。

案型一属于《德国民法典》第 164 条第 2 款的适用范围，此时按照德国法，A 不得主张撤销。

对于案型二，德国法上多数观点认为其不属于《德国民法典》第 164 条第 2 款的适用范围，A 可以主张撤销。实质理由是，在此种情形中，相对人的合同请求权不会被剥夺。在案型二中，A 想以自己名义行为，结果却以 B 名义行为，若允许其撤销，那么，就应当如同其心里想的那样，撤销后其自己成为合同相对人，因此，相对人的法律地位不会受太大影响，其依然享有合同请求权。

反对观点则认为，允许撤销后，本人通过代理交易获得的法律地位会被清除，且其预设此时本人有撤销权，故代理人不承担信赖利益损害赔偿责任。

对于案型三，多数观点认为其不属于《德国民法典》第164条第2款的适用范围，A可以主张撤销。反对观点则认为，此时A不能主张撤销。理由在于，此种情形中，与《德国民法典》第164条第2款所调整的情形相同，相对人会面临丧失合同请求权的风险。在案型一中，撤销之后，本应以本人名义重新做成一个法律行为。在案型三中，撤销之后，本应以B名义重新做成一个法律行为。但在这两种情形中，B是否会撤回授权，则不一定，因此，相对人会面临丧失合同请求权的风险。

此外，还延伸出另一个问题，若允许撤销，撤销权应归属于谁？一种观点认为，应由代理人撤销，其理由在于，对于案型二，代理人撤销之后可以再订立合同，而本人的利益不受影响，因为本人其实已经获得了对待给付（无论是通过自己行为还是代理行为）。该观点的缺陷在于，即便代理人撤销，在案型二中，新的自己行为也不会自动形成。另一种观点认为，应当区分有权代理与无权代理。若为无权代理，则由代理人撤销（为了摆脱《德国民法典》第179条规定的无权代理人责任）；若为有权代理，则由本人撤销。

我觉得，对于案型一，不应借鉴《德国民法典》第164条第2款，应当允许撤销。为了保持逻辑上的一致性，对于案型二、案型三，均应允许撤销。在撤销权的归属问题上，既然我们将名义错误作为意思表示错误的一种子类型处理，那么，就应当保持评价上的一致性，从而按照行为归属的基本原理认定。如果是有权代理，案型一中，在自己行为的情况下，因为涉及的是自己行为，所以理应由没有显名的代理人撤销；在案型二中，此时因为有代理权，已经发生了行为归属，所以对于名义错误，应由本人撤销；在案型三中，因为存在代理权，已经发生了行为归属，所以对于名义错误，也应由本人撤销。若涉及的是无权代理，由于不存在代理权，不发生行为归属，逻辑上应由代理人自行撤销以摆脱无权代理人责任，这与上述第二点的处理是一致的。

曹沛地：关于《德国民法典》第179条第2款规定的代理人对相对人的损害赔偿责任，如果代理人不知道自己没有代理权而实施代理行为，则其所承担的无权代理人责任也是消极信赖利益赔偿责任，与意思表示错误制度下撤销后的赔偿责任似乎并无区别。我国《民法典》第171条第3款从文义上看，是对无权代理人责任采取了一刀切的积极信赖保护，在能否以"名义错误"为由撤销的问题上可能会产生影响。

胡逸群：既然我国法上的无权代理人责任这么严格，那么，就更有理由让代理人通过撤销来摆脱责任了，并且，在无权代理情形中，对于第二种案型与第三种案型，都应当由代理人自己撤销。

老师：你说得有道理。代理人欲以本人名义，结果却因忽视了公开性而变成以自己名义作出意思表示，这也属于内容错误。具体而言，代理人 A 的内心意思是"我代理 B 与你（C）订立买卖合同"，经过规范性解释而确定的表示意义则是"我（A）与你（C）订立买卖合同"，意思与表示不一致，构成错误，代理人应当享有撤销权，但撤销后应当赔偿相对人的损失。

问题三：被代理人意思瑕疵下授权行为的撤销

李兆鑫：老师，我有一个问题。第 507 页，在"知情归属"的上一段中，作者提到两种情形。其中第一种情形是"被代理人在实施授权行为时存在错误、被欺诈或者被胁迫等情况。授权行为因此存在意思瑕疵，被代理人有权撤销授权行为"。这里提到错误、欺诈与胁迫。就欺诈而言，如果是被代理人受到代理人欺诈，当然可以主张撤销授权行为；如果是被代理人受到相对人欺诈，因为授权行为是在被代理人与代理人之间发生的，所以涉及第三人欺诈规则，例外情况下被代理人也享有撤销权；如果是被代理人受到与授权行为完全无关的"第四人"欺诈，我觉得被代理人不能撤销授权行为。

就错误而言，肯定是被代理人自己发生了错误。对此，首先要考虑两个方面。一是，被代理人自己的真意应当受到保护，原则上应当肯定其享有撤销权。二是，代理人此时作为一个善意代理人也应受到保护。如果允许被代理人因错误撤销授权行为，那么就会导致代理人变成无权代理人，须承担无权代理人责任。虽然代理人事后可以向被代理人追偿，但此时善意代理人须承担被代理人破产或者失踪而不能追偿的风险，我觉得可能对善意代理人保护不周。与其这样，不如让被代理人无权撤销授权行为而直接撤销与相对人之间达成的法律行为，然后让相对人向被代理人主张信赖利益损害赔偿责任。

综上，我认为，在错误情形中授权行为不能被撤销，在欺诈情形中要区分情况，在胁迫情形中一定可以撤销。

曹沛地：被代理人授权行为发生错误，为什么能直接撤销代理行为呢？

李兆鑫：在代理行为中，相对人既然知道自己与被代理人之间发生交易，其就应当承担被代理人行使错误撤销权的风险。

曹沛地：撤销了代理行为，仍然会存在表象，此时表见代理责任仍会成立吗？

老师： 在授权行为中，被代理人发生错误，其只能撤销存在错误的授权行为，如何能够撤销代理人实施的法律行为呢？一个法律行为中的错误不应导致另一个法律行为可撤销，否则明显违反逻辑。

曹沛地： 似乎只能从共同行为说中推导出这个结果。

老师： 这反而凸显了共同行为说的不合理之处，逻辑上不太清晰。

王小亮： 或许因为无权代理人责任（尤其是债务履行责任）的存在，使得问题的处理常常陷入复杂局面且又时而要求其他规则作出妥协，比如这里讨论因错误撤销授权行为会不会给代理人带来不利，又如前述案型二的多数观点，再如消极代理是否需要适用或者类推适用无权代理人责任。我们应当反思无权代理人责任本身的正当性，或许通过一般的缔约过失责任即足以取代无权代理人责任。在解释上要作的努力就是适当限缩无权代理人责任的适用空间。

问题四：此部分标题的表述问题

尚美汐： 老师，我有一个关于文章编排布局的问题。第 506 页括号一的标题是"代理人意思瑕疵问题"，但后面具体论述中又提到意思瑕疵存在于被代理人的情形。那么，这个标题是否应当改为"代理关系/行为中的意思瑕疵问题"？

老师： 你建议的标题"代理关系中的意思瑕疵问题"，在逻辑上也可以包括相对人的意思瑕疵，但此处却仅论述代理人或者被代理人的意思瑕疵问题，所以也存在文不对题的现象。你说的逻辑没错，但问题是，在写作的过程中，有时为了追求表述上的简洁性，无须百分百地遵循逻辑法则，否则标题会显得冗长、啰唆。为了追求标题的简洁性，偶尔牺牲掉一点逻辑性，这也是比较合理的写作手法。通常而言，不至于因此引发读者的误解。

问题五：通谋虚伪表示相对无效规则

朱志强： 老师，我有一个问题。第 507 页第 2 段提到"例外的是，代理人与相对人串通达成虚伪的法律行为以欺骗被代理人的，相对人不得对被代理人主张该法律行为无效"。我觉得这个有点像通谋虚伪表示不得对抗善意第三人规则，但我国法上没有这样的规则，如何操作？

老师： 这个问题我们之前讨论过。我在书中标注了弗卢梅认为这是通谋虚伪表示无效不得对抗善意第三人的体现,还有另外一个标注说脚注1援引的这句话在德国是少数说,德国没有普遍承认通谋虚伪表示无效不得对抗善意第三人,只是在债权让与的情况下有《德国民法典》第405条的特别规定。 你刚才指出来的这句话确实是少数说,可能我没有说明,容易让读者误以为是多数说。

杨帆: 此处没必要说明是少数说,因为结合书中前后体系上的一致性,以前讨论过通谋虚伪表示无效的我国模式,作者认为实践中已经有判例认为双方当事人以通谋虚伪表示创设债权的,不得以法律行为无效对抗善意受让债权的第三人(相对无效)。 而且在实证法上,《民法典》第763条在保理合同领域明确承认了"通谋虚伪表示无效不得对抗善意第三人"规则,作者认为其他领域必要时也可以类推适用该条。

老师: 对,即便学理上是少数说,但考虑到书中其他地方的基本立场,也可以采这种少数说的模式。 对于少数说,我们借助方法论工具,未必不能在我国实证法上找到依据。 这是对一本书所作的体系解释。

问题六:特定物瑕疵下被代理人干预的时点

李兆鑫: 老师,第509页第2段倒数第6行提到"尽管当时被代理人不知道该特定物存在瑕疵,但事后知道,只要买卖合同尚未订立,被代理人就有机会干预",为什么不是只要买卖合同尚未履行就有机会干预?

老师: 如果买卖合同已经订立了,被代理人如何干预?

李兆鑫: 合同订立之后,被代理人知道具体的交易对象时,就会发现相对人不是所有权人。 此时尚未交付,仍有干预的机会。

朱志强: 如果合同已经订立,仍期待被代理人去阻止受领货物,则其可能有陷入受领迟延的风险。

老师: 假设代理人购买的特定物(二手车)存在瑕疵,比如发动机有重大的功能缺陷,被代理人在当初代理人向第三人购买这辆车时不知道这个缺陷,等到合同快要订立时,被代理人从别的渠道知道了这个瑕疵。 被代理人此时本来可以告诉代理人不要签合同,如此,合同就不会成立、生效,相对人也就不会发生瑕疵担保责任。 这是一种情形。 第二种情形是,合同订立了,但二手车还没有交付。 此时,被代理人有机会干预吗? 如何干预? 阻止交付就能阻却卖方的合同责任吗? 二手车买卖尚未交付时,作为买方的被代理人自己发现发动机有缺陷,即便被代理人出面阻止卖方交付,也不能使卖方免于"交付发动机没有缺陷的汽车"的义务。 在买卖合同已经成立生效的情况下,卖方要么承受合同被解除并承担履行利益损害赔偿责任的结果，要么履行修复发动机并交付汽车（必要时还要接受减价）的结果。这些结果取决于汽车瑕疵的严重程度，与买方是否阻止卖方交付汽车无关。因此，在合同已经订立但尚未交付的情况下，法律上不能苛求被代理人积极干预，阻止相对人交付。

问题七：对特定指示的宽泛解释兼写作排布问题

王一中： 我有一个问题。第 508 页提到一个案例，即"甲授权乙代理购买一幅油画，乙以甲的名义与丙达成买卖合同并且进行油画所有权让与"。这是否属于后面所说的"甲违背诚信地坐享乙之善意的好处"？老师您后面说到要考虑甲是否参与所有权让与行为，如果他虽不参与但却知道丙没有所有权，那么，他通过代理人去达到善意取得的目的，不也属于违背诚信的行为吗？

老师： 这就属于后文说的对特定指示进行宽泛解释。宽泛解释后，可以涵盖你改造过的"油画案"。

王一中： 我想问的是，此时是否应当区分被代理人有没有参与？

老师： 不需要在第 508 页这里进行区分，此处说的是在不作宽泛解释的情况下只能这样处理。被你改造之后的案例应当留到后面去解决。我在前面还没探讨宽泛解释，为什么要在前面就区分两种情况？如果区分，读起来就会觉得很奇怪。这个问题要一步一步地推进。前面是对特定指示进行严格解释，用于分析"油画案"。你把案例改造之后，就只能运用后面提到的宽泛解释来处理。

第四节　代理权

问题一：对《民法典》第 166 条但书表述的疑问

谢心童： 老师，我有一个问题。在第 511 页，《民法典》第 166 条的但书规定为"当事人另有约定"，代理权授予行为是一个单方法律行为，而此处使用"约定"一词，文义上是要求代理人与被代理人达成合意，这是否违背了代理关系独立于基础关系的原则？

老师： 当事人可能是数个代理人，此处的约定是数个代理人达成的约定，即数个代理人关于如何行使共同代理权达成的约定，而不是代理人与被代理人之间达成的约定。

问题二：对数人享有法定代理权情形的解释

孙诚毅： 老师，我有一个问题。在第 512 页，对于《民法典》第 166 条规定的共同代理人规则能否适用于法定代理这一问题，书中认为，父母共同担任未成年子女的法定代理人的情形宜解释为共同代理权。[①] 但是，对于一些标的额较小的行为，要求父母双方共同代理是否会导致效率低下且不太符合生活实际？

老师： 这部分援引的是朱庆育教授的观点，可以讨论一下如此处理是否合适。依据生活经验，现实生活中更多的情形似乎反而是分别代理。

尚美汐： 就父母一方代理未成年子女实施法律行为的情形，我认为首先要考虑的是，此处应否采用共同代理权的概念（即认为父母是共同代理人）。显然，要求父母对所有日常琐事都达成一致意见后再行使权利，是不符合生活常识的。因此，如果采用共同代理权的框架，就需要为"一方单独代为行使权利"的情形构造合理解释，而如果无法构造合理解释，共同代理权的前提就难以成立。

---

① 参见朱庆育：《民法总论（第二版）》，北京大学出版社 2016 年版，第 347 页。

如何解释单独决策的父亲或者母亲享有"完整的"代理权？ 这要结合书中第 512 页第 2 段中提到的对"一个共同代理权人单独实施法律行为"问题的不同观点。 按照莱因哈德·博克的观点，可以认为父母中未出面的一方将自己的法定代理权授予给另一方，究其性质，属于复代理权的授予。[①] 此时，单独行使权利的一方既有自己原本的一份共同代理权，又有另一方授予的一份复代理权，从而可以单独作出决策。 也可以按书中介绍的另一种观点更进一步，认为此时行使权利一方的代理权已经扩张为单独代理权。

老师： 按照这种解释，一方单独行使权利之前都需要另一方授权才可以吗？

尚美汐： 是的，我刚才只想到了有授权的情形，但更大的问题可能是另一方没有明示授权或者拒绝授权时应当如何处理。 当事人似乎缺乏追责或者救济的方式。

朱志强： 对于生活中的鸡毛蒜皮，为何一定要依据代理的方式解决问题呢？ 例如，母亲带着孩子去买一个价格为 5 元的玩具，母亲在与商家交易时，直接与商家订立了买卖合同，而非将合同的权利义务直接归属于孩子。 我认为不需要通过代理去解决，直接通过意思表示解释，解释出合同的当事人也可以解决这个问题。 至于重大的事情，比如给孩子报一个学费上万元的舞蹈班，如果没有父母另一方的授权，可以认定为一方无权代理。

梁佳艺： 报舞蹈班的例子是否可以理解为利他合同？ 父母与培训机构是合同当事人，而把上课的权利设定给了孩子。

老师： 对，这不是代理，因为培养未成年子女是父母的抚养义务，父母为了履行抚养义务与培训机构签订合同。 孩子的教育、医疗等事务，应属于父母的抚养义务范围之内的事务，本身就需要父母去签订合同。 父母应作为合同的当事人，而不是为孩子签订合同。 为此签订的合同是一种利他合同。

对于重大的事情，应当采用共同代理。 所以我们需要找出一个不属于重大事情，但属于代理并适用单独代理的情形。

王一中： 如果是以实名制给孩子购买飞机票呢？

老师： 在购买飞机票这个例子中，可以认为孩子是合同的当事人。 可以以购买高铁票为例，坐飞机这件事情按照一般生活观念通常比坐高铁更重大一些。 购买高铁票不属于重大事情，适用共同代理不合适。 那么，如何把这个案

---

① Vgl. Reinhard Bork, Allgemeiner Teil des Bürgerlichen Gesetzbuchs, 4. Aufl., 2016, S. 566.

例纳入日常家事代理权的范畴？ 假设是母亲出面帮孩子买了一张高铁票，父亲没有参与。

胡逸群：我认为这里有三层结构，第一层是出面去交易的母亲，第二层是父母，第三层就是本人（孩子）。 比较类似的三层结构是复代理，可以认为在第一层结构中的母亲就是复代理人。

老师：母亲也有两个身份，既是本代理人又是复代理人。 她本身有自己的一份共同代理权，这份共同代理权是本代理权。 同时母亲行使了父亲享有的对孩子的共同代理权，且以复代理的方式行使这第二份共同代理权。 这是关于第512页第2段莱因哈德·博克的观点的分析。 如果我们把该观点中的授权替换掉，不以意思表示的方式来授权，而是通过家事代理权的原理获得权限，那么，妻子代替丈夫去行使第二份共同代理权的行为可以认为日常家事。 这类似于妻子一方面代表自己，另一方面代替丈夫，为了家庭生活需要去买了一瓶酱油。 购买一瓶酱油属于家事代理的范围，给孩子订一张高铁票也属于日常家事代理。 因为在妻子与丈夫组成的家庭中，涉及的不仅仅是油盐酱醋这类日常家事，也应包括抚养照顾孩子之类的事务。 在抚养照顾孩子的过程中，一些所谓鸡毛蒜皮的小事也属于日常家事的范围。 那么，依据日常家事代理权的原理，一方可以代替另一方单独决定实施代理行为，其中就包括了上述妻子代替丈夫行使丈夫的共同代理权，对外给孩子订了一张高铁票。 所以结论是，对于所谓鸡毛蒜皮的小事，可以将日常家事代理与复代理组合起来，解决父母的共同代理问题。 这也说明法律行为理论本身是一个体系，当这个体系中的一部分出现问题时，可以从另一部分寻求支援，发挥体系的自救功能。

谢心童：在这个构造中，日常家事代理的判断一般都是以相对人的视角为准，但在法定代理中是一个内部关系的考量，应当考虑监护人是否按照最有利于被监护人的原则行使权利。 这是否与日常家事代理的原理不太一样？

胡逸群：二者的规范目的可能存在冲突，在部分案型中可能难以决定究竟应当保护相对人还是保护孩子。

老师：只要不是全面冲突，上述解释模式就是可行的。 只是在操作时，需要谨慎对待有可能冲突的局部。

王小亮：我有一个反对观点。 在给孩子购买高铁票的例子中，从交易相对人铁路公司的视角看，谁能立即结清票款，谁就是债务人，只是最后服务可能提供给孩子，所以孩子依然是利益第三人合同中的第三人。

老师：那么，我们就更改一下案例，因为这个案例可能还有第二种解释的可能性。比如，父母用孩子自己的压岁钱给孩子购买一辆自行车，花费的是孩子自己的钱，孩子应当是买卖合同的买受人，且购买自行车不是一件重大事情。

王小亮：这个案例与日常家事代理权似乎没有关系。在日常家事代理中，一方能够代替另一方实施法律行为，会影响到夫妻双方的财产，但此例中只涉及孩子个人财产变动。

老师：我们所谓的家事，不是专指涉及夫妻共同财产的事务，而是泛指家庭共同生活中的事务。抚养、照顾孩子过程中的具体事务也属于家事。

王祥泉：假设孩子的父母双亡，由孩子的两个亲戚担任其法定代理人。这种情况如何在家事代理的框架下解释？

尚美汐：我也想到一个类似情形，比如孩子的父母已经离婚了，那么，就没有婚姻效力作为家事代理权的来源了。

老师：对，对于这两种情形，家事代理权都无法解释。夫妻（父母）双方的共同代理权可以通过家事代理结合复代理这个原理来解决问题，但如果夫妻已经离婚，家事代理这个概念无法发挥作用，此时表见代理就可以登场了。

尚美汐：这样一来，日常家事代理权原理适用的范围其实并不大，是否还有必要使某些特殊情形适用家事代理权呢？易言之，全部适用表见代理能否解决上述所有问题？

老师：这就涉及之前讨论家事代理权时几种不同的学说。适用表见代理的情形是不得已而为之，表见代理的确定性不如日常家事代理，仅处于一个替补地位。在家事代理权无法解释时，表见代理才"粉墨登场"，用家事代理的原理具有更强的确定性。

综合来说，这里需要进行观点的修正，即不能一概采用共同代理。需要区分两种情况，一是孩子的日常生活事务，二是比较重大的事务。比较重大的事务应当适用共同代理，而孩子的日常生活事务，由数个监护人分别代理更合适一些，在现实生活中更具可操作性。可以在这个观点下加一个但书："但'小事'除外"。当然，"小事"可以换一个比较规范、严谨的表述。

问题三：共同代理人先后向相对人作出内容相同的意思表示，直到最后一个共同代理人的意思表示到达相对人时，法律行为才能成立且没有溯及力的理由

王祥泉：老师，我有一个问题。第 512 页，在共同代理人先后向相对人作出内容相同意思表示的情形中,书中认为"直到最后一个共同代理人的意思表示到达相对人时,法律行为才能成立且没有溯及力"。① 此处"法律行为才能成立且没有溯及力"的理由是什么? 如果对比无权代理的情形,在完全没有代理权的情况下,无权代理人作出的表示被本人追认之后也是有溯及力的,且法律行为已经成立。 为什么在共同代理人先后作出意思表示的情形中,在有代理权的部分情况下,法律行为反而没有成立且没有溯及力。 没有溯及力就意味着,最后一个共同代理人作出的意思表示到达之后,法律行为才成立。 这也包括向实施行为的那个共同代理人表示同意,有事前同意与事后追认。 在事后追认的情况下,法律行为成立的时点不易确认和查明。

老师: 假设情况 A 是数个共同代理人先后作出内容相同的意思表示,情况 B 是追认,情况 A 与情况 B 本质上是相同的还是不同的?

谢心童: 在情况 A 中,部分代理人实际上还是以共同代理权人身份作出了一个意思表示,而相对人对后面接下来的其他几个代理人作出意思表示是可预期的。 但在情况 B 中,其他代理人是以单独代理权人身份去实施这个法律行为,那么,相对人对其他代理人作出意思表示是没有可预期性的。 所以,两种情形不太一样。

王小亮: 在共同代理权的情形中,代理权的数量只有一个,但背后有比如 A、B、C、D 四个人,可以把四个人拟制为一个主体。 在实施代理行为时,相对人看到的是本人存在,且代理人是 A 加 B 加 C 加 D,他们形成的一个整体才是代理人,这是共同代理的情形。 在某些情形中,A 实施代理行为时,没有把 A 加 B 加 C 加 D 享有共同代理权的事实披露出来,只表示自己是代理人,并与相对人签订合同。 此时,相对人看到的是代理人为 A 一个人,这种情形是典型的无权代理。 介于两者之间的情形是,A 告诉了相对人,代理人是 A 加 B 加 C 加 D,但 A 可以单独地替 A 加 B 加 C 加 D 作出意思表示。

尚美汐: 书中无权代理责任部分也提到了这两种情形。 我的理解是,假设有 A、B、C、D 四个共同代理人,情形一是被动缺漏:只有 A 作出意思表示,代理行为尚未完成,不产生无权代理责任,合同成立时点要等到 B、C、D 之中最后一个人作出同意的意思表示之时;情形二是主动冒充:A 向相对人表明自己为单独代理人,此时,构成无权代理,存在追认与溯及力的问题。

在此前提下对王祥泉同学的问题进行补充:同样是等待 B、C、D 的表

---

① Vgl. Karl Heinz Schramm, in: Münchener Kommentar BGB, 5. Aufl., 2006, §167 Rn. 86.

态，情形二中 A 主动冒充单独代理人显然恶意更明显。 为什么情形二中合同成立时点可以溯及至 A 作出意思表示之时，而情形一中要等到最后一个人作出意思表示时合同才能成立？

老师： 代理人包括共同代理人中的一个或者数个，他们是有权决定法律行为从何时开始生效的。 他们作出决定时，可以选择采用自己作出行使代理权意思表示的方式，也可以采用追认的方式。 选择追认的方式，就意味着第二个共同代理人愿意让法律行为从第一个时点就开始生效，此为其自由选择，有何不可？

尚美汐： 是否可以理解为，本质区别并不在于主动冒充还是被动缺漏，而是取决于其他共同代理人的意思？ 亦即只要存在未表态的共同代理人，即使 A 先表示了其为单独代理，其他共同代理人也可以自行选择究竟是就这个无权代理作"追认"，还是通过作出"同意"的意思表示行使自己那部分代理权，从而影响合同成立的时点。 在上述案例中，只有 B、C、D 都作出"追认"表示时，才意味着他们都愿意将合同成立溯及至 A 作出表示的时点，法律效果才会产生。

老师： 对，其他共同代理人有选择的机会。

王祥泉： 在相对人知道对方是共同代理人的情况下，是否只有等到对方所有的共同代理人都作出表示时，才能知道这个法律行为生效的时间？

老师： 对，这是相对人选择与数个共同代理人交易的时候，需要承担的不确定性。 假设有两个共同代理人 A 与 B，A 对外与相对人 C 签订合同，A 作出意思表示，表明了代理人身份（不管是否声称自己是单独代理人）。 在这个前提下，A 作出与 C 签订合同的意思表示，那么，事后第二个共同代理人 B 知道时，B 可以作出两个选择。 第一个选择是，B 也以共同代理人的身份向 C 作出一个签订合同的意思表示，这就属于本段所指的"先后向相对人作出内容相同的意思表示"的情形，没有溯及力。 第二个选择是，B 可以把 A 看作一个无权代理人：A 在复代理的层面上实施了无权复代理，即 A 一方面行使了自己的那份共同代理权，另一方面又替 B 行使了第二份共同代理权。 那么，关于 A 替 B 行使的第二份共同代理权，B 可以把它理解为一个无权的复代理。 对于这个无权复代理，B 可以进行事后追认，相当于事后补充授予了复代理权。 此时，追认是有溯及力的，溯及至当初 A 无权行使复代理权的那一刻发生效力。

尚美汐： 我认为这个结构的问题是，在 A 作出这个意思表示的时候，其行为的性质是不能确定的，要等到事后多个共同代理人都作出了他们的意思表示之后，才能确定 A 作出意思表示时到底是一个未完成的代理行为，还是一个无权代理。

老师：对，所以究竟是未完成的共同代理还是无权复代理的事后追认，其实主要取决于第二个共同代理人的意愿与选择。

王祥泉：相对人在与代理人订立合同时不知道对方是共同代理人的情形应当如何处理？

老师：如果相对人在行为时根本就不知道自己面对的是共同代理人，相对人以为对方是单独代理人，相对人的"以为"是有信赖基础的，其可以主张单独代理模式下的表见代理，从而绕开复杂的共同代理构造。

问题四：对其他共同代理人拒绝追认情形的处理

尚美汐：老师，我有一个问题。在第 513 页，关于共同代理权情形中的无权代理责任，假设只有 A、B 两个共同代理人，A 先作出一个比较模糊的意思表示，那么，此时 B 的意思表示是否能决定无权代理责任的产生与否呢？具体而言，如果 B 说"我不同意这个合同的订立"，则属于情形一（见问题三），代理行为尚未完成，没有无权代理责任；如果 B 说"我拒绝追认"，就可能产生无权代理责任。这样处理是否妥当？

老师：追认与拒绝追认是不一样的，不能把针对追认的原理直接搬到拒绝追认的情形中。拒绝追认可能产生 A 的无权代理责任，需要另当别论。

王小亮：追认的前提是法律行为已经成立，在这个共同代理的情形中，如果其中一个代理人是以共同代理人的身份作出意思表示，那么，实际上他的意思表示只是意思表示的一部分。共同代理权的情形中代理权只有一个，享有代理权的是 A 加 B 加 C 加 D，当 A 向相对人行使了一个共同代理权时，他只是作出了这个意思表示中的一部分。只有 B、C、D 三个人都作出表示且到达相对人之后，这些意思表示的每个部分拼接起来才形成一个完整的意思表示。既然到最后一个共同代理人作出意思表示之后，这个意思表示才能成立，就无所谓追认的问题了，因为追认的前提是存在一个已经成立的意思表示。

尚美汐：对此，要看相对人的认识吗？

王小亮：对，相对人的认识有三种情形。第一种情形是，A 本身就是一个共同代理人，但他实际上作出了单独代理行为。第二种情形是，A 告诉相对人自己是共同代理人，他作出的这个意思表示只是意思表示中的一部分。第三种情形是，A 告诉相对人自己是共同代理人，但他作出的意思表示是替所有共同代理人作出的。我们应当区分这三种情形进行讨论。这其实是意思表示解释的问题，考察站在相对人的角度看是在行使单独代理权还是共同代理权。在 A 行使共同代理权时，上述第二种情形根本没有追认的问题，因为这个时候意思表示还没有成立，它只是意思表示的一部分；但在第三种情形中存在追认之可能，因为这种情形中意思表示已经成立了。

郑哲峰： 我认为此处类似于决议行为。假设一个公司召开股东会会议，按照章程，决议须超过 2/3 的人同意才能生效，其中有一个股东主张自己的表示因意思表示瑕疵而应被撤销，但撤销后，同意的人数依然超过 2/3，决议行为依然生效。决议行为需要多个意思表示才可以成立或者生效。共同代理亦然，每一个代理人作出的并非意思表示的一部分，每个人的意思表示都是一个独立的意思表示。

王小亮： 我之所以把它作为一个意思表示的一部分，理由在于，如果共同代理人这方有五个意思表示，而相对人只有一个意思表示，那么，五个意思表示如何跟一个意思表示对应上？形成合意的意思表示应当是一对一。

老师： 为什么这个问题要在如此程度上受"成立"二字的拘束，把"成立"改成"存在"是否可行？已经存在的意思表示的一部分不能被追认吗？意思表示的每一部分叠加起来，构成一个完整的意思表示，这个观点是可以肯定的。真正需要讨论的还是追认与不追认。不追认可能会导致第一个共同代理人发生无权代理人的责任，对此，该如何解释？如果追认，则交易做成，对第一个共同代理人没有不利，其不需要承担什么责任。但是，如果第二个代理人自己又不想按照前面那个没有溯及力的模式作出叠加的第二个意思表示，而想选择共同代理之无权复代理的模式，同时还决定不追认，那么，这个决定将导致第一个共同代理人遭受不利。法律上怎么能允许其这么做呢？

尚美汐： 讨论下来，对"代理行为不成立"与"无权代理"这两种情形，似乎存在两种构造方式：其一是由相对人的主观状态决定，其二是由其他共同代理人的表示决定。这两种方式哪个更合理？

老师： 相对人的主观状态决定的是把行为定性为单独代理抑或共同代理。如果已经把它定性为共同代理了，那就进入了第二个阶段。第一个共同代理人作出了意思表示，第二个共同代理人没作出，其可以选择把第一个共同代理人作出的表示定性为已形成意思表示的一部分，也可以选择把它定性为第一个共同代理人实施的共同代理框架内的无权复代理，然后进行追认。进行追认的时候可以作这个选择，但决定拒绝追认时，第二个共同代理人的选择自由应当受到限制。如果选择自由的行使是为了使第一个共同代理人陷入不利处境，则民法就不应允许作出此种选择。

尚美汐：可否在第一步直接考察相对人是否准确知道代理人的数量？如果相对人以为是两个代理人而实际上是四个，那么，虽然对单独代理抑或共同代理的定性没有影响，但其对共同代理的具体认识还是不够清晰。此时，如果由其中两个人作出代理行为，则也应当认定为是无权代理。这样就不用考虑其余共同代理人故意导致无权代理责任的问题。

老师：从相对人的角度看，共同代理人的数量到底是两个还是四个，涉及相对人的主观状态，所以确实是一个需要考虑的因素。但不能由此得出"不需要考虑第三、第四个共同代理人事后的意愿和选择"的结论，他们事后的意愿和选择是另外一个需要考虑的因素。应当区分其他共同代理人选择的究竟是追认还是不追认。如果选择追认，则可以按照其意愿，即按照共同代理框架内的无权复代理被事后追认来处理。如果选择不追认，则应另当别论，因为这会导致前面两个共同代理人陷入无权代理人责任，从法价值上看，这种对他人不利的法律后果不能单纯由第三个共同代理人自由选择。

尚美汐：具体而言，"不能自由选择"指的是什么？

老师：如果第三个共同代理人没有证据证明前面两个共同代理人是共同代理框架内的无权复代理，那就应当按照部分意思表示的模式来解决，这样可以使前面两个共同代理人免于承担无权代理人责任。在拒绝追认的情况下，需要综合考虑三个因素：其一是应否让前两个共同代理人陷入无权代理人责任；其二是第三个共同代理人的意愿与选择；其三是相对人的主观状态。

尚美汐：对第三个共同代理人来说，前两个人是否承担责任没有任何区别。如果要求其证明构成无权代理后才能表示拒绝追认，则其大概率会消极地不去证明成立无权代理，这样仍然会影响相对人的利益。

老师：相对人如果想要获得对自己有利的结果，则其也需要证明成立无权代理。无权代理人责任从相对人角度来看是一个请求权，请求权构成要件对应的法律事实本来就需要请求人证明。

问题五：间接复代理存在的意义

王小亮：老师，我有一个问题。在第515页，我认为所谓"间接复代理"是根本不存在的东西。直接复代理本质上是被代理人通过给予本代理人一项复任权，由本代理人授予复代理人对本人的代理权。比如A授予B复任权，B又授予 C 对 A 的代理权，这种情况在相对人看来，C 行使对 A 的代理权，受该法律行为拘束的应当是 A，这是直接复代理的情形。 在所谓间接复代理的情形中，A 授予 B 以代理权，B 对 C 表示说你可以替我去以 A 的名义作出一个意思表示。 实际上，C 就是 B 的代理人，法律行为通过 C 对 B 的代理权归属于 B，又通过 B 对 A 的代理权归属于 A。 如此，间接复代理在本质上就已经被两层的直接本代理权消解掉了，因此没有讨论的必要。

老师：在纯粹形式层面上，间接复代理有其独立性，其逻辑支点在于 "C 是 B 的代理人而非 A 的代理人" 或者 "C 代理实施的是代理行为"，在逻辑表达上，这与直接复代理确实有所不同。 不过，在实践中，间接复代理人也是以被代理人名义作出意思表示，从相对人视角看，与直接复代理并无区别。 书中亦已指出，间接复代理与直接复代理在实践效果上是相同的。

问题六：复代理中的无权代理问题

胡逸群：老师，我有一个问题。 在第 517 页，书中提到："实际上，如果不采用间接复代理权概念，则复代理权授予的方式为本代理人以被代理人的名义进行授权。 因为，复代理权是对于被代理人的代理权，复代理人是被代理人的代理人。 复代理权的授予在本质上是本代理人以代理的方式实施授权行为，该授权行为在被代理人与复代理人之间发生效力。"①我认为，上文讨论复代理中的无权代理问题，根本出发点是这里提到的定性问题。

分析的前提是刚才提到的这句话，即复代理权的授予在本质上是本代理人以代理的方式实施授权行为。 例如，甲授予乙代理权，代理权的内容包括两个：其一，乙可以以甲的名义购买小轿车一辆；其二，乙可以以甲的名义授予第三人同样内容的代理权。 此后，乙以甲的名义授予丙 "以甲的名义购买小轿车一辆" 的代理权，丙遂以甲的名义与丁订立一辆小轿车的买卖合同。 本案中存在三个法律行为：第一个法律行为是授权行为（甲→乙），方式为自己行为。 此时代理权的内容包括两个，也可以认为有两个代理权授予行为，分别授予不同内容的代理权，但更合逻辑的观点是认为只有一个授权行为，只是内容有两个。 第二个法律行为是授权行为（甲→丙），方式为通过代理人乙实施的代理行为。 第三个法律行为是代理行为（甲→丁），方式为通过复代理人丙实施的代理行为。 在此前提下，会出现如下两种案型。

---

① Vgl. Eberhard Schilken, in: Staudinger Kommentar BGB, 2014, §167 Rn. 60-61; Medicus/Petersen, Allgemeiner Teil des BGB, 11. Aufl., 2016, S. 415.

案型 1：乙是一家中介机构，通常不具备自己处理某项事务的能力，但掌握了很多专业人士的联系方式，于是甲授予乙"以甲之名义授予某个专家代理权"之代理权（对授权行为的代理权），代理权的内容指向另一个授权行为，拟代理的法律行为的内容则为购买某辆价廉物美的二手车。在该案型中，甲并没有授予乙自己去购买二手车的代理权，仅仅授予乙实施授权行为的代理权。此时有两个代理人，一个代理人乙作出授权行为，另一个代理人丙完成代理事项（买车），这两个代理人分别从事两个法律行为。与普通的代理相比，其特殊性仅仅在于，丙取得代理权的授权行为不是甲自己作出的，而是通过单方行为（授权行为）之代理作出的。若本代理权指的是乙以甲的名义自行订立买卖合同的权利，那么，在该案型中本代理权是不存在的，但此时汽车买卖合同仍然被认为构成有权代理。

案型 2：乙的主业是中介机构，副业是二手车买卖专家。于是甲授予乙以甲之名义购买二手车的代理权，同时，也表示乙可以"以甲之名义授予某个专家代理权"。事后甲发现，乙自己的副业买卖事务十分惨淡，怀疑其能力不足，于是对其表示撤回代理权。此时按照当事人的意思，乙本来有两个代理权，或者一个代理权包括两个内容，即自己以甲名义买车，与自己以甲名义授予他人代理权买车。但后来甲撤回了其中一个代理权，或者代理权的一个内容。依当事人的意思，乙以甲名义授予他人代理权买车的代理权仍然存在，只是不能自己去买了。此时乙以甲的名义授权丙，丙以甲的名义与丁订立二手车买卖合同，应当是有权代理而非无权代理。

因此可以得出的结论是，应限缩理解本代理权。本代理权与复任权并非如"本"与"复"之表述那样，好像是一种从属性或者连锁性的关系。毋宁说，二者的关系是相互独立的。本代理权是指本人授予代理人以本人名义自己从事代理权所指向的代理行为的代理权；而复任权是指本人授予代理人的以本人名义对第三人实施授权行为的代理权。换句话说，本代理权指向的是代理事项之代理，而复任权指向的是授权行为之代理，二者在效力上是相互独立的。若第三人最终以本人名义从事了代理行为，只要复任权是存在的，即只要乙有权以甲的名义授权丙以甲的名义购买二手车，那么，最终就是有权代理，相对人可以找甲请求支付价款。而本代理权是否存在，即乙是否享有以甲的名义订立二手车买卖合同的代理权，无关紧要。由此可以推论：在我国法上，复任权需要特别约定，特别授权。那么，若本人既给了本代理权，又给了复任权，当本代理权（自己做）欠缺时，复任权（让第三人做）是否原则上当然随之消灭？若我们认为本代理权消灭，复代理权也随之消灭，则复代理行为构成无权代理。此种立场是否妥当？

此时似乎可以准用《民法典》第156条完全无效与部分无效的规则，在这个推论的前提下，解决无权代理问题。是否为有权代理，仅仅取决于复任权是否具备。若在复任权欠缺的情形中（本身欠缺，或者因本代理权消灭而随之消灭），进一步细分是否公开复代理关系：（1）若没有公开复代理关系，当然是复代理人承担无权代理人责任，并无争议；（2）若公开复代理关系，应当认为，当代理权不是经过本人直接授予，而是经过一个代理人授予的时候，伪造的风险比较高，多了一个环节，相对人因此面临的无权代理风险就比较高，应当予以特殊保护（强于仅仅向无权复代理人一个人主张无权代理责任的保护）。那么，此时的逻辑应当是不仅让本代理人承担无权代理人责任，而且允许相对人在本代理人与复代理人中选择，因为若直接让本代理人承担无权代理人责任，则有可能复代理人偿债能力高于本代理人。问题是，这个选择权在教义学上如何构造？可能的思路是：本代理人的代理行为仅仅是授予复代理人代理权，其担保了自己享有使复代理人获得代理权的权利，复代理人实施代理行为的时候，也担保了自己享有实施代理行为的权利。此时类似于一种连带保证，所以相对人既可以找本代理人，也可以找复代理人主张责任。

这与书中的观点存在差异。如果本代理权存在而复代理权欠缺，则并非一律由复代理人承担无权代理人责任。毋宁说，原则上虽由复代理人承担责任，但还要考虑是否公开了代理关系。而在本代理权欠缺的情况下，仅在认为本代理权欠缺会导致复代理权消灭的情况下，才会面临无权代理问题，然后在无权代理的情况下再去讨论公开复代理与未公开复代理这两种情形。对于未公开复代理，我的结论与书中一致，都是由复代理人承担无权代理人责任。反之，如果公开复代理，我认为，为了更好地保护相对人，应当允许相对人在本代理人与复代理人中选择一个使其承担责任。

老师：我这里介绍的是德国法通说。你说的这种情况是不存在本代理权时的复代理权，这是否属于严格意义上的复代理？在你构造的案型中，丙取得了对甲的代理权，丙对甲的代理权与乙是没有关系的，这与常态的复代理不一样。

尚美汐：这个案型中，本人让中介机构去帮他找一个代为卖车的人，此时授予的是复代理权吗？还是说本人只是想让中介机构"代他挑人"，授予的仍然是对"挑人"这件事的本代理权？

老师：对，这是个根本问题，属于讨论的前提性问题。

王小亮：复代理本质上是跟复任权挂钩的。在复代理的情形中，应当考虑的是复任权，而不是考虑本代理权。 从应然层面来说（暂且忽视实证法上的无权代理人责任），复代理中的无权代理人责任如何承担，实际上是缔约过失责任的问题，即应当考虑代理权欠缺这一环节上谁有过失。 第一种情形是，复代理人告诉相对人自己有代理权，但没有表明代理权是通过复任权产生的，这种情况下，相对人要考量的是这个复代理权的产生环节。 如果复代理人披露了复任权，那就涉及两部分，第一部分是本人向本代理人授予复任权，第二部分是本代理人向复代理人授予对本人的代理权，相对人需要考察这两部分。 如果复任权这个环节出了问题，那就跟本代理人没有关系，本代理人也不用去承担无权代理人责任。 无权代理人责任的逻辑起点是缔约过失责任，要按照缔约过失责任的一般原理决定由谁来承担。 相较于一般的无权代理人责任，无权复代理可能会多出一个应否对复任权授予进行考量的因素。

老师：胡逸群同学构造的这种案型是否为复代理，不无疑问。 第 513 页的倒数第 2 段中提到，复代理权也可以称为次代理权、下位代理权，本代理权亦可称为主代理权。 复代理权与本代理权是相互依存的，缺一不可。① 缺了主代理权或者上位代理权，何谈下位代理权？ 在胡逸群同学刚才构造的第二种情形中，本人把购买二手车这个事项本身的代理权撤回了，只剩下一个实施"复任"行为的代理权。 因为乙的"复任"行为而使丙取得了对甲的代理权，这个代理权还能称为下位代理权吗？

尚美汐：这个案例可能涉及本代理权与复代理权的范围问题。 我认为，复代理权的范围应当处于本代理权的范围之内，或者与其一致。 假如本人找中介机构，让其帮忙找人代卖二手车，中介机构的代理权是"找人"，而代卖人的代理权是"卖车"，二者的范围不一样，不应属于复代理权的授予。

胡逸群：我把概念限缩了一下，认为本代理权与复代理权的区别在于，本代理权是给你一个代理权，你自己作出意思表示，实施法律行为，而复代理权是给你一个代理权，你不是自己去做，而是找第三人去做。 只是在一般的概念体系下，认为复代理权本质上是主代理权下位的代理权，把这两者看作相互关联的。 而按照我的理解，复代理权在概念上并不是天然地与本代理权绑定的。

老师：你所描述的情形至少在概念上不是复代理权。 可能曾经是一个复代理权，但在本代理权被撤回之后，丙依然保留的代理权就不再是复代理权了，而是一个完全独立的代理权。 它发生了一个质变。 复代理权的德文为

---

① Vgl. Werner Flume, Allgemeiner Teil des bürgerlichen Rechts, Bd. 2: Das Rechtsgeschäft, 4. Aufl., 1992, S. 836.

"Untervollmacht",从这个词语的构词法来看,需要有一个"Vollmacht"。你构造出一个案型并给出一个无权代理责任承担的方案,这没问题,但可能已经不再是复代理框架内的无权代理人责任,而是另外一种案型。

胡逸群:如果第515页写到的本代理权欠缺的情形,是在坚持复代理权本身的概念下,认为本代理权欠缺的时候,复代理权随之消灭,那就可以推导出书中的结论。但我还是要质疑一点,通说认为在公开复代理关系的情况下应由本代理人承担无权代理人责任,我觉得更妥当的结论应当是让相对人在本代理人与复代理人中选择。我的出发点是,如果公开复代理关系,就意味着相对人知道了复代理人在实施代理行为时的代理权不是本人直接授予的,而是经过了本代理人,中间多出一个环节,存在不可预测的风险,所以相对人需要获得更强的保护。这并不意味着相对人只能请求本代理人承担责任,因为本代理人的偿债能力未必高于复代理人,更妥当的做法应当是允许相对人自由选择责任主体。①

老师:按照你的想法,复代理人公开复代理关系的举动就没有意义了,但其公开复代理关系本来就是想给转移责任创造理由的。目前看来,在复代理框架之内,第515页所介绍的德国法通说,尚未发现存在明显缺陷。你补充了一种情形,这种情形实践中确实存在,也需要有一套方案去解决相关问题,但还不能因此而推翻通说。

胡逸群:我理解的复任权是授权行为的代理权。

老师:授权行为的代理应当区分两种情况。第一种是你刚才说的纯粹的授权行为代理,第二种是复代理权的授予,即复任权。授权行为的代理是一个上位概念,它有两个下位概念,即上述两种情形。复任权的本义并非你说的那种很宽泛的含义,而是比较狭窄的含义。从概念的本义来看,第516页中复任权的德文词汇是"Befugnis zur Unterbevollmächtigung",这里的"unter"说明它是下位的,即所谓的"复"。准确地说,以意定代理为例,复任权意味着先由本人授予代理人一项实施某个法律行为的代理权,此为"Vollmacht",也就是我们所谓的本代理权,然后再由代理人以本人名义将该法律行为的代理权授予第三人,此为"Untervollmacht",即下位代理权(复代理权),它是从本代理权中衍生出来的,可谓本代理权的副产品。至于你所说的纯粹的授权行为代理,代理事项本来就是将实施某个法律行为的代理权授予第三人,而非实施该法律行为

---

① Vgl. Eberhard Schilken, in: Staudinger Kommentar BGB, 2014, §167 Rn. 73–74; Karl Heinz Schramm, in: Münchener Kommentar BGB, 5. Aufl., 2006, §167 Rn. 99.

本身，所以，代理人的代理权内容与第三人的代理权内容并不相同，第三人的代理权是代理人的代理权之主产品，而非副产品。 换句话说，第三人的"Vollmacht"与代理人本身的"Vollmacht"在内容上不是同一个东西，所以，自然不能将前者视为后者的"Untervollmacht"。 当初创造"Untervollmacht"这个概念的时候，并不包括你所说的这种情形。 有些重要的概念需要关注外文的原文，否则，翻译时可能就会遮盖掉这个概念的本义。

问题七：真意保留的外部代理权授予行为效力判断

孙诚毅： 老师，我有一个问题。 在第 518 页，假设一个代理权授予行为系真意保留，以外部授权方式作出，被授权的相对人明知真意保留，但代理人不知道，此时授权行为是否有效？ 弗卢梅认为这种情况下授权行为是无效的，因为代理人通常对此没有利益，不需要考虑他的主观状态。

老师： 这种情形并无特殊性，适用一般规则即可。 在一般规则下，外部授权情形中的法律行为相对人同时也是授权行为的相对人，其明知授权人系真意保留的，授权行为应为无效。

问题八：内部授权之通知与外部授权的辨析识别

朱志强： 老师，我有一个问题。 在第 518 页，所谓外部授权与内部授权，应当按照相对人以及代理人的理解处理。 比如本人向相对人说了一句话，相对人可能理解为一个授权通知，也有可能理解为本人向其作出的外部授权，到底是通知还是授权，关键取决于相对人的理解。 有疑问的是，如果既存在外部授权又存在内部授权，应当如何判断？ 比如本人先对代理人作出一个内部授权，然后通常会对相对人作出一个通知，但该通知按照相对人的理解解释出来的不是通知，而是授权表示，这种情况下存在两个授权，应以何者为准？

老师： 这两个授权在内容上如果不一样，那就是后面的外部授权变更了前面的内部授权，是法律行为的变更。 如果在内容上是一样的，则第二个授权通常没有意义。 例外情况是，在授权的原因行为无效时，按照书中的观点，外部授权应采用无因原则，所以，使后面的外部授权成立，可能使相对人享受到无因原则的特殊保护。 从这个角度看，内部授权与外部授权这两个法律行为有并存的可能性，当然，代理人不得因此重复行使代理权。 只是在原因行为无效的情况下，才需要分别考察两个授权行为产生的代理权是否受到影响。

问题九：日本民法学上对代理权授予性质的观点阐释

王小亮： 老师，我有一个问题。在第523—524页，日本民法学上关于代理权授予行为性质的观点是否不太合适？他们的观点似乎没有区分生活事实与法律事实，生活事实与法律事实应当是载体与内容的关系，一个生活事实中是有可能包含数个法律事实的。我妻荣等教授可能是误把生活事实当成了法律事实，所以对代理权授予与基础关系不加区分。

老师： 对生活事实与法律事实不加区分的情况是广泛存在的，我国法上关于物权变动的"债权形式主义"也存在这个问题。一些学者认为当事人只签订了一个合同，所以不可能从中解释出两个法律行为。这种思维显然没有区分生活事实与法律事实。

王小亮： 未区分生活事实与法律事实而导致的错误还包括：认为侵权行为是事实行为，所以法律行为不能构成侵权行为。这个观点是不正确的，因为法律行为的事实构成指向依当事人的意思发生某种法律效果，而侵权行为的事实构成所指向的法律效果并不依赖于当事人的意思。这里存在两种不同的法律效果，也就应当分别存在两套不同的事实构成，但是不同的法律事实可能以同一生活事实为载体。生活事实透过民法这一"棱镜"会折射出不同的光线，法律提供给法律人不同的视角以观察生活。

老师： 当事人的法律行为有可能是侵害第三人权益的手段，不应因为法律行为与侵权行为在概念上的区分而否定通过实施法律行为来构成侵权的可能性。如果对概念的运用过于僵化，就可能得出荒谬的结论。

问题十：代理权授予无因性类比论证的反思

王一中： 老师，我有一个问题。在第525页，这里的脚注3中提到了黄茂荣先生将我国台湾地区"民法"第108条第1项规定与代理权授予行为无因性的关系比作不当得利规定与处分行为无因性的关系。我不太理解黄先生为何要作这样的比较。

老师： 这里的理论背景是物权变动理论。如果采取物权行为无因性理论，那么，债权行为无效，除非物权行为具有同一瑕疵，否则物权行为应当是有效的。在物权变动已经发生的情况下，让与人只能对受让人主张不当得利返还请求权。不当得利返还请求权与物权行为无因性的配合一方面能够确保物权变动的清晰度，另一方面也能实现债法上的公平。黄茂荣先生在这里将物权行为无因性与代理权授予行为的无因性进行类比，是一种在理论上进行论证的手段。我们在研究某个问题的时候，也可以把这个问题与其他问题进行对比，如果两个问题在本质上是相同的，就应当作相同的处理。

尚美汐：这里物权行为无因性中两全其美的是物权行为与债权行为，那么，代理权授予无因性中两全其美的是什么呢？

老师：代理权授予行为的无因性意味着原因关系的瑕疵不影响代理权授予行为的效力，结果是代理人已经因为有效的授权行为取得了代理权，这是其中一个方面。另一个方面是委托合同无效的效果，但这里并不能适用不当得利返还请求权。初步看来，黄先生的论证似乎并不合适。

朱志强：黄茂荣先生的意思可能是，我们采取处分行为无因性理论是为了使财货有效地流转，不受原因关系的影响。但是不当得利制度的存在反而使无因性的目的不能够完全实现，而这并不能否定无因性存在的必要性，因为不当得利返还的前提就是财货已经流转。与代理权授予的无因性相配合的可能是代理权滥用制度。

老师：对，你的说法是合理的。与代理权授予的无因性相配合的确实是代理权滥用制度，而非不当得利返还请求权。

问题十一：外部授权中无因性论证的反思

尚美汐：老师，我有一个问题。在第527页，对于这里的脚注，我有一个疑问。这里提到，就物权行为与债权行为的关系而论，在两个法律行为的当事人不一致的情况下，可以借助利他债权合同的涉他效力使物权行为与债权行为形成效力上的关联性。与此不同，作为外部授权之原因行为的委托合同、雇佣合同等并未使第三人取得债权，所以，逻辑上无法使外部授权行为与此类原因行为形成效力上的关联性。我的问题是，这里提到的效力上的关联性一定要通过涉他债权才能体现吗？与上述脚注中提到的利他债权合同十分类似的是，外部授权与其原因行为之间也存在"两个行为、三个当事人"的构造，那么，是否也可以据此认为其有涉他性，从而论证出效力上的关联性呢？

老师：在外部授权中，被代理人直接向相对人作出意思表示，表示授予代理人一项代理权。这里确实也存在"两个行为、三个当事人"的构造，但仅凭这个构造似乎不足以证明代理权授予行为的有因性。"两个行为、三个当事人"虽然是外部授权与"利他债权合同+物权变动"这两种情形的共性，但就应否采取有因原则而论，这种共性并非对于评价具有决定意义的本质共性。

问题十二：内部授权中认为法律行为具有效力关联的理由

王祥泉：老师，我有一个问题。第 526—528 页，在外部授权中，授权行为与基础关系的主体是不一样的，基础关系发生在被代理人与代理人之间，而授权行为发生在被代理人与相对人之间。但问题的本质并不是两个法律行为的主体不一样，而是这本身就是相互独立的两个法律行为。那么，在内部授权中，为什么就要认为两个法律行为效力相互关联呢？

老师：这是因为这两个法律行为（授权行为与原因行为）的内容一样，那么，在主体一致的情况下，让这两个法律行为的效力相互关联往往符合当事人的真实意思，同时也符合社会一般观念。另外，外部授权情形中两个法律行为的主体不一致，这是一个重要因素，而非像你所说的那样不涉及问题的本质。

王祥泉：在商品房按揭贷款中，因为房屋烂尾，买卖合同已经解除了，此时购房者是否能够解除其与银行之间的借款合同呢？

李兆鑫：在买卖合同已经解除的情况下，剩下的就是购房者与银行之间借款合同的效力问题。根据我国相关司法解释的规定，购房者是有权解除借款合同的。这里的有权解除应当被理解为购房者有权解除，也有权不解除。实践中确实存在两种情形。一种是房企破产了，购房者觉得取得房屋彻底无望，就会选择解除。另一种是房企还有一线生机或者房屋地理位置比较好，购房者就不会去解除。但是在一些域外法如德国法与《国际货物销售代理公约》（CAISG）上，买卖合同一旦解除，担保贷款合同就当然消灭。我国法上解除权的法理基础可能是主观交易基础理论，而在域外法上，他们会把商品房买卖合同与借款合同作为关联合同，关联合同的判断标准就是紧密的结合关系。

王祥泉：我的疑问是，在外部授权中，被代理人向相对人作出授权是否也意味着其具有让代理人履行委托合同的意思？既然我们在房屋买卖与按揭贷款中能够确定这样的意思，为什么在外部授权中不能确定这样的意思呢？

曹沛地：在外部授权情形中，被代理人未向第三人披露进行外部授权是基于其与代理人之间什么样的基础关系。至少从解释的视角来看，将外部授权行为与其原因行为效力关联比较难。与此不同，在内部授权中，被代理人向代理人授予代理权的时候，二者有一个共同情境，即已经存在了一个委托合同。

老师： 是的，在外部授权情形中，相对人与被代理人之间缺乏这样的共同情境，而且相对人对于被代理人与代理人之间的共同情境通常一无所知，所以很难解释出相对人具有同意将两个法律行为的效力予以关联的意思。在按揭购房情形中，银行对于房屋买卖合同关系的存在十分清楚，所以很容易解释出将两个合同的效力予以关联的意思。

问题十三：代理权授予有因性构造的论证

胡逸群： 老师，我有一个问题。在第 526—528 页，关于代理权授予是否无因的问题，我认为更合适的方案是统一采取有因原则，配套表见代理制度来保护相对人。在解释论上，我国法上不存在《德国民法典》第 168 条以及第 170—173 条那样的条文，无法构造出无因性，唯一存在的教义学工具是表见代理。退一步讲，即便采取无因说，也只能借助于表见代理制度的目的论扩张（在外部授权、内部授权+对外通知中排除相对人主观状态的要件），而这种构造可能在实践中会遇到障碍。

老师： 德国的实证法上也没有明确地对物权行为无因性作出规定，但他们依然可以通过解释得出这样的结论，所以你给出的形式上的理由不能成立。

胡逸群： 好吧，我还有一个理由。例如，A 卖二手车给 B，B 复卖给 C。若 C 明知 A、B 之间的买卖合同不成立。按照无因性，A、B 处分行为仍然有效，B 处分于 C 仍然是有权处分，C 即便明知，也不受此影响，因为在无因性的价值判断下，市场中的交易安全更重要，第三人应当享有不受追夺的权利。在上例中，之所以会讨论市场中的交易安全，是因为存在两笔交易，一笔交易是 A、B 之间做成的，一笔交易是 B、C 之间做成的，有连锁交易，就有交易链，就会涉及流通性问题，就会有交易效率，就会有"动的安全"。而在代理中，尽管涉及三方主体，从事的是一笔交易，只不过是通过代理人独立作出意思表示而为的。因为不存在交易链条，所以就不存在真正的市场交易安全与流通性问题，不存在"动的安全"。此时所谓的交易安全等同于相对人的信赖保护。因此，在物权行为中采取无因性的实质理由（交易安全）无法应用于代理权授予行为，若相对人明知基础关系瑕疵，则交易安全的理由没有说服力，此时不应承认相对人可以主张有权代理。

老师： 你提出的这个论点不一定能够驳倒交易安全论，只有一笔交易并不意味着不存在交易安全保护问题。

朱志强： 胡逸群师兄的意思可能是，在代理权授予无因性里，不能通过交易安全这个理由来论证无因性。 但潜在的问题是, 代理权授予无因性与物权行为无因性所要实现的目的不一样。 这里需要考虑的可能并不仅仅是交易安全问题。

老师: 在比较代理权授予无因性与物权行为无因性的时候, 你关注的点是一个交易与两个交易的差异, 我关注的点是他们都涉及两个法律关系, 所以, 问题就是哪一个关注点更为关键。

胡逸群: 延伸的问题是, 若涉及两笔交易, 则物权行为无因性、有因性是否会因此产生体系上的联动? A 委任 D, 对 B 表示授予 D 代理权, D 依代理权之范围与 B 订立买卖合同 (出卖 A 的二手车), 并交付。 后发现委任合同不成立。 B 对此明知, 但已与 C 订立买卖合同并交付。 C 亦知委托合同不成立。对于 A、B 之间的处分行为而言, 由 D 代为之, 此时处分行为之名义主体为 A, 因此, 处分权之有无以 A 为断, A 享有所有权。 在有因说下, 此时 B 不能主张有权代理, 因此, 处分行为亦非有权代理, A 仍然为所有权人。 B、C 之间为无权处分, 而 C 明知委任合同不成立, 也就知道处分行为效力待定, 因此, C 不能善意取得。 在无因说下, 此时 B 可以主张有权代理, 处分行为为有权代理, B、C 之间为有权处分, C 可以取得所有权。

此时, 采取授权行为有因性似乎会导致这样的结果: 承认物权行为无因性的理由之一在于保护交易安全, 这种对交易安全的保护体现在连锁买卖中, 后手买卖的买受人不应因前手买卖的效力瑕疵而受影响。 而在前手买卖依自己行为为之时, 明知前手买卖效力瑕疵的第二买受人按照物权行为无因性, 可以取得所有权。 换言之, 第二买受人不受来自其与第一买受人买卖合同以外的瑕疵影响, 即除了其自己订立的买卖合同之外, 其不受先前法律关系状态之影响, 即便其对先前法律关系状态瑕疵是明知的, 亦然。 在前手买卖依代理行为为之时, 明知前手法律关系状态瑕疵 (即委任合同不成立) 的第二买受人按照物权行为无因性与代理权授予行为的有因性, 无法取得所有权。 因此, 有因性冲击了交易安全。

但是, 这种对交易安全的冲击是建立在承认物权行为无因性之前提下的, 而在我国法的语境下, 依《最高人民法院关于适用〈中华人民共和国民法典〉物权编的解释 (一)》第 20 条, 更贴合实证法体系的是物权行为有因性。那么, 我们依物权行为有因性可以展开如下推理:

其一, 若采代理权授予行为有因性, 则结果是, 委任合同不成立→授权行为不生效→A、B 买卖合同无权代理→不存在有效的买卖合同, 所以 A、B 之前的处分行为不生效→第二买受人对处分行为不生效明知，因此，C 无法取得所有权。

其二，若采代理权授予行为无因性，则结果是，委任合同不成立→授权行为有效→A、B 买卖合同有权代理→存在有效的买卖合同，所以 A、B 之前的处分行为有效→第二买受人依有效的处分行为取得所有权，因此，C 可以取得所有权。

因此，在代理权授予行为采无因说，而物权行为采有因说时，在连锁买卖中，若当事人采取自己行为，则明知前手买卖瑕疵的第二买受人不能取得所有权，第二买受人会被先前法律关系状态影响；而当事人采取代理行为时，明知前手买卖瑕疵的第二买受人可以取得所有权，第二买受人不会被先前法律关系状态影响。导致的结果是，所有权人为了避免自己的所有权（由于自己一方的法律行为瑕疵）因交易丧失，会尽量选择自己行为而不选择代理制度，这显然会降低代理制度的功用。所以结论是，代理权授予行为是否有因的问题会与物权行为是否有因的问题发生交叉，为了保护代理制度，若承认物权行为有因性，也应承认代理权授予行为有因性。

老师：你这里比较的事物 A 与事物 B 之间还是存在差别的。事物 A 是 abc，事物 B 是 abdc，后者多出了一个环节，所以在交易安全保护方面要求更高。在事物 B 里，你没有考虑 B 的利益状态。在第二个链条中，C 能受到保护是因为我们保护了 B。在 A+D+B 这个外部授权形成的三角关系中，B 的信赖得到了保护，正因如此，C 也能受到保护。

问题十四：将外部授权与内部授权的外部告知统一处理的可能性分析

尚美汐：老师，我有一个问题。在第 526—527 页，我们能不能把外部授权与内部授权的外部告知放在一起？考虑的主要是，作者这里提到外部授权的本质指向了无因性，内部授权的外部告知考虑的是无因性与表见代理制度的保护力度问题，那么，它在本质上也可以指向无因性。在外部授权中，最终也需要代理人去实施代理行为，那么，我们是否可以把外部授权与内部授权的外部告知放在一起，考虑相对人是否有值得保护的正当信赖？

老师：还是要回到书中第 526 页的第 2 段。这里正面论证了外部授权为什么要采取无因原则，其中第二个理由是逻辑上的理由，就是授权行为与原因行为的主体不一样，怎么能够让二者互相影响。第一个理由是事实上的理由，亦即作出外部授权时很可能还没有原因关系。没有原因关系的话，就没有办法去讨论相对人是否知道或者应当知道原因关系的瑕疵。

王小亮：我们需要分析，在采取授权行为无因性的时候，到底考不考虑交易安全的问题。授权行为无因性主要考虑的是相对人的信赖，不能当然地认为其更进一步地要保护交易安全。

尚美汐：我的问题是，信赖保护的时点是什么，以及信赖保护的力度有多大。如果相对人在外部授权时已经知道了原因关系的瑕疵，其是否还值得保护呢？

老师：涉及外部授权时，往往是先进行一个外部授权，然后再补上一个委托合同关系。让后面发生的法律关系影响到先前法律关系的效力，是很荒唐的。A 对 C 作出授权，表示授予 B 一个代理权，A 与 C 是这个授权行为的当事人，他们的授权行为的效力不应受到 A 与 B 内部关系的影响。

问题十五：涉及限制行为能力人的双方代理

张语珊：老师，我有一个问题。在第 532 页，作者提到，在双方代理的情况下，因为法律行为相对于一方被代理人而言是纯获利益，对另外一方被代理人而言并非纯获利益，所以需要另外一方被代理人对双方代理进行追认。如果在双方代理中，代理人甲同时是限制行为能力人乙与丙的代理人，那么，这个法律行为对乙而言是纯获利益，对丙而言并非纯获利益。此时应当如何处理呢？

老师：按照你的意思，假设一个母亲有两个孩子，这个母亲将一件价值一千元的东西赠与其中一个孩子是没有问题的，因为是纯获利益的法律行为，但这个母亲代理一个孩子把东西赠与另外一个孩子就会出现问题。

朱志强：我觉得这个问题并不是只存在于双方代理中。如果孩子 A 直接把东西赠送给孩子 B，则这个法律行为对于孩子 A 不是纯获利益，对于孩子 B 是纯获利益。这里也会涉及如何进行追认的问题。在双方代理的情况下，或许可以让父母对孩子的追认进行追认。

王祥泉：我认为可以从是否有利于被监护人的成长出发判断行为的效力。

曹沛地：是否可以直接按照代理权滥用规则来解决？法定监护作为基础关系，会对法定代理人的代理权进行限制，如《民法典》第 35 条。裁判者若认为法定代理人一方或者双方代理权之行使超越《民法典》第 35 条之限制，则代理行为因代理权滥用而无效。

老师： 要妥善解决这个问题，可能需要把孩子的父亲拉到法律关系中，让他也行使追认权。

问题十六：代理行为违反内部约束问题的解释进路：意思表示解释理论

王小亮： 老师，我有一个问题。第534页中"概念"的这一段提到"有因原则意味着意定代理权的范围受内部关系的限制"，对于其中的"内部关系"指什么，我存在疑惑，是指基础关系（如委托合同关系）吗？如果仅仅是委托合同关系或者雇佣合同关系本身，其与代理权授予并无关联，因为其只回答了有无债权债务关系，不会涉及代理权范围的问题。如果说代理权范围发生变化，则应存在一个变更代理权范围的法律行为。这里需要区分生活事实与法律事实，店长表面上说的话（生活事实）折射出两个法律上的面相，一方面是产生基础关系的行为，另一方面是授权行为或者说变更代理权范围的行为。这段论述的结论是对的，但此处从有因原则出发去论述，是否会带来误解？

老师： 不会的。内部关系就是委托或者雇佣合同关系。若采有因原则，内部合同关系可以限制代理权的范围。

王小亮： 那么，此处的内部关系是否需要进行限缩？否则，容易让人产生误会。此处所称的内部关系更像生活事实，从这样一个生活事实中又解释出法律事实，即授权行为或者变更代理权范围的行为。就法律事实而言，雇佣合同与委托合同等法律行为是不会发生变更代理权范围之效果的。我所理解的有因性与无因性可以简单表述为，一个行为的成立（或者生效）是否以另一个行为的生效为要件（即效力上的关联），而不包括一个行为的内容影响另一个行为的内容（即内容上的关联）。

胡逸群： 我觉得在内部关系中，如果委托合同约定了"500元以内"，那么，通过解释可以得出本人也有在授权行为上将代理权限制于"500元以内"的意思。

老师： 严格区分法律事实与生活事实，更容易理解这句话。该段倒数第6行提到"授权书"，意味着形式上区分了委托合同关系与授权关系。授权行为体现在授权书中，与委托行为在这句话中已经实现了区分，没有把法律事实与生活事实混在一起。在这个前提下便可谈论有因与无因问题。

授权书中包含了代理权授予行为，这是一个法律行为。三天前，甲与乙签订的委托合同确定了内部关系。在这个委托合同中，甲对于委托乙去采购的原材料的最高单价作出了约定，不得超过 8000 元。但三天后的授权书中所包含的代理权授予行为并未对采购原材料的单价作出任何限定，内外不一。若采有因原则，则采购人的代理权在单价方面就得受到三天前委托合同中的特殊条款的限制。若代理人采购的原材料超出单价限定，虽然看起来没有违反授权书的描述，但已经构成越权，按照越权代理的一般规则处理即可，无须按照代理权滥用规则处理。

王小亮：结论没有问题，但是否还有其他解释的可能性呢？依据意思表示解释的一般原理，我设想出两种解释路径。其一，从生活事实的角度观察合同的签订，除了能解释出存在合同的订立，还可能解释出代理权的授予。如此，则后续授权书的给予从代理人的视角可能无法被解释为一个意思表示，因为此前代理权已经被授予代理人了，并作了最高单价的限制。其二，从给予授权书这一生活事实解释出代理权授予行为。给予授权书之时，本人虽未说明代理权的范围，但结合此前本人表示的最高单价限制，应认为代理人明知本人的内心真意，经由主观解释得出代理权仍应受最高单价限制的结论。

老师：授权人的想法可能发生变化，不能理所当然地把三天前委托合同里的约定直接放在授权的意思表示之中解释。

王小亮：所谓"前一行为的内容是否可以影响后一行为的内容"这一问题或许可以通过意思表示解释予以处理。比如，在刚才讨论的例子中，本人给代理人授权书时，无须借助无因与有因理论，毋宁借助意思表示解释理论。通过前述路径一与路径二，即可实现内容上的相互影响。

老师：关于确立内部关系的法律行为在具体内容上如何影响外部关系中的第二个法律行为，你想表达的是，通过意思表示解释直接把第一个法律行为体现出来的被代理人意思纳入第二个法律行为之中。

在采有因原则的代理权授予行为中，辨别究竟是有因原则导致前面的关系影响到后面的关系，抑或通过意思表示解释的路径，使从第一个法律行为的个案情事解释出来的被代理人意思成为第二个法律行为内容的一部分，并无太大的实际意义，最后结果都是代理权范围受到限制，代理人签订的合同构成越权代理，不需要适用代理权滥用规则。

真正需要辨别的是，在采用无因原则的外部授权中（第 535 页第 2 段），究竟是基于无因原则还是通过意思表示解释来解决这个问题。小亮同学，请你针对这种情形，谈一谈如何运用意思表示解释理论来解决问题。

王小亮： 在解释有相对人的意思表示时，虽然原则上采取客观解释，但也例外地让诚实信用原则介入。如果相对人偶然知道了本人与代理人的内部关系，那么，此后本人对相对人为外部授权之时，相对人对外部授权的理解应否受到其对内部关系知情的影响？易言之，对内部关系的知情应否作为解释的基础？如果要维持代理权授予的无因性，那么，原则上不应将对内部关系的知情作为解释的基础。既然本人向相对人表示了代理权的范围，那么，相对人仅需相信本人对其作出的表示即可，无须再关心本人与代理人之间的内部关系。这是我的基本理解。

当然，如果在本人向相对人为外部授权之后，相对人方知有一个内部约定，那么，似乎不宜再从意思表示解释入手处理。至于如何在理论上给出一个妥当的解释，我还没有考虑清楚。

老师： 也就是说，在你所描述的第二种情形中，用意思表示解释理论解决不了问题，仅在第一种情形中，才有可能用意思表示解释理论来解决问题。就此而论，我觉得如果先有内部约束，然后发生了外部授权，则在对外部授权行为进行意思表示解释时，可以把此前相对人明知道的内部约束也纳入外部授权意思表示的内容中，这样也符合例外情况下意思表示解释的主观解释原则。在这个前提下，意思表示解释确实可以解决问题。

问题十七：代理权的"外部授权"概念存在之必要性

孙诚毅： 老师，我有一个问题。在第 526 页，我们能否把代理权的外部授权这个概念删除？因为您认为在内部授权与内部授权外部告知的情形中都应采取有因原则，只有外部授权适用无因性，那么，我们把这个概念删除之后，所有的代理权授予都可以采取有因原则，然后，在此基础上把它定性为一个只能在被代理人与代理人之间成立的双方法律行为，这样是不是更有利于解决问题？

王小亮： 老师，我尝试突破一下。本人告诉相对人要购买其车，价款 15 万元以内，且指定了一个"代理人"。由此，本人确定了标的，就是相对人的 A 车，唯独价款仅划定了一个范围。不将这种情况理解为代理权授予，而只是由本人告诉相对人，"代理人"可以在 15 万元以下的范围内进一步确定意思表示的内容，亦即本人的表示与相对人的表示共同组成了一个表示价值完备（归属于本人）的意思表示。从价值判断上看，相比于"代理人"所作的表示，相对人更应信赖本人所作的表示。如此，若后续"代理人"向相对人表示以 16 万元购买 A 车，因"代理人"的表示与本人的表示冲突，基于诚实信用原则，相对人不得认为"代理人"的表示可以与本人的表示共同形成一个表示价值完备的意思表示。

老师： 本人是在作出代理权授予的意思表示，抑或是直接向相对人作出意思表示预先确定合同的部分内容？

王小亮： 车与价款都只是意思表示的部分内容。标的物 A 车已经在本人的表示中明确，价款的具体数额还应由"代理人"再行确定。此外，我认为代理权授予行为应当被纯化为仅在本人与代理人之间发生，因为既然本人要授予代理人以资格，则该表示理应向取得资格者作出。而且，本人若不向代理人为授权的表示，则代理人一般无法知晓代理权之存在，也就无法再去继续实施代理行为。

老师： 有的时候是相对人得到了外部授权后，主动去找代理人，因为本人在向相对人作出意思表示的时候，通常已向相对人告知代理人的姓名及其联系方式。这样，代理人就知晓了代理权之存在，可以去实施代理行为了。

王小亮： 这种情形可能被解释为，本人授予相对人以另一代理权，该代理权的内容为相对人可以替本人向代理人作出授予代理权（代理人可代本人与相对人签订合同之代理权）的意思表示。当然，如果仔细斟酌后，无法解释出本人授予相对人以另一代理权，则应当考虑无权代理与表见代理规则。不应仅以本人向相对人表示了何者系代理人为由，就可以使得相对人直接干涉、指示本人的代理人。原则上，代理人仍应听从本人的指示，代理权的授予仍应由本人直接作出。此外，对于外部授权，我仍有一个较大的疑问，就是本人明明是授予代理人以某种资格，为什么所谓"外部授权"的意思表示却是到达相对人，是按照相对人与本人之间的状况去解释代理权授予行为吗？

老师： 因为这个代理权对相对人很重要，关乎相对人有没有资格把代理行为归属于被代理人。代理权不仅仅是给代理人一个资格，也是给相对人一个资格。

代理权授予的意思表示，往往与其后代理人要作出的意思表示在内容上或多或少有一些重叠之处，但不能因为有重叠就试图把代理中的三角关系拆解掉。在这个三角关系中，一条直角边是授权的意思表示，另外一条直角边是代理人作出的签订合同的意思表示。你刚才的阐述试图把这个直角三角形给毁掉，只剩下一条斜边，即本人直接向相对人作出意思表示，然而这个三角形是拆不掉的。

问题十八：代理权授予行为的有因原则与代理权滥用规则

孙诚毅：老师，我有一个问题。在第534页，作者提到"如果对于代理权授予行为采用有因原则，则代理权滥用规则没有如此重要的意义"。对此我提出一点疑问，即便采取有因原则，代理权滥用可能还是会存在适用的余地，因为代理人在实施行为时即便没有超出权限，也有可能在一定程度上损害本人的利益，从而需要代理权滥用规则去规制。比如，代理权的内容是以10万元以内的价格购买一辆汽车，而代理人以其能力本可以与相对人订立一个价格为8万元的购车合同，但其为了损害本人的利益，却选择订立一个价格为10万元的合同。该合同也是有权代理，但可以被称为代理权滥用。

尚美汐：这是不是本人选择代理人应当承担的风险？

孙诚毅：如果这种情况没有问题，那么，代理人可能就不需要尽到忠实义务了。

闫俊奇：这样是否将忠实义务定得过高。既然代理权范围是10万元以下，那么，虽然代理人有能力把价格谈到8万元，但也不应要求其发挥最大能力，将价格谈到8万元，只要价格在授权范围内即可。

老师：诚毅同学，在你说的这种情况中，相对人方面该如何处理？如果按照代理权滥用规则来处理，比照越权代理，那么，汽车买卖合同就是效力待定的。是这样的吗？

孙诚毅：我觉得还是要保护相对人的利益。

老师：是的，不能只考虑代理人本来可以做到以8万元的价格订立合同而没做到，就认定为代理权滥用，还应考察相对人的主观状态。

问题十九：串通代理与恶意串通的关系

尚美汐：老师，我有一个问题。在第534—535页，作者把串通代理与违反内部约束归类在代理权滥用这个类别中，我的问题是，串通代理这个概念是否有其存在的独特意义，如果它需要存在，是否要归在代理权滥用之下？串通代理似乎与一般的恶意串通行为完全一致，没有多出特别的要件，只是行为人多了一个身份，是不是完全可以依据《民法典》第154条来解决？

老师：理论出发点不一样。你的出发点是，从原《民法通则》（已废止）到原《合同法》（已废止）最后到《民法典》都存在恶意串通的一般条款，因此，当然会认为串通代理属于恶意串通的一种情形，不必单独列出。 反之，书中的理论出发点是，传统民法理论中并没有专门的恶意串通导致法律行为无效的一般规则，只有一些零散的恶意串通情形，其中包括串通代理。 它在传统民法理论中被认为是违背公序良俗的一种情形，从而适用背俗无效规则。

问题二十：股东表决代理权的撤回权不允许意定排除之理由阐释

尚美汐：老师，我有一个问题。 在第537页，作者提到"股东表决之代理权的撤回权也不应允许意定排除"，但此处并未展开论述、给出理由。 我认为作者可能是从股东行权的角度考虑，对于股东表决之代理权，如果允许意定排除撤回权，就有可能导致代理人一直代股东行权，此时无异于代理人顶替了股东的身份。

朱志强：假如存在隐名股东与显名股东，隐名股东不想名下有财产，但想实际参与公司运营，而在公司法上只有显名股东享有表决权，若隐名股东想要参与运营，就只能通过表决代理权的授予来实现。 在此种情形中，允许当事人之间以合意排除代理权的撤回，似乎也无不可，因为当事人最初的约定就是要由实际出资的股东完全参与到公司的运营中。

杨帆：书中这句话所引的评注中德国学者的理由主要是，如果不能撤回表决权的授予，那就相当于不被容许的表决权的转让（Eine unwiderrufliche Stimmrechtsvollmacht unter Stimmrechtsverzicht des Gesellschafters ist einer unzulässigen Abtretung des Stimmrechts gleichzusetzen und daher unwirksam[①]），易言之，相当于代理人的股东地位被固定了，即其持有表决权。

老师：德国学者认为股东表决之代理权的撤回权不应允许意定排除，就是因为股东无论何时想撤回表决之代理权都可以撤回，这是为了维护股东在公司中参与管理的自由与地位。 这对股东而言非常重要，如此重要的自由不应因撤回权的意定排除而被限制。 表决权之代理本身就是一种特殊的操作，若被长期固定下来以至于不能动摇，反过来对股东的自由就是莫大的限制，这是违背公司法基本价值的。 因此，原则上不应允许排除撤回权。

朱志强：如果代理人与股东存在基础委托关系，即代理人对公司运营有自己的看法，于是与某股东约定，由该股东授予代理人一项代理权去投票，并且达成一个投赞成票或者不投反对票的约定，那么，撤回代理权是否会导致代理

[①] Vgl. Karl Heinz Schramm, in: Münchener Kommentar BGB, 5. Aufl., 2006, § 168 Rn. 26.

人在委托合同中的履行利益得不到实现？ 这是否属于"基础关系表明代理人就代理权之存续具有自己的利益而允许撤回权的意定排除"？ 这里的利益就是委托合同的履行利益，是撤回权意定排除的正当化基础。

郑哲峰： 投赞成票或者不投反对票的约定是合同法上的意思自治，应当与组织法上的意思自治区分开。 比如，实践中的"股东一致行动"是没用的，若写在章程里面，那就是获得组织法上的承认，是没有问题的；但若仅是合同中的约定，则在组织法上是否能够产生效力，存在很大的争议。

老师： 为了一致行动，股东甲将其表决权的代理权授予股东乙，这种约定在组织法上的效力确实存在争议。 所以，志强同学刚才说的那种合同中产生的股东甲对股东乙授予代理权的给付义务，其出发点本身是有疑问的。 这个问题不仅涉及债法，还涉及公司治理。 撤回权的意定排除有可能与组织法中的公司治理结构相抵触。

问题二十一：《民法典》第174条第1款第1项之具体适用问题

胡逸群： 老师，我有一个问题。 第539页"被代理人死亡或者终止"这里提到《民法典》第174条第1款第1项的规定，该规定针对"代理人不知道且不应当知道被代理人死亡或者终止"之情形。 对于这项规定，我认为在适用中可能会出现问题。

举一个例子，甲授予乙一项代理权，以不高于50万元的价格去购买一辆符合甲审美的二手车。 此后，乙以甲的名义向丙求购二手车。 该二手车市价40万元，但乙知道该车符合甲的审美，对甲而言具有特别价值，且在市场上很难找到符合甲审美的其他车辆，所以在价格谈判中处于劣势，只能以一个高于市价的45万元的价格购买了该车。 然后，在合同订立之前，甲死亡，丙对该死亡事实明知。 我的初步想法是，在相对人对本人的死亡是明知的情况下，适用《民法典》第174条第1款第1项可能会产生不当后果。

第一种不当后果是给相对人产生一种不当的制度激励。 在知道本人死亡之后，相对人在与代理人磋商谈判的过程中有两种选择。 一种是选择告诉代理人乙甲已死亡之事实，代理人乙在知道这个事实后通常不会再缔约，所以丙就一无所获。 另一种是选择不告诉乙，此时，丙对于乙是否知道本人甲已死亡是不确定的。 因此，丙可能会考虑两种情况。 第一种情况，代理人为善意，按照《民法典》第174条第1款第1项，乙的善意得到保护，最后按照有权代理处理，从而丙可以去找继承人请求履行合同并通过此合同获利。 第二种情况，代理人为恶意,此时可能会适用《民法典》第174条第1款第2项,即让继承人追认。 假如继承人追认,丙仍可以继续履行,假如继承人不追认,丙也可以向乙主张无权代理人责任。 结论是,丙在缔约时对代理人是否知道本人死亡是不确定的,所以其在磋商中的最佳策略就是什么都不说,若构成上述第一种情况,就可通过对代理人的信赖保护而间接得利。 我认为这个制度激励是不当的,当相对人知道本人死亡时,其在缔约过程中理应向代理人说明一下,这对其而言可谓举手之劳。

第二种不当后果是与无权代理的一般情形存在评价失衡。 在一般无权代理的情况下,若相对人对于无权代理是恶意的,则其不能向本人主张权利,最多只能向代理人主张损害赔偿责任,且受到极大限制。 在因本人死亡导致无权代理的情况下,若相对人明知本人死亡,却仍然可向本人之继承人主张履行,这可能与一般无权代理的法律效果产生评价矛盾。

综上,我认为应将《民法典》第174条第1款第1项限缩解释为不适用于相对人明知本人死亡之情形。 此时应适用无权代理规则,由继承人去决定是否履行合同。

老师: 对于《民法典》第174条第1款第1项保护代理人信赖的初衷,可以思考保护力度是否足够。 如果按照继承规则解决,则对代理人的保护其实更到位。 此处实证法规定可能是概念理解上的狭隘导致的。 此种理解认为代理关系须各方主体都存在,若有一方主体不存在,则代理关系原则上自动消灭。

曹沛地: 本条是从保护代理人出发的。 相对人的投机行为导致的后果是法律行为效果归属于继承人,依然是有权代理,本条的规范目的也实现了。 那么,相对人这种投机有什么不好呢?

胡逸群: 相对人选择不告诉代理人,这种做法在价值观上我认为是不妥的,而这项规定恰恰鼓励相对人不告诉,所以我认为这是一个不好的鼓励。

老师: 你们思考一下,我国《民法典》第174条第1款第1项的这种模式有没有好的地方,是否能够论证其正当性,得出其比传统理论上的继承模式更好之结论。

胡逸群: 原债权消灭可能更符合本人的意思,因为本来本人生前就是希望效果归属于自己,通常本人都会认为当自己死后这个债权就不存在了。

老师: 大多数情况下,代理权消灭都符合死者本意吗?

闫俊奇：可能有人身依附性上的考虑。

老师：对，法律关系可以被继承，但具有人身属性的法律关系除外。代理权关系有可能属于具有人身属性的法律关系。

谢心童：民法原理认为，本人死后应当给继承人一个选择的机会。因为继承人不会马上知道存在这样一个代理权，所以从本人死亡到继承人作出选择可能有一段空白期。假设继承人本意是想撤回代理权，代理人意识到继承人可能想撤回代理权，于是就会抓紧实施代理行为，可能因此违反本人意愿与利益。我国的规范模式其实相当于在空白期内尽量按照继承人的利益提供一个确定性，似乎更合理。

老师：是的。继承人决定权的行使须以其知情为前提，而代理关系通常较为隐蔽，继承人很可能对于该代理关系不知情。在继承人不知情的情况下，存在一种风险，即代理人明知本人死亡却仍然实施代理行为订立合同，最终强加给继承人。从这个角度看，我国的规范模式反而更好。你们再思考一下，从别的角度能得出相反结论吗？在当事人利益关系的处理上，我国的规范模式是否存在弊端？

王祥泉：刚才提到的优点有一个"反面"。一旦本人死亡，继承的效果就发生了。假如代理人即将实施但还没有实施一个非常重要的代理事项，这时候继承人还无法确定或者来不及找到继承人，就会导致不能及时处理该重要事项，长时间悬而未决，可能对继承人不利。

老师：《民法典》第174条第1款第4项针对的是本人死亡前代理人已经实施的行为，为本人利益可以继续代理。而对于祥泉同学提到的即将实施但还没有实施的情形，继承说能解决问题。比如，甲授予乙一个代理权，让乙代甲行使合同解除权，随后甲死亡，乙知道甲死亡，但合同解除权须尽快行使，以免过了除斥期间。按照继承说，代理权不消灭，乙仍然可以代理解除对继承人不利的这份合同。

谢心童：此处可否对《民法典》第174条第1款第4项进行扩大解释？

老师：如果还处于立法阶段，规则可以重新设计，那就应当采用"原则上自动消灭，例外不消灭"的规范模式，在例外情形中克服这种模式的弊端。比如，在例外情形中增加"即将实施的"，或者干脆将"已经实施的"删除掉，直接规定为了被代理人利益而继续代理的，代理权不消灭。"已经实施"这个限定太狭窄了。

谢心童：老师，我还有一个小问题。《民法典》第174条第1款第3项规定："授权中明确代理权在代理事务完成时终止。"若此时代理行为尚未实施，而继承人明确否认，则该如何处理？

王祥泉：第3项是说原则上有效，但并不妨碍继承人再让其无效，因此，继承人若明确否认，则代理人就无须代理。

老师：未实施代理行为的，代理权可以撤回；已经实施代理行为的，则不能撤回。

第五节　无权代理

问题一：缔约磋商在被代理人无意识的情况下被开启时构成缔约过失责任之可能性

李思蝶：老师，我有一个问题。在第542页，书中提到"特别结合关系中的先合同义务则以义务人的有意识参与为前提"，那么，在论证被代理人构成缔约过失责任时，是否存在外观责任的适用空间？易言之，当缔约磋商在被代理人无意识的情况下被开启时，是否可能构成缔约过失责任？

老师：你来论证一下保护相对人的理由。

李思蝶：这种情况下可能不会产生可归责性，所以没办法给相对人提供保护。例如，在第542页第2段的例子中，被代理人授权代理人与相对人甲缔约，但代理人却用代理权凭证与相对人乙缔约，此时，相对人从代理权凭证中无从得知具体情况，存在信赖。不过，被代理人似乎也不具有可归责性。

老师：信赖保护要求责任主体具有可归责性。被代理人无意识卷入，似乎不具有可归责性。此时，相对人的信赖保护不具有正当性。

王钦：如果该事项处于被代理人的控制范围内，但被代理人并无意识开启，那么，是否有缔约过失责任的适用空间？

胡逸群：风险归责原则的适用前提就是当事人有意识地进入风险领域。

老师：你们可以举一个例子说明。

王小亮：例如，尽管被代理人并非有意识地进入缔约磋商，但其应将代理权凭证锁在保险柜里，实际上却将代理权凭证随意放在桌面上。此时，被代理人有意识地进入了风险领域，但却没有意识进行磋商。

孙诚毅：老师，我有一个问题，被代理人承担缔约过失责任的情况下，是不是非常有可能构成表见代理？

老师：被代理人缔约过失责任与表见代理存在重叠区域。结合上述发言，我们总结一下有哪些值得进一步思考的问题。

闫俊奇：按照书中观点，被代理人无意识开启缔约磋商的情形中可能构成表见代理，但不能构成缔约过失责任。一般认为，缔约过失责任保护的是以履行利益为限的信赖利益。可能会存在这样一种观点，认为如果不构成缔约过失责任却构成更强的信赖保护即表见代理，是不合理的。我认为，这两种情形并没有一个一定要协同成立的前提，没必要认为一定要构成缔约过失责任才能构成表见代理。这也是对被代理人的一种保护，亦即被代理人仅在有意识开启缔约磋商的情况下才须承担缔约过失责任。

老师：是的，这是对被代理人的保护。被代理人对相对人的责任有两种。一种是比较强的信赖保护，相对人据此可以得到履行利益；一种是比较弱的信赖保护，亦即缔约过失损害赔偿责任。同时，两种责任的构成要件也是自成体系的，属于两个系统。此处所谓的系统与动态系统论中的不太一样。动态系统论是说同一个责任，没有确定的构成要件框架，某个要件的标准在个案中可以高一点或者低一点。而在我们所用的系统比较法中，一种责任的各要件是确定的。在确定两种责任的构成要件系统时，两个系统不需要完全一样。例如，两个系统都由四个要件构成，系统 A 与系统 B 的第二个要件未必需要相同，因为两种责任有各自的利益状况与逻辑架构。

孙诚毅：我的想法是，被代理人的缔约过失责任肯定比表见代理责任轻，但是从构成要件角度看，缔约过失责任的构成要件更加严格，对被代理人主观要件的要求反而更高。这可能导致相对人主张责任时倾向于主张表见代理责任而非缔约过失责任，从而压缩被代理人缔约过失责任的适用空间。

老师：这倒不一定。表见代理有别的构成要件，可能别的构成要件要求比较高，比如相对人需要对代理权外观存在善意信赖。表见代理责任系统中的第一个要件即可归责性的要求可能低一点，但缔约过失责任系统中却没有"相对人对代理权产生合理信赖"这一要件。因此，不能说缔约过失责任的构成要件比表见代理更加严格。就此而论，允许缔约过失责任系统中的第一个要件（被代理人主观状态）被提高并非不合理。

问题二：意思表示解释规则可否扩张于代理制度

王小亮：老师，我有一个问题。可否将意思表示解释规则扩张到代理制度的理解上？在意思表示的解释过程中，判断行为主体时，注重的是相对人的客观理解。亦即，即便行为不是 A 实际作出的，但是从相对人视角看，只要相对人认为或者应当认为 A 是行为人，就应当以 A 为行为主体。

老师： 也就是说，意思表示解释的对象不仅包括内容，还包括主体，是吗？

王小亮： 是的。 进一步思考，在无权代理中，本人一般有追认权或者拒绝权，这与意思表示错误的撤销权非常类似。 意思表示与法律行为的效力是由本人（表意人）决定的。

老师： 两种情形，一个是未定的不生效，一个是未定的生效，都是广义上的效力待定状态。

王小亮： 是的。 进一步分析，在表见代理中是依据风险原则进行判断的，但在错误法的理论中，德国民法学界有一些观点认为，如果意思表示错误发生在本人的风险范围之内，应当排除表意人的撤销权。① 例如在保证合同中，如果保证人误判了债务人的偿债能力，也应当排除其撤销权。 总体观之，尽管意思表示制度与代理制度在体例上看起来是两个制度，但在具体问题的处理上存在诸多相似之处，或许可以将二者进行合并观察。 但这一观点必须要回应的问题是无权代理人责任，因为如果只看本人与相对人的两方关系，那就与意思表示错误撤销规则很像，不同之处在于无权代理人责任。 关于无权代理人对于相对人承担责任的特殊之处，我目前还没有完全思考清楚。 但如果暂且不论无权代理人责任的特殊之处，则可以看出无权代理的一般规则与意思表示错误规则存在极大的相似性。

老师： 这里没有办法把无权代理人责任忽略掉。 意思表示解释规则或许可以适用于隐名代理领域，但如果想扩张到无权代理之中，则无法越过代理人去适用意思表示解释规则。 因为意思表示作出的主体显然是代理人，只是存在行为归属问题而已。

问题三：相对人对于被代理人缔约过失责任与表见代理的选择权

朱志强： 老师，我有一个问题，被代理人的缔约过失责任与被代理人的表见代理责任是否存在选择权问题？ 可能存在这样一种情况，即消极信赖保护在经济上的效果可能大于履行利益的积极信赖保护。 例如，标的物实际价值可能没有那么高，但是在缔约过程中，为了鉴定该标的物支出了很多费用。 在此种情况下，相对人可否放弃表见代理规则的适用，转而请求被代理人承担缔约过失责任？ 如果可以，那么，消极利益损害赔偿是否可以超出履行利益损害赔偿？ 举一个具体的例子，甲有一个传家宝，市场价值只有 50 元，乙认为该传家宝很

---

① 参见〔德〕维尔纳·弗卢梅：《法律行为论》，迟颖译，法律出版社 2013 年版，第 583 页；〔德〕迪特尔·梅迪库斯：《德国民法总论》，邵建东译，法律出版社 2013 年版，第 588—589 页。

值钱，欲购买，但为了确定实际价值，进行了事先鉴定，支出鉴定费用5000元。在缔约过程中，甲委托了代理人丙为其磋商缔约，并且向乙出示了授权书，完成了内部授权的外部告知。但在缔约当天，甲突然觉得传家宝可能很值钱，于是放弃了缔约想法，通过发送数据电文撤销了丙的代理权，代理权因撤销授权意思表示到达生效规则而消灭，但丙当时并未查看手机。本例中，既构成表见代理，也存在缔约过失责任。

老师：就表见代理与无权代理人责任并存（情况A）而言，相对人是可以自由选择的。为了分析表见代理与被代理人缔约过失责任并存（情况B）时是否可以选择，可以将这两种情况进行横向比较，考察二者的利益状况是否存在差别。

朱志强：被代理人的缔约过失责任实际上赔偿的是合同无法生效所造成的损失。若构成表见代理使得合同生效了，是不是就不存在被代理人的缔约过失责任了？这里是否存在一个逻辑上的先后问题？

老师：如果相对人放弃了表见代理的效果，那么，合同就无法在被代理人与相对人之间生效，交易落空。书中后文在论证相对人就表见代理与无权代理人责任的选择权时，一个理由是表见代理的效果对相对人有利，相对人可以放弃对自己有利的效果。在被代理人的缔约过失责任与表见代理的比较中，表见代理也属于有利效果。情况A与情况B的区别在于，表见代理效果被放弃后，情况A是由无权代理人承担责任，情况B是由被代理人承担责任，但这并不是根本区别。

闫俊奇：从比较的角度来看，相对人都是可以选择的。在情况A中，相对人可以选择无权代理人承担责任，这是因为无权代理人是实际缔约人，并且引发了相对人的信赖，因此其应承担无权代理人责任；在情况B中，被代理人承担缔约过失责任更具正当性，因为被代理人有意识地开启了缔约磋商，所以相对人选择让其承担缔约过失责任与表见代理责任都是可以的。

老师：假设没有消极利益损害赔偿限额，亦即消极利益损害赔偿可以超出履行利益范围，那么，相对人是否还可以享有选择权？

孙诚毅：我认为，如果一个相对人在订立合同时，其信赖利益支出比履行利益还高，是不正常的，此时没有必要过度保护相对人。

谢心童：在信赖利益高于履行利益的情形中，是否可以用可预见性进行限制？在上述例子中，花费5000元去鉴定实际价值为50元的东西，这笔费用明显不属于当事人订立合同时可预见的范围内。因此，即使此时允许相对人请求被代理人承担缔约过失责任，也很难获得超出部分的赔偿。

胡逸群：我想到一个在情况 B 中支持选择肯定说的理由。在情况 A 中，相对人的选择可能性指向无权代理人与被代理人这两个人，而在情况 B 中，相对人的选择仅指向被代理人。在情况 A 中，对无权代理人与被代理人进行选择可能涉及破产风险的承接。此种情形中都允许相对人选择，那么，举重以明轻，在情况 B 中，风险更小，更应当承认其可以选择。此外，从举证难度的角度看，情况 A 中表见代理与无权代理的共同要件可能多一点，而情况 B 中表见代理与无权代理的共同要件则少一点，对于相对人而言，在情况 A 中举证难度较小时允许其选择，那么，在情况 B 中举证难度较大时更应当允许其选择，因为此时对相对人更不利。

老师：在情况 A 中，相对人请求权的义务人不同一，在情况 B 中，相对人请求权的义务人同一。可以思考一下，一种请求权获赔数额高，一种请求权获赔数额低，为何允许相对人选择数额高的请求权？

朱志强：在情况 A 中，无论是表见代理责任还是无权代理人责任，都包含积极信赖保护，获得的效果差不多，因此，可以让相对人选择。但在情况 B 中，两种责任的法律效果存在差异，因此，是否应当限制相对人的选择权？

老师：情况 A 与情况 B 还是不太一样的，情况 A 中允许相对人选择的一个理由是存在诉讼法上的选择风险，选择说可以避免这一诉讼风险。而情况 B 中不存在这一风险，因为被告是同一人，这是一项重大区别。情况 B 中仅仅是两种责任的举证难度存在差异，这一区别因素不够重大，不足以使得相对人被赋予选择权。

闫俊奇：这似乎还要考量当事人的诉讼请求，即是主张合同生效还是合同不生效。

老师：被代理人的表见代理责任与缔约过失责任肯定是两个诉讼标的，不构成请求权竞合，因为请求权内容不同，一个是支付赔偿金，一个是履行因表见代理而成立的合同。如果是请求权竞合，就可以采用请求权竞合理论框架内的相互影响说，将最后的效果予以统一。其实，就书中的观点来看，这个问题的假设前提是不成立的。

问题四：违约情形中狭义履行辅助人责任的规范基础与违约责任的归责原则

谢心童：老师，我有一个问题。在第 544 页，狭义的履行辅助人履行合同当事人订立的合同，导致合同当事人违约，是否可以适用《民法典》第 593 条的规定？首先，狭义的履行辅助人不具有债法上的独立人格，其履行合同当事人订立的合同，视作合同当事人履行合同的行为，而《民法典》第593条依其文义是调整（具有独立人格的）第三人实施行为的结果，单就这点而言，狭义的履行辅助人履行合同当事人订立的合同时导致违约，并非由《民法典》第593条调整。其次，该条规范似乎仅仅是一条提示参引规范，我国民法对于违约责任采取无过错责任立场，所以此时似乎没有必要适用该条文，直接适用《民法典》第577条的一般规定即可，亦即只要"第三人不履行债务或者履行债务不符合约定"，债务人就应当承担违约责任。

老师：这个问题的前提也需要被讨论。为什么说我国违约责任必须采取无过错责任原则？

王小亮：老师，我认为应当采取过错责任论。依无过错责任论，只要有客观义务之违反，义务人就要承担相应责任。为了弥补这项原则在个案中的不妥之处，需要通过不可抗力制度进行免责。这将导致不可抗力的适用范围不断扩张，涵盖了诸多本不属于不可抗力的情形。所谓的无过错责任加上外延不断被扩张的不可抗力，实际上只是对过错责任的另一种表达而已。

老师：是的，两种概念无限接近了。

孙诚毅：是否要区分行为之债与结果之债，以决定是否采用过错原则？目前的主流学说似乎认为，行为债务对应过错责任，结果债务对应严格责任。

王小亮：我之前思考过行为之债与结果之债的区分问题，觉得二者的区分并没有那么严格。举一个结果债务的例子，甲出卖一辆车给乙，对于交付车辆这一债务，普遍认为是结果债务，仅当乙取得车辆所有权及占有时，债务才得到清偿。在实际操作中，甲只需提出给付，将该车置于乙可随时受领的状态即可，如果此后乙未及时受领且车辆意外毁损、灭失了，则甲不应承受汽车毁损、灭失的不利结果。从这个角度看，即便是结果债务，也隐含着这样一种含义，即结果债务中行为人的义务也是有限度的。对于行为之债与结果之债没有必要作如此严格的区分。若将其当作描述性的概念可能有助于区分一些情形，但若将其作为一种规范性的概念，实际意义并不大。正如前例，我们通常所认为的结果债务，也需要考虑义务的限度，从而使结果债务具有一定的行为债务色彩。

老师：你说的这个例子中，车辆是在买受人受领迟延期间意外毁损、灭失，适用受领迟延规则就可以使出卖人免于责任，因此，用于论证结果债务也应考虑违约方的过错因素，说服力不够。行为之债采用过错原则没什么问题。

值得讨论的是，结果之债为什么要采用严格责任。对于结果之债，举例较多的是二手车买卖，那么，为什么二手车买卖要采用严格责任呢？

曹沛地：前面王小亮师弟描述的行为债务与结果债务更多涉及所提供给付是否合格的判断标准，对吧？

老师：你的意思是，第一步判断是否违反合同义务，第二步再评价是否因过错而违反合同义务，是吗？决定采用过错责任抑或无过错责任，真正有意义的不是行为债务与结果债务的区分，而是在个别情形中，采用无过错责任有特殊理由，我想到的一个理由是债务人承担特殊意义上的担保，但在二手车买卖中，出卖人似乎不承担此种意义上的担保。

曹沛地：合同构成理论可能认为，签订合同的双方当事人均是理性人，在不可抗力情形中，显然不应苛求对方克服不可抗力而履行，亦即应通过对合同义务限度的解释，在前端进行限制，直接认为没有义务违反，因此在后端，无须加入过错要件。

闫俊奇：是的，一种观点是合同构成说，认为严格责任源于对当事人理性承受的假定。当事人在作出意思表示成立合同时，已经将可能出现的风险分配好了，因此，后来出现义务违反时，直接让已经分配好的责任发生效果即可。另一种观点是债权—债务构成说，该说采用的是后端控制规则，对于是否能追究债务人的债务不履行责任，需要通过过错要件进行判断。[1] 两种观点的区别在于，一个是前端控制，另一个是后端控制。

老师：第一种观点中的风险分配理论源于英美法。我们从意思表示解释理论出发，能解释出双方具有这种意义上和这种程度上的风险分配意思吗？

王小亮：我认为很难解释出来，因为日常生活中当事人的约定可能很简单。前述观点是假定当事人已作了完备的风险分配，这实际上是在进行补充性意思表示解释。

老师：举个例子进行讨论。在二手车买卖中，双方约定6月1日出卖人送货上门。出卖人5月31日晚上把车开过去，停在买受人家门口并打电话通知买受人来领车，结果当晚车被偷了，导致第二天车辆无法交付。就价金风险而言，不管是意定还是法定，都已经分配好了。需要讨论的是，损害赔偿责任风险是否被合同关系分配好了，合同关系中的风险分配能否覆盖到这一方面？

---

[1] 参见解亘：《再论〈合同法〉第121条的存废——以履行辅助人责任论为视角》，载《现代法学》2014年第6期。

曹沛地：既然当事人在合同中约定出卖人需要在 6 月 1 日送到买受人家门口，那么，出卖人 6 月 1 日没有送达的，原则上就存在义务违反。需要考虑的是车被偷的情形是否在当事人合意中被排除，而超出义务限度，从而没有义务违反。我认为本例中车被偷了，至少出卖人没有尽到最大的努力，以确保在 6 月 1 日能够去买受人家门口提出给付。

王小亮：由于没有约定的事项带来的不利结果，如果按照过错原则判断，就要分析是否具有可预见性与可避免性。除此之外，则是风险负担的问题。如果通过补充性解释来解决，则需要假定在双方当事人都预见到该事项发生时，这一事项带来的不利结果应当分配给谁。此时假定的理性当事人应当同意将不利结果分配给有过错的当事人，接下来要处理的就是风险负担的问题。两种思考方式似无本质区别。

老师：总的来说，有过错才需要负责，这符合人类基本的法情感，原则上需要坚持，但某些特殊侵权责任存在例外。

问题五：《九民纪要》第 20 条的规范定位

王一中：老师，我有一个问题。在第 545 页，对于书中所说的越权代表问题，我有疑问。一个前提性的问题是，《全国法院民商事审判工作会议纪要》（以下简称《九民纪要》）第 20 条①的规定是否排除了侵权责任与缔约过失责任。就公司为第三人提供担保的行为，《公司法》（2018 年）第 16 条要求各机关之间形成牵制，如果章程规定的牵制机制不奏效，则应追究法定代表人责任，这个规定的出发点是公司不承担责任。因为要保护善意债权人的合理信赖，所以嫁接出表见代表。如果不存在第三人信赖，就要回归到一开始的出发点，即公司不承担责任。此时，《九民纪要》第 20 条如果包含侵权责任与缔约过失责任，是否就与《公司法》（2018 年）第 16 条产生冲突了？

老师：你对《公司法》（2018 年）第 16 条是否过度解读了？不能一味保护股东，也要保护相对人，应当对双方利益进行平衡，所以《九民纪要》第 20 条应当包含侵权责任与缔约过失责任。《公司法》（2018 年）第 16 条本身只解决担保义务是否发生的问题，至于公司作为法人是否应当对外承担侵权责任或者

---

① 《九民纪要》第 20 条规定："据前述 3 条规定，担保合同有效，债权人请求公司承担担保责任的，人民法院依法予以支持；担保合同无效，债权人请求公司承担担保责任的，人民法院不予支持，但可以按照担保法及有关司法解释关于担保无效的规定处理。公司举证证明债权人明知法定代表人超越权限或者机关决议系伪造或者变造，债权人请求公司承担合同无效后的民事责任的，人民法院不予支持。"

缔约过失责任，则不在《公司法》（2018 年）第 16 条的解决范围之内。 对此，应当回到民法一般规则与一般原理去解决。

问题六：关于瑞士法无权代理人责任的体例安排

谢心童：老师，我有一个问题。 在第 547 页，为什么作者要将瑞士法有关无权代理人责任的制度设计放在消极信赖保护主义的框架下，这是否存在体例安排上的问题？ 按照该段论述，瑞士法采用的是消极信赖保护与积极信赖保护相结合的模式。

老师：因为瑞士法的规定是模糊的，处于两种模式的临界点。 对于《瑞士债法典》第 39 条第 2 款所规定的"其他的损害赔偿责任"①，是通过解释才得出积极信赖保护的。 同时，法官在适用过程中，需要在个案中进行判断并决定是否适用此种责任。 因此，瑞士法并非典型的积极信赖保护与消极信赖保护相结合主义，其更偏向于消极信赖保护，积极信赖保护的适用范围不广。

问题七：表见代理制度之规范目的及诉讼对象选择

尚美汐：老师，我有一个问题。 在第 550 页，一方面，书中在介绍《德国民法典》有关容忍代理与表见代理是否排斥无权代理人责任的观点时，第二个理由是容忍代理权与代理权表象责任的目的是保护相对人，所以当然不应妨碍相对人基于《德国民法典》第 179 条所享有的权利。② 该责任的目的是否仅在于保护相对人呢？ 或者说，容忍代理权与代理权表象是否存在保护无权代理人的目的呢？ 因为，如果采取排他说，无权代理人可以主张构成表见代理或者容忍代理，从而免除自己的责任，体现了对于无权代理人的保护。 另一方面，在诉讼对象的选择上，基于法定担保说，是否可以参照同时起诉债务人与保证人的做法，来同时起诉被代理人与无权代理人？

老师：首先，无论是无权代理人责任还是表见代理责任，设计的初衷都是保护相对人，这属于理论共识。 针对理论共识的质疑，应当进行书面或者口头的论证。 其次，两种"担保"的性质并不完全相同。 无权代理人的担保责任仍然是针对自己的事务进行"担保"，保证这个事情一定会办成，这区别于对债务进

---

① Vgl. Watter & Schneller, in: Basler Kommentar OR I, 4. Aufl., 2007, § 39 Rn. 1-9.
② Vgl. Larenz/Wolf, Allgemeiner Teil des bürgerlichen Rechts, 9. Aufl., 2004, S. 897-898; Claus-Wilhelm Canaris, Die Vertrauenshaftung im deutschen Privatrecht, 1971, S. 519; Eberhard Schilken, in: Staudinger Kommentar BGB, 2014, § 167 Rn. 44.

行担保。

问题八：选择说与排他说在诉讼风险上之区别

尚美汐：老师，我有一个问题。在第549—550页以及后文第563—564页，选择说与排他说在诉讼风险上的区别具体如何体现？

老师：在选择说下，相对人起诉无权代理人，存在常规的败诉风险。而在排他说下，除了常规的败诉风险之外，多了一个法官"踢皮球"的风险，即让相对人转而去告被代理人。因此，在两种学说下，相对人先去起诉无权代理人的风险明显不同，排他说给相对人在起诉无权代理人时创造了一个特别的风险。

问题九：无权代理人与被代理人是否构成连带责任

曹沛地：老师，我有一个问题。在第550页，相对人无论主张无权代理人责任抑或表见代理责任，都是在主张自己的损害赔偿。假设无权代理人与被代理人都有可归责性，二者是否构成连带责任？二者的可归责行为对于同一个信赖事实的产生均有条件因果关系。

老师：首先，如果相对人主张的无权代理人责任是承担消极信赖赔偿责任，那么，不一定构成连带责任。连带责任要求债务内容是一样的，表见代理所产生的合同义务，不一定都是金钱义务，也可能是交付货物等义务，而消极信赖保护中只有金钱赔偿义务，所以债务内容不同，不构成连带责任。其次，如果代理人明知无代理权且相对人主张履行责任，则也不一定与被代理人的表见代理责任构成连带责任，因为各自责任的成立及内容都存在不确定性。

问题十：对于以意思表示拘束力证成排他说之批驳

曹沛地：有观点认为，相对人作出与被代理人成立法律行为的意思表示，在法律行为能够对被代理人发生效力的表见代理场合，相对人转而选择请求无权代理人承担责任，有自相矛盾之嫌疑，该观点是否可取？[①] 相对人应否受其意思表示的拘束？

老师：从意思表示的拘束力角度进行论证，论证力度较为薄弱。意思表示的形式拘束力在我国民法中比较弱，因为《民法典》第476条规定要约原则上是可以撤销的。相对人发出的要约原则上可以撤销，如何能够拘束相对人呢？

---

① 参见黄茂荣：《民法总则（增订四版）》，植根法学丛书编辑室2023年版，第585页。

如果相对人作出的意思表示是承诺,由于代理人发出的要约能否归属于被代理人尚处于待定状态,如何能要求相对人受其意思表示的拘束呢? 如果相对人知道对方是无权代理,就不会作出该意思表示,所以没有充分理由使其受到拘束。

尚美汐:此时是不是与相对人的信赖内容有关,亦即,信赖保护是只保护合同成立,还是也要保护相对人对于合同主体的信赖内容? 比如"与被代理人成立合同"。 如果采取这种考量,则相对人在明明成立表见代理的情况下,依然选择主张无权代理人责任,可能就是对其信赖内容的更改。

老师:信赖内容只能解释积极信赖保护,不能解释消极信赖保护。 而且,积极信赖保护中比较特殊的是,无权代理人责任中的履行责任也是积极信赖保护,书中在否定无权代理人履行责任的时候,就提及此处的保护内容其实与相对人的信赖内容并不一致。 但既然实证法已经作出该规定了,就说明信赖内容与实际给予的保护效果不一致也是无所谓的。

问题十一:本人承担表见代理责任的理论基础

曹沛地:老师,我有一个问题。 在第550页,相对人主张本人承担履行责任,是基于自己的意思自治,还是基于自己的信赖?

王小亮:对于本人作出的意思表示,相对人有信赖。 对于自己作出的意思表示,相对人有意思自治。 二者并不矛盾。

老师:是的。 相对人信赖的不是自己的意思表示,而是自己的意思表示可以与归属于被代理人的意思表示相结合,从而成立法律行为。 这两个部分应当分别讨论,一个部分是意思自治,即相对人自由地作出自己的意思表示,另一个部分是信赖保护,两者相结合,产生了双方法律行为。 但因为我们讨论的问题是表见代理,所以在这个问题域中起决定性作用的是信赖保护,而不是意思自治。

问题十二:通过诉讼法的程序构造化解选择风险

王小亮:老师,我有一个问题。 在第550页,如果在诉讼法的程序构造上进行合理改进,是否能够化解选择风险? 第一个构造是备位请求制度。 相对人先对本人主张表见代理责任,如果该诉讼请求失败,则相对人还可以主张无权代理人责任。 第二个构造是,在此类案件中诉讼费只收一笔,而非两笔,这样就可以在很大程度上减轻诉讼费用的负担。

闫俊奇:按照德国的诉讼标的理论,在诉讼法说或者新实体法说下,认为原告只需提出请求即可,而请求权基础的检索是法官的任务。 此时,相对人、本人以及代理人的三方关系,作为一个整体诉讼标的来处理。 即便如此,德国依然采取了排斥说这一主流观点,所以这个问题似乎并不是出在诉讼法上。

老师: 备位请求是指针对同一被告提出有顺序的数个请求,而不是被告一作为主被告,被告二作为副被告。 在德国根本不需要备位请求,因为其诉讼标的理论采用诉讼法说,摆脱了实体法说的束缚。 原告可以很笼统地提出一个请求,比如请求被告赔偿 100 万欧元,不需要对可能与此相关的数个实体请求权进行排序。 至于法律依据,则交给法官寻找。 法官按照请求权检索顺序进行审查,找到一个请求权基础来支持原告的诉讼请求,并作出原告胜诉判决。

问题十三:司法解释的变化能否证成我国诉讼标的识别标准的转变

王一中: 老师,我有一个问题。《最高人民法院关于审理旅游纠纷案件适用法律若干问题的规定》的变化能否证成我国在诉讼标的问题上的立场转变? 在该司法解释修订之前,当事人就精神损害赔偿提起违约之诉的,法院应告知当事人变更为侵权之诉,仍然提起违约之诉的,不予支持。 但目前该司法解释放弃了此种做法。

老师: 这条司法解释是为了符合《民法典》第 996 条关于违约精神损害赔偿的规定而进行的调整,并不能证明诉讼标的的识别标准发生了变化,因为《民法典》第 996 条提到"受损害方选择请求其承担违约责任",表明该条规定仍然区分了违约之诉与侵权之诉,仍以实体请求权或者实体法律关系作为诉讼标的。

问题十四:狭义无权代理与表见代理中相对人善意标准的区分

谢心童: 老师,我有一个问题,在第 555 页,书中认为,《民法典》第 171 条第 3 款中相对人的善意是指不存在轻过失,与表见代理中相对人善意的标准应当是一致的。 论述的理由之一是该请求权在效果上与善意相对人从表见代理中获得的效果并无本质区别,没有理由在相对人主观要件上区别对待。 我认为,在表见代理中存在风险分配,涉及相对人与被代理人利益保护的衡量,考虑到对被代理人的保护,应当提高相对人善意的标准,使得表见代理更难成立。 但是在无权代理中并不存在这样的利益衡量问题,所以在相对人存在轻过失的情况下也应将其认定为善意。

王小亮: 我认为,在无权代理人债务履行责任中,以轻过失界定善意是非常合适的。 一个学者所持的观点应当是前后一致的。 如果认为债务人履行责任本身是立法上的错误制度，那么，就要在其构成要件上严格掌握。在论述中，与表见代理进行比较固然是一个方面，但另一方面，债务履行责任可能本身就缺乏正当性，所以要极力限缩其适用范围。

老师：价值考量确实如此，债务履行责任对无权代理人来说是比较重的责任，在适用时要慎重一些，使其要件更加严格。我最早的观点体现在《民法总论专题》中，倾向于否定债务履行责任。① 现在考虑到《民法典》已经明文规定了，没法彻底否定，所以只能在解释论上对其构成要件从严把握，这样可以部分缓解对无权代理人比较苛刻的债务履行责任所产生的负面效应。

问题十五：狭义无权代理中的相对人善意标准是否过于严格

张语珊：老师，我有一个问题。在第555页，关于相对人善意的标准，我不是十分理解。我认为或许并不需要采取如此严格的主观标准。按照作者的观点，相对人的主观要件是不存在轻过失，这与表见代理中相对人的主观要件要求相同，那么，无权代理人履行责任与表见代理的区别就只能体现在其他方面。并且作者提到，就相对人请求权的效果来说，债务履行请求权与善意相对人从表见代理中获得的效果并无本质区别，故而没有理由在主观要件上区别对待。但是，我认为这二者在本质上还是有所不同的。比如就履行能力来说，按照书中的观点，无权代理人的责任要以被代理人的履行能力为限，但若无权代理人的履行能力弱于被代理人，则该限制并无用处，反而相对人此时从债务履行责任中获得的利益要小于从表见代理中获得的利益。

老师：你所说的履行能力的区分是体现在个案中的，这种差别是经济效果层面上的，而在抽象层面的法律效果上却没有本质区别。易言之，在法律效果相同的情况下，因为具体当事人履行能力的不同，最后导致经济效果不一致。既然在抽象层面的法律效果上不存在本质区别，那么，在抽象层面上也就没有必要对相对人的主观要件作区别对待。

张语珊：我还有一个疑问。在无权代理或者表见代理中，无代理权的情况一般都是由无权代理人造成的。在表见代理中，相对人可以直接突破无权代理人，请求被代理人承担表见代理责任。在这种情况下，我认为对相对人予以更高的善意要求是可以被接受的。但是在狭义无权代理中，相对人并不能请求被代理人承担责任，而只能请求无权代理人承担责任。如果对二者予以同样的善

---

① 参见杨代雄：《民法总论专题》，清华大学出版社2012年版，第264页。

意要求，会不会有所不妥？

老师：在狭义无权代理中，虽然相对人无法请求被代理人履行合同，但其可以请求代理人履行合同。都是要求履行合同，二者并无本质区别。

尚美汐：区别只是在于表见代理责任更符合相对人签订合同时的本意，因为在订立合同时是以被代理人为缔约对象的。作者在这里也提到了，表见代理相比于狭义无权代理，还存在一些其他的构成要件。也许对于相对人来说，表见代理是一种更好的保护方式，然而，二者的区分可以不在善意的标准上有所差别，而是在表见代理的其他构成要件中予以体现。

张语珊：老师，您的解释目标是要从严解释无权代理人债务履行责任的构成要件，已经增加一个"无权代理人明知自己无代理权"要件对债务履行责任进行限制了。我认为此项限制已经足够了，不需要再对相对人的主观标准进行从严解释。

老师：对无权代理人履行责任与表见代理责任，在相对人的主观要件上进行相同处理，并不是在对无权代理人履行责任进行从严解释，而是在将其与表见代理作比较时，发现二者都会使相对人获得债务履行，存在这样的相似性，所以将相对人的主观要件做同一处理。此项处理是通过横向比较得出的结论，而不是在你所说的路径上推导得出的结论。真正提高无权代理人债务履行责任适用门槛的是前面提到的"无权代理人明知自己无代理权"以及"债务履行责任以被代理人履行能力为限"。

尚美汐：老师您刚才提到，债务履行责任中相对人善意的标准为"不存在轻过失"的观点并非源于否定债务履行责任之立场。书中在论述"债务履行责任并无充分理由"这一部分时，提到了相对人信赖的内容是由被代理人而非代理人承担合同债务，认为信赖保护应当与信赖内容保持一致。我认为，这里面的实质理由有相对人信赖保护的部分，是不是也可以间接联系到相对人善意的标准问题？

老师：你可以试着联系一下。

尚美汐：我还没完全想好怎么联系。我认为善意与信赖都是相对人的主观状态。善意这个要素表述的是相对人的信赖是否合理。如果相对人是善意的，他的信赖就是合理的。这样似乎就联系到这里所说的信赖保护。

老师：这是一个高度复杂的逻辑关系，用语言去进行清晰、准确地描述是很困难的，可以进行多次尝试。

朱志强：我认为这种不同系统之间的横向比较是很复杂的，最难解决的问题是无法完全控制变量，很多时候容易只看到一个因素。在我们讨论的例子中，相对人的利益保护是一样的，但是二者在其他方面肯定还有区别。比如学债法的时候经常会讲违约责任与侵权责任竞合，二者有时会产生相同的效果，但是因为法效果是一样的，所以侵权责任是过错责任，违约责任也应当采取过错责任，这是不合理的。

老师：就你刚才提到的竞合问题，我最近有个观点。请求权竞合（责任竞合）情形中的相互影响是有前提的，即已经构成请求权竞合，在构成要件的审查上已经分别通过了。在你的例子中，就是违约责任成立，侵权责任也成立。在二者都符合各自构成要件的前提下，才能去谈下一个阶段的问题，即各请求权相关规范之间是否会相互影响，如诉讼时效、赔偿数额、抗辩权等规范，不能在第一个阶段就相互影响。

闫俊奇：这是不是就彻底否认了构成要件之间相互影响的可能性？

老师：对。相互影响并非无限制的，不是一个责任在抽象层面上完全取代了另一个责任。刚才提到的系统横向比较确实是比较困难的，但并不是不能做的，这是一件有挑战性的事。

朱志强：那么，是不是所有的因素都得考量进去？

老师：是的。你可以考虑用图表化的方式来操作，借鉴一些理工科的方法，比如控制变量法。

王小亮：相较于无权代理人债务履行责任，表见代理独具的要件是代理权表象由被代理人风险范围内的因素导致，而无权代理人债务履行责任独具的要件是无权代理人明知其无代理权。但无论是表见代理还是无权代理人的债务履行责任，相对人都可以获得履行，那么，二者对相对人善意的要求应当保持一致。

老师：表见代理与无权代理人债务履行责任的差别不仅仅在于风险归责的判断，相对人信赖的内容也是十分重要的因素，相对人信赖的内容是被代理人为合同相对人，在考虑这个因素的前提下对二者进行比较。在无权代理人债务履行责任中，相对人信赖的内容并非以无权代理人作为合同相对人，这种因素导致了我们对无权代理人的主观状态要求很高，只有在无权代理人明知自己无代理权的情况下，才能要求其承担债务履行责任，即使该债务履行责任背离善意相对人的信赖内容。

王小亮：如果从相对人的信赖出发，那么，债务不履行责任就不应被规定，因为相对人至多只会信赖被代理人履行债务而不会信赖代理人履行债务。但因为无法完全否定实证法中无权代理人的债务履行责任，所以还是要对无权代理人的债务履行责任加以分析。 不过，我们应刻意避免以相对人的信赖作为比较的出发点，否则，否定无权代理人债务履行责任的结论便会顺理成章。 相对人的善意意味着其可以获得债务履行的结果，而代理权表象源于被代理人风险范围内的因素，以及无权代理人明知自己无代理权，这决定了相对人可以向何人请求履行。 只要在这两个系统中，相对人因债务履行所获得的结果是一样的，相对人的主观状态就应当保持一致。

老师：主观状态的范围比较宽泛，一个是故意或者过失的主观状态，另一个是请求权人信赖的内容，这也是主观状态。 第二个主观状态在两个系统的比较中很重要。

问题十六：系统论中的要素能否等同于构成要件本身

闫俊奇：老师，我有一个关于系统论的问题。 系统论中所提到的要素是不是并不完全等于该制度本身的构成要件？ 虽然构成要件是要素提取的重要考量因素，但该要素可能还包括其他内容，比如实务中法官考量的因素等。

老师：是的。 系统论中的要素，不能简单等同于构成要件本身，有的是构成要件之外需要考量的因素。 比如我们刚才提到的相对人的信赖内容这个因素，就不是构成要件，而是我们构造构成要件的过程中需要考量的因素。

尚美汐：老师，我有一个疑问。 结合刚才我们讨论的问题，当我们在形成一个观点的时候，是不是在某些情况下应当先有一个凭直觉得出的结论，然后再进行推导和证明？

老师：通常情况下是这样的。 这也符合人类的思维习惯，是一种法感。 比如在读书会中，最初提到系统比较法还是一个比较模糊的说法，没有明确地用系统 A、系统 B 的概念。 随着讨论的增多，就慢慢开始用一些比较抽象的词语来描述这种方法。 现在开始用"系统比较法"这个词语来进行描述。 这个概念最初也只是我的一种感觉，在写书和写论文的过程中，尽管我不自觉地使用这样的方法，但并没有产生方法论上的意识。 在最近几次读书会中，我突然意识到，我在研究这些问题的时候，就曾经对两个责任的构成要件系统作过一个横向的比较。 经过讨论，发现这是一种可以推广的、比较重要的方法。

问题十七：无权代理人债务履行责任受被代理人履行能力限制的解释路径

胡逸群：老师，我有一个问题。在第558页，就无权代理人的债务履行责任受被代理人履行能力之限制的解释方案，在比较法上，比如《欧洲示范民法典草案》（DCFR）、《国际商事合同通则》（PICC）、《欧洲合同法原则》（PECL）、《国际货物销售代理公约》（CAISG），对赔偿范围是这样表述的："恢复至如同代理人有代理权或者没有超越代理权范围时，相对人所处同等状况的一种损害赔偿责任。"在解释上，上述公约与示范法都认为，无权代理人的损害赔偿责任受到本人的履行能力限制，如果行为人可以证明本人不能履行合同或者不能进行赔偿，行为人就不需要承担相应的责任。《民法典》第171条第3款中的但书是对损害赔偿范围的表述，但也可以解释出来对无权代理人的债务履行能力的限制。在本人追认的情形中，本人通过有权代理成为合同当事人。假如本人破产或者在债务履行的时候履行能力恶化，相对人所获得的利益本来就会限于本人可以履行的部分。所以，赔偿范围不能超过本人追认时相对人所能获得的利益，一方面可以解释成信赖利益限于履行利益，另一方面也可以进一步解释该履行利益被限制为以本人履行能力为限的履行利益。因为履行往往是以债务人的责任财产为基础去实现的，不同债务人可以实现的履行利益不同。债务人虽然是无权代理人，但我们也可以进一步将其债务视为受到本人的责任财产以及履行能力的限制。

举个例子，甲无权代理乙与丙订立买卖合同，买了一辆二手车，本人需要支付价金100万元。假设履行利益是10万元，信赖利益是12万元。在债务履行期间届满时，本人破产，从破产程序中只能拿到5万元。这个时候适用《民法典》第171条第3款但书，首先，信赖利益限于履行利益，赔偿责任从12万元被限缩到10万元；其次，如果本人追认，那么，本人成为合同相对人，在债务履行的时点，他原本应当支付100万元，也就是说相对人可以获得10万元的利益，但是因为破产了，所以即便本人追认，相对人也只能从破产程序中拿到5万元，这个时候信赖利益被进一步限制为5万元。如果我们可以对消极利益损害赔偿进行这样的理解，对于履行责任也可以去类推这里的但书，把履行责任限于本人的履行能力，这样对于信赖利益损害赔偿以本人履行能力为限，就不存在法律漏洞，而就债务履行责任以履行能力为限，也可以使用类推方法。

老师：你对这个结论本身没有不同的观点，但关于方法，你觉得不是漏洞填补，对吗？

胡逸群：对。对于信赖利益损害赔偿，我觉得可以直接从但书中解释出来。对于债务履行责任，我们才进行类推。

老师：这个解释是可行的，可以包含在文义解释之中。

问题十八：无权代理人债务履行责任的范围限制

王小亮：老师，我有一个想法，为进一步限制无权代理人的债务履行责任，可以考虑用无权代理人在消极利益损害赔偿中的责任范围来限制债务履行责任的范围。举个例子，假设在有权代理的情况下，被代理人需要交付价值50万元的货物，而相对人主张无权代理人承担消极利益损害赔偿时，赔偿数额为10万元。那么，在相对人主张无权代理人的债务履行责任时，无权代理人也只需给付价值为10万元的货物即可。

闫俊奇：如果遇到债务不可分的情形，该如何处理？

王小亮：只要对债务履行责任进行限制，就会遇到履行不可分的问题，书中也没有给出观点。

老师：我们上次读书会讨论的是消极利益赔偿以履行利益为限，你现在的观点与此相反，对此有充分的理由吗？

王小亮：之前讨论涉及的是，消极利益损害赔偿以本人履行时相对人所能获得的利益为限。这里是用消极利益损害赔偿限制无权代理人的债务履行责任，二者不冲突。

闫俊奇：结合上次的讨论，在消极利益高于履行利益的情形中，用消极利益对其进行限制，是否会有所不妥？

王小亮：上次讨论的履行利益，其实指的是由本人来履行时，相对人可以获得的利益。而此处是由无权代理人来履行的。

老师：实际上也很难操作。如果义务的内容是交付货物，就无法以履行利益为限。难道需要削减交付货物的数量吗？

王小亮：在给付可分的情形中，应该不存在操作上的困难。如果给付不可分，即便按照书中的观点以本人的履行能力为限，也会遇到类似问题。比如，本人履行能力只有10万元，但债务履行责任的客体为价值50万元的机器一台，也会存在操作上的困难。

老师：你的观点是，即使以被代理人的履行能力为限，也会遇到我刚才说的可操作性问题,是吧?

尚美汐:但这两种情况还是存在差异的,一个是履行与履行相比较,一个是履行与赔偿数额相比较。

老师:这两种不同的比较有本质区别吗?

王小亮:我之所以用消极利益损害赔偿去限制债务履行责任,是因为无权代理人的债务履行责任本就不是一个妥善的规定,故而要进一步限缩其适用空间,尽量使其与消极利益损害赔偿在数额上持平。

老师:经过上面的补充,操作上可能不是一个根本问题。因为按照书中第559页第2段的论述,代理人债务履行责任受到被代理人履行能力的限制,也会面临给付数量削减的问题。比如,甲无权代理乙与丙签订买卖1000套耐克牌某款运动服的合同,每套价格1000元。在履行期届满时,被代理人已经资不抵债,濒临破产,其履行能力仅为600套。适用《民法典》第173条第3款,不论进行漏洞填补还是宽泛的文义解释,结论都是相对人仅能要求无权代理人交付600套运动服,也需要对给付予以缩减。如果按照王小亮同学所说,无权代理人的履行责任受到其消极利益损害赔偿范围的限制,那么,包括缔约费用与准备履约的费用等,计算得出的一定是金钱数额而不是运动服套数。假设金钱数额是1万元,折算成耐克运动服为10套,则相对人仅能要求无权代理人交付10套。

尚美汐:我有一个问题。如果这样限制,那么,相对人还会选择让无权代理人承担债务履行责任吗?

闫俊奇:我认为这样等于架空了无权代理人的债务履行责任,似乎不是很好,尤其是在无权代理人恶意无权代理的情形中。

老师:还存在解释上的路径问题,法条中明确规定要求无权代理人承担履行债务的责任,如何解释才能转化为无权代理人的消极利益损害赔偿范围呢?你这是把自己个人否定债务履行责任的观点强加到法条上。

闫俊奇:这个问题涉及对《民法典》第171条第3款中"债务"的理解。师弟的理解可能是该债务仅仅是一种形式上的债务,是把消极利益损害赔偿转化为债务履行。这种解释我认为跨度比较大。

老师:这里就涉及对规范目的或者法律目的的理解问题。虽然规范目的、法律目的不等于立法者追求的目标,但是也不能简单地等同于每一个解释者自己主观所追求的目标,而是法律共同体经过某种妥协之后,基本达成共识的一个目标。就这个基本达成共识的目标而言，在无权代理人债务履行责任这个问题上，法律共同体目前分歧较大。一部分共同体成员认为应当否定债务履行责任，另一部分成员则肯定债务履行责任，最后双方达成妥协。妥协的结果肯定不是彻底把债务履行责任给否定掉了，而是一种折中。你刚才的强行解释就彻底否定了债务履行责任而不是对其予以限制，无法体现出法律共同体对该问题的妥协。

问题十九：无权代理人责任的方案选择

胡逸群：老师，我有一个问题。第 561 页提到，无权代理人的无过错消极利益赔偿责任在比较法上是主流模式。在如今的比较法上，通行的无权代理人责任方案有三类：①德国模式，区分代理人善意、恶意，代理人恶意时承担履行责任或者赔偿范围为履行利益的替代给付损害赔偿责任；代理人善意时承担以履行利益为限的信赖利益损害赔偿责任。②奥地利、法国模式，用缔约过失、侵权责任解决无权代理场合下无权代理人对相对人的赔偿责任问题，适用以过错为前提的限于履行利益的信赖利益损害赔偿责任。③国际示范法模式，包括《欧洲示范民法典草案》《国际商事合同通则》《欧洲合同法原则》《国际货物销售代理公约》，不区分代理人善意、恶意，代理人承担以本人的履行能力为限的履行利益损害赔偿责任。

我们在考虑《民法典》第 171 条第 3 款的解释论方案时，可能存在的方向就是按照事物的本质，思考在无权代理的场合下，我们需要一个什么样的规则，这种最理想的规则如何纳入《民法典》条文的文义。在考虑依事物的本质会存在什么样的规则时，会存在这样一个推定，即比较法上更容易达成共识的方案往往具有一定的正当性。所以，我想尝试一下站在国际示范法的立场上，论证履行利益损害赔偿的正当性，再与书中的方案进行比较，看能否作为具有竞争性的替代方案。

首先有两个前提需要说明。第一个前提是，在法学方法论上，应避免规范成为赘余之物。对于可能存在疑问的法条，其解释论展开的基本倾向应当是如何填补该法条可能存在的漏洞，使其得以适用，发挥效果，而非限制其适用，使其效果无法发挥。有益总是优先于无害，在前者仍有可能时，不应轻易走向"无害化处理"。因此，在确立《民法典》第 171 条第 3 款的解释论方案时，应考虑能否找到一个可以尽量避免突破文义的最符合事物本质的规则。换言之，应尽量使《民法典》第 171 条第 3 款发挥有益的作用，只有在努力尝试无果后，才应选择无害化方案。第二个前提涉及代理法的规范目标问题，当相对人与本人直接缔约时，相对人通常最关心的是本人的履行能力、财产状况以及声誉。但是当代理人介入交易时，交易就又存在一个新的风险，即代理人没有代理权，相对人可能因此一无所获，原本的交易目的落空了。因此，使用代理人进行交易一方面提供了便利，扩展了意思自治的空间，另一方面又增加了交易风险。相较于相对人直接与本人缔约，在代理交易中，相对人为了控制风险，天然地需要去确认代理人有无代理权，但是如果对于每一个代理交易，相对人都需要去花费成本确认代理权之有无，从而保证代理人有代理权或者构成表见代理，则相对人可能会更倾向于与本人或者其他人亲自交易。如此，代理制度可能成为仅在逻辑上完美地存在，而在实践中被废弃的法律制度。所以，代理法的一个重要目标在于，尽量避免相对人承担过重的代理权存在与否的调查义务，否则代理交易对于经济生活的优势就无法得到实现。

在上述两个前提下，我想论证的第一个观点就是，缔约过失对于这一问题的解决具有局限性，更合适的方案是认为无权代理人责任不应以过错为要件。这意味着，一方面，相对人无须举证证明代理人有过错；另一方面，即便代理人无过错，也应赔偿。理由主要在于，首先，代理人的过错表现为对代理权的知悉状态，举证难度很大。其次，与相对人相比，代理人总有办法以更小的成本知道自己有无代理权，在三方关系中，代理人终究与本人在同一个阵营，总是可以向本人确认自己有无代理权，所以代理人想避免自己成为无权代理人比较容易。因此，在过错标准的具体认定上，本来就可以倾向代理人一端，很难真正构成无过错的情形。即便代理人真的构成无过错，但代理人总能比相对人更好地控制风险，并且代理人是有意识地进入风险领域的，所以让代理人承担风险总是妥当的。此时的损害赔偿请求权，即相对人损害转移之正当性不在于代理人之过错，而是风险承担。

第二个观点是，无权代理人责任不应以信赖利益为其赔偿范围。信赖利益与履行利益的区分在于：信赖利益是向后看的，如同"该事件"没有发生。履行利益是向前看的，如同"该事件"发生了。如果相对人在面对代理人缔约时意识到，如若面前之人无代理权，他将仅获得信赖利益赔偿，则结果是相对人没有动力去使用代理制度。因为，若相对人直接与本人交易，他可以获得这笔交易的履行利益，若其选择通过代理人与本人交易，他就要面临这样的风险：如果面前之人无代理权，则他仅能有一个回到起点的机会。因为，信赖利益损害赔偿意味着，从事这笔交易可能不会让他的财产状况变得更好，而只会让他的财产状况不受损失。人们选择做一件事，往往是因为这件事会带来好处，若仅仅是有一个回到起点的机会，行为的激励是欠缺的。为了避免这一结果的发生，此时相对人有两种选择。选择之一是直接找本人开展交易。依此，鼓励代理交易，保护代理制度的目的落空。选择之二是相对人花费成本确认代理人有无代理权，因为只有这样他才可以确保获得合同履行可获得的利益，而这不符合上述的代理法的规范目标，即避免相对人承担过重的代理权有无的调查义务并因义务违反遭受不利。因此，在无权代理之赔偿仅限于信赖利益时，相对人可能不会接受代理交易或者承担调查义务，上述欲实现之代理法的规范目标就会落空。

而若赔偿范围为履行利益，则代理法的规范目标可以实现。赔偿履行利益就意味即便代理人无代理权，相对人仍可以从无权代理人处获得履行利益。作为一种兜底方案，这使得相对人仍然可以通过这笔交易获得好处，所以相对人有使用代理制度的动力。如此一来，保护代理制度、避免相对人对代理权有无的调查义务之规范目标就得以实现。而代理人不会因此遭受过大的不利。若代理人明知代理权欠缺，其可归责性较强，承担这样重的赔偿责任也是合理的——谁叫他愿意如此行事呢？如果代理人的可归责性较弱，他仍有向本人求偿的可能，因此也不会遭受过大的不利。

与书中的方案相比，假设规定善意相对人的权利选择是履行债务或者履行利益损害赔偿，那么，与信赖利益损害赔偿和履行债务相比，可能存在如下优势：

（1）只要接受了无权代理人的履行利益损害赔偿责任，债务履行责任就可以在体系上以对意思自治损害最小的方式被承认，其构造便是以债务履行责任作为履行利益损害赔偿的一种方式——恢复原状。按照损害赔偿的基本原理，加害人原则上应恢复原状。在给付障碍法的体系上，由于主张替代给付损害赔偿请求权即意味着消灭给付义务，因此恢复原状原则在替代给付损害赔偿中并不适用。但在无权代理责任中，替代给付损害赔偿请求权之恢复原状恰恰有适用空间。

（2）在动物园中，如果有一只狮子跑出了饲养场，则为了避免狮子伤人可能有两种方案。第一种方案是给狮子打一针麻醉剂让狮子晕过去，第二种方案是给狮子提供美味的食物，让狮子选择进食，而不是去伤人。我觉得书中可能采取的是第一种方案，即尽量去限制狮子的行为，而国际示范法上的方案就是给狮子提供美味的食物。假如规定债务履行责任与履行利益损害赔偿并存，那么，承认履行利益损害赔偿，相对人通常不会选择请求履行债务。在大多数情形中，相对人主张恢复原状，即要求代理人履行债务，欠缺正当利益。若为有权代理，本人应负的给付义务在市场上具有可替代性，则本人通常没必要请求代理人履行，因为其可以通过履行利益损害赔偿进行替代交易。即便承认债务履行责任，也不会对代理人不利，因为代理人也可以轻易在市场中购置该标的物，甚至可以凭借个人能力以低于替代给付损害赔偿金之价格提供继续履行，此时承认债务履行责任无益也无害。若本人应负的给付义务涉及不具有替代性的仅本人才可履行的义务，那么，一方面，在承认债务履行责任的德国法上，通常也会认为此时债务履行责任陷于不能；另一方面，既然本人才可以履行，相对人也不会寻求代理人履行，反而会更愿意主张替代给付的损害赔偿，然后与本人重新进行交易。

可见，若承认履行利益损害赔偿，实际上债务履行责任只能在极为狭窄的规范空间内成立，并且可以通过诚信原则、权利不得滥用、给付不能的一般规则进行限制，不会造成一般性的滥觞，反而能在有限的空间内对代理人更有利。此时适用权利不得滥用规则可能更容易，因为法秩序已经提供了履行利益损害赔偿了，推定相对人可以从中满足，应当优先选择履行利益损害赔偿。

（3）若相对人的选择空间仅是履行债务与信赖利益损害赔偿，那么，一方面，债务履行责任失去了作为履行利益损害赔偿之恢复原状的正当性基础，会冲击意思自治，并且限制难度较大；另一方面，相对人会陷入不利的局面。若相对人欲获得履行利益，则其仅能在债务不履行的框架内解决，这就意味着，其可能面临代理人的破产风险。比如在债务履行时（T1），相对人可以选择主张履行或者立即获得信赖利益损害赔偿。为了获得履行利益或者履行利益损害赔偿请求权，相对人仅能选择主张债务履行责任。若代理人不立即表示拒绝履行使相对人获得解除权以解除合同主张损害赔偿，则相对人可能承担了晚于T1的T2时点代理人财产状况恶化，甚至破产的风险。这对于相对人而言是不合理的，因为规范上给相对人提供的债务履行责任以及信赖利益损害赔偿责任在价值上并不等同。若相对人的选择是债务履行责任或者履行利益损害赔偿，那么当相对人愿意放弃在T1时立即主张替代给付的损害赔偿时，就表明其对于代理人继续履行本身的需求，也就正当化了其对代理人破产风险的承接。在信赖利益损害赔偿与债务履行责任的选择方案中，这种风险承接没有那么正当，不是完全出于自愿的，更多是迫不得已。

第三个观点是，无权代理人责任不应区分代理人的主观状态，如果区分无权代理人的主观状态（善意、恶意）而异其赔偿责任，则会对相对人不利。一方面，信赖利益损害赔偿作为兜底方案无法给相对人提供充分的选择代理制度的激励，另一方面，代理人相较于相对人来说，总是更有机会去找本人赔偿。

最后就是文义解释上的可能性。就《民法典》第171条第3款而言，我认为在文义上可以容纳这样的方案，即债务履行责任与履行利益损害赔偿不区分代理人的主观状态。理由在于，法条本身并没有这样的区分，而且我们将债务履行责任理解为履行利益损害赔偿之恢复原状，此时本身就可以用其他制度来限制债务履行责任。再加上我们之前一开始提到的问题，如果可以通过但书得出履行利益损害赔偿限于履行能力之结论，那么这种解决方案恰恰也是可以容纳进《民法典》第171条第3款框架内的。并且，这种观点与比较法上的一些主流观点更能接洽。因此，我认为这种方案具有可行性。

老师：你刚才提到的国际示范法上所采取的模式是不区分无权代理人的主观状态，一律让其承担履行利益损害赔偿责任，而不是去履行合同。你是否考察过，这些国际合同规范与英美契约法上对类似问题的处理方案是否一致？

胡逸群：英国法上也是严格责任，可能有这样的因素。这种示范法在立法过程中确实存在调和不同方案的因素，是调和的产物，但它并不一定都来自英美法。

老师：英美法中肯定也会涉及无权代理，在英美法中是不是无权代理人也要向相对人承担无过错的履行利益损害赔偿责任？

胡逸群：这方面的具体情况我也还没完全弄清楚。

老师：你介绍的这种方案听起来也是有严格责任倾向的，或许它源于英美契约法。英美契约法中对违约责任采用了严格责任，加上又采用效率违约的原则，所以不强调实际履行，而是强调如果一方不履行，可以直接要求其承担履行利益的损害赔偿责任。这里还涉及经济分析，当商品或者服务的价格上涨时，对此的需求就会下降，反之，价格下跌时需求就会上升。我们姑且将代理视为一种服务，将相对人视为代理服务的需求方，供应方是代理人也好，是本人也罢，先不做辨别。需求曲线里有一个原理，即替代效应，就是说，价格上涨对需求量下降的影响程度取决于需求方有没有其他替代品。比如面包价格上涨，替代品包括馒头、小米糕等，替代效应取决于这个国家人民的饮食习惯，如果对面包的依赖性非常高，比如欧洲、北美这两个地区，那么，面包价格上涨一元，虽然对需求也会有影响，但是程度比较低。回到代理问题，在现代社会中，代理有些类似于我们刚才提到的欧洲、北美这两个地区的面包，它的替代品比较少，可替代性比较差。需求方在购买与享受代理服务时要付出的代价、承担的风险（责任风险或者交易失败风险），可以被看作价格。关于无权代理规则，你认为这本书设计的方案似乎对需求方不太有利，这意味着需求方在享受代理服务的过程中，在书中的框架内，相应的价格要高一些。这会不会导致其放弃代理这种服务，去选择替代品？我认为，相对人即便选择另外一家公司进行交易，对方用的也是代理，所以接近于无可替代。无论怎么设计无权代理规则，相对人都得接受。以上是从需求方的角度根据需求曲线进行的经济分析。从供应方的角度分析，假如代理人责任比较重或者被代理人的风险比较大，根据经济学原理，供应方可能会不敢轻易采用代理的方式，而是采用由当事人亲力亲为的方式。这样也未必有利于促进经济。经济分析法可以使用，但它与我们前面说的系统比较法存在一些相似之处，经济分析模型本身就是个系统，这个系统中需要纳入哪些因素，本身争议就很大。除了比较普遍、简单的因素，有的时候还得考虑一些比较特殊的文化习惯以及非常偶然的个别化因素，将这些很特殊的个别化因素纳入进来后，情况会非常复杂，变数很大，排列组合的可能性非常多。

尚美汐：老师，您刚才提到比较法上的某种制度可能基于他们国家的一种特殊情况或者背景。我之前读您的书的时候，也在思考对于这些比较法制度要了解到什么程度，比如说看某某权利怎么设置的，好像总会牵扯到整个制度，甚至整个民法体系。

老师：你是想问需要了解小体系、中体系还是大体系，对吗？我认为，在条件允许的情况下，最少要了解到中体系。了解大体系太难了，要耗费很长时间。比如，你努力掌握德国给付障碍法体系，以此为借鉴，考虑我国的给付障碍问题，在我国法的体系与德国法的体系之间，作一个横向比较，然后得出一个结论，这样处理是比较稳妥的。如果想对整个德国民法典体系，甚至对民法典背后的评注、司法实践以及整个教义学体系，不论与给付障碍是否有直接关系，都进行全盘梳理，然后再据此去研究中国给付障碍法中的某一个具体问题，则显然成本太高，可行性不强。

朱志强：老师，我对比较法上的问题还有一个疑问。关于《民法典》第171条第3款中涉及的损害赔偿问题，您的观点认为这是消极利益损害赔偿，因为如果是履行利益损害赔偿，应当按照前面债务履行责任的给付障碍规则去解决赔偿问题。德国法按照行为人的明知与不明知欠缺代理权来区分积极利益赔偿与消极利益赔偿，在积极利益保护中，不仅规定了履行债务，也规定了损害赔偿。逸群师兄刚才提到的国际示范法模式中主张损害赔偿不需要劣后于实际履行。德国法本来是比较强调实际履行的，但对于无权代理却直接在规定履行债务的同时规定了损害赔偿，那么，其规范目的是什么呢？

胡逸群：我有一个想法。我们在考虑法律继受的时候，通常会认为德国的观点可能是对的，但它在有些地方却可能是错的。我们在继受德国法的时候，即便发现它有一些不完备之处，但由于德国的法教义学较为精密，或许存在一种体系自我修正能力，可以及时弥补体系缺漏，所以，在我国法学的原创性理论不足以去解决问题的时候，直接继受德国法的规则体系，可能是成本最低的一种法律发展方式。因此，我认为对《民法典》第171条完全参照德国模式予以解释，可能也有一定的好处。

老师：所谓的最低成本就是基本上照抄某个国家或者地区的民法，然后在个别问题上作一些调整。我国台湾地区的"民法"就是如此，基本上采用这种发展模式。这种模式有其优点，不容易引发一些无法调和的争议。关于同一个问题，如果学者A说的是德国法，学者B说的是英美法，则他们的矛盾基本上是不可调和的，毕竟概念都不一样。我们大陆的民法学目前就处于这种状态，学者之间的比较法知识背景反差太大，所以在大多数民法问题上，目前没法形成基本共识。

问题二十：无权代理人债务履行责任与履行利益损害赔偿的适用顺位

朱志强：老师，我看到第560页的脚注5，作者引用了2019年的一个判例，认为无权代理人须向善意相对人履行合同债务，善意相对人也可以解除合同并请求其赔偿履行利益损失。如果要求进行赔偿，则必须以解除合同为前提。这是否存在不合理之处？

梁佳艺：作者在第560页指出，无须在无权代理规则中另起炉灶，使善意相对人有权在请求履行债务与履行利益损害赔偿之间不分顺序地任选其一。我当时产生了一个疑问，即允许善意相对人不分顺序地任选责任形式，有何弊端呢？如果允许其进行选择，是否给了其优于一般债权人的法律待遇？在不存在无权代理或者其他影响合同效力的事由的情况下，债权人通常需要先请求债务人为原给付。仅当出现债务不履行的情况时，债权人方可求助于损害赔偿责任（次给付请求权）。而如果允许无权代理中的善意相对人可以径直要求无权代理人承担履行利益损害赔偿责任，这是不是对无权代理中善意相对人的优待？接下来问题就是，这种优待是否具有合理性。我认为，无权代理中善意相对人的待遇不应优于有权代理中相对人的待遇，所以这种优待不具有合理性。

胡逸群：如果给相对人提供选择信赖利益损害赔偿与履行债务的权利，那么，相对人要想获得履行利益，就只能去主张履行债务。但是在债务履行的规则体系下，除非代理人立刻拒绝履行，相对人可以直接主张解除合同或者损害赔偿，否则一般都需要一段时间。这段时间内，假如代理人的财产状况恶化，相对人就无法从代理人处获得足够的履行利益损害赔偿。德国法给相对人提供履行利益损害赔偿责任与债务履行责任，当相对人主张债务履行责任时，就可以充分推断其愿意承担代理人责任财产状况恶化的风险。所以，在德国法的体系下，立法者提供了两个等值的选项，目的是避免给相对人造成不利后果。反之，如果我们只给相对人提供信赖利益损害赔偿责任与债务履行责任的选择权，则这两个选项可能是不等值的。

老师： 你这个设想会导致相对人获得不适当的优待，待遇甚至优于其直接与本人签订合同之情形，使其可以在不请求债务人履行的情况下直接请求赔偿履行利益损害。对此，若无充足理由，则是不可行的。

王小亮： 是否可以考虑将《民法典》第171条第3款的损害赔偿责任解释为缔约过失责任？过失本就具有一定的弹性，对于不同的人而言，过失的要求是不一样的。这可以使无权代理人的损害赔偿责任适应于不同的场合。《民法典》的适用空间很大，上至商业交易，下至普通百姓之间的交易，如果一律以无过错责任去规制，似乎并不妥当。比如，甲让乙代理其去供销合作社购买农作物种子，此时若用无过错责任来解决农民乙的无权代理问题，显然并不合适，适用过错责任比较妥当。

老师： 有一种观点认为，商事交易与民事交易应当采用不同的责任标准，但我国《民法典》对此并未明确区分。那么，解释论上如何区分呢？

王小亮： 我的想法是，不需要从民事与商事的角度进行一般的区分，而是通过过失这一具有较大弹性的要件，尽量使具体场合的个案处理变得妥当。注意义务对于商人与普通百姓的要求应当有所不同。

闫俊奇： 师弟的观点应该是想增加一个法定事实构成，给法官一个价值公式，可以借助过失要件来限制当事人责任的成立。但我觉得这个问题可以回到意思表示上来。对于当事人应否承担损害赔偿责任，其实也是以社会上一般人能够达到的注意标准来判断。我们已经把一般人构造成了一个大家普遍能够达到的标准，如果再附加一个要件，用过错来限制责任成立，那么，法官在判案过程中可能会面临更多声音，社会上一般人可能觉得不构成过失，而法官却觉得构成过失。我认为，在这种共性中追求差异，其实有点过度追求精细化。

王小亮： 我个人认为，法官与其他法律从业者必须面对这些充满争议的问题。过失固然难以判断，但不能因其难以判断，就放弃对过失的要求。放弃对过失的要求，反而不一定贴合实际。例如，有些学者把违约责任解释为无过错责任，但即便如此，法官在实践中最后还是经常回归到过错上去。法官可能在表面上会遵从这些学者的观点，以无过错责任为出发点，但必要时其往往对"不可抗力"进行扩张，以确保个案的处理结果符合其内心的价值判断。实际上，法官内心的想法可能还是按照过错责任去判断的。作为法律的实践者，法官的智慧源于其在丰富经验基础上逐渐形成的良好的法情感。

老师： 对于违约责任，法官经常会考虑到过错因素。我问过很多法官，想知道他们是不是严格地按照无过错责任去处理违约责任纠纷。根据反馈的情况，我判断他们在个案中还是会考虑到过错因素的。对于人类的基本法情感，法官不会轻易背离。

问题二十一：相对人明知代理人欠缺代理权的情形中代理人的损害赔偿责任

陈诺： 老师，我有一个问题。在第 563 页，作者认为，在相对人明知代理人欠缺代理权的情形中，代理人无须承担损害赔偿责任，理由是欠缺因果关系。而在脚注 1 中，有学说认为，相对人的明知不应成为无权代理人免责的理由，此时应通过适用过失相抵进行责任分担。我认为该观点有一定的说服力，为什么作者最终还是采取了代理人免责的观点。我看了部分支持该观点的文章，大部分论述通过对比《民法典》第 1173 条与第 1174 条，认为第 1174 条中的故意是一种直接故意，而相对人自愿卷入无权代理的情形则是一种间接故意，体现在相对人放任这种损害的发生。所以，该文章认为应当根据过失相抵分担责任，而不是直接免除责任。

老师： 此处区分直接故意与间接故意，有实际意义吗？会产生不同的法律后果吗？

尚美汐： 选这种观点的好处，可能就是给法官留下个案判断的余地。会不会有一些情形，不是无权代理人引发了相对人的特殊信赖，而是相对人因为自己的过错，产生了一些信赖？在此类情形中，显然应当直接免责。

老师： 相对人在明知行为人欠缺代理权的情况下参与到无权代理中，是否与自甘风险有点相似？侵权法中自甘风险的法效果是什么样的？

闫俊奇： 法效果是受害人不得请求其他参加者承担侵权责任，但是其他参加者对损害的发生系故意或者重大过失的除外。

老师： 这与我在第 563 页那句话的但书中描述的情形非常相似。就自甘风险而论，以踢足球为例，该运动有其自身的风险性，如果是这种体育活动的固有风险转化而成的损害，那就可以全部免责。如果在固有风险之外，还掺杂着其他球员的犯规动作，则另当别论。我们再回到无权代理。无权代理的固有风险是代理法律行为得不到本人的追认，不能够归属于本人，使得相对人的目的落空。若此种固有风险转化成现实的损害，则明知代理人无代理权的相对人不能要求代理人承担损害赔偿责任。以《民法典》中自甘风险规则里所隐含的法律原则作为参照来解决无权代理的问题，推导出来的结论与我书中的结论相同。

第六节 表见代理

问题一：表见代理中被代理人过错要件的证成

朱志强：老师，对于第571页介绍的孙鹏教授的论证，我有一个问题。他认为，从原《合同法》（已废止）第48、49条可以联合推论出表见代理以被代理人过错为要件，结合前面的论述，即"即便相对人善意，也不一定构成表见代理"，所以，在善意方面其实是无法区分狭义无权代理与表见代理的。他是不是想说，如果认为无权代理与表见代理是两个不同的东西，那么，二者在构成要件上一定有所区别，因此，在代理权外观形成上的过错问题是一个区别标准？

尚美汐：在狭义无权代理与表见代理中都有善意相对人。老师前面论证过无权代理人责任中的善意相对人之善意的标准，论证理由中说采用这个标准不会使无权代理人责任与表见代理的功能重合。我觉得，这与孙鹏教授的论证顺序相反，老师先确定了善意的标准，后说明这个标准不会导致制度功能的重合，而孙鹏教授是说因为制度不重合，且善意是一样的，所以有其他要件。

老师：原《合同法》（已废止）第48条规定狭义无权代理中善意相对人有撤销的权利。这意味着在狭义无权代理中，相对人可能是善意的；同时，这也意味着相对人为善意时，不一定构成表见代理。即便相对人为善意，仍有两种可能性。一种是具备表见代理的其他要件，构成表见代理；一种是不具备表见代理的其他要件，不构成表见代理，而构成狭义无权代理。

尚美汐：但是关于相对人善意的标准，有观点认为表见代理与狭义无权代理中的标准不一样。如果确实不一样，则也可以作为表见代理与狭义无权代理的区分标准。

老师：孙教授隐含的前提是不作区分。如果采用区分说，那么，该论证就不合逻辑了。

朱志强：从他的推论中能得出结论，即只要被代理人不具有可归责性，代理行为就会构成狭义无权代理吗？

老师：逻辑上没有问题。在对两个善意采用统一说的前提下，只要把这里的无过错改成没有可归责性，有过错改成有可归责性，就没什么问题。

尚美汐：对于《民法典》第171条第2款善意相对人之撤销权，老师的观点是解释为相对人不知欠缺代理权，不论相对人过失与否。如此，则这两个善意就不一样了。

老师：前两周讨论的善意是无权代理人履行责任中的相对人善意标准。那个善意与别的善意是统一的。而这里孙教授说的撤销权中的善意对标的是书中第450页论述的善意。书中对此采取区分说。撤销权中善意相对人的善意与表见代理中的善意肯定不一样。如果将二者混为一谈，则孙教授的这个论述就不成立了。

问题二：表见代理中的风险归责与过错归责

胡逸群：老师，第579页讨论了归责原则之选择问题。我一直有个疑问，与过错归责相比，采取风险归责时，本人负责的可能性一定更高吗？

老师：风险归责与过错归责究竟有无本质区别？你们能不能举出两三个例子，说明按照风险归责可以构成表见代理，而按照过错归责不能构成表见代理？

曹沛地：比如，印章放在办公室被偷，很难说管理人有过错，但依风险归责，却可以构成表见代理。

老师：代理权凭证被盗用，丢东西的人没有过错，防范意识已经很强，防范措施也基本到位了，但这是在被代理人风险范围内的因素所致。有反对者认为盗用代理权凭证根本不应认定为构成表见代理。如果采用这种观点，那么，这个例子就不能发挥区分作用。

王小亮：我认为，主张盗用代理权凭证不构成表见代理的观点是有问题的。举个原理相通的例子，在无权处分情形中，我把黄金放在家外面，被人拿走后卖给他人，按照民法一般理论，这是一个占有脱离物，不适用善意取得。我觉得这不合理，本人不小心时，更要保护受让人的利益。同理，在无权代理情形中，本人不把重要的公章放在保险柜里，导致被盗用，也应通过表见代理来保护相对人。

老师：从脱手物原则上不适用善意取得的物权法规则倒推回《民法典》总则编，认为在无权代理中盗用公章类似于物权法中脱手物的无权处分，也不应构成表见代理，理由是确保评价的统一性。我们先评价一下"脱手物原则上不适用善意取得"这个理论,然后再回过头来看看表见代理中的风险归责与过错归责有何区别。

王小亮: 我认为占有脱离物不适用善意取得的规则本身就有问题。比如,把黄金放在家门口的花盆里,被别人路过时随手拿走并处分。善意取得制度中也应衡量取得人与所有权人之间的利益状况,所以此时肯定要偏向保护善意相对人。

老师: 占有脱离物不适用善意取得的理由是,占有脱离物与占有委托物存在本质区别。典型的占有委托物是A把一台仪器借给或者出租给B,移转直接占有的过程创造一种风险,B具备直接占有人的身份就会形成一个权利表象,貌似他是这台仪器的所有权人,然后第三人C信以为真,与B实施了无权处分行为,此时第三人的善意信赖应得到保护,这是顺理成章的。反之,在占有脱离物的情形中,A的这台仪器被B偷了,B取得对这台仪器的直接占有,这并不是A有意识的行为,而是B本身的盗窃行为造成的,尽管C也是善意的,但因为A并未有意识地制造权利表象风险,所以就不应发生善意取得。关键在于,不是所有权人制造的权利表象风险就不应发生权利表象责任,这是脱手物不应适用善意取得的核心论据,本质上也采取风险归责。

王小亮: 比如,我是一个做生意的老板,为了摆阔,把好东西放在柜台上,后被顾客或者店员拿走并处分。此时虽是占有脱离物,但依然要用善意取得规则来保护第三人。为了摆阔而把贵重物品放在柜台上,这个行为本身就制造了物品被拿走的风险。

王祥泉: 难道说,只有把东西放在一个安全的地方,才能避免脱离后被第三人善意取得?我觉得这个结论不可接受。

王小亮: 可能是因为大家在价值观上不接受,但是更进一步,占有脱离物与占有委托物的区分其实是学说与立法提前对双方的可归责性进行分配。问题是,这种教条本身是否合适?生活中可否仅凭这样一对概念解决风险分配问题?

任世杰: 顺着王小亮师兄的思路,我认为可以把当事人的可归责性区分为三种情形。一是对权利表象的形成有积极的作为,如出借物品;二是不存在有意识的行为,如物品被偷;三是消极的作为,如摆阔,将物品置于一个很容易被人拿走的境地,相当于有过失。这是从主观动机上进行的区分。

老师: 你的意思是,占有委托物与占有脱离物的二分过于粗糙,占有脱离物中有些情况下所有权人也具有可归责性,即过于疏忽大意。占有委托物与占有脱离物是几百年前的学者作出的区分，现在仔细推敲的话，确实觉得未必合适。

王小亮：比如，我知道自己的口袋浅，坐地铁手机容易掉出来，但我仍把手机随意放在口袋里，此时就不应保护我。

老师：关于占有脱离物是否适用善意取得，本来也应回到更为精细的分析框架，看看占有脱离物的所有权人有无可归责性。或者从更高的层面来说，整个善意取得构成要件体系中应当增加所有权人可归责性这一要件。

王小亮：我的观点是，他们是从善意取得制度推回来，为什么我们不能从表见代理制度推回去？为何不在善意取得与表见代理中都对两方利益进行衡量，再决定保护谁，而不是用一个提前设定好的概念去处理。

老师：对，表见代理毕竟是现代民法上的制度，而善意取得比较古老。不应该由新的制度迁就旧的制度，旧的制度应当进行自我更新来适应现代民法发展的趋势。

孙诚毅：这里可能存在一个问题，与表见代理相比，善意取得对于原权利人的损害更大，因为它是一种财产上的权利丧失。

老师：表见代理也有可能是物权行为表见代理，所以很难说哪个损害更大。

尚美汐：我有一个问题，在书中前面的比较法部分，《德国民法典》与我国台湾地区"民法"都区分了表见代理的几种类型，那么，分类的理由是什么？效果有何不同？我们为什么没有采用这种通过类型化来区分不同标准的方式？师兄刚才说的善意取得能归到哪一种类型的表见代理？

老师：这种类型化的方法不一定都是好的，有时反而显得比较粗糙。不同类型之间在深层次上未必没有本质的共性。

尚美汐：《德国民法典》最初为什么要区分这些类型呢？

老师：这可能是一百多年前对承认代理权表象责任采取谨慎态度所致。我们今天的社会经济生活跟一百多年前相比，发生了翻天覆地的变化。那时是比较简单的经济社会，而现在是高度复杂的经济社会。在经济学领域，经济学的理论范式都已经发生巨大变化。一百多年前是古典经济学时代，从亚当·斯密到阿尔弗雷德·马歇尔，他们都是古典经济学家。再往后就进入凯恩斯开创的宏观经济学时代。尽管后来又出现了新古典经济学，弗里德曼、哈耶克等经济学家对凯恩斯主义进行批判，但依然不能再回归到一百多年前亚当·斯密开创的那种古典经济学模式了，最多是采取折中的方法，试着调和一下：一部分是微观经济学，沿着古典经济学模式发展；一部分是宏观经济学，沿着凯恩斯主义的方向发展。

回到民商法，过去德国民法关于代理权表象责任采限定类型主义，比较保守、谨慎，与之相匹配的是比较简单的经济社会。而在快节奏、高度复杂的现代经济生活中，那种保守、谨慎的限定类型主义已经不适应我们法律实践的需要。目前实践中代理的运用非常普遍，而一百多年前代理还不是那么普遍。现在大部分合同都要通过代理人参与才能完成，用代理方式实施的法律行为中对于相对人信赖的保护需求扩大，所以，在代理权表象责任构成要件方面就应有所松动，不能像一百多年前那么严格，天平在一定程度上要向相对人倾斜。

正是在这样的社会经济实践和思想背景下，我这本《法律行为论》，包括当初那篇关于表见代理构成要件的论文，才决定采用风险归责，降低表见代理构成要件的门槛，让更多的情形能够构成表见代理，这是写作的主导思想。

尚美汐：是不是可以认为，越是在现代这种复杂的经济社会中，划定标准时就越需要寻找共性，而不是划定类型，刚才说的善意取得也是这样考虑的？

老师：不能一概而论地说类型化的方法肯定不行，但至少必须进行重新类型化。适应古典经济社会的那种比较粗糙、初级的类型体系应当被改造为适应当前复杂经济社会的更加精确的类型体系。你所说的类型化之外的那种统一标准与原则是另外一条路径。两种路径很难说孰优孰劣，构造得好的话，都是可取的。

孙诚毅：我国的类型化应当在解释论上进行，因为立法上没有作区分。

老师：确实是这样的。再回到我们的主题，朱老师观点的推导出发点就是无权处分中的脱手物原则上不适用善意取得，这采取的是《德国民法典》第935条那种规范模式。根据我们刚才的分析，《德国民法典》区分脱手物与占有委托物并在善意取得问题上区别对待的二分法对标的是一百多年前简单的古典经济社会，把这种比较初级、简单的类型化运用到当代复杂经济社会中，不大合适。占有委托物适用善意取得体现了风险归责原则，风险制造者应承担风险转化为现实损害后的不利后果。我们姑且暂时不考虑所有权人有没有制造风险，仅考虑其有没有过错。假如能够证明所有权人有过错，因此给了他人实施无权处分的机会，从而产生适用善意取得的需求，那么，该不该保护善意受让人，让其取得标的物所有权？一旦认定所有权人在无权处分这件事上显然有过失，即有可归责性，那么，发生善意取得的法律效果似乎也没什么不公平的。

王小亮：我刚才举的那个手机从很浅的衣服口袋掉落的例子，似乎不应适用遗失物的特别规则。

老师： 所有权人对自己的动产看管不善，导致动产要么遗失，要么被人偷走。此时，其对自己的物品是有过失的，有可归责性。如果发生善意取得，则在民法上应该是公平的。

闫俊奇： 不知道可否考虑善意取得中的相对人善意问题？规范上考虑的是正常经营买受人与普通人买卖之间的差别，这可能是在相对人调查义务与本人过错之间进行权衡，考虑了经营场所的因素。二手物品买卖中如果发生无权处分，还要考虑在什么情况下相对人才承担调查义务。但在地铁上捡到手机后直接在地铁上卖掉的例子中，可能无法发生善意取得，因为相对人肯定是恶意的。

王小亮： 老师这里在表见代理中采用风险归责，就已经包含了这样一种思想，即比较双方当事人，看谁的利益更值得保护。

老师： 风险归责可以把过错原则包含在内。有过错时，可以说因过错而制造了风险，此时按照风险归责也应成立权利表象责任。

尚美汐： 可以说风险归责的情形能囊括所有过错归责吗？

老师： 你能举出相反的例子吗？

孙诚毅： 这里是否可以用动态体系论来分析？即对被代理人要件与相对人要件进行比较。

老师： 真正的动态体系论是在个案中对各构成要件灵活掌握。我们在对规则的构成要件进行解释的过程中，对要件的高低标准进行权衡，然后形成一个确定的结论，这个构成要件体系无差别地适用于所有的个案，这不是动态体系论。

尚美汐： 闫俊奇师兄刚才的观点听起来与老师书中展示的新双重要件说比较类似，本人的可归责性有高低之别，相对人的信赖亦有强弱之分，把二者加起来达到一个线就可以构成表见代理。感觉这与风险归责比较接近，都是一种综合考量。本人有过错但依风险归责原则评价却不构成权利表象责任的例子，我目前还想不到。

老师： 那么，在找到这样的例子之前，我们暂且可以认为风险归责在外延上包含了过错归责。所以，我们的阶段性结论是，物权法中区分占有脱离物与占有委托物并在善意取得问题上区别对待的做法已经不合时宜了。以物权法中的占有脱离物不能适用善意取得这个原理为逻辑支点来推导出表见代理的构成要件，这个路径不太可靠。回到表见代理问题，需要继续探讨的是，风险归责中有什么样的情形不能被过错归责所涵盖。刚才说的代理权凭证被盗用之情形，我觉得还是有可能成立表见代理的，不能类推占有脱离物不适用善意取得的古老规则来否定构成表见代理之可能性。

曹沛地：法定代表人把公章放在办公室，一种情形是邀请其私人好友（没有公司上的交易往来）来办公室玩，随后公章被盗；另一种情形是法定代表人与公司的交易伙伴在办公室商谈，随后公章被盗。前者似乎可以归责；后者的可归责性似乎有点疑问，毕竟法定代表人没有开启或者升高任何风险。

老师：第二种情形也不一定就不构成表见代理，还是找一个盗用公章以外的例子吧。刚才我们对占有脱离物无权处分不能善意取得之规则作否定评价，我倒是从中有所启发。在占有委托物情形中，A 把一件东西出租给 B，B 无权处分后发生善意取得，按照风险归责理论可以解释得通，而按照过错归责理论，就不能说 A 有过错。这表明，在无权处分、善意取得的情况下，风险归责与过错归责的结果不尽相同。若采用过错归责，则很多情况下就不发生善意取得，而采用风险归责却会发生善意取得。我们可以把这个原理借鉴到无权代理、表见代理中。能不能想出一种案型，表明在无权代理情形中，也存在依风险归责可以构成表见代理而依过错归责却不构成表见代理之可能性？我先构想一下，比如 A 在前一次交易中把代理权凭证交给 B，让 B 实施一项有权代理行为，B 在实施第一次代理行为后又顺便实施了第二次代理行为（无权代理）。B 的行为不算盗用代理权凭证，只能说是滥用代理权凭证。此时，用风险原则分析会得出可以构成表见代理的结论，而用过错原则分析就不一定构成表见代理，不能简单地说 A 第一次把代理权授予 B 是有过错的。

曹沛地：如果 A 在第一次交易后的合理期间内没有收回代理权凭证，就可以认为 A 有过错；如果仅隔了一天，第二天 B 进行第二次交易，就很难说 A 有过错。

老师：有一个前提是，第一次交易中 A 把代理权凭证交给 B，应当是其必须以这种方式来授予代理权，没有其他更好的选择。易言之，此举是迫不得已的，换作另一个人处于 A 的位置，也会这么做。

张语珊：老师，我们本科的案例研习课上有一个案例不知是否符合。案情是，授权委托书放在桌子上，随后被风吹到窗外的街面上，拾得者借此实施了无权代理行为。

老师：这个案例设计得不错，用过错原则与风险原则分析能得出不同结论。

王小亮：还有一个例子可能也行，我请安保公司来保护我的公章，结果安保公司监守自盗。

老师：是的。比如春节期间公司放七天假，老板非常谨慎，安全意识很强，特地以三倍价钱雇了保安来看管公司总部，结果保安监守自盗，把柜子钥匙撬开，拿走了里面的公章与其他凭证，然后伪造授权书与别人签订合同。此时不能说本人有过失。

孙诚毅：但他是不是有可归责性，本来还可以做得更好？

老师：过错归责不能要求太高，否则实际上就变成风险归责了。我们可以得出结论，在若干情形中，风险归责与过错归责的处理结果是不一样的。风险归责的覆盖范围肯定大于过错归责，风险归责的外延包含了过错归责。在没有找出反证的情况下，我们可以说，只要本人有过错，权利表象就肯定在其风险范围之内；反之，权利表象在本人风险范围之内，未必意味着其具有过错。

问题三：对"法伦理必要性"之理解

周新月：老师，第579页这里提到"另外，信赖责任也不应该普遍采用过错原则，需要采用该原则的只是'基于伦理必要性而发生的信赖责任'"。对此，我没太看懂，您可否进一步阐释一下？

老师：这要么在书中前面法律行为价值基础、基本原则处有论述，要么在我的《民法总论专题》一书中有论述。① 所谓法伦理必要性，通俗地说就是法的一般原则。一般原则的背后有伦理价值基础，比如诚实信用。从一般原则推导出权利、义务、责任，此类信赖保护效果没法被纳入表见代理、善意取得之中，所以只能称为"基于伦理必要性而发生的信赖责任"。

问题四：风险领域的划分

曹沛地：老师，第584页提到，"其二，被代理人与相对人相比，谁更容易控制产生代理权表象之风险"。我的问题是，如果风险可以控制，是不是就不能称之为风险，而是过失了？

闫俊奇：我认为问题的成因在于，现实生活中一般认为当事人有控制能力，但这是事后判断，当事人在实际交易中不一定真的有控制能力。

老师：还得回到一开始讨论的问题。比如授权书被风刮走，是否属于本人更容易控制风险的情形？

---

① 参见杨代雄：《民法总论专题》，清华大学出版社2012年版，第47—50页。

孙诚毅： 如果扩张过错的概念，则过错可能与风险完全一致。这涉及注意义务的高低问题。

胡逸群： 法经济学上有所谓的汉德公式（Learned Hand-Formel）。① 若依汉德公式认定过错，似乎过错归责与风险归责的中间地带就较为模糊了。

老师： 这对于当事人的要求过高，按照成本收益核算，显得过于苛刻。授权书放在桌面上，正常情况下不会被风刮走。不能苛求当事人天天关窗，毕竟窗户的目的本来就是通风。

尚美汐： 如果按照风险归责去认定，则关于风险的定义、风险的控制能力似乎都有不一样的判断。相较而言，如果按照过错归责去认定，则似乎更明确一些。

闫俊奇： 但"明确"也会带来不利后果，价值考量的空间就变小了。

老师： 就风险划分而言，理想状态本应是划分为两个领域，没有第三领域，但在现实生活中，却可能存在中间领域。中间的公共领域既不属于本人，也不属于相对人。关键在于如何描述第三领域。通过在第三领域中构造典型的案例，本人领域与相对人领域的划分就会更为清晰。授权书被风吹走，是否算作第三领域？我觉得这肯定不是相对人的风险领域，相对人的风险领域本来就不大。

曹沛地： 这种情形与脱手意思表示类似。

老师： 德国民法教科书中所举的脱手意思表示案型中往往存在组织过失或者选任监督过失，按照过错归责也说得通。

孙诚毅： 如果风险领域难以划分，我觉得比较双方控制能力的强弱即可。

老师： 比较控制能力也不无道理。在风险归责中，谁更有能力控制风险的认定标准与过错的认定标准不是完全重叠的。过错是以中等水平的人为基准来判断的，而风险归责则是使本人与相对人互为参照物，比较谁更有能力控制风险，比较的过程是动态的，标准不确定，其高低取决于个案中参照物（本人或者相对人）的能力状况。

闫俊奇： 我觉得这里的逻辑关系在于，理想的过错标准是一条线，而现实中无法对过错进行清晰的认定，所以过错是一种标准（Standard）。② 正因为我们

---

① Vgl. Schäfer/Ott, Lehrbuch der ökonomischen Analyse des Zivilrechts, 4. Aufl., 2005., S.158-159.
② 是规则还是标准，参见〔以色列〕丹尼尔·卡尼曼、〔法〕奥利维耶·西博尼、〔美〕卡斯·R.桑斯坦：《噪声》，李纾、汪祚军、魏子晗等译，浙江教育出版社2021年版，第425—437页。

无法对过错进行精准的界定，所以风险归责被引入民法。

老师：需要注意的是，在是否构成表见代理的问题上，认定为相对人风险领域或者第三人风险领域的结果是一样的，最后都是否定表见代理的构成。此外，有可能出现这样的情形，即相对人是银行，被代理人是持卡人。此时应当衡量，在这一交易空间中，若发生无权代理或者类似无权代理的问题，究竟是持卡人还是银行更容易控制产生代理权表象的风险？我在2013年的那篇论文中论述了这一问题①，有学者认为所举的例子（银行卡盗刷）其实是向债权准占有人清偿。这种观点值得商榷，不能认为这里的行为是向债权准占有人清偿。向债权准占有人清偿指的是受领人对外宣称自己本身就是债权人，从而以自己的名义受领清偿。盗刷银行卡不属于此种情形，而应属于冒名行为，盗刷者持卡冒用银行卡所有权人的名义刷卡。对此，需要类推无权代理规则处理。债权准占有往往发生在债权让与并通知后发现债权让与无效，新债权人实际上未取得债权却仍以债权人名义主张债权的场合中。因此，在与银行业务有关的无权代理或者类似无权代理的问题中，必须对银行的风险控制能力与持卡人的风险控制能力进行比较。

问题五：表见代理中相对人善意判断时点的论证顺序

尚美汐：老师，我有一个问题。在第591页，此处讨论表见代理中相对人善意的判断时点，介绍第二种观点时，作者首先提到，需要考察的是在代理人"作出或者受领"意思表示时（亦即意思表示发出或到达时）相对人是否为善意，但在后文的详细论证中对比的却是意思表示到达时与法律行为成立时。为什么在这部分没有先讨论发出与到达这两个时点之间的选择呢？

老师：第591页的第二种观点（原文脚注3），其实是在介绍德国部分学者的观点，该观点对意思表示的作出与受领都有提及。②而在后文讨论时，认为受领（到达）这一时点是更值得讨论和更适合用来比较的。具体而言，代理人发出意思表示的时点并不重要，因为无权代理人向相对人作出意思表示时，意思表示还未到达相对人，相对人无从知悉意思表示已被作出，此时衡量相对人的善意与否没有太大的实践意义。

闫俊奇：作者在后文（第593—594页）提到，若以相对人作出意思表示后

---

① 参见杨代雄：《表见代理的特别构成要件》，载《法学》2013年第2期。
② Vgl. Karl Heinz Schramm, in: Münchener Kommentar BGB, 5. Aufl., 2006, §173 Rn. 4; Maier-Reimer, in: Erman Kommentar BGB, 15. Aufl., 2017, §173 Rn. 7.

代理人受领时为判断时点,这对被代理人不公平。 由此可以推知,若将判断时点再往前推到发出时,就会对相对人更加优待,从而加剧对被代理人的不公平,所以显然不可取。

老师: 确实是这样的。 从我们的角度来看,代理人作出意思表示的时点并非重要因素,所以后面就没有再费笔墨去展开讨论。

王一中: 代理人发出意思表示时,意思表示还没有进入相对人领域,书中前面有过类似的论述。

老师: 对,在意思表示发出与到达那部分有论述。 意思表示的不同阶段属于不同当事人的风险领域。

尚美汐: 可否理解为,意思表示只有到达对方领域时才有价值,而发出时无法排除最终未到达的可能性?

老师: 在有到达障碍的若干情形中,意思表示最终无法到达相对人。 意思表示发出时,相对人没有机会了解到它的内容,所以不会产生信赖。 但就有相对人的对话意思表示而论,采用了解主义,了解的时点与代理人发出意思表示的时点有时可能是重合的,且重合概率比较高。 此时去讨论发出意思表示的时点是有意义的。 不过,这毕竟不是重点类型。 研究一个问题要学会抓重点,不能面面俱到。 即便要关注这个非重点类型,像刚才闫俊奇同学所说的那样,依"当然推理",以到达时为标准尚且不合适,再往前面提到发出时就更不合适了。

问题六:对"意思表示到达相对人之前或者同时,相对人变成恶意的,相当于他已经接到了一项撤回意思表示的通知"之理解

周新月: 老师,我有一个问题。 在第591页的倒数第5行提到"反之,如果在该意思表示到达相对人之前或同时,相对人变成恶意的,那就相当于他已经接到了一项撤回意思表示之通知,该意思表示对被代理人不生效力"。 此处"相当于接到一项撤回意思表示之通知"与"对被代理人不生效力"是不是没有什么因果关系?

老师: 从脚注来看,这部分是我介绍德国学者的观点。① 这里体现了该学者的一种论证方法,把情况 A 与情况 B 作比较,情况 A 就是无权代理人作出的意思表示到达相对人之前或者同时,相对人变成恶意,情况 B 就是在一般的不

---

① Vgl. Karl Heinz Schramm, in: Münchener Kommentar BGB, 5.Aufl., 2006, §173 Rn. 6.

涉及代理的情形中，相对人接到一项撤回意思表示的通知。该学者认为，情况 A 与情况 B 是相当的。在情况 B 中，如果甲向乙发出了意思表示，在意思表示到达之前，甲就发出一个撤回的通知，且撤回通知与意思表示同时到达或者先到达相对人，那就把该意思表示消灭了，所以该意思表示对被代理人不发生效力。在情况 A 中，无权代理人发出了意思表示，而该意思表示是归属待定的意思表示。此时，相对人善意是意思表示归属的必要条件。该意思表示还没到达相对人时，相对人变成恶意的，必要条件就不具备了，意思表示确定不能归属于被代理人，也就相当于意思表示被消灭掉了。意思表示的一个重要功能是形成力，要么形成一个单方法律行为，要么是与相对人的内容相同的意思表示共同形成一个法律行为。无权代理中归属待定的意思表示只可能对被代理人有意义，对代理人没意义。它不可能在代理人与相对人之间成立一个法律行为，《民法典》第 171 条规定的无权代理人履行责任并不意味着在代理人与相对人之间真正成立了一个合同。

问题七：恶意相对人发出承诺的效力

张语珊： 老师，我有一个问题。在第 591 页，此处介绍的观点二的意思是不是说相对人的善意与恶意影响的是要约意思表示的效力？如果要约到达之后相对人变成恶意，相对人却仍然发出承诺，该承诺的效力如何？

老师： 按照第二种观点，承诺到达代理人或者被代理人就导致合同成立了，只要代理人发出的要约意思表示到达相对人时，相对人是善意的，相对人的善意就使代理人被锁定了。

尚美汐： 在这种观点下，如果在代理人发出的要约到达相对人之前，相对人就已经变成恶意的，从而要约不能归属于被代理人，那么，此时恶意相对人还能继续作出承诺吗？

老师： 要约不能归属于被代理人，会导致相对人不能获得承诺资格，因为不能归属说明要约不能产生拘束力，既没有形式拘束力，也没有实质拘束力。

问题八：对意思表示归属与法律行为归属的理论选择

朱志强： 老师，我有一个问题。在第 591 页，此处介绍的第一种观点与第二种观点是否可以理解为采取了法律行为效果归属或者行为归属所导致的结果？如果采取法律行为效果归属，则归属的时点是在法律行为成立的阶段，在发生归属的那一刻才有判断善意的问题，所以自然不会出现要约先归属于被代理人的问题。但是第二种观点中代理人的意思表示在发出的阶段就已经发生了归属，那么，从相对人善意到合同成立之间就会出现一段时间差。

老师： 此处应该不是在讨论行为归属与效果归属的区别，毋宁涉及我们读书会贯穿始终的一个问题，即意思表示与法律行为的关系问题。对这个问题要进行选择，到底应当选择以意思表示作为单元，还是以法律行为作为单元来判断其归属与效力。

朱志强： 我觉得以法律行为作为单元来判断更妥当。

老师： 结论是这样的，但问题依然存在。不能排除这种可能性，有部分学者会坚持认为应当以意思表示作为单元来判断，因为意思表示是法律行为的核心要素。

王小亮： 如果以意思表示为观察标的，那么，假如一个无权代理人向我（相对人）作出了一个意思表示，只要我在该意思表示到达时是善意的，该意思表示就是归属于本人的。接下来要去控制法律行为的效力，应当从我作出的承诺入手。如果在要约到达我和我作出承诺之间，我转为恶意，且依然向无权代理人作出承诺，那么，由于无权代理人对于本人已经没有代为受领承诺的权限，所以我向他（无权代理人）发出承诺是没有意义的，此时根本没办法使这个意思表示生效。如果我的承诺意思表示直接向本人作出，那么就要进行意思表示解释，考虑在这种情况下本人应当如何理解。对此有两种可能性：要么相对人说得比较模糊，本人会觉得承诺来得莫名其妙，这种情况下是没有表示价值的；要么相对人把之前的要约重复了一遍，此时他作出的所谓的承诺，在本人看来可能就是一个要约。

老师： 你推导的前提是要约意思表示到达相对人时，相对人是善意的，到达之后才变成恶意的。如果到达时相对人已经是恶意的，就没有讨论的必要。如果到达时相对人是善意的，则要约意思表示是可以归属于被代理人的。在这一前提下，后来相对人由善意变成恶意了，相对人仍然绕过代理人，向被代理人发出了一个承诺，这种情况该如何处理？这是一个有讨论价值的问题。

朱志强： 在小亮师兄举的例子里，被代理人应该是完全不知道无权代理人所做的事情。假如被代理人原先确实让代理人去作出意思表示，但后来他内部撤回了授权，那么，相对人向被代理人发出的承诺就可以解释出表示价值。

老师： 如果被代理人已经具有关于之前他曾经授权代理人发出要约而后来授权被撤回的背景性认识，则他就是有心理准备的。此时，已经由善意转成恶意的相对人仍然向被代理人直接发出了一串表意符号，比如"同意按照你方业务员提出的条件订立合同",按照规范性解释,难道就不能解释出来有表示意义吗?

王小亮: 我认为要根据具体情况来判断。在这个例子中,本人收到相对人的承诺时,可能会猜测要约究竟是在代理权撤回之前还是之后作出的。如果在代理权撤回之前作出,则本人会认为这是一个承诺;如果在代理权撤回之后作出,则本人不会认为这是一个承诺。所以,在本人这一侧解释出来的表示价值有两种可能性。

老师: 我顺着你的路径往前推进,意思表示解释包括规范性解释与自然解释。对于自然解释来说,其前提是被代理人知情,即知道相对人想直接向其作出承诺,所以,无论相对人采取什么方式表达其意思,也无论被代理人心中是否认可该意思,相对人作出的表意符号都可以解释为构成意思表示。可能疑问在于规范性解释,把被代理人(承诺意思表示的相对人)构想为处于当时场景的理性相对人,收到恶意相对人发过来的表意符号时应当作何理解?被代理人应该可以从这些表意符号中推断出恶意相对人(承诺意思表示的表意人)想跟他签订这份合同,这个应当推断出的内容就是表示价值,该表示价值指向了合同的订立,所以构成意思表示。

王小亮: 在要约不能通过表见代理制度归属于被代理人时,被代理人收到相对人发出的承诺,且他认为无权代理人是在代理权撤回之后作出要约,则被代理人可能会把承诺理解为一个新要约。因为在这种情况下,从被代理人这方面看,他会认识到相对人是想跟他订立合同的。如果被代理人此时依然想与相对人订立合同,则可以通过再向相对人作出一个承诺的意思表示,与相对人的新要约达成合意,使合同成立。相对人单纯向被代理人作出一个承诺,不足以成立一个合同。一般的路径会认为被代理人追认要约的,就可以形成一个法律行为了。但我个人认为被代理人所谓的追认和作出一个新的意思表示并无区别。

老师: 你说的这部分问题应该回到合同法中要约与承诺的规则体系中予以解决。在你设想的前提下,无权代理的要约基于各种原因不能归属于被代理人,被代理人不想通过追认的方式来做成交易,而是想通过自己操盘的方式,作出一个与相对人所谓的承诺内容一致的意思表示,形成合意,订立合同。把相对人所谓的承诺解释为一个向本人发出的新要约,本人针对新要约作出一个承诺,似乎也未尝不可,但是要回到要约与承诺的规则体系讨论,已经是另一条轨道了。这条轨道与《民法典》总则编中的无权代理效力待定之轨道是否存在冲突，有待进一步考察斟酌。

梁佳艺：如果无权代理人发出的要约到达相对人时，相对人为善意，则要约便已归属于被代理人，相对人由此获得承诺资格。被代理人可以自己查明要约实质上已经归属于自己，在相对人作出承诺时，似乎不能因为被代理人当时不知情就认为该意思表示不是承诺。

王小亮：我认为意思表示解释的判断，不应以后续时点为准，而应以意思表示到达的时点为准。本人在收到所谓的承诺的那一刻，其实无法去构想出这样的一种可能性，即要约已经归属于自己。

闫俊奇：我认为在一般的交易往来中，相对人收到一个承诺的邮件，肯定要结合之前的交易行为或者备忘录等因素，判断有无交易事实存在，进而再判断收到的承诺到底是针对哪一个要约的承诺。

老师：是的。交往过程前后结合，得出一个比较完整的信息，然后再进行理解。这些信息都是意思表示解释的素材，不能简单地把意思表示解释理解为看到表意符号时产生的第一印象。意思表示的规范性解释是有历史性的。一方面，要把理性人放到一个交易的历史场景中；另一方面，相对人的解释活动也是有历史性的，不是某一个瞬间的解释，而是一个解释过程。讨论下来，以意思表示作为判断单元在这个问题域中会出现问题，这个问题涉及书中介绍的德国第二种观点。该观点以代理人作出的意思表示到达的时点来确定相对人善意与否。如果相对人当时是善意的，则相对人就有一个承诺资格，即便后来变成恶意的，仍然可以作出承诺，使这个合同成立。① 书中后文分析论证了这种模式是不太合理的，这将导致已经变成恶意的相对人依然能够做成交易，并把交易强加给被代理人，使其陷于一种非常被动无助的处境。相对人后来变成恶意的，本来有机会去阻止交易，而没有去阻止，这是不正当的。我认为，不应该让变成恶意的相对人得偿所愿，否则就违背了民法公平正义的价值理念。所以书中才选择了以法律行为成立的那一刻作为相对人善意的判断时点，需要相对人保持更长时间的善意。

尚美汐：书中介绍的两种观点分别是要约与承诺到达的时点，将它们列为 T1 与 T2。如果想把这个时点从 T2 提前到 T1，那么，是不是一定要以意思表示归属为前提，还是说以法律行为归属为前提也可以讨论这个问题？如果采用后

---

① Vgl. Karl Heinz Schramm, in: Münchener Kommentar BGB, 5. Aufl., 2006, § 173 Rn. 4; Maier-Reimer, in: Erman Kommentar BGB, 15. Aufl., 2017, § 173 Rn. 7; Karl Heinz Schramm, in: Münchener Kommentar BGB, 5. Aufl., 2006, § 167 Rn. 38ff.

者，则第 592 页提到的情形一与情形三基本上是对称的。 但如果采用前者，则情形一与情形三就不对称了。

老师：T1 时还不存在法律行为，只有一个意思表示。 虽然在这个问题上，我们是以法律行为成立的时间为准来判断善意与否，而不是以意思表示到达的时间为准，但这不等于在任何情形中都否定意思表示归属这个概念，意思表示归属这个说法还是有其解释力的。 有时价值判断的介入会影响概念的选择，即究竟选择法律行为归属，还是意思表示归属。

问题九：善意相对人能否撤销无权代理人的要约

孙诚毅：老师，我有一个问题。 在第 591 页所探讨的问题中，无权代理人的要约到达相对人之后，当相对人为善意时，能不能作为善意相对人直接撤销该要约？

老师：善意相对人不能撤销对方的意思表示。 善意相对人行使《民法典》第 171 条的撤销权时，并非撤销对方的意思表示，而是撤销效力待定的法律行为本身。 虽然该法律行为中包含了对方的意思表示，但撤销行为作用的直接对象并非该意思表示，而是该意思表示与撤销权人的意思表示之结合体，即法律行为。 此时是以法律行为而非意思表示作为判断单元的。

问题十：应否对发出承诺时为善意的相对人予以保护

朱志强：老师，我有一个问题。 在第 596 页所探讨的问题中，现在的通信技术比较发达，意思表示发出与到达的间隔通常很短。 在相对人承诺发出与承诺到达之间的短暂间隔内，即便其由善意转为恶意，利益状况也不会有太大差别。 那么，为什么相对人在承诺到达后变成恶意能请求积极利益赔偿，而若在承诺发出后到达前变成恶意，只能请求消极利益赔偿？ 作者在论述不应给予相对人更多保护时，谈到了磋商的时间长短这个因素。 但即使在后面提到两种磋商时间较长或者有明确承诺期限的情形，作者依然认为没有必要保护相对人，我对此有点疑问。

老师：你说的确实是一个问题。 相对人发出承诺的时候是善意的，第二天承诺到达被代理人之前，相对人由善意转为恶意，理论上有这个可能性。 此时如果还是以法律行为成立的时间为准判断相对人善意与否，则合同就不能归属于被代理人。 如此处理是否公平？ 这个疑问应该源于第 596 页的第 1 段"相较之下，采用消极信赖保护更为妥当"这部分。 相对人在作出承诺之前的信赖投入，一般仅限于消极信赖利益，所以没有什么问题。问题在于，相对人作出承诺之后，合同成立之前，如果其比较急切地期望合同会得到履行，并为此作了一番生产经营方面的安排，那么，是否应当认定为构成表见代理，通过履行利益的赔偿来弥补相对人较大的信赖投入？

闫俊奇：我认为不应该认定为表见代理。相对人作出承诺时对合同成立生效的信赖还没有那么强，所以其应当自己承担投入的一部分风险。如果认为相对人善意认定的时点应当提前，则可能导致相对人抱有侥幸心理，以为这时投入的越多，可以主张的赔偿也就越多。而且，消极利益赔偿足以涵盖相对人准备履约的各种费用。

尚美汐：我发现在很多情形中，一个很小的客观事实的改变，却会引起较大的后果（即法律评价上的不同），比如我们这里讨论的时点问题。类似的情形还有以年龄区分是否具备民事行为能力，比如18周岁以下为限制行为能力人，18周岁以上为完全行为能力人，仅差1天，行为能力却有天壤之别。

老师：如此规定是为了追求法秩序的确定性。法秩序的确定性还是很重要的，有时需要牺牲个案的公正性来满足确定性。

问题十一：通过签假名来逃避担保责任的理论归入

何子仪：老师，我有一个问题。通过签假名来逃避担保责任应当属于何种责任？是否构成真意保留？

老师：可以举个例子来讨论一下这个问题。比如，A对B有100万元的债权，C随后出面与A签订了一个保证合同，但C签的不是自己的名字，而是D的名字，合同表面上看是在D与A之间成立的。从C的角度看，能否构成真意保留？为了有效地解答这个问题，我们要设定一个前提，即债权人A看重的是面前这个人（C），而对D的名字不感兴趣，因为D并非一个重要人物的名字，即便重名者中有一个重要人物，但也不在A的生活圈之内。在这个前提下，C用无关紧要的D的名字与A签订保证合同，作出了保证的意思表示。我们要做的事情第一步就是对C的一串表意符号（即"我愿意为A对B的100万元债权作保证"）进行规范性解释。这句话从理性相对人角度得出的解释结论应当是"面前这个人（C）愿意为A的100万元债权作保证"。那么，此时C的主观想法是什么？可以分为两种情况，第一种情况是，他真的不想作保证，他签D的名字就是为了推卸责任；第二种情况是，他想承担保证责任，签D的名字有其他动机。如果C是想作保证的，就不可能构成内心意思与表示的不一致。所以我们只需要讨论 C 内心不想作保证的情形，此时 C 签 D 的名字就是为了推卸责任，在这个前提下是否构成真意保留？

朱志强： 真意保留是表意人故意使其内心意思与外在表示不一致，与之相对应的概念是错误，即无意的不一致。本案关键在于表意人是否属于故意，C 内心想的是不承担担保责任，且认为他选择的表达方式也是让自己不承担担保责任的。依 C 的理解，他的外在表示价值也是自己（C）不承担担保责任，但是经过规范性解释的结果是 C 要承担担保责任。此时 C 的内心意思与规范性解释的结果不一致，对 C 来说是无意的不一致，属于错误的范畴，不构成真意保留。

老师： 眼前这个人（C）并非没有任何效果意思，他有一个效果意思是"D 要向 A 承担保证责任"。我们进行规范性解释的结论是眼前这个人（C）要向 A 承担保证责任，C 的主观意思与规范性解释的结论不一致。这与真意保留的定义（表意人无效果意思）并不吻合，不构成真意保留。意思与表示不一致状态的出现不是表意人故意造成的，类似于戏谑失败，表意人 C 过于自信，以为通过意思表示解释，他的外在表示能被解释为"D 要向 A 承担保证责任"，结果却被解释为"C 要向 A 承担保证责任"，这一解释结论是他没有预想到的。因此，表意人 C 并非故意造成不一致，而是无意造成不一致，是错误而非真意保留。这个问题的意义在于，它处于意思表示构成、意思表示解释的理论与我们正在研读的法律行为归属理论这两个理论板块的交叉区域。为了写作的需要区分了这两个板块，但其实两者在现实中有一定的交叉区域。

问题十二：推定相对人处于善意状态的合理性

曹沛地： 老师，我有一个问题。在第 599 页，作者提到"另一方面也表明其当时客观上'有理由相信'代理人享有代理权，暂时推定其当时处于善意状态"。通过体系解释，可知此处的善意是把有过失的情形排除在外，即如果相对人因过失而不知代理人欠缺代理权，就进入恶意范围之内了。我觉得，仅推定相对人不知情或许更妥当。推定相对人不知情之后，还需要审查相对人有没有过失。此时需要通过考察代理权表象的强弱来判断合理审查义务的有无以及是否被违反，即是否因过失而处于规范恶意之状态。因为书中所指的善意包含两方面，一方面是不知情，这是对事实的推定；另一方面是无过失，而有无过失已经是一个评价。

老师： 推定也包括对状态的推定，有无过失的状态也可以推定。

曹沛地：暂时推定相对人当时处于善意状态，也就是推定其不知情且无过失，再通过反证来证明相对人有过失或者知情，是吗？

老师：对，这就是《法律行为论》以及司法解释采用的立场。

梁佳艺：我认为代理权表象与相对人无过失其实存在一定的交叉。同一个事实可能会产生代理权表象，也可能评价为相对人无过失，那么，是否能将其证明责任如此分明地分配给相对人与被代理人？在代理权表象较弱的情况下，相对人是否需要承担证明自己无过失的责任以加强代理权表象？

老师：代理权表象与相对人无过失确实有交叉之处，但不一定就能据此得出相对人需要证明自己无过失的结论。第600页也提到，一旦相对人完成代理权表象的证明，则存在代理权表象的这一构成要件就已经具备，从而推定相对人是善意的（不知情且无过失），剩下的应当由被代理人去证明。被代理人要么证明相对人是知情的，即尽管存在所谓的代理权表象，但相对人仍然知道无权代理的实际情况；要么证明相对人当时不应当仅停留在代理权表象的层面，还应当更进一步去调查，因为当时在代理权表象之外，还存在若干疑点。这些疑点表明代理人有可能欠缺代理权，相对人本来应当进一步调查核实，但相对人没有进行调查核实，据此可以判断相对人是有过失的。这是实体法中证明责任分配的框架，这个框架在诉讼操作中还需要结合诉讼法中的具体规则。

问题十三：默示外部授权与容忍代理的区分

梁佳艺：老师，我有一个问题。在第603页，作者认为默示外部授权与容忍代理差别很小，在解释上可以忽略不计。这里的"差别很小"具体指的是什么，是否会涉及表见代理与默示授权的区别呢？表见代理与默示授权虽然都蕴含着对于权利外观的合理推断，但二者在法律效果上并没有显著区别。

老师：默示外部授权与容忍代理在实践中确实难以区分，区分的实际意义也不大，所以这两个概念的区分主要还是停留在语词上。

尚美汐：默示内部授权与默示外部授权是不是只会出现在此前双方当事人有交易习惯的情形中呢？

老师：默示外部授权是德国的一位学者在《慕尼黑民法典评注》中提出的观点，认为如果被代理人在知道未经授权的代理人此前经常缔结的法律行为需要追认的情况下，向第三人履行了这些法律行为，就可以认为存在一项默示的外部授权。假设B是无权代理人，A是被代理人，在发生纠纷的这个案件之前，B经常以A的名义与C订立合同，但都属于狭义无权代理，需要A去追认。 如果在纠纷发生之前有三个合同，A 都向 C 履行了，那么，一方面这里的履行是对前面三个合同的追认，另一方面，相对人可以从履行中推断出第四个合同的缔结也是获得授权的，这就构成了默示外部授权。

尚美汐：默示外部授权与默示追认在这个案例中是不是也存在区别？ 比如说，这四个合同都是被代理人作出任何表示之前就已经缔结的，被代理人履行了三个合同，在第四个合同中，从相对人视角解释出的意思也有可能是默示追认。

老师：确实，在此种情形中，解释出来的意思也可能是对第四个合同的默示追认。

王一中：从被代理人同时追认三个合同的行为中是不是更可以得出他希望结束当下法律关系的结论呢？ 如果被代理人是先后有规律地追认了三个合同，那么，相对人更容易信赖他对第四个合同作出了授权。

老师：确实有作出这种区分的可能性。 在依次签订前三个合同而被代理人又依次履行的情况下，产生了一种规律性的印象。 从这种规律性的印象中，第三人可以合理推断出被代理人授权的意思。

孙诚毅：这里或许还可以区分民事交易与商事交易。 如果被代理人是一个公司，则它对前三个合同的默示追认更容易为相对人创造一种对代理人之业务执行权的信赖。

胡逸群：我认为，在这种情况下需要考虑相对人的主观状态。 如果相对人对无权代理是不知情的而本人已经实际履行，那么，在第四个合同中他就有理由信赖本人的授权。 如果他知道前三个合同是无权代理，那么，在第四个合同中他的信赖就没有那么强了。

老师：这个案型其实还有第二种解释的可能性，即被代理人以依次履行合同的方式向相对人作出了告知而不是表示，也就是内部授权的外部告知。

尚美汐：还有一个问题。 表见代理中相对人信赖的内容是代理人享有代理权，在默示外部授权中相对人视角解释的结果也是代理人享有代理权，那么，二者的区别体现在哪里呢？

老师：在容忍代理中，"存在代理权表象"这个要件表现为被代理人知道代理人正在实施无权代理行为而不表示反对。 容忍代理是否要求代理人长期反复地实施无权代理行为，这是有争议的。 有的观点认为要求代理人长期反复地实施，有的观点认为只要被代理人在第四个合同中采取了放任的态度就足够了。

总的来说,"三加一"这个案型有三种解释的可能性,第一种是默示外部授权,第二种是内部授权的外部告知,第三种是容忍代理。

问题十四:法律行为归属与法律行为效果归属的区分

老师: 在讨论本体问题之前,我想先提出另一个问题。书中第605页提出了应当采用法律行为归属而非法律行为效果归属的观点。这是因为即使发生了表见代理的情况,也只是法律行为先归属于被代理人,而该法律行为还可能存在其他的效力障碍,如违法、背俗、重大误解等,最终不一定能够对被代理人发生法律效果。但即便最终无效,在行为先归属于被代理人的情况下,他就有可能要承担法律行为无效情形中的责任。昨天课间何子仪同学向我提出了一个与此相关的问题,书中第372页提到代理权是法律行为的特别成立要件而非特别生效要件,欠缺代理权的行为属于成立待定而非效力待定,何子仪同学认为,法律行为成立不需要表现为在被代理人与相对人之间成立,也可以先在代理人与相对人之间成立。先如此成立对于被代理人而言没有什么不利,因为他手里掌握着追认权。如果他行使追认权,代理行为就可以对他发生效力,如果不行使,他就不需要履行合同义务。关于已成立未生效的法律行为,我们以前讨论过它对于相对人的形式约束力,应当将相对人分为善意相对人与恶意相对人,分别作出不同处理,善意相对人享有撤销权,恶意相对人则会被这个已成立但没有生效的法律行为锁定。但既然他是一个恶意相对人,让他被锁定也没有什么问题。如果我们判断法律行为在被追认之前已经成立了,那么,肯定是在被代理人与相对人之间成立,不能在代理人与相对人之间成立,因为相对人根本无意与代理人成立合同。在被代理人与相对人之间成立的这个合同,如果除了无权代理之外还有其他的效力障碍,比如违反禁止性规定或者无权代理人对相对人实施了欺诈行为,那就落入了《民法典》第157条的适用范围,会涉及不当得利请求权、物权请求权、损害赔偿请求权等问题。我们在这里讨论一下损害赔偿责任,根据《民法典》第157条的规定,如果我们把被代理人认定为法律行为的主体,他是不是需要承担损害赔偿责任呢?

孙诚毅:《民法典》第157条规定的责任,不论是缔约过失责任还是侵权责任,都以责任主体的过错为要件。如果被代理人有过错,则让他承担责任似乎也没有什么不合理之处。

老师: 这里的反对意见是,过错是无权代理人的过错,而不是被代理人的过错,所以,即使根据《民法典》第157条,也应当是无权代理人向相对人承担赔偿责任,而不是被代理人承担责任。被代理人什么也没有做,他都不知道自己哪里有过错，为什么要根据《民法典》第 157 条向相对人承担责任呢？ 如果采用法律行为归属的构造，那么，代理人在实施法律行为中的过错是不是也会被归属到被代理人头上呢？ 尤其是我们在欺诈规则中区分了相对人欺诈与第三人欺诈，如果相对人 C 向代理人 B 作出意思表示时，受到 B 的欺诈，那么，这个欺诈是属于相对人欺诈还是第三人欺诈呢？ 如果 C 是表意人，这就属于相对人欺诈了，因为在第三人欺诈的理论中，代理人欺诈本身就属于相对人欺诈。 按照法律行为归属的原理，如果把系争无权代理法律行为先归属于 A，则 C 的相对人是 A 而不是 B，那么，无权代理人 B 欺诈了 C 也就相当于相对人 A 欺诈了 C，A 就需要承担欺诈撤销之后的损害赔偿责任。

何子仪：民法上其他行为的归属与法律行为的归属是有区别的，其他行为的归属是一种法定的归属，法律行为的归属是一种意定的归属。

老师：这并非本质区别，法律行为的归属在有些情况下也是法定的归属，比如因表见代理而归属于被代理人，并未体现被代理人的意思自治。

尚美汐：法律行为应当适用代理制度进行规制，而像欺诈这种事实是不是就不存在归属的问题呢？

老师：第三人欺诈规则里也是有归属的，为什么代理人与交易事务辅助人的欺诈会被认定为相对人欺诈，就是因为他们的欺诈行为被归属于本人，这也是一种归属。

王小亮：本人并不是必须为代理人行为负责的。 有些情况下，本人无从知晓无权代理人的存在。 此时，本人为突然冒出来的无权代理人之行为负责的正当性就需要受到质疑。

老师：你刚才说的我们不能把法律行为不分青红皂白地归到被代理人头上，这个是我们需要实现的目标。 为了实现这个目标，除了在价值判断上进行一些处理，也需要在逻辑上进行防范。 我在逻辑上的防范手段就是阻止法律行为直接归属于被代理人。

朱志强：如果无权代理人实施法律行为，且在这个法律行为实施过程中进行了欺诈，那么，它在事实上虽然只是一个行为，但在法律意义上可以区分为一个意思表示与一个欺诈行为。 意思表示可以归属于被代理人，但欺诈行为是不能归属的。

王小亮：在我们讨论的这个法律行为中，两个意思表示对应的法效果是一套事实构成，但损害赔偿问题涉及的是另一套事实构成。 在法律行为归属上是事实构成 A，在损害赔偿上是事实构成 B，二者本身并不矛盾。

老师： 如果再添加一个表见代理因素，在无权代理且构成表见代理的情况下，代理人对相对人实施了欺诈，此时从相对人的角度出发，是构成第三人欺诈还是相对人欺诈？

朱志强： 王泽鉴老师在其书中提到本人使用的代理人实施欺诈的，应当被限缩解释为相对人欺诈。① 但在一个与本人没有关联的代理人突然冒出来的情况下，他显然不属于本人使用的代理人。

王小亮： 我们可能需要先反思一下相对人欺诈与第三人欺诈的规范目的。假设有 A、B、C 三个主体，A 与 B 订立合同，C 对 B 实施了欺诈。如果 A 对于欺诈是不知情的，B 就不能撤销，因为 A 这一方的信赖需要受到保护。问题是在刚才举的例子中，本人并不知道代理人为他作出了意思表示，他对于法律行为的成立并没有产生任何信赖，所以，此时允许 B 直接撤销可能更合理一些。

老师：《民法典》中大部分规定是可以被接受的，但基于学者自身的学说立场，有个别条文无法被接受也是正常的。对于《民法典》第 171 条无权代理的法律行为效力待定这个规定，从我的观点来看是不能接受的。

朱志强： 关于归属这个问题，我又想到了《最高人民法院关于适用〈中华人民共和国民法典〉有关担保制度的解释》第 7 条中规定了在相对人非善意时，担保合同对公司不发生效力，但相对人可以请求公司承担赔偿责任。② 这个赔偿责任的规范基础也是《民法典》第 157 条。这种情况是因为法定代表人被视为公司的机关，所以代表人实施的欺诈等不法行为也会被归属给公司，但是这种归属在代理中可能就不会发生。

老师： 在无权代表的情形中，按照我们一以贯之的理论，法律行为不能直接归属于被代表人。只有构成表见代表或者被代表人追认的，法律行为才能归属

---

① 参见王泽鉴：《民法总则（2022 年重排版）》，北京大学出版社 2022 年版，第 309 页。
② 《最高人民法院关于适用〈中华人民共和国民法典〉有关担保制度的解释》第 7 条规定："公司的法定代表人违反公司法关于公司对外担保决议程序的规定，超越权限代表公司与相对人订立担保合同，人民法院应当依照民法典第六十一条和第五百零四条等规定处理：（一）相对人善意的，担保合同对公司发生效力；相对人请求公司承担担保责任的，人民法院应予支持。（二）相对人非善意的，担保合同对公司不发生效力；相对人请求公司承担赔偿责任的，参照适用本解释第十七条的有关规定。法定代表人超越权限提供担保造成公司损失，公司请求法定代表人承担赔偿责任的，人民法院应予支持。第一款所称善意，是指相对人在订立担保合同时不知道且不应当知道法定代表人超越权限。相对人有证据证明已对公司决议进行了合理审查，人民法院应当认定其构成善意，但是公司有证据证明相对人知道或者应当知道决议系伪造、变造的除外。"

于被代表人。在法律行为不能归属于被代表人的前提下，我们需要考察法人机关的过错能不能算作法人的过错，进而决定法人应否为其机关的行为承担责任。《最高人民法院关于适用〈中华人民共和国民法典〉有关担保制度的解释》第 7 条体现的就是法人为其机关的过错行为承担责任。在法人实在说的前提下，其原理与被代理人责任不尽相同。

问题十五：表见代理的效果可否被撤销

朱志强：老师，我有一个问题。在第 610 页所举的例子里，甲授权乙向丙购买 100 吨大豆，但发出授权通知时弄错了，通知成了 1000 吨大豆。在代理行为已经实施的情况下，尽管被代理人可以意思表示错误为由撤销授权行为，但依然可以构成表见代理，这与我们的传统理解好像没有什么区别。

老师：另外还有一种观点认为，撤销之后就可以阻却构成表见代理。你所说的传统理解与我采用的观点比较接近，但与论战中的另一种观点是不一样的。

孙诚毅：在这个例子里，某些学者有不同的观点。比如，布洛克斯认为在代理权授予行为有瑕疵的情况下，被代理人并不享有撤销权。他给出了三个理由：第一，在表象代理权的情形，被代理人即使不知代理人的行为，亦须对代理行为负如同授权之责，且不得撤销。既然如此，那就没有理由允许已实际授权之被代理人通过撤销溯及地消除代理权。第二，由《德国民法典》第 166 条第 1 款可知，代理人意思瑕疵构成代理行为的撤销原因。此时代理人意思瑕疵的地位，相当于被代理人亲自实施行为时本人的意思瑕疵，如果被代理人进而可以通过撤销授权推翻代理行为，其法律地位将优于亲自实施法律行为之情形。第三，一般情况下，持续性法律关系的撤销不具有溯及效力，若仅生未来效力，则根本无须借助撤销，具有相同效果的撤回更为便利。①

老师：书中的核心观点是允许被代理人撤销有瑕疵的授权行为，但撤销不能改变表见代理这个结果，因为已经产生的代理权表象无法因撤销而被消除。在这一观点之下，这些反对论据都是可以被消解的。

问题十六：因第三人胁迫而授予代理权的问题

王祥泉：老师，我有一个问题。第 611 页，根据该页最后一段阐述的原理，A 胁迫 B 去与 C 订立合同，B 显然有权撤销合同。但在代理关系中，如果

---

① 参见〔德〕汉斯·布洛克斯、〔德〕沃尔夫·迪特里希·瓦尔克：《德国民法总论（第 41 版）》，张艳译，中国人民大学出版社 2019 年版，第 255 页。

A 胁迫 B 授予自己一个代理权，然后再去与 C 订立合同。这两种情形同样是被胁迫的一方与第三人成立了一个法律关系，为什么在不使用代理人的情况下可以撤销，而在代理关系中就会成立表见代理呢？

孙诚毅：这个问题应该可以用表见代理中的本人可归责性来解决。在被代理人因被胁迫而作出授权的情况下，他应该是不能被归责的，所以不应成立表见代理。

王小亮：我觉得这里需要进行一个体系上的协调。我们在表见代理中采取了风险归责，但在胁迫法中只要构成胁迫，法律行为就一定是可撤销的。表见代理风险归责的结果与一般情形中胁迫行为的效果应当予以协调。

朱志强：这里或许可以用"举重以明轻"的方法来协调。在 A 胁迫 B 与 C 订立合同的情形中，C 只知道他与面前的人进行交易，但 B 依然有权撤销。在 A 胁迫 B 授予自己代理权的情形中，C 的信赖应该没有与本人交易时高。既然在相对人信赖程度更高的情况下都允许受胁迫一方撤销，那么，在相对人信赖程度没有那么高的情况下也应允许他撤销。

曹沛地：如果认为代理的情况下相对人的信赖保护程度更低，则代理制度在交易中将丧失可接受性。

老师：代理人胁迫被代理人作出授权表示或者授权通知，给相对人造成了一种代理权表象从而产生信赖，后来虽然被代理人以受胁迫为由撤销授权表示或者通知，但代理权表象在事实层面上无法消除，为了保护相对人的信赖，需要发生表见代理的结果。为了维护代理制度的社会功能，需要给予相对人较高强度的信赖保护。在 A 胁迫 B 直接与 C 订立合同的情形中，由于没有采用代理的模式，相对人不应享受较高程度的信赖保护，只能获得一般程度的信赖保护（消极信赖保护）。在评价上产生不同的结果，主要是为了维护代理这种交易模式的社会功能。

第七节　无权代表与表见代表

老师：对于第 613 页论及的"代表行为与代理行为的关系"，涉及书中的另外一个理论出发点，即法人本质问题。这是其他问题的理论根基，由此可推导出很多与法人权利义务问题相关的结论。有无问题可资讨论？

问题一：归属路径抑或错误法路径，拟制说抑或实在说

王小亮：老师，我有一个问题。在第 613 页，若采法人实在说，或许无权代表的处理会向错误法靠拢。在法人实在说下，机关与法人如同器官与人体，代表人的表示即是法人的表示。当然，此处仍要通过意思表示解释来确定"法律约束意义"中的主体要素，即意思表示应对谁发生效力。若经由解释确定意思表示对法人发生效力，则该表示为法人的表示。至于无权代表，则可以放在意思表示不成立及错误法的框架下分析。反之，若采法人拟制说，则适用或者类推适用的是无权代理规则，而我国实证法上对于无权代理似乎并未采用错误法的路径。

老师：依据意思表示解释理论，解释代表人对外实施法律行为时的约束意思是约束代表人自己还是法人，与解释代理人作出的表示是约束自己还是被代理人，二者之间有本质区别吗？

王小亮：代理法实际上通过两步判断行为归属。第一步为意思表示解释，即确定法律约束意义中的受约束主体是否为行为人。若答案是否定的，则下一步才能通过代理权进行归属。而在法人实在说下，则有所不同。

老师：在法人实在说下，仍须判断行为人有无代表权，据此决定法律行为归属。无论是代理还是代表，第一步解释均无法绕过。若解释出来的结论是约束行为人背后之人，下一步则应考察有无代理权或者代表权，才能决定行为可否归属于背后之人。就此而论，二者并无本质区别。

王小亮：我认为关键的差别就在于此。代理法的思路是，先通过意思表示解释确定该行为并非旨在约束行为人自己，而后才通过代理权将该行为归属于本人。 但在法人实在说之下，既然已承认法人是一个独立的主体，就不需要再通过代表权去归属，而是通过意思表示解释确定行为所约束的主体，然后在错误法的框架下进一步分析。 对代表权欠缺的分析可以被溶解到错误法的框架下。 即便法定代表人未获法人授权而为某项表示，只要在相对人看来这个表示应当是旨在约束法人的，则该表示即是法人的表示。 只不过法人此时可能欠缺行为意思（或者是表示意识、效果意思），可能构成意思表示的不成立或者错误。

老师：用欠缺行为意思这种路径推导得出的结论是否会对书中这个领域的理论体系造成冲击？

孙诚毅：我觉得有一定的冲击。 按照王小亮师兄的观点，越权代表导致法律行为可撤销，而不是效力待定，这对法人更不利。

王小亮：可撤销与效力待定方向相反，但有类似之处，最终的决定权都控制在本人手中。 撤销权人或者追认权人都可以最终决定使表示发生或者不发生效力。 二者的区别在于，两种权利的除斥期间起算点和期间长度不同。 但这种不同并非应然层面上的，而只是实证法规定导致的。

老师：先不论往具体问题方面去推导能得出什么结论，就论拟制说与实在说的对比而言，实在说确实更有说服力，且在逻辑上更为顺畅。 诸多观点认为，拟制说与实在说的区分、辨别不太重要。 其实不然。 研究无权代表及越权代表的责任、效果等具体问题时，无法回避理论前提。 若不回答究竟选择拟制说还是实在说的问题，则在解决具体问题时容易陷入自相矛盾。

问题二：法人主观状态（善意）的判断依据

孙诚毅：老师，我有一个问题。 在第615页，书中提到"法人拟制说无法圆满地解释法定代表人更换对法人主观状态的影响问题"，那么，法人主观状态是否有统一判断基准，是否都须按照法定代表人的主观状态去判断？ 我认为，在某些情况下还应考虑股东的主观状态。 比如受让一个无权处分之物，法定代表人为善意，但参与作出决议的大部分股东是恶意的。 虽然股东或者股东会都未出面参与这个法律行为，但在内部决策上经过了股东会决议，此时法人还是善意的吗？

老师：在知情归属上，代表与代理并无根本区别。 可将股东会决议这一集体参与意思形成的过程类比于代理中的被代理人特别指示，原理相同。 虽然选择实在说意味着代表关系不等于代理关系，二者在若干因素上存在根本区别，但不等于在任何方面、任何因素上二者都有根本区别。在知情归属方面，就没有根本区别。

朱志强： 如果交易不需要决议也不存在股东会决议，在没有特别指示的情形中，代表人自己去实施了一个代表行为，而股东通过某种途径得以知晓该交易，那么，法人还是善意的吗？

老师： 全部股东所构成的股东会这一机关对本项交易的意思形成和意思表示过程毫无参与，有何理由认为作为受让人的法人对于"让与人欠缺处分权"是知情的？

朱志强： 从不作为的角度看，在非特定指示代理的情形中，老师前面论述过本人知道无权处分的时点可能影响处理结果，在追认之前他应该有能力阻止完成该交易，那么，在股东全部知情的情况下，他们也可以作出决议来阻止这个交易。

王一中： 但对于股东来说，此处不存在作为义务，因为股东并非对所有公司事务都要参与。股东是否知情取决于是否要开这个会议，不开这个会议就意味着股东没有必要干预此事。只要该行为没有危害到公司经营状况，股东就不会也不需要跳出来作出什么表示。所以，还是要对事项进行区分。公司法上规定了严重损害公司利益的一些事项，对于此类事项，股东就可以直接作出一个股东会决议。

老师： 所有的股东都知道对方是无权处分，但在没有就此召开股东会会议进行讨论表决的情况下，每个股东毕竟不知道其他股东也知道真相，其有较大可能性认为只有其一人知情，所以，没有理由要求某一个股东积极主动召集一个股东会会议来干预此项交易。另外，一如法定代表人具有双重人格，一方面作为法人的一部分，另一方面作为独立的一个自然人，股东亦有双重人格，一方面是法人权力机关的一部分，另一方面也是生活中的一个自然人。因此，A公司的股东甲即便知道B公司是无权处分，也不能即刻认为甲是作为A公司的权力机关成员知道B公司没有处分权，因为其也可以单纯作为一个自然人偶然知道这一情况。只有当股东处于股东会的场合中，其人格已明确定位在股东会成员上，其知情才是重要的。

尚美汐： 是否可以理解为，法人的知情归属平时是休眠的，只有在召开股东会会议的时候才会启动？

老师： 对的。法人也要"睡觉"，在其他大多数时间里，还是要依靠法定代表人去行动。

曹沛地：师弟提出的这个问题在完全的法人实在说下或许可以解决。对于不需要股东会决议的事项，法人的真意由法定代表人形成并对外作出，关键看法定代表人是否善意。对于需要股东会决议的事项，法人的真意由股东会形成，但由法定代表人对外作出。缔约前一天法人知道对方无处分权，缔约时忘记了"对方无处分权"这件事而缔约。也就是说，股东会决议是在昨天（甚至上一秒）作出的，尚处于真意形成过程中或者仍属于放置在法人"内心"的真意，而在今天或者（这一秒）才由法定代表人对外作出了意思表示，在作出表示的这一秒（法人）忘记了相对人没有处分权这件事时，并不能否定在形成意思表示时法人知道对方无处分权。

老师：在这种架构下，所谓的"自己忘记了"很难被认定为善意。

王一中：还有一个小问题，在法定代表人与股东出现身份重叠的情况下，特别是其还是大股东的情况下，如何去区分意思？似乎很难分清。

老师：极端情况下可以考虑作等同处理，一般情况下能区分的还是应区分，公司法中的一些基本的层级架构不能轻易突破。

问题三：董事会决议与股东会决议之根本区别

老师：第619页，董事会决议与股东会决议，除决议事项等分工以外，是否有法律意义上的根本区别？

孙诚毅：董事会决议与股东会决议一样，都属于法人意思的一部分，似乎没有本质区别。

王一中：股东会把公司的权力授予董事会，所以二者的决议好像没有本质区别，只是相关事项交给谁来做的问题。在权力范围上董事会可能小一点，因为有的事项必须由股东会来决定。

老师：董事会决议与股东会决议在属性上应该有所区别。股东会是法人的权力机关，有时被称为意思机关，但这一说法不准确，因为很多法律行为的意思都是由法定代表人自己形成的，只是某些类型的法律行为较为重大，股东会通过决议的方式参与了法律行为的意思形成。

理论上而言，在公司各个机关中，股东会是权力机关，通常处于类似于被代表人的地位，董事会应该不会处于类似于被代表人的地位，因为其也是业务执行机关。德国公司法上采用共同代表制，由数个董事共同代表，董事会决议形成的意思是代表人的意思，不能等同于被代表人的意思，其董事会的定位是对内为执行机关，对外为代表机关。而我国公司法采用独任代表制，在董事会之外单独设定一个法定代表人，所以就存在董事会与法定代表人之间的关系问题。那么，董事会还是代表机关吗？

王一中：是否可以解释为，股东会对董事会进行了授权？待解决的问题是，究竟授予什么权，是管理权还是决策权？

王小亮：可否类比复任权？股东会相当于本人，其向法定代表人授予了代理权。但就某些事项，股东会作为本人也授予董事会以复任权，董事会据此可以授予法定代表人以代理权。董事会将决议通过的结果告知法定代表人，就相当于享有复任权的董事会授予法定代表人以代理权。

老师：如前所述，代理与代表虽然在法人实在说下得以区分，但在很多具体问题上仍有"剪不断理还乱"的关系。德国公司法原则上是共同代表，但也不妨碍董事会另作安排，由某一董事单独对外代表。这就类似于在共同代理关系中，某一共同代理人得到其他共同代理人的授权，其被授予的复代理权与自己所享有的"部分代理权"相组合，形成一个圆满的单独代理权。

我国公司法的情况比较复杂。以公司对外提供担保为例，担保行为须经决议。有的情况下应由股东会作出决议，若法定代表人未经决议即订立合同，则可由股东会作出决议予以追认，可以将此情形想象为被代表人对于越权代表行为作出追认。有的情况下应由董事会作出决议，若法定代表人未经决议即订立合同，则可由董事会作出决议予以追认，其构造较为复杂。可以区分两种情况。第一种情况是，法定代表人由董事长担任。对此，可以理解为其他董事在一般事务中不享有代表权，但在对外担保这种交易类型上，例外地采用德国法模式，即共同代表制，具体操作方式是由董事会作出决议，将其他董事的代表权以"复任"的方式授予董事长，使董事长获得单独代表权。第二种情况是，法定代表人由董事会成员以外的其他人担任。对此，可以理解为法定代表人仅在获得董事会决议的特别授权后才有权代表公司订立担保合同。此时，董事会决议的作用在于形成一个授权意思。这种授权在性质上属于内部授权，与代理情形中的内部授权相似，并非由董事会以决议的方式对外实施法律行为。所以，董事会作出此种决议仍然是在行使其（对内的）业务执行权，而非行使（对外的）代表权，后者归属于法定代表人一人。其实，第二种解释也可适用于第一种情况，使后者不必求助于"共同代理之复代理"这种复杂构造。

问题四：被代表人责任归属与侵权法上用人者责任的关系

孙诚毅：老师，我有一个问题。在第 620 页，被代表人责任归属这方面是否可以与侵权法上用人者责任联系在一起？ 它们有一些相似点，在判断上有共通之处。

老师：有点相似，但也存在区别。 在德国法上，区分法人对自己行为的责任与对他人行为的责任。 事务辅助人的行为本来是他人行为，但用人者（雇主）存在选任与监督上的过失，因此，雇主也是为自己的过错行为承担责任。 我国《民法典》第1191条在用人者责任上未提及选任与监督过失。 据此，只要雇员对外侵权，且与职务相关，雇主就一律应对外承担侵权责任。 此种用人者责任属于对他人行为的责任，即替代责任。 与此不同，被代表人为代表人的致害行为承担责任，由于代表人的过错属于法人（被代表人）过错，所以该责任是被代表人为自己的过错行为承担责任。

王小亮：履行辅助人与事务辅助人在传统民法上经常加以区分。 与此相关的是先契约阶段的缔约过失责任与侵权责任的区分。 若认为先契约阶段仅存在一般性义务，则在此仅涉及侵权责任，相应的辅助人为事务辅助人，在德国法的模式下，仅当本人对事务辅助人的选任、监督及指示有过错时（本人自己的过错），本人才承担责任。 若认为先契约阶段的义务上升到了债务的程度，则相应的辅助人为履行辅助人，本人必须为履行辅助人的过错负责。 但我国的事务辅助人与履行辅助人似乎在法律适用上看不出有明显差异。

老师：对的。 在我国，雇主对事务辅助人行为的责任变成了替代责任，而不是雇主对自己的过错承担责任。 我们再回到主题，继续讨论。

孙诚毅：判断"为法人执行职务"本身有一定困难，因为法定代表人同时也可能自己从事一些行为。 我认为，这里可以借鉴用人者责任的四个判断标准：一是时间，二是地点，三是利益，四是控制力，可以将这几个标准综合起来予以判断。

曹沛地：举个例子，甲系A公司的职工，开公司的货车去进货，途中经过其老家所在县城，遂在半夜驶出公路，进入县城后撞到别人的车。 本案中，法人要承担替代责任吗？ 需要注意的是，控制力理论是否真的起作用了。 若起作用了，时间、地点等标准可能都需要宽泛解释。 如果基于报偿理论，则所谓的"替代责任"其实与危险责任非常接近。

老师：对此进行宽泛解释是目前的趋势，目的是把更多情况纳入雇主责任与法人责任。 在这方面，两种责任确实有共通之处。 二者在逻辑构造上有所不同，但在结果上却经常大同小异。

问题五：《民法典合同编通则司法解释》第 20 条关于越权代表责任承担的规定

朱志强： 老师，我有一个问题。《最高人民法院关于适用〈中华人民共和国民法典〉合同编通则若干问题的解释》（以下简称《民法典合同编通则司法解释》）第 20 条第 2 款但书的规定把原则与例外颠倒过来了，将合同有效作为原则，将相对人知道或者应当知道代表权限制的情形作为例外。这是否存在不合理之处？举一个例子，A 公司股东会或者章程规定，法定代表人签订合同交易金额超过 5000 万元的，须经股东会决议。在相对人知道该限制的情况下，为什么会直接否定合同效力？如果法定代表人出具了虚假的股东会决议，那么，也符合但书条款，依此规定，合同无效，反而对相对人更为不利。

老师： 这确实是一大问题。第 2 款但书在表述上有严重漏洞，其只关注相对人是否知道存在意定限制，但除此之外，在已经知道意定限制存在的情况下，是否有决议以及决议真假、内容瑕疵等问题也非常重要，司法解释忽略了这些问题。本来有三个步骤，第 2 款跳了一个步骤，直接认为知道或者应当知道代表权限制的，合同就不能对被代表人发生效力，导致在意定限制的情况下相较于第 1 款法定限制对相对人更为不利，这是有问题的。正确的判断是，相对人虽然知道 A 公司对代表权的意定限制，但 A 公司法定代表人出具了股东会决议，从相对人的角度看，如果该决议不存在问题，合同就应当对被代表人 A 公司发生效力。重要的不仅仅是相对人是否知道代表权存在意定限制（权限），还包括相对人是否知道以及应否知道该意定限制被超越（越权）。

法定限制与意定限制需要区分，但从该区分推导出的结论不应是该解释第 20 条第 1 款与第 2 款这样的区别。其前提是对的，但最后结论是错的。二者的区别应当在审查义务的轻重与范围方面，违反意定限制相较于违反法定限制，相对人的审查义务应当更轻。甚至在证明责任方面都不应有所区别，不论违反法定限制还是意定限制，都应推定相对人为善意，由被代表人举证证明相对人为恶意。

朱志强： 另外，第 2 款对于合同未超越法定限制但超越意定限制的情形，为何不与第 1 款一样，规定法人的过错赔偿责任？

老师： 这里也存在遗漏。违反法定限制与意定限制情形的法人过错责任在原理上没有本质区别。总体而言，该解释第 20 条的规定尚属比较粗糙，存在较大问题。

第八节　使用他人名义实施法律行为
　　　　（借名行为与冒名行为）

问题一：署名代理的界定及其与既有概念体系的关系

胡逸群：老师，我有一个问题。在第 637—638 页，书中提到署名代理，山本敬三教授是在显名原则的特殊问题中考虑署名代理的。我认为署名代理的内涵有点模糊，对于其是否构成代理，在日本法上似乎也没有一个特别明确的共识。

对于日本法上的"署名代理"，即代理人表示了本人之名义，但未表示自己是代理人，存在三种可能性：

其一，尽管代理人没有说明自己只是代理人，但相对人知道或者应当知道代理人是在进行代理，此时依照意思表示解释，或许可以算作默示显名代理的一个子类型。

其二，尽管代理人没有说明自己只是代理人，但相对人不在乎面前之人是谁，且涉及日常现金交易，符合"为相关人实施的法律行为"的其他要件，那就属于"为相关人实施的法律行为"的一个子类型。在这种情况下，署名代理也没有独立意义。

其三，代理人没有说明自己只是代理人，相对人也不知道面前之人不是本人，而是代理人，相对人愿意与名义载体交易，并且，此时面前之人有代理权。我推测作者在此处可能是在这个意义上使用署名代理概念的。

在这种案型下，让法效果在本人与相对人之间发生，在法政策上是合理的，但在概念体系上的问题是，此时发生归属的机制到底是不是代理？

我的初步想法是，如果此处在这个意义上使用署名代理，那么所谓署名代理似乎本质上并不属于代理，只是类推代理的归属机制进行法效果归属而已。因为显名要件不满足，显名代理差一个构成要件，但是又要相同事物相同对待，所以应类推适用代理规则。署名代理的前提是有代理权。假设无代理权,并且相对人愿意跟名义载体交易,若其事后得知面前之人不是名义载体,则通常会类推无权代理规则(追认)。既然在无代理权的情况下,此种案型要类推无权代理的规则处理,那么,反向来看,在有权代理的时候进行法效果归属的机制其实应当是类推《民法典》第164条,而不是直接适用。

何子仪：我认为,行为实施者的意愿不是区分"使用他人名义实施法律行为"与"以他人名义实施法律行为"的标准。例如,甲以丙的名义与乙缔约,未表明自己是代理人,其内心想为丙缔约。在您的理论中,如果甲的内心意思是想为自己缔约,则毫无疑问属于使用他人名义实施法律行为。在本案中,甲的内心意思虽是想为丙缔约,但我认为也应属于使用他人名义实施法律行为,不构成代理。

老师：我们第一步要进行概念定位,你描述的情形是双方以口头方式达成一个合同。先不考虑行为人是否有代理权,而是从行为方式层面将其与书中所介绍的日本法中所谓的署名代理进行对照,判断两者是否相同,如果相同,则暂且将这种情形称为署名代理。第二步再来分析署名代理究竟属于代理还是冒名行为、间接代理行为等。

在何子仪同学所举的例子中,甲向乙声称自己是丙,并与其缔约,甲内心确实想要为丙签订合同。书中的例子是甲与乙签订书面合同,甲直接签了其想代理的丙的名字,合同中没有署上自己的名字,也没有作任何标注。这两种情况如果忽略口头与书面的区别,则其他方面是一样的。

第一步概念定位完成,第二步我们用意思表示解释或者其他手段来分析一下,这种以口头或者书面方式实施的所谓署名代理到底是代理还是使用他人名义实施法律行为?

王小亮：此处如果要按照传统的代理理论进行分析,则第一步就是先通过意思表示解释,确定约束意义中约束的主体究竟是谁。如果乙看重丙的身份,那么,他就会认为与自己签合同的人是丙。在这个点上,这种情形与代理的情形其实是相同的,在约束意义中,约束的主体都不是甲本人。但它与传统代理的区别在于,传统代理中有显名的要求,亦即相对人乙知道代理关系的存在。公开代理关系不仅要公开被代理人,还要公开代理人自己的身份。因此,在这种情况下,按照传统的代理理论,可能不构成代理。

老师：你说的是典型的公开代理关系。是否存在非典型的公开代理关系?在典型代理之外是否有这样的一个解释空间,即在只公开眼前这个人背后的归属主体的身份而不公开代理人身份的情况下,承认这种非典型的代理?

王小亮： 在相对人不看重交易对方身份时，传统理论依然将此种情形认定为代理；在相对人看重交易对方身份且没有授予代理权的情形中，我认为可以通过意思表示解释来解决问题，此时应当适用错误法与意思表示的一般规则。在相对人看来，行为应当归属于本人（名义载体），但是本人在此种情况下可能缺少行为意思。如果本人对行为意思的欠缺存在过错，则应当选择错误法进路；如果本人对行为意思的欠缺不存在过错，则意思表示不成立。

老师： 如果按照代理法或者以代理法为原型的归属理论框架来分析，那么，该如何处理呢？

王小亮： 以代理法为原型与错误法进路的唯一区别在于，在错误法领域，如果本人对行为意思的欠缺不具有可归责性，则意思表示不成立，这也就意味着没有追认的可能性；但在无权代理规则中，无论如何都会给本人一个追认权。此时要反思的另一个问题是，错误法中缺少行为意思，就一定不能追认吗？

老师： 如果允许追认，则不仅推翻了归属法，还要对意思表示规则进行重构。同时，两种制度实际上还存在一个差异，如果本人（名义载体）存在可归责性，则根据错误法，本人享有撤销权，但根据归属法，相对人有善意信赖，法律行为归属于本人，且本人不享有撤销权。以《德国民法典》为原型的意思表示法，片面强调对表意人意思自由的保护，而忽略了对相对人的积极信赖保护，所以，在意思表示错误的情形中，即便相对人有善意信赖，且表意人有可归责性或者重大过失，本人仍然可以行使撤销权。这在出发点上就有重大缺陷，以这种出发点有重大缺陷的意思表示法来取代归属法显然不合适，除非将意思表示法中的德国式出发点替换掉，比如替换成奥地利民法的出发点，侧重积极信赖保护。相较之下，我国《民法典》中的意思表示规则更接近于德国模式，所以，不能贸然以意思表示法进路来取代归属法进路。

陈一： 我有一个想法，甲声称自己是丙，要与乙签订合同，这里的"我是丙"应该存在于意思表示的内容之中。代理要求具有显名性，显名性究竟发生在表意人身上还是发生在其他人身上，和这里表意人是谁并无关联。此时问题出现在意思表示上而非代理规则上。意思表示中只会出现主体是谁的判断，而不会出现归属于谁的判断，归属问题发生在代理阶段。

老师： 此种案型处于意思表示法与归属法的中间区域。在中间区域可能会发生某种类似请求权竞合的效果，这是一种法律效果的竞合，同时符合归属法中的要件与意思表示法中的要件。我们在理论层面研讨这个问题，可以分为两个方面。一方面，探讨如果用意思表示法去解决问题，分析此种案型，会得出什么结论；另一方面，探讨如果用归属法去分析此种案型，会得出什么结论。最后对这两种结论进行横向比较，从法价值层面分析这两种结论，比较哪一个更合理。毕竟目前就我国法与比较法的理论体系而言，意思表示法与归属法是两个并列的体系，无论是实证法还是理论，没有哪个国家只采用一个体系而把另一个体系完全放弃。因此，案型处于中间区域时，要分别用两个体系来分析。

刚才我们先用意思表示法去分析此种案型，区分了几种情形。第一种情形是当事人比较注重本人丙的身份，结论是，要么丙有可归责性，成立一个丙的意思表示，进而合同成立、生效，该合同可撤销；要么丙不具有可归责性，合同不成立。第二种情形是当事人不在乎交易对方的身份。此时用意思表示法分析会得出什么结论？购买方的意思表示存在两种可能性，一种是甲想购买，一种是丙想购买。此时应当适用哪一种意思表示解释原则？

王小亮：此种情形中应当采取规范性解释，主观解释的概率很小。

老师：对的。应当是规范性解释，因为不符合自然解释的前提。自然解释要求相对人知道表意人的真实想法，而在该案型中，乙并不知晓甲的真实想法。纳入规范性解释后进行判断时还要考虑各种具体因素，这需要回到交易的具体场景。第一个考虑因素是，甲以丙的名义订立合同时，除了显示出丙的名义之外，是否提供了丙的其他身份信息，比如身份证号码等。如果有这些信息，则倾向于解释为丙向乙作出一个购买意思表示。第二个考虑因素是，这个合同是否即时清结，如果即时清结，甲作为购买人不涉及承担瑕疵担保责任，也没有其他后续问题，那么，将合同解释为在甲与乙之间成立也可以。第三个考虑因素是，甲是否经过丙的授权，如果甲获得丙授权，那么，可以解释为是丙的购买意思表示，合同在乙与丙之间成立；如果甲没有获得授权，则问题就相对复杂一点，将合同解释为在乙与丙之间成立的话，会涉及归属问题。

尚美汐：这些考虑因素存在先后顺序吗？如果乙认为面前之人甲的身份更为重要，但甲获得了丙的授权，则应当如何解释？

老师：暂时还没有很清晰的先后顺序，需要放在一起予以综合评价。总的来说，这是一个很复杂的操作。

何子仪：您刚才说的是有授权的情形，那么，没有授权的情形应当如何处理呢？

老师：如果没有授权，且其他因素不变，则解释为面前之人甲愿意向相对人乙购买货物会更好一点，相对人意思表示应当解释为愿意与面前之人甲进行交易。 此时，甲的意思表示发生错误，存在意思与表示的不一致。 那么，这里是故意的不一致，还是无意的不一致？

朱志强：我认为是概括的故意，甲应该能够想象到对方没有办法进行身份上的区分。

老师：甲没有获得丙的授权，且丙的名义不具有交易上的重要性，与乙打交道的也一直是甲自己。 因此，甲在交易时显然应当预料到乙会理解为自己是交易对方，亦即，此时甲构成真意保留，除非相对人乙明知，否则法律行为效力不受影响。

曹沛地：还有一种可能是不构成故意，只构成重大过失，发生无意的意思与表示不一致。 此时也可以允许甲撤销，回到错误法的轨道上。

老师：此种情形中甲行使撤销权后，还需要对乙承担损害赔偿责任，乙多少也能得到保护。 如果将意思表示解释为丙的购买意思表示，而丙并未授权甲，那么，丙不具有可归责性的话，合同就不成立。 此时，不考虑归属法，仅考虑意思表示法的话，丙可以主张甲构成欺诈侵权，结果也差不多。 以上我们用意思表示法分析了上述几种情况，那么，此种案型用归属法分析，结果会如何呢？

孙诚毅：归属法框架里其实也要进行解释，在适用显名原则时，也需要进行规范性解释。 我认为，这里要考虑的是相对人是否愿意与名义载体交易。 如果他愿意与名义载体交易，那么，认为被代理人与相对人成立合同没有问题。 因为代理公开原则的作用就在于保护相对人，如果相对人愿意与名义载体交易，就表明我们可以对代理公开原则稍微进行一些扩张。 亦即，在相对人知道被代理人存在但不知道代理关系时，也认定构成代理。

老师：是的。 这也是一种代理，尽管是非典型代理。

尚美汐：我们刚才一直在讨论规范性解释，那么，将意思表示解释为丙与相对人缔约的话，是否会绕过归属法？

曹沛地：仅在正好解释为丙愿意与相对人缔约的情况下，才会涉及后面的归属问题。 如果直接解释成是面前的甲要与相对人缔约，就不会涉及归属于丙的问题了。

老师：归属法有一个前提，即需要进行概念区分，要先区分法律行为实施主体与归属主体，之后才有实施主体实施的行为可否归属于归属主体之问题。

王小亮：如果用代理法来解释归属问题，则要分两步走。 第一步先进行意思表示解释，解释出的结果是代理人不愿意受法律行为约束；第二步再依据代理权之有无来归属法律行为。在前面讨论的案型中，很难让代理权介入，因为相对人必须认识到有一个代理人，只有在此种情况下才会有代理权介入归属判断（第二步）的可能性。亦即，相对人必须知道代理人不愿受约束，至于约束谁，则是下一步归属的问题。

老师：行为实施主体与行为归属主体的区分，应当通过规范性解释得出区分的结论，还是应当通过主观解释得出结论？亦即，是从相对人视角来看，还是从行为实施者视角来看？

闫俊奇：如果不能归属于丙，亦即归属失败，则实施的法律行为自然就落到行为人甲头上了。

老师：在区分行为实施主体与行为归属主体上，既不用考虑相对人的想法，也不用考虑行为人的想法。客观上本身就存在两个主体，亦即已经满足行为实施主体与行为归属主体相区分的归属法前提，可以进入归属法体系。这样可能更简单、清晰一些。

总之，对于以上讨论的案型，需要进行动态分析，不能一概而论。这里存在两个系统（意思表示法与归属法），系统之间的界限也并非泾渭分明，存在一个交叉区域。

问题二：行为实施者意愿不存在的情形

孙诚毅：老师，我有一个问题。在第 644 页，此处提到区分"以他人名义"与"使用他人名义"的一个重要区分因素是行为实施者意愿。但是这个意愿可能并不存在，我们在探究行为实施者意愿时，实际上也是从客观视角来看的，即使是所谓的主观解释实际上也是客观的。

老师：我们讨论的前提是有证据证明这一区分因素的存在，所以，在讨论的过程中无须纠结于这一区分因素是否存在。只有在法律实务操作的过程中，才需要去考察个案中是否存在该因素。

问题三：名义载体意愿与相对人意愿在认定法律行为成立中的优先顺位问题

何子仪：老师，我有一个问题。在第 648 页，按照此处第 1 段第 7 行的观点，在相对人无所谓交易对象是谁的情况下，如果名义载体事后承认使用其名义与相对人缔结的法律行为，那么，该法律行为应当认定为在名义载体与相对人之间成立并生效。但是根据第 657 页第 1 段的内容，在相对人不在乎与谁缔结法律行为的情形中，法律行为应当在行为实施者与相对人之间成立并生效。我认为在名义载体有意愿，而且相对人不在乎交易对象是谁的情形中，如果行为实施者想为自己缔约，那么，行为实施者的意思表示已经与相对人的意思表示达成一致了。

老师：第647页最后一段的第2行说明，就相对人的意愿而言，大多数相对人只愿意与名义载体缔结法律行为，然后在此基础上讨论名义载体事后有意愿的该如何处理。两种情形并不一样。

何子仪：那么，在相对人无所谓交易对象是谁的情况下，如果名义载体事后有缔约意愿，且行为实施者也想为自己缔约，则该法律行为应当在相对人与谁之间成立？

老师：第651页也有对该问题进行论述。在相对人无所谓的情形中，如果名义载体并不具备某种特殊的身份或者资质，行为实施者借用其名义只是为了隐藏自己的真实身份，那么，相对人很可能根本不在乎究竟与名义载体还是与行为实施者缔结法律行为。此时，原则上应当将行为实施者认定为法律行为主体，即便名义载体事后表示愿意承受该法律行为，亦然，因为在行为实施的当时，相对人具有与行为实施者缔结法律行为的意愿，其意愿与行为实施者的意思表示已经达成一致。

何子仪：但是在第652页"冒名行为的效果"下，第1段又写道"多数情况下，名义载体事后不会追认法律行为，但有时名义载体发现该法律行为对其有利的，可能也会追认，此时如果相对人愿意与名义载体缔结法律行为，那么法律行为在名义载体与相对人之间成立并生效"。此处似乎没有考虑到行为实施者的意愿。

尚美汐：我认为，名义载体追认的权利可能是对交易秩序的保护，因为毕竟这是冒名行为而不是借名行为，相当于此时给予一个无辜的人以一定的倾斜保护。

老师：是的。借名行为与冒名行为的利益状况有所不同，相较之下，被冒名的名义载体比被借名的名义载体更加无辜，所以允许前者通过追认使法律行为归属于自己，具有一定的正当性。借名行为与冒名行为是"使用他人名义实施法律行为"的两个子类型，既有共性，也有区别，是两个系统，在具体问题的处理上，有时需要运用系统比较法来决定二者究竟应当作相同处理还是区别对待。